W0291357

STRAFRECHT AT 1

2014

Dr. Rolf Krüger
Rechtsanwalt und Fachanwalt für Strafrecht
in Münster

Christian Sommer
Rechtsanwalt und Repetitor

ALPMANN UND SCHMIDT Juristische Lehrgänge Verlagsges. mbH & Co. KG
48143 Münster, Alter Fischmarkt 8, 48001 Postfach 1169, Telefon (0251) 98109-0
AS-Online: www.alpmann-schmidt.de

Liebe Leserin, lieber Leser,

wir sind stets bemüht, unsere Produkte zu verbessern. Fehler lassen sich aber nie ganz ausschließen. Sie helfen uns, wenn Sie uns über Druckfehler in diesem Skript oder anderen Printprodukten unseres Hauses informieren.

E-Mail genügt an „fehlerteufel@alpmann-schmidt.de"

Danke
Ihr AS-Autorenteam

Dr. Krüger, Rolf
Sommer, Christian
Strafrecht AT 1
16. Auflage 2014
ISBN: 978-3-86752-340-0

Verlag Alpmann und Schmidt Juristische Lehrgänge
Verlagsgesellschaft mbH & Co. KG, Münster

QUELLENVERZEICHNIS

GERICHTSENTSCHEIDUNGEN

BGH, Entscheidung, Datum – Az.	Entscheidungen des BGH ohne Fundstellennachweis stehen im Volltext bereit unter www.bundesgerichtshof.de
BVerfG, Entscheidung, Datum – Az.	Entscheidungen des BVerfG ohne Fundstellennachweis stehen im Volltext bereit unter www.bundesverfassungsgericht.de

LITERATUR

Baumann/Weber/Mitsch	Strafrecht, Allgemeiner Teil, 11. Aufl. 2003
Bockelmann/Volk	Strafrecht, Allgemeiner Teil, 4. Aufl. 1987
Fischer	Strafgesetzbuch und Nebengesetze, 60. Aufl. 2013
Frister	Strafrecht, Allgemeiner Teil, 6. Aufl. 2013
Gropp	Strafrecht, Allgemeiner Teil, 3. Aufl. 2005
Hruschka	Strafrecht nach logisch-analytischer Methode, 2. Aufl. 1998
Jakobs	Strafrecht, Allgemeiner Teil, 2. Aufl. 1991
Jescheck/Weigend	Lehrbuch des Strafrechts, Allgemeiner Teil, 5. Aufl. 1996
Kindhäuser	Strafrecht, Allgemeiner Teil, 4. Aufl. 2009
Krey/Esser	Deutsches Strafrecht, Allgemeiner Teil 5. Aufl. 2012

Kühl	Strafrecht Allgemeiner Teil, 7. Aufl. 2012
LK-Bearbeiter	Strafgesetzbuch, Leipziger Kommentar Laufhütte/Rissing-van Saan/Tiedemann Band 1, 2, 12. Aufl. 2007
Maurach/Gössel AT 2	Maurach/Gössel/Zipf Strafrecht Allgemeiner Teil, Teilband 2: Erscheinungsformen des Verbrechens und Rechtsfolgen der Tat, 7. Aufl. 1989
Meyer-Goßner	Strafprozessordnung 55. Aufl. 2012
Murmann	Grundkurs Strafrecht 2. Aufl. 2013
MünchKomm/Bearbeiter	Münchener Kommentar zum Strafgesetzbuch, Joecks/Miebach Band 1, 2. Aufl. 2011
NK-Bearbeiter	Nomos Kommentar Strafgesetzbuch, Kindhäuser/Neumann/Paeffgen Band 1, 4. Aufl. 2013
Otto	Grundkurs Strafrecht, Allgemeine Strafrechtslehre, 7. Aufl. 2004
Pfeiffer	Strafprozessordnung 5. Aufl. 2005
Rengier	Strafrecht, Allgemeiner Teil, 5. Aufl. 2013
Roxin	Strafrecht Allgemeiner Teil, Band 1: Grundlagen, Der Aufbau der Verbrechenslehre, 4. Aufl. 2006
Schmidhäuser	Strafrecht, Allgemeiner Teil, Studienbuch, 2. Aufl. 1984
Sch/Sch/Bearbeiter	Schönke/Schröder Strafgesetzbuch, Kommentar, 28. Aufl. 2010

SK-Bearbeiter	Systematischer Kommentar zum Strafgesetzbuch, Loseblattsammlung Rudolphi/Horn/Samson/Günther/Hoyer Band 1: Allgemeiner Teil, Stand: Juli 2013
Stratenwerth/Kuhlen	Strafrecht, Allgemeiner Teil I, Die Straftat, 6. Aufl. 2011
Welzel	Das deutsche Strafrecht, 11. Aufl. 1969
Wessels/Beulke/Satzger	Strafrecht Allgemeiner Teil, 43. Aufl. 2013

1. Teil: Strafrechtliche Grundlagen

1. Abschnitt: Begriff und Quellen des materiellen Strafrechts

Das materielle Strafrecht umfasst **alle Rechtsnormen, die die Voraussetzungen und Folgen eines mit Strafe bedrohten Verhaltens regeln**. Nur wenn in einem Gesetz ausdrücklich als Rechtsfolge „**Strafe**" vorgesehen ist oder hierauf Bezug genommen wird, gehört die Norm zum Strafrecht. 1

Nicht zum Strafrecht gehören folglich die Normen, die anderweitige Sanktionen an ein Fehlverhalten knüpfen (vgl. Art. 5 EGStGB), wie das Ordnungswidrigkeitenrecht (z.B. § 24 a Abs. 4 StVG, der ein Bußgeld vorsieht), das Disziplinarrecht, mit dem Fehlverhalten u.a. der Beamten sanktioniert wird, sowie die Ordnungsmittel zur Sicherung einer Gerichtsverhandlung (Ordnungsgeld und Ordnungshaft).

Mit der Verhängung und Vollstreckung von Strafe greift der Staat durch die Strafverfolgungsbehörden und durch die Gerichte in Grundrechte des Einzelnen ein. Daher ist das Strafrecht systematisch ein Teil des öffentlichen Rechts.

Den Kern des materiellen Strafrechts bildet das StGB, das als Reichsstrafgesetzbuch am 15.05.1871 in Kraft getreten ist und seither ständig novelliert wird (zur Entwicklung des Strafrechts AS-Skript Rechtsgeschichte [2013] Rdnr. 190, 409 ff.). 2

Es beschreibt in seinem **Besonderen Teil** die einzelnen Straftaten (§§ 80–358). Im **Allgemeinen Teil** sind die für alle Straftaten gültigen Regeln der Strafbarkeitsvoraussetzungen (§§ 1–37), der Rechtsfolgen (§§ 38–76 a) und der Strafverfolgungsvoraussetzungen (§§ 77–79 b) zusammengefasst.

Das StGB enthält nur einen Teil der Strafgesetze. Eine Vielzahl weiterer findet sich in Spezialgesetzen, die – entgegen ihrer tatsächlichen Bedeutung im Rechtsleben – als **strafrechtliche Nebengesetze** bezeichnet werden, z.B. Abgabenordnung, BtMG, GmbHG, InsO, WehrstrafG, WaffenG. Der Allgemeine Teil des StGB gilt auch für diese Strafgesetze (Art. 1 EGStGB). 3

Das **Völkerstrafgesetzbuch** (VStGB) regelt darüber hinaus als Spezialgesetz gegenüber den Vorschriften des Besonderen Teils des StGB die Strafbarkeit Einzelner in internationalen und nichtinternationalen Konflikten für Völkermord, Verbrechen gegen die Menschlichkeit und Kriegsverbrechen. Auch hier gilt weitgehend der Allgemeine Teil des StGB (§ 2 VStGB).

*Konsequenzen für die **Lösung eines strafrechtlichen Falles**:*

Wird in einer Klausur oder Hausarbeit nach der „Strafbarkeit des/der Beteiligten" gefragt, dürfen nur Vorschriften des StGB oder strafrechtlicher Nebengesetze angesprochen werden, in denen als Rechtsfolge ausdrücklich Geld- oder Freiheitsstrafe angedroht wird. Ordnungswidrigkeiten dürfen nicht thematisiert werden! Ist die Aufgabenstellung auf die Prüfung der „Strafbarkeit nach dem StGB" beschränkt, wird die Prüfung strafrechtlicher Nebengesetze nicht gewünscht und ist deshalb falsch!

Hängt die Subsumtion einzelner Merkmale einer Strafrechtsnorm von Normen anderer Rechtsgebiete ab, müssen diese in der Falllösung berücksichtigt werden.

Beispiele:

Ob eine Sache „fremd" i.S.v. § 242 Abs. 1 ist, kann oft nur unter Berücksichtigung der §§ 929 ff. BGB subsumiert werden.

Ob eine Diensthandlung gemäß § 113 Abs. 3 „nicht rechtmäßig" ist, lässt sich nicht ohne die einschlägigen Vorschriften der StPO, ZPO oder des Polizei- und Ordnungsrechts klären.

2. Abschnitt: Die Zwecke strafrechtlicher Verbote und ihrer Rechtsfolgen

A. Fragmentarischer Schutz von Rechtsgütern

4 Die Strafe ist das schärfste Sanktionsmittel unserer Rechtsordnung und beinhaltet zugleich den schwersten sozialen Tadel. Von ihr darf deshalb nur dort Gebrauch gemacht werden, wo der Einsatz anderer staatlicher Regulierungsinstrumente nicht Erfolg versprechend ist. Strafe ist damit das **letzte Mittel,** d.h. **ultima ratio**. Grund hierfür ist das aus Art. 28 Abs. 1 S. 1 GG abgeleitete und in Art. 20 Abs. 3 GG aufgegriffene **Rechtsstaatsprinzip**, wonach die Staatsgewalt nur **verhältnismäßig** ausgeübt werden darf.

Strafrechtliche Verbote dienen allein dazu, besonders sozialschädliches Verhalten zu bekämpfen und zu verhindern.[1] Dabei ist es Sache des Gesetzgebers, in einem demokratisch-parlamentarischen Willensbildungsprozess zu entscheiden, ob hierfür das Strafrecht oder andere, mildere Mittel gelten sollen. Aus diesem Grund erfasst das Strafrecht nicht lückenlos alle Bereiche menschlichen Zusammenlebens, sondern ist punktuell und damit zugleich **fragmentarisch.**

Beispiel: Die fahrlässige Sachbeschädigung verpflichtet zwar als Eigentumsverletzung nach § 823 Abs. 1 BGB zum Schadensersatz, ist aber nicht strafbar.

5 Innerhalb dieses Rahmens bezwecken die strafrechtlichen Verbote, die Bedingungen zu schützen, die für die Verwirklichung der Grundrechte des Einzelnen sowie für ein funktionierendes staatliches Gemeinwesen notwendig sind. Solche Bedingungen nennt man **Rechtsgüter** oder auch Schutzgüter. Man unterscheidet sie nach ihrem Träger:

- **Rechtsgüter der Allgemeinheit** sind vom Individuum losgelöst (Sicherheit des Beweisverkehrs, Sicherheit des Straßenverkehrs, Funktionsfähigkeit der Rechtspflege u.v.a.).
- **Individualrechtsgüter** stehen dem einzelnen Rechtsträger zu. Innerhalb der Individualrechtsgüter wird weiter unterschieden zwischen
  - **höchstpersönlichen Rechtsgütern**, die nicht übertragbar sind (Leben, körperliche Unversehrtheit, Freiheit, Ehre), und
  - **nicht höchstpersönlichen Rechtsgütern**, die übertragen werden können (Vermögen und Eigentum).

---

1 BVerfG, Beschl. v. 26.02.2008 – 2 BvR 392/07, RÜ 2008, 304.

Obwohl das StGB selbst den Begriff des Rechtsguts verwendet (§§ 5, 6, 34), ist eine allgemeine Umschreibung für das, was ein Rechtsgut ausmacht, bisher nicht gelungen. Unter Betonung des Wortteils „Recht" wird angenommen, Rechtsgut könne jede Gegebenheit sein, sofern sie nur von der Rechtsordnung positiv bewertet sei.[2] Die Gegenansicht betont den Wortteil „Gut" und versteht darunter jeden ideellen Wert, der für die Entfaltung des Einzelnen und für ein intaktes Gemeinwesen notwendig ist.[3] Nach dieser Ansicht sind bloße Moralvorstellungen oder kulturhistorische Tabus für sich gesehen keine Rechtsgüter. Strafvorschriften, die nur solche Positionen beträfen, hätten keine Legitimation; sie seien willkürlich und damit rechtsstaatswidrig.

Dieser Streit ist am Tatbestand des Geschwisterinzests praktisch geworden. § 173 Abs. 2 S. 2[4] bestraft unter anderem den Geschlechtsverkehr leiblicher Geschwister untereinander. Es fällt schwer, das von diesem Straftatbestand geschützte Rechtsgut zu ermitteln: Die Gefahr von Erbschäden noch nicht gezeugter Kinder führt auch sonst nicht zu einem Verbot des Beischlafs, zudem ist bei einverständlichem Handeln die sexuelle Selbstbestimmung nicht tangiert. Es bleibt lediglich die gesellschaftliche Ächtung derartigen Verhaltens als unmoralisch, die aber kein selbstständiges Rechtsgut darstellt, weshalb einige § 173 Abs. 2 S. 2 für verfassungswidrig halten.[5] Das BVerfG erachtet die Norm hingegen als verfassungsgemäß, da die Verfassungsmäßigkeit nicht am Vorhandensein eines Rechtsguts gemessen werde. Maßstab sei nur die Geeignetheit, Erforderlichkeit und Verhältnismäßigkeit einer Strafnorm bei Vorliegen legitimer Strafzwecke und – im Fall des Inzests – einer „wirkkräftigen gesellschaftlichen Überzeugung von der Strafwürdigkeit."[6]

Dieser rechtsgutkritische Ansatz beruht darauf, dass sich das BVerfG zurückhält, den Ermessensspielraum des Gesetzgebers zu beschränken. Dort wo ein Individual- oder Gemeinschaftsgut hinter einer Strafnorm steht – und das ist bei den in Übungsfällen einschlägigen Vorschriften durchweg der Fall – hat es auch stets Bedeutung für die Rechtsanwendung. Auf die Bestimmung des Rechtsguts kommt es schon bei der **Anwendbarkeit deutschen Strafrechts** an (s.u. Rdnr. 10 ff.), darüber hinaus bei der **teleologischen Auslegung** (s.u. Rdnr. 26), bei der **objektiven Zurechnung** (s.u. Rdnr. 78 ff.), bei Notwehr (s.u. Rdnr. 145 ff.), Notstand (s.u. Rdnr. 190 ff.) und bei der **rechtfertigenden Einwilligung** (s.u. Rdnr. 202 ff.).

Beispiel:

Willigt der Eigentümer eines Wohnhauses in die Inbrandsetzung des Gebäudes ein, ist die Tat nicht nach § 306 Abs. 1 Nr. 1 strafbar. Diese Vorschrift schützt ausschließlich das Eigentum, worüber der Eigentümer nach seinem Willen verfügen kann. Eine Bestrafung aus § 306 a Abs. 1 Nr. 1 wird durch die Zustimmung des Eigentümers dagegen nicht berührt, da § 306 a Leib und Leben der Bewohner des in Brand gesetzten Objekts schützt, also ein Rechtsgut der Allgemeinheit, das nicht zur Disposition eines Einzelnen steht.

*Daher müssen Sie **zu jedem klausurrelevanten Tatbestand** auch das geschützte Rechtsgut kennen. Ich komme darauf jeweils in den AS-Skripten Strafrecht BT 1 und 2 zu sprechen.*

2 So die Vertreter eines methodischen oder systemimmanenten Rechtsgutbegriffs, vgl. Kindhäuser § 2 Rdnr. 7; SK-Rudolphi Vor § 1 Rdnr. 4.

3 Systemkritischer Rechtsgutbegriff von Roxin AT I § 2 Rdnr. 7 ff.; ähnlich NK-Hassemer/Neumann Vor § 1 Rdnr. 62.

4 §§ ohne Gesetzesangabe sind solche des StGB.

5 Roxin AT I § 2 Rdnr. 7 ff.; ders. StV 2009, 545; Frister, S. 39 ff.

6 BVerfG, Beschl. v. 26.02.2008 – 2 BvR 392/07 Rdnr. 39, 50, RÜ 2008, 304.
Zur Verfassungsmäßigkeit von § 130 Abs. 4 nach demselben Prüfungsmaßstab BVerfG, Beschl. v. 04.11.2009 – 1 BvR 2150/08, RÜ 2010, 42.

B. Zwecke von Strafen und Maßregeln

I. Strafen

Als Strafen kennt die deutsche Rechtsordnung **Freiheitsstrafe** (§ 38), **Geldstrafe** (§§ 40 ff.) und als Nebenstrafe das strafrechtliche Fahrverbot (§ 44).

6 Die früher vertretenen **absoluten Straftheorien** sahen den Sinn der Strafe losgelöst (deshalb: „absolut") von gesellschaftlichen Zwecksetzungen ausschließlich repressiv. Strafe sei allein Sühne oder Vergeltung für begangenes Unrecht. Nachteil dieser Theorien ist, dass sie in der Verneinung der gesellschaftlichen Bezüge des Strafens die Funktion des Strafrechts als Sicherungsmittel für den sozialen Frieden außer Acht lassen.

7 Die sog. **relativen Theorien** sehen den Sinn des Strafens ausschließlich in Beziehung (daher: „relativ") zu dem sozialen Nutzen, weitere Straftaten zu verhindern. Nachteil einer allein auf Prävention ausgerichteten Strafe ist jedoch, dass aus Gründen der Sozialnützlichkeit oder Erziehung von der Täterschuld völlig unabhängige Strafen möglich wären.

8 Die Defizite beider Theorien vermeidet die heute herrschende **Vereinigungstheorie**. Strafzwecke sind danach **Prävention** und **Schuldausgleich**.

- Die **Spezialprävention** zielt auf den Täter ab: Als **negative Spezialprävention** soll der Täter von weiteren Straftaten abgeschreckt werden; nicht besserungsfähige Täter werden durch Einsperren an weiteren Straftaten gehindert. Als **positive Spezialprävention** hilft Strafe, den sozial desintegrierten Täter wieder in die Gesellschaft einzugliedern, d.h. zu resozialisieren.
- Die **Generalprävention** richtet sich an die Bevölkerung: Die **negative Generalprävention** soll bewirken, dass andere, die in Versuchung sind, ähnliche Straftaten zu begehen, abgeschreckt werden; die **positive Generalprävention** stärkt das Vertrauen der Bevölkerung in die Bestands- und Durchsetzungskraft der Rechtsordnung.[7]
- Begrenzt wird die Bestrafung einer Tat durch den Vergeltungs- und Sühnegedanken. Wenn erst der in der Sühne liegende **Schuldausgleich** es dem Täter ermöglicht, das Strafübel auf sich zu nehmen und als Sühne zu verarbeiten,[8] muss die Strafe auch schuldangemessen sein.

II. Maßregeln der Sicherung und Besserung

9 Neben Strafe gibt es als weitere Reaktion (= sog. Zweispurigkeit des Rechtsfolgensystems) Maßregeln der Besserung und Sicherung. Wichtigste Maßregeln sind die Entziehung der Fahrerlaubnis, §§ 69 ff., die Unterbringung in einer Entziehungsanstalt (§ 64) und die Unterbringung in Sicherungsverwahrung (§§ 66 ff.). Große praktische Bedeutung bei Vermögensdelikten haben darüber hinaus die Vorschriften zu Verfall und Ein-

---

7 Vgl. Ambos/Steiner JuS 2001, 9, 12.

8 Vgl. Rengier § 3 Rdnr. 21 ff.

ziehung (§§ 73 ff.), durch die dem Täter die aus der Straftat stammenden Vorteile wieder entzogen werden können. Der Unterschied zu Strafen besteht in Folgendem:

Maßregeln der Besserung und Sicherung sollen allein weiterem sozialschädlichen Verhalten des Täters vorbeugen. Sie setzen deshalb nur tatbestandsmäßige und rechtswidrige Anknüpfungstaten voraus, sind aber **von der Schuld des Täters unabhängig**. Sie können ggf. neben der Strafe verhängt werden.

Eine Sonderstellung beanspruchen der Verfall, §§ 73 ff., die Einziehung, §§ 74 ff., und die Unbrauchbarmachung, § 74 d. Diese Maßnahmen dienen sowohl repressiven als auch präventiven Zwecken.

*In einer **Falllösung zum 1. Examen** sind Strafzwecke nur selten anzusprechen, da nur die Strafbarkeit als solche zu begutachten ist, nicht jedoch der konkrete Strafausspruch. Bei **Hausarbeiten oder Klausuren für die Zwischenprüfung** werden aber gern auch abstrakte Wissensfragen gestellt, insbesondere solche zu den Strafzwecktheorien.*

3. Abschnitt: Geltungsbereich des deutschen Strafrechts

Die §§ 3–7, ergänzt durch § 9, bestimmen den Geltungsbereich des Strafrechts der Bundesrepublik Deutschland. Da sie die Frage regeln, unter welchen Voraussetzungen eine im Ausland begangene Tat oder die Tat eines Ausländers dem Strafrecht der Bundesrepublik unterliegt, werden die Bestimmungen auch als *„Internationales Strafrecht"* bezeichnet.

Dieser Ausdruck ist missverständlich. Im Gegensatz zum internationalen Privatrecht geht es nämlich nicht um die Frage, inwieweit ein deutsches Gericht ausländisches Recht anzuwenden hat, sondern darum, ob der Strafrichter in der Bundesrepublik für die Tat mit Auslandsbezug deutsches Strafrecht anwenden kann. Ausländisches Strafrecht kann allenfalls mittelbar von Bedeutung sein, nämlich dort, wo das StGB darauf Bezug nimmt, z.B. §§ 7, 51 Abs. 3.

Die Anwendbarkeit deutschen Strafrechts ist Prozessvoraussetzung[9] und lässt sich – soweit ein Fall überhaupt dazu Anlass gibt – nach folgender Gedankenführung ermitteln:

A. Inlandstaten

Ausgangspunkt ist § 3, der den sog. **Territorialitätsgrundsatz** zum Ausdruck bringt: 10
„Das deutsche Strafrecht gilt für Taten, die im Inland begangen werden."

§ 3 wird ergänzt durch das sog. **Flaggenprinzip** des § 4, wonach eine Straftat, die auf einem zum Führen der Bundesflagge oder des Staatszugehörigkeitszeichens der Bundesrepublik berechtigten Schiff oder Luftfahrzeug begangen wurde, so behandelt wird, als sei sie im Inland begangen worden.

„Inland" ist das Gebiet der Bundesrepublik Deutschland. Den Begriff des Tatorts präzisiert § 9: Nach Abs. 1 kann der Tatort für Täter sowohl der **Handlungsort** als auch der **Erfolgsort** einer Straftat sein.

I. Handlungsort ist die Stelle, an der die tatbestandsmäßige Tätigkeit (bzw. bei Unterlassungen: Untätigkeit) entfaltet wurde, ferner dort, wo der Versuch begonnen hat, und sogar dort, wo eine selbstständig strafbare Vorbereitungshandlung vollzogen wurde.[10]

9 Vgl. BGHSt 34, 1, 3; Rengier § 6 Rdnr. 3.
10 BGH NJW 1993, 1405.

II. Erfolgsort ist dort, wo der tatbestandsmäßige Erfolg eingetreten ist oder eintreten sollte. Unter „Erfolg" versteht die Rechtsprechung in diesem Zusammenhang auch den Eintritt einer vom Tatbestand vorausgesetzten konkreten Gefährdung (zur Terminologie s.u. Rdnr. 35).[11]

Nach § 9 Abs. 2 bestimmt sich der Tatort für Teilnehmer sowohl nach dem Tatort der Haupttat als auch nach dem Ort der Teilnahmehandlung. **Eine Tat kann somit mehrere „Tatorte" i.S.v. § 9 haben. Liegt auch nur einer davon im Inland, so gilt deutsches Strafrecht, und zwar unabhängig davon, ob die Tat von einem Deutschen oder einem Ausländer begangen worden ist.**

Beispiel: Der Niederländer N hat in Amsterdam den Türken T zu einem dann von T in Düsseldorf begangenen Betrug angestiftet. – Sowohl für den Täter T als auch für den Anstifter N ist Tatort Düsseldorf, also Inland (vgl. § 9 Abs. 2). Damit gilt deutsches Strafrecht.

B. Auslandstaten

11 Auch wenn nach dem Vorgenannten keine Inlandstat, sondern eine Auslandstat vorliegt, kann deutsches Strafrecht zur Anwendung gelangen.

I. Hierfür muss zunächst geklärt werden, ob der konkrete Rechtsgutangriff überhaupt in den **Schutzbereich der deutschen Strafrechtsnorm** fällt.[12]

Dies kann sich aus **spezialgesetzlicher Regelung** ergeben. So stellt § 299 Abs. 3 auch die Korruption im ausländischen Wettbewerb unter Strafe; nach dem Gesetz zur Bekämpfung der Bestechung ausländischer Amtsträger sind auch Bestechung und Bestechlichkeit im Ausland nach den §§ 332, 334 strafbar.

Delikte zum Schutz von **Individualgütern** wie Leben, Leib, Freiheit, Eigentum und Ehre haben ihrer Natur nach als Rechtswerte der zivilisierten Welt **keine Beschränkung** auf inländische Rechtsgutträger.

Wohl aber weisen alle Straftaten zum Schutz der staatlichen Ordnung und ihrer Institutionen eine **tatbestandsimmanente Inlandsbeschränkung** auf, d.h. geschützt sind nur Angriffe gegen die deutsche Staats- und Regierungsgewalt sowie gegen inländische staatliche Einrichtungen oder Rechtspflegeorgane.[13]

Beispiele:

§ 170 (Verletzung der Unterhaltspflicht) ist nicht anwendbar, wenn ein im Inland lebender Ausländer seine gesetzliche Unterhaltspflicht gegenüber im Ausland lebenden Unterhaltsberechtigten nicht deutscher Staatsangehörigkeit verletzt. Anknüpfungsgrund für die Tat wären an sich die §§ 3, 9 Abs. 1. Da § 170 aber nur die deutschen Sozialbehörden vor ungerechtfertigter Inanspruchnahme schützt, durch die Tat aber allein die Unterhaltssicherungsbehörden des ausländischen Staates betroffen sind, ist die Tat nicht nach § 170 strafbar.[14]

---

11 BGH, Urt. v. 12.12.2000 – 1 StR 184/00, NStZ 2001, 305 m. Anm. Kudlich, RÜ 2001, 123 zu Volksverhetzungen auf einem ausländischen Server im Internet.

12 BGHSt 29, 85, 88; 40, 79, 81; LK-Werle/Jeßberger vor § 3 Rdnr. 31; a.A. (Püfung nach den §§ 5–7) Rengier § 6 Rdnr. 4 f. m.w.N.

13 Sch/Sch/Eser Vorbem. §§ 3–9 Rdnr. 36.

14 Vgl. BGHSt 29, 85, 88.

Zeigt ein Deutscher im Ausland wider besseres Wissen bei der Polizei einen tatsächlich nicht begangenen Diebstahl an, so könnte über § 7 Abs. 2 Nr. 1 die Anwendung des § 145 d eröffnet sein. Da sich diese Vorschrift aber auf den Schutz innerstaatlicher Belange beschränkt und ausländische Staatsorgane nicht den Schutz des deutschen Strafrechts genießen, kann die Tat nicht nach deutschem Strafrecht geahndet werden.[15]

II. Ist die Anwendbarkeit der fraglichen Strafvorschrift nicht schon wegen Inlandsbeschränkung ausgeschlossen, muss bei Auslandstaten ein **Anknüpfungspunkt für deutsches Strafrecht** vorliegen.

1. Dies ist – unabhängig vom Tatortrecht – der Fall, 12

a) wenn durch die Tat Rechtsgüter i.S.d. § 5 gefährdet oder verletzt worden sind, sog. **Schutzprinzip**, oder

b) wenn sich die Tat gegen die in § 6 aufgeführten, international geschützten Rechtsgüter richtet, sog. **Weltrechtsgrundsatz**.

Für das Völkerstrafgesetzbuch enthält § 1 VStGB eine Entsprechung, sodass alle im Völkerstrafgesetzbuch geregelten Straftaten in Deutschland verfolgt werden können, selbst wenn sie keinerlei Bezug zum Inland aufweisen.

2. Für sonstige Auslandstaten gilt § 7, wonach Voraussetzung ist, dass die Tat am Tatort 13
mit Strafe bedroht ist oder keiner Strafgewalt unterliegt (wie z.B. die Hohe See) und

a) sich entweder **gegen einen Deutschen** – nur gegen eine natürliche Person, nicht gegen eine juristische Person mit Sitz in Deutschland[16]– richtet, sog. **passives Personalitätsprinzip** (§ 7 Abs. 1),

b) oder dass der **Täter zur Zeit der Tat Deutscher** war bzw. es nach der Tat geworden ist, sog. **eingeschränktes aktives Personalitätsprinzip** (§ 7 Abs. 2 Nr. 1),

c) oder dass der **Täter zur Zeit der Tat Ausländer** war, aber im Inland betroffen und nicht ausgeliefert wird, sog. **Grundsatz der stellvertretenden Strafrechtspflege**, § 7 Abs. 2 Nr. 2.[17]

*In **Strafrechtsklausuren** sind Probleme der Anwendbarkeit deutschen Strafrechts äußerst selten. Kommen sie vor, müssen Sie die Geltung deutschen Strafrechts unmittelbar im Anschluss an den Obersatz prüfen, bevor Sie mit der eigentlichen Deliktsprüfung beginnen. Wichtig: Diese Prüfung müssen Sie bei jeder Strafvorschrift erneut durchführen, da sich die Anwendbarkeit von einem zum anderen Straftatbestand ändern kann!*

15 Vgl. BGH NStZ 1984, 360.

16 OLG Stuttgart, Beschl. v. 30.10.2003 – 1 Ws 288/03, NStZ 2004, 402; AG Bremen, Beschl. v. 30.09.2004 – 74 Cs 230 Js 48049/03, NStZ-RR 2005, 87; Tröndle/Fischer § 7 Rdnr. 6 ab 53. Aufl.

17 Hier verlangt die Rechtsprechung aber, dass die Tat am Tatort auch verfolgbar ist, OLG Zweibrücken, Beschl. v. 06.11. 2002 – 1 Ws 484/02; OLGSt StGB § 7 Nr. 7.

Rechtsgüter

- **Universalrechtsgüter**
  - z.B. Sicherheit des Straßenverkehrs, Funktionsfähigkeit der Rechtspflege
- **Individualrechtsgüter**
  - höchstpersönliche (nicht übertragbar)
    - z.B. Leben, Körper, Freiheit
  - nicht höchstpersönliche (übertragbar)
    - Eigentum und Vermögen

Strafzwecke nach der Vereinigungstheorie

- **Prävention**
  - **Spezialprävention:** Einwirkung auf den Täter
    - **negative:** Abschreckung
    - **positive:** Resozialisierung
  - **Generalprävention:** Einwirkung auf die Allgemeinheit
    - **negative:** Abschreckung
    - **positive:** Vertrauen in die Rechtsordnung
- **Schuldausgleich**

Anwendbarkeit deutschen Strafrechts

- bei allen Straftaten, bei denen auch nur ein Tatort (§ 9) im **Inland** (§§ 3, 4) liegt
- bei Taten, deren Tatort (§ 9) allein im **Ausland** liegt,
  - und die in den Schutzbereich einer deutschen Strafnorm fallen
    - unabhängig vom Tatortrecht, wenn
      - Rechtsgüter gemäß § 5 betroffen sind
      - international geschützte Rechtsgüter i.S.v. § 6 betroffen sind
    - unter Berücksichtigung des Tatortrechts, wenn
      - sich die Tat gegen einen Deutschen richtet, § 7 Abs. 1
      - der Täter Deutscher war oder es später wurde, § 7 Abs. 2 Nr. 1
      - der Täter Ausländer war, im Inland betroffen und nicht ausgeliefert wurde, § 7 Abs. 2 Nr. 2

4. Abschnitt: Die Festlegung strafbaren Verhaltens

„Strafbarkeit" ist gegeben, wenn alle Voraussetzungen erfüllt sind, um gegen den Beteiligten einer Tat die in einer Strafvorschrift vorgesehene Strafe verhängen zu können. 14

Die Strafvorschriften selbst, aber auch die Rechtsanwendung müssen dafür bestimmten **verfassungsrechtlichen Anforderungen** genügen. Zudem muss dem Beteiligten **individuell** aus dem verbotswidrigen Verhalten ein Vorwurf gemacht werden können.

A. Verbot und Straffolge

Art. 103 Abs. 2 GG, § 1 lauten: „Eine Tat kann nur bestraft werden, wenn die Strafbarkeit gesetzlich bestimmt war, bevor die Tat begangen wurde." 15

§ 2 Abs. 1: „Die Strafe und ihre Nebenfolgen bestimmen sich nach dem Gesetz, das zur Zeit der Tat gilt."

Aus diesen Sätzen ergibt sich das erste **Fundamentalprinzip unseres Strafrechts: Nullum crimen sine lege, nulla poena sine lege, d.h. keine Straftat ohne Gesetz, keine Strafe ohne Gesetz.**[18] Oder kurz: **Gesetzlichkeitsprinzip.**

I. Das Gesetzlichkeitsprinzip

1. Zwecke und Adressaten

Das Gesetzlichkeitsprinzip ist stärker als die in Art. 20 Abs. 3 GG niedergelegten Garantieelemente des Rechtsstaatsprinzips. Es bezweckt einen erhöhten Schutz des Einzelnen vor strafrechtlichen Maßnahmen, mit denen der Staat auf schuldhaftes Unrecht reagiert und in die individuelle Freiheit eingreift. Das Gesetzlichkeitsprinzip richtet sich an den Gesetzgeber und die Bürger: 16

a) In Bezug auf den **Gesetzgeber** stellt die Notwendigkeit einer gesetzlichen Bestimmung der Strafbarkeit sicher, dass die Entscheidung darüber, welches Verhalten Strafe auslösen kann, nur von der Legislative **in demokratisch legitimierter Verantwortung** getroffen wird. Der vollziehenden und rechtsprechenden Gewalt ist es verwehrt, die normativen Voraussetzungen einer Bestrafung festzulegen.[19]

b) Dem **Bürger** sollen die Grenzen des straffreien Raums klar vor Augen geführt werden, damit er sein Verhalten daran orientieren kann.[20] Er muss wissen, welche Handlungen verboten sind und mit welchen Sanktionen er bei einer Rechtsverletzung zu rechnen hat **(Willkürverbot)**. Der Bürger soll ferner darauf vertrauen dürfen, dass er bei rechtskonformem Verhalten nicht mit Strafsanktionen rechnen muss **(Vertrauensschutz)**.[21]

---

18 Zur Rechtsgeschichte Krey/Esser § 3 Rdnr. 41 ff.

19 BVerfGE 75, 329, 341; Frister S. 46 f.

20 BVerfG, Urt. v. 05.02.2004 – 2 BvR 2029/01 Rdnr. 139, BVerfGE 109, 133.

21 Vgl. BVerfG, Urt. v. 20.03.2002 – 2 BvR 794/95, StV 2002, 247.

2. Reichweite

17 Art. 103 Abs. 2 GG bezieht sich auf die „Strafbarkeit“ einer Tat. Im verfassungsrechtlichen Verständnis reicht dieser Begriff weiter als die oben (Rdnr. 14) genannte Definition der Strafbarkeit im kriminaljuristischen Sinn.

Art. 103 Abs. 2 GG verbindet mit „Strafbarkeit“ alle Regeln, die eine missbilligende hoheitliche Reaktion auf ein rechtswidriges und schuldhaftes Verhalten beinhalten und wegen dieses Verhaltens ein Übel verhängen, das dem Schuldausgleich dient. Andere staatliche Eingriffe wie z.B. die Untersuchungshaft, die nur der Sicherung des staatlichen Strafanspruchs dient, gehören nicht dazu.[22]

a) Damit **gilt** Art. 103 Abs. 2 GG

- für alle Regelungen des **Kernstrafrechts**.

  Dazu zählen die **Vorschriften des Allgemeinen Teils des StGB**, soweit sie die Voraussetzungen der Verhängung von Strafe beschreiben,[23] einschließlich der Anwendbarkeit deutschen Strafrechts,[24] und soweit sie Strafen (§§ 38 ff.) und Nebenfolgen (§§ 45 ff.) betreffen.[25]

  Alle **Deliktstatbestände des Besonderen Teils des StGB** (§§ 80–358) einschließlich der darin enthaltenen **Rechtsfolgenvorschriften** unterfallen Art. 103 Abs. 2 GG.[26]

- Art.103 Abs. 2 GG gilt für alle **Strafvorschriften des Nebenstrafrechts** (z.B. die Steuerhinterziehung gemäß § 370 Abgabenordnung, die Betäubungsmitteldelikte u.v.m.).

- Art. 103 Abs. 2 GG erfasst darüber hinaus die Regeln zu **ehrengerichtlichen Strafen, Disziplinarmaßnahmen** sowie zur Verhängung von **Ordnungsgeld und Ordnungshaft**.[27]

- Auch der gesamte Bereich des **Ordnungswidrigkeitenrechts** unterfällt – zumindest über § 3 OWiG – dem Gesetzlichkeitsprinzip des Art. 103 Abs. 2 GG.

b) Nicht unter Art. 103 Abs. 2 GG fallen

- nach h.M. das **Strafantragsrecht** (§§ 77 ff.) und die **Verjährungsregeln** (§§ 78 ff.). Hierbei handele es sich um Regeln der Verfolgbarkeit und nicht der Strafbarkeit. Das Gesetzlichkeitsprinzip garantiere nicht, dass Straftaten unter bestimmten Verfahrensvoraussetzungen – insbesondere innerhalb einer bestimmten Frist – verfolgbar seien. Deshalb ist nach h.M. eine rückwirkende Änderung von Antragsvorschriften oder die rückwirkende Verlängerung einer noch nicht abgelaufenen Verjährungsfrist möglich[28] (siehe dazu unten Rdnr. 30).

---

22 BVerfG, Urt. v. 05.02.2004 – 2 BvR 2029/01 Rdnr. 144 ff., BVerfGE 109, 133.

23 Vgl. BVerfG, Beschl. v. 21.02.2002 – 2 BvR 2202/01, NJW 2003, 1030 zur Verfassungsmäßigkeit von § 13.

24 Fischer § 1 Rdnr. 3.

25 BVerfG, Urt. v. 20.03.2002 – 2 BvR 794/95 zur Verfassungswidrigkeit der aufgrund dieser Entscheidung aufgehobenen Vermögensstrafe, § 43 a.

26 BGH, Urt. v. 17.10.2003 – 1 StR 274/03, RÜ 2004, 37 zum Regelbeispiel des § 263 Abs. 3 S. 2 Nr. 2.

27 Vgl. BVerfGE 26, 203 f.

28 BVerfGE 25, 269, 286 f.; BGHSt 46, 310, 315 ff.; ablehnend z.B. Frister S. 59 f.; Roxin § 3 Rdnr. 59.

- Auch **Maßregeln der Sicherung und Besserung** werden nach h.M. von Art. 103 Abs. 2 GG nicht erfasst.[29]
- Beugemittel des Verfahrensrechts (z.B. § 77 StPO, § 178 GVG) sollen ebenfalls nicht unter Art. 103 Abs. 2 GG fallen.[30]

II. Die vier Kardinalprinzipien des Strafrechts, abgeleitet aus dem Gesetzlichkeitsprinzip

Aus dem Gesetzlichkeitsprinzip folgen vier **Kardinalprinzipien** des Strafrechts:

- nullum crimen, nulla poena sine lege **scripta**, d.h. keine Strafbarkeit ohne **geschriebenes** Gesetz
- nullum crimen, nulla poena sine lege **certa**, d.h. keine Strafbarkeit ohne **sicheres** (= inhaltlich bestimmtes) Gesetz
- nullum crimen, nulla poena sine lege **stricta**, d.h. keine Strafbarkeit ohne strenges (= streng beachtetes) Gesetz
- nullum crimen, nulla poena sine lege **praevia**, d.h. keine Strafbarkeit ohne **vorheriges** (= zur Tatzeit gültiges) Gesetz

1. Keine Strafbarkeit ohne geschriebenes Gesetz – strenger Gesetzesvorbehalt

Was strafbar ist und welche Strafe zu verhängen ist, hat allein der Gesetzgeber durch förmliches Gesetz oder Rechtsverordnung[31] festzulegen. Wird als Rechtsfolge Freiheitsstrafe angedroht, muss gemäß Art. 104 Abs. 1 GG ein förmliches Gesetz vorliegen. Für Strafvorschriften besteht also ein **Kodifizierungsgebot.** 18

2. Keine Strafbarkeit ohne sicheres Gesetz – Bestimmtheitsgrundsatz

Der Bestimmtheitsgrundsatz nimmt den **Gesetzgeber** verfassungsrechtlich in die Pflicht: Die Voraussetzungen der Strafbarkeit und die daran anknüpfenden Folgen müssen so konkret umschrieben sein, dass der Normadressat anhand der gesetzlichen Vorschrift voraussehen kann, ob ein Verhalten strafbar ist oder ob zumindest das Risiko einer Bestrafung besteht.[32] Je schwerer die angedrohte Strafe, umso höher sind die Anforderungen an die gesetzliche Präzisierung.[33] Andererseits kann der Gesetzgeber nicht gezwungen sein, sämtliche denkbaren Fallgestaltungen in einer Strafnorm zu beschreiben. Das ist bei notwendigerweise abstrakten Rechtsnormen gar nicht möglich.

a) Der Gesetzgeber kann deshalb von sog. **Blanketttatbeständen** Gebrauch machen, die an die Verletzung eines in Bezug genommenen anderen Gesetzes oder einer ande- 19

---

29 BVerfG, Urt. v. 05.02.2004 – 2 BvR 2029/01, BVerfGE 109, 133; Frister S. 60 f.; a.A. (Analogieverbot zumindest für in Freiheit oder Vermögen eingreifende Maßregeln) Fischer § 1 Rdnr. 22 m.w.N.

30 MünchKomm/Schmitz § 1 Rdnr. 18.

31 Vgl. BVerfGE 75, 329, 342.

32 BVerfG, Beschl. v. 04.12.2003 – 2 BvR 1107/03, wistra 2004, 99.

33 BVerfGE 75, 329, 343.

ren Rechtsverordnung oder von EU-Recht oder gar nur eines Verwaltungsaktes anknüpfen. Ist die Ausfüllungsnorm ein Gesetz, genügt der einfache Verweis in der Strafnorm. Werden sonstige Normen „verlinkt", muss entweder die Strafnorm selbst oder eine andere gesetzliche Vorschrift Art und Maß der Strafe festlegen.[34]

Beispiel: unerlaubter Umgang mit Abfällen gemäß § 326 Abs. 2 Nr. 1

20 **b)** Dem Gesetzgeber ist es wegen der Vielgestaltigkeit des Lebens auch nicht verwehrt, **Generalklauseln** und **wertungsausfüllungsbedürftige Begriffe** zu verwenden. Verfassungsrechtlich ist dies aber nur dann unbedenklich, wenn die Strafnorm immer noch eine zuverlässige Grundlage für die Inhaltsbestimmung durch Auslegung bietet oder wenn bereits eine gefestigte Rechtsprechung besteht, durch die die Norm hinreichende Bestimmtheit gewinnt.[35]

3. Keine Strafbarkeit ohne strenges (streng beachtetes) Gesetz – Verbot täterbelastenden Gewohnheitsrechts und täterbelastender Analogie; Auslegung und Grenzen

Aus dem Bestimmtheitsgrundsatz folgt, dass nur der Gesetzgeber die Entscheidung über die Einordnung eines bestimmten Verhaltens als strafbar zu treffen hat. Die Rechtsprechung darf in diese Wertung nicht eingreifen, selbst dann nicht, wenn infolge des Bestimmtheitsgrundsatzes Einzelfälle aus dem Anwendungsbereich einer Strafnorm herausfallen, obwohl sie ähnlich strafwürdig sind wie das vom Gesetzgeber als strafbar bewertete Verhalten. Dieses **Gebot strenger Gesetzesbeachtung** schlägt sich im **Verbot täterbelastenden Gewohnheitsrechts** und in dem **Analogieverbot** nieder.

a) Verbot täterbelastenden Gewohnheitsrechts

21 **aa) Straftatbestände oder Strafschärfungen des Besonderen Teils des StGB können also nicht durch gleichmäßige, lang andauernde und anerkannte Rechtsausübung geschaffen werden.** Darüber besteht in Theorie und Praxis auch Konsens.

bb) Probleme bereitet der **Allgemeine Teil des StGB**, denn der Gesetzgeber hat die Klärung vieler zentraler Rechtsbegriffe der Literatur und Rechtsprechung überlassen. Einigkeit besteht darüber, dass bei Vorschriften, die der Gesetzgeber mit einem gewissen Regelungsrahmen ausgestattet hat, eine Präzisierung der Inhaltsgrenzen nach den Methoden der **Auslegung** (siehe dazu unten Rdnr. 26) zulässig ist und sich auch als Gewohnheitsrecht verfestigen kann.[36]

Beispiele: Begriffe wie Vorsatz oder Fahrlässigkeit, Kausalität, Täterschaft, Irrtum über Rechtfertigungsgründe etc.

---

34 Vgl. MünchKomm/Schmitz § 1 Rdnr. 53 ff.

35 BVerfG, Beschl. v. 21.11.2002 – 2 BvR 2202/01 zur hinreichenden Bestimmtheit von § 13.

36 Krey/Esser Rdnr. 78.

Rechtsinstitute aber, deren gesetzliche Verankerung fehlt, können auch nicht durch lang andauernde Übung verfassungskonform werden.

Beispiel: Aus diesem Grund ist 1994 die sog. Fortsetzungstat durch Entscheidung des Großen Senats für Strafsachen beim BGH[37] abgeschafft worden. Dieses über Jahrzehnte anerkannte Konstrukt ermöglichte die Zusammenfassung von Serientaten zu einer Straftat mit der für den Täter nachteiligen Folge, dass, solange nicht der letzte Teilakt verjährt war, die Gesamttat verfolgbar blieb.

cc) Zulässig ist demgegenüber **jede tätergünstige Einschränkung der Strafbarkeit** durch Gewohnheitsrecht. 22

Beispiele: Rechtfertigung durch mutmaßliche Einwilligung oder Pflichtenkollision, Entschuldigungsgrund des übergesetzlichen Notstands.

b) Das Verbot täterbelastender Analogie

Unter **Analogie** versteht man **die Ausdehnung eines Merkmals oder Rechtssatzes über den durch die Auslegung begrenzten Wortsinn hinaus auf vergleichbare, aber vom möglichen Wortsinn nicht mehr erfasste Sachverhalte**. Analogie setzt immer eine planwidrige Regelungslücke voraus. Mittel zur Schließung der Lücke können Gesetzes- und Rechtsanalogie sein. 23

Gesetzesanalogie liegt vor, wenn der Rechtsanwender den Grundgedanken eines einzelnen Rechtssatzes auf einen von diesem Rechtssatz noch nicht unmittelbar erfassten Fall überträgt.

Von **Rechtsanalogie** spricht man, wenn aus einer Mehrzahl von Rechtsvorschriften ein allgemeines Prinzip entwickelt und auf den unter keine der Rechtsvorschriften direkt subsumierbaren Sachverhalt angewendet wird.[38]

Im Strafrecht leitet sich aus dem Bestimmtheitsgrundsatz für jede Rechtsanwendung ein strenges Verbot täterbelastender Analogie ab. Dieses Verbot soll verhindern, dass der Bürger durch lückenfüllende Rechtsfortbildung für etwas bestraft wird, was er zur Tatzeit nicht als strafbar vorhersehen konnte.

aa) Verboten ist deshalb **jede Täterbelastung entgegen dem Wortlaut einer Strafrechtsvorschrift (Verbot täterbelastender Analogie).** 24

Der Hauptfall ist die **direkte Analogie** zulasten des Täters im Rahmen von **Tatbeständen** und **Rechtsfolgenvorschriften.**[39]

Beispiel: Der BGH hat jahrzehntelang die Auffassung vertreten, dass derjenige, der eine Vollstreckungshandlung dadurch vereiteln will, dass er mit seinem Pkw auf den Vollstreckungsbeamten zufährt, wegen besonders schweren Widerstandes nach § 113 Abs. 2 Nr. 1 strafbar sei, weil das Auto durch den konkreten Einsatz zur „Waffe im untechnischen Sinn" pervertiert werde.[40] Das BVerfG hat dies als Verstoß gegen das Analogieverbot angesehen. Der allgemeine Sprachgebrauch bezeichnet danach Gegenstände als Waffen, wenn ihre primäre Zweckbestimmung darin liegt, im Wege des Angriffs oder der Verteidigung zur Bekämpfung anderer eingesetzt zu werden, oder wenn eine solche Verwendung zumindest typisch ist – etwa bei Hiebwaffen wie Keulen oder bei Messern. Die bloße Möglichkeit, einen Gegenstand auch in zweckentfremdender Benutzung zur Bekämpfung von Zielen zu verwenden, genügt zur Begründung der Waffeneigenschaft danach jedenfalls nicht.[41]

---

37 BGHSt 40, 138.

38 Vgl. Sch/Sch/Eser/Hecker § 1 Rdnr. 22.

39 BVerfG NJW 1995, 1141.

40 BGHSt 26, 176,179.

41 BVerfG, Beschl. v. 01.09.2008 – 2 BvR 2238/07, RÜ 2008, 709.

Verboten ist aber auch **indirekte Analogie**, indem eine strafbarkeitsmildernde oder -ausschließende Regelung entgegen dem Wortlaut eingeschränkt, d.h. reduziert wird. Der Effekt der Strafbarkeitsbegründung ist derselbe wie bei der Analogie. Damit entfaltet das Verbot täterbelastender Analogie auch ein **Reduktionsverbot für täterentlastende Vorschriften.**[42]

Beispiel: Der BGH hat deshalb die Nichtanwendung der Rücktrittsmöglichkeit nach § 24 beim Raubversuch trotz bereits eingetretener Todesfolge (§§ 249, 22, 251) als indirekten Analogieverstoß entlarvt. Denn auch die Reduktion einer an sich einschlägigen Strafaufhebungsnorm ist letztlich nichts anderes als die Überdehnung der Verbotsnorm (zur Problematik AS-Skript Strafrecht AT 2 [2014]).[43]

25 **bb) Erlaubt** ist die täterbelastende Analogie hingegen im reinen **Verfahrensrecht**, denn das Strafverfahren wird von Art. 103 Abs. 2 GG nicht erfasst.[44]

Erlaubt ist ferner jede Analogie **zugunsten des Täters**.

Beispiele: Analoge Anwendung von Strafausschließungsgründen wie § 157 für § 164 oder § 258 Abs. 6 für § 257.

c) Auslegungsmethoden und Grenzen der Auslegung

26 **aa)** Von der Analogie ist die **Auslegung** zu unterscheiden. Auslegung ist unverzichtbar, weil Rechtsnormen wegen ihrer Abstraktheit und Allgemeinheit ausgefüllt werden müssen, bevor überhaupt festgestellt werden kann, ob ein bestimmtes Verhalten davon erfasst wird. **Die Auslegung bezweckt, den in einer Strafvorschrift und ihren Merkmalen enthaltenen Sinn für die Gegenwart zu ermitteln.**[45]

(1) Dafür ist zunächst festzustellen, ob der Gesetzgeber eine bestimmte Auslegung durch eine **Legaldefinition** vorschreibt (vgl. z.B. die Kataloge in §§ 11, 330 d). Ist eine solche Definition nicht vorgegeben oder ist die Definition nicht eindeutig, muss man nach den „klassischen" Auslegungsmethoden weiterprüfen.

(2) Gegenstand der Auslegung gesetzlicher Bestimmungen ist immer nur der Gesetzestext selbst. Daher muss stets mit einer **Wortauslegung**, also der **grammatischen Auslegung** begonnen werden. Der mögliche Wortsinn des Gesetzes markiert die äußerste Grenze zulässiger Interpretationen.[46] Lässt sich durch grammatische Auslegung kein eindeutiges Ergebnis gewinnen, sind die übrigen Auslegungsmethoden ergänzend heranzuziehen.

(3) Die **systematische Auslegung** bemüht sich, aus dem Zusammenhang einer Vorschrift Rückschlüsse auf den Gesetzesinhalt zu gewinnen.[47] Der Vergleich kann zu anderen Strafgesetzen oder auch zu Rechtsfiguren des Allgemeinen Teils gezogen werden.

Beispiel: So ergibt sich aus der Existenz des § 218 im Vergleich zu den §§ 211 ff., 222, dass der Gesetzgeber den Fötus noch nicht als „Mensch" im strafrechtlichen Sinn behandelt wissen will. Wichtigste

42 Vgl. BGH NJW 1996, 2663, 2664.

43 BGH NJW 1996, 2663, 2664.

44 Meyer-Goßner Einl. Rdnr. 198; einschränkend Roxin § 5 Rdnr. 43.

45 Fischer § 1 Rdnr. 21.

46 BVerfG, Beschl. v. 04.12.2003 – 2 BvR 1107/03, wistra 2004, 99.

47 Vgl. BGHSt 15, 28 ff.

Konsequenz: Da § 218 nur vorsätzlich begehbar ist (§ 15), ist die fahrlässige Tötung eines Kindes vor der Geburt straflos!

Aus dem Vergleich lässt sich oft auch ein **Erst-recht-Schluss** gewinnen (argumentum e fortiori).

Dieser kann vom „Kleineren" auf das „Größere" gerichtet sein (argumentum a minore ad maius).

Beispiel: In vielen Strafschärfungen mit Todesfolge steht unter Strafe, dass der Täter den Tod „wenigstens leichtfertig" herbeigeführt hat (siehe nur §§ 251, 306 c). Da die Leichtfertigkeit im Verhältnis zum Vorsatz die minder schwere Vorwerfbarkeitsform ist, erfüllt derjenige „erst recht" die Strafschärfung, der bezüglich der Todesfolge Vorsatz besitzt.

Der Erst-recht-Schluss kann aber auch umgekehrt vom „Größeren" auf das „Kleinere" gezogen werden (argumentum a maiore ad minus).

Beispiel: Ist es bei einer Trunkenheitsfahrt zu einem Schaden gekommen, ist „erst recht" die von § 315 c Abs. 1 vorausgesetzte Gefährdung anzunehmen.

(4) Die **subjektiv-historische Auslegung** zieht die Entstehungsgeschichte einer Vorschrift heran und versucht, den bei Schaffung der Vorschrift vorhandenen Willen des Gesetzgebers zu ermitteln.[48]

Beispiel: Mit der Schaffung des Straftatbestandes des Computerbetruges (§ 263 a) bezweckte der Gesetzgeber, die Fälle des EC-Karten-Missbrauchs zu erfassen (vgl. dazu AS-Skript Strafrecht BT 1 [2014], Rdnr. 324 ff.).

(5) Die **verfassungskonforme Auslegung** stellt sicher, dass eine Norminterpretation nicht im Widerspruch zu Wertsetzungen des Grundgesetzes steht.

Beispiel: So ist der Rechtfertigungsgrund der „Wahrnehmung berechtigter Interessen", § 193, „im Licht der Meinungsfreiheit gemäß Art. 5 GG" zu interpretieren und erlaubt auch herabsetzende Werturteile in der verbalen Auseinandersetzung, sofern es nicht nur um bloße Schmähungen des Ehrträgers geht.[49]

(6) In der Praxis immer stärkere Bedeutung hat die sog. **gemeinschaftskonforme Auslegung**. So sind Strafvorschriften, die in Umsetzung einer EU-Richtlinie oder eines Rahmenbeschlusses geschaffen worden sind,[50] gemäß diesen europarechtlichen Vorgaben zu interpretieren. Auch die Europäische Menschenrechtskonvention (EMRK), die nach Art. 59 Abs. 2 GG im Rang von Bundesrecht steht, sowie ihre Anwendung durch den Europäischen Gerichtshof für Menschenrechte (EGMR) sind als Auslegungshilfe für deutsche Straf- und Strafprozessrechtsnormen zu beachten.[51]

(7) Das stärkste Gewicht für die Entscheidung zu einer bestimmten Gesetzesinterpretation hat schließlich die **objektiv-teleologische Auslegung**. „Teleologisch" ist eine Verbindung der griechischen Begriffe „telos" (= Ziel) und „logos" (= Wort). Demgemäß fragt diese Auslegung nach dem von einer Norm in der Gegenwart verfolgten **(Schutz-) Zweck**. Die Berücksichtigung des dahinter stehenden Rechtsguts (s.o. Rdnr. 5) lässt damit eine angepasste Fortentwicklung bestehender Vorschriften zu.[52] Häufig ergibt sich

48 Vgl. SK-Rudolphi § 1 Rdnr. 31.

49 BVerfG, Beschl. v. 05.12.2008 – 1 BvR 1318/07, RÜ 2009, 99.

50 Zuletzt das 41. Strafrechtsänderungsgesetz v. 07.08.2007, BGBl. I, 1786 ff.

51 BGHSt 45, 321, 329; BGH, Beschl. v. 17.02.2011 – 3 ARs 35/10, NStZ-RR 2011, 139.

52 Vgl. LK-Dannecker § 1 Rdnr. 316.

hieraus eine **teleologische Reduktion**, d.h. die Nichtanwendung einer Vorschrift oder eines Merkmals auf einen bestimmten Sachverhalt, obwohl sie bzw. es dem Wortlaut nach passen würde.

Beispiel: Täuscht der Räuber seinem Opfer vor, der in den Rücken gehaltene Lippenstift sei eine geladene Schusswaffe, ist dem Wortlaut nach die Strafschärfung des § 250 Abs. 1 Nr. 1 b erfüllt. Dennoch bejaht die Rechtsprechung eine teleologische Reduktion dieser Vorschrift bei „evident ungefährlichen Tatmitteln", weil hier die Täuschung tatprägend ist und kein Bedürfnis für eine Erhöhung des Raubstrafrahmens gesehen wird.[53] (Näher dazu AS-Skript Strafrecht BT 1 [2014], Rdnr. 138)

27 **bb)** Der Auslegung sind auch innerhalb von Wortlaut und Wortsinn durch den Bestimmtheitsgrundsatz zusätzliche **Grenzen** gesetzt: [54]

(1) Die wichtigste ist das sog. **Verschleifungs**- und **Entgrenzungsverbot**. Danach dürfen einzelne Tatbestandsmerkmale auch innerhalb des möglichen Wortlauts und Wortsinns nicht so weit ausgelegt werden, dass sie vollständig in anderen Tatbestandsmerkmalen aufgehen.

Beispiel: Die Rechtsprechung sah das Tatbestandsmerkmal „Vermögensnachteil" bei der Untreue nach § 266 Abs. 1 als erfüllt an, wenn ein Gefährdungsschaden gegeben war, den man nicht näher beziffern müsse. Das BVerfG befand, dass diese Auslegung dem Tatbestandsmerkmal des Vermögensnachteils seine eigenständige Bedeutung nimmt und es mit dem Merkmal der Pflichtverletzung des Vermögensbetreuungspflichtigen „verschleift".[55]

(2) Ist bei methodengerechter Auslegung ein Verhalten nicht strafbewehrt, aber noch vom Gesetzeswortlaut erfasst, muss dem Willen des Gesetzgebers durch eine **restriktive Auslegung** der Norm Geltung verschafft werden.

(3) Bei weit gefassten Tatbeständen und Tatbestandselementen dürfen die Gerichte bestehende Unsicherheiten über den Anwendungsbereich einer Norm nicht noch durch fern liegende Interpretationen und konturenlose Normverständnisse erhöhen **(Gebot der Minimierung von Rechtsunsicherheit)**,[56] sondern sind gehalten, diese Unsicherheiten durch Präzisierung und Konkretisierung auszuräumen **(Präzisierungsgebot)**.

4. Keine Strafbarkeit ohne vorheriges Gesetz

Aus Art. 103 Abs. 2 GG ergibt sich im Zusammenspiel mit den §§ 1, 2 ein **umfassendes Rückwirkungsverbot** für das „Ob und „Wie" der Strafbarkeit. Grund hierfür ist der Vertrauensschutz: Der Bürger richtet sein Verhalten an den jeweils geltenden und für ihn ersichtlichen Rechtsnormen aus. Die Strafbarkeit ist deshalb anhand der **zur Zeit der Tat** geltenden Vorschriften zu beurteilen. „Zeit der Tat" ist dabei nach **§ 8** der Zeitpunkt, in dem der Täter oder Teilnehmer gehandelt hat oder im Fall des Unterlassens hätte handeln müssen; auf den Zeitpunkt des Erfolgseintritts kommt es hingegen nicht an.

53 BGH, Beschl. v. 11.05-2011 – 2 StR 618/10, RÜ 2011, 506, 508; BGH, Urt. v. 18.01.2007 – 4 StR 394/06, RÜ 2007, 198.

54 BVerfG, Beschl. v. 23.06.2010 – 2 BvR 2559/08 u.a., NJW 2010, 3209 ff.

55 BVerfG a.a.O. Rdnr. 149, NJW 2010, 3209, 3221.

56 Vgl. Saliger NJW 2010, 3195, 3196.

a) Rückwirkungsverbot für Strafgesetze

aa) Das Rückwirkungsverbot verhindert sowohl die **rückwirkende Strafbegründung** als auch die **rückwirkende Strafverschärfung** durch den Gesetzgeber,[57] sodass ein Verhalten, dass zum Tatzeitpunkt straffrei war, nachträglich weder für strafbar erklärt noch schärfer als zuvor bestraft werden darf. 28

Es ist daher nicht möglich, den bisher straflosen Versuch oder bei einer bisherigen Vorsatztat auch die fahrlässige Begehung rückwirkend unter Strafe zu stellen.

Das Rückwirkungsverbot gilt darüber hinaus für den **Wegfall von Rechtfertigungsgründen, Schuldausschließungsgründen, Bedingungen der Strafbarkeit und persönlichen Strafausschließungs- oder Strafaufhebungsgründen**.[58]

Über § 2 Abs. 5 wird der Anwendungsbereich des Rückwirkungsverbotes zudem auf Verfall, Einziehung und Unbrauchbarmachung erweitert.

bb) Nach § 2 Abs. 6 besteht dagegen **kein Rückwirkungsverbot für Maßregeln der Besserung und Sicherung**, da diese nach dem Verständnis des Gesetzgebers der Verhinderung weiterer Straftaten dienen, nicht aber Strafzwecke verfolgen.

cc) Umstritten ist, ob das Rückwirkungsverbot (entsprechend) gilt, wenn sich eine vordem **gefestigte Rechtsprechung** zur Auslegung eines Strafgesetzes **ändert**. 29

Beispiel: Änderung der Rechtsprechung, die Schreckschusspistolen mit Austrittsöffnung des Explosionsdrucks nach vorn aufgrund neuer Erkenntnisse der Kriminaltechnik und der Rechtsmedizin als Waffen i.S.d. §§ 244 u. 250 einstuft.[59]

Teilweise wird ein Rückwirkungsverbot zumindest für die Fälle angenommen, in denen die gefestigte Rechtsprechung eine gesetzesergänzende oder -konkretisierende Funktion annehme, wie beispielsweise bei der Festlegung von Promillegrenzen im Rahmen der Strafbarkeit nach § 316. In diesen Fällen wirke sich die Änderung der Rspr. gleichsam wie eine Gesetzesänderung aus und enttäusche das Vertrauen der Bevölkerung.[60]

Die h.M. in Rspr. und Lit. lässt es dagegen zu, dass eine Tat aufgrund einer inzwischen geänderter Rechtsauffassung anders beurteilt wird, als dies zur Tatzeit geschehen wäre. Der Vertrauensschutz könne nicht dazu führen, dass die Gerichte an eine Rechtsansicht gebunden werden, die sich aufgrund neuer Erkenntnisse als unhaltbar erwiesen habe.[61]

dd) Nach Rechtsprechung und h.M. gilt das Rückwirkungsverbot auch nicht für **Verfahrensvorschriften**.[62] 30

Die Frage ist bei der **nachträglichen Verlängerung der Verjährungsfrist** bei Mordtaten aus der Nazizeit kontrovers behandelt worden. Unabhängig von der Einordnung der Verjährungsregeln als materiell- oder verfahrensrechtliche Normen stellt das BVerfG[63] darauf ab, dass Art. 103 Abs. 2 GG nur die rückwirkende Strafbegründung und -verschärfung verbietet, jedoch nichts über die Dauer des Zeitraums besagt, in dem die Tat verfolgt und geahndet werden darf.

57 BVerfGE 25, 269.

58 Fischer § 1 Rdnr. 28.

59 BGHGSSt, Beschl. v. 04.02.2003 – GSSt 2/02, BGHSt 48, 197, 206, RÜ 2003, 270.

60 MüKo-Schmitz § 1 Rdnr. 33 f.; NK-Hassemer/Kargl § 1 Rdnr. 51.

61 BVerfGE 18, 224, 240 f.; BVerfG NJW 1990, 3140; BGH, Beschl. v. 08.04.2010 – 5 StR 491/09, wistra 2010, 263.

62 BVerfGE 25, 269, 286; SK-Rudolphi § 1 Rdnr. 10; a.A. Arndt JZ 1965, 148; Schreiber ZStW 80, 365.

63 BVerfGE 25, 269, 286.

Auch der **Wegfall eines Strafantragserfordernisses nach Tatbegehung** ist nach Auffassung des BGH zulässig, weil damit nicht die Strafdrohung als solche, sondern nur das „Ob" der Verfolgung berührt wird.[64]

b) Verbot rückwirkender und täterbelastender Rechtsanwendung

31 Auch die Rechtsfolgen der Tat dürfen nicht nachträglich zum Nachteil des Täters verändert werden. Die Strafe und ihre Nebenfolgen sind daher ebenfalls dem zur Tatzeit geltenden Gesetz zu entnehmen, § 2 Abs. 1.

Wird die Strafdrohung **während der Begehung der Tat geändert**, ist nach § 2 Abs. 2 das Gesetz anzuwenden, das bei der Beendigung der Tat gilt. Diese Vorschrift ist bedeutsam für Dauerdelikte (siehe dazu unten Rdnr. 35).

Ändert sich das Gesetz **zwischen Beendigung der Tat und der Entscheidung**, ist nach § 2 Abs. 3 **das mildeste Gesetz** anzuwenden. Einzubeziehen sind auch sog. Zwischengesetze, die nach der Tat erlassen und zur Zeit der Entscheidung schon wieder außer Kraft getreten sind, es sei denn, dass es sich um ein von vornherein nur für eine bestimmte Zeit erlassenes Gesetz – sog. Zeitgesetz – handelt, § 2 Abs. 4.[65] Welches von diesen Gesetzen das mildeste ist, ergibt ein **Gesamtvergleich der im konkreten Einzelfall nach diesen Vorschriften hypothetisch verwirkten Rechtsfolgen**. Für Verfahrensregeln gilt § 2 Abs. 3 nicht.

Eine Ausnahme gilt für die Verjährung, wenn eine Verlängerung der Verjährungsfrist Folge der Änderung der materiellen Strafvorschrift ist. In diesem Fall ist das Gesetz das mildeste, das den Wegfall der Strafverfolgung wegen Verjährung bewirkt hätte.[66]

Auch eine zwischenzeitlich eingetretene Ahndungslücke ist ein milderes Gesetz i.S.v. § 2 Abs. 3, sodass es gegen das Rückwirkungsverbot verstößt, wegen einer Tat zu verurteilen, die zwischen ihrer Begehung und der Entscheidung vorübergehend – wenn auch vom Gesetzgeber ungewollt – nicht mit Strafe bedroht war.[67]

*In der strafrechtlichen **Falllösung** zeigen Sie, dass Sie das Gesetzlichkeitsprinzip verinnerlicht haben. Beachten Sie dabei folgende Regeln:*

- ***Keine Prüfung der Verfassungswidrigkeit einer ganzen Strafnorm***

  Sie können die Verfassungsmäßigkeit aller klausurgängigen Strafvorschriften in einer Strafrechtsklausur ohne ein Wort dazu unterstellen.

- ***Immer vom Gesetz und den gesetzlichen Merkmalen ausgehen!***

  Durch das Gesetzlichkeitsprinzip ist die Rechtsanwendung in keinem anderen Rechtsgebiet so streng an den Gesetzeswortlaut gebunden wie im Strafrecht. Benennen Sie deshalb stets in einem Obersatz die zu prüfende Vorschrift und verorten Sie jede Auslegung und Subsumtion an einem bestimmten Merkmal. Auch umstrittene Rechtsfragen sind so weit wie möglich an einem Deliktsmerkmal festzumachen.

---

64 BGH, Urt. v. 05.03.2001 – 5 StR 454/00, BGHSt 46, 310, 317.

65 Vgl. dazu BGH, Beschl. v. 07.11.2001 – 5 StR 395/01, NStZ 2002, 265, 266.

66 BGH, Beschl. v. 07.06.2005 – 2 StR 122/05, NStZ 2006, 32 m. Anm. Mitsch.

67 BGH NStZ 1992, 535; anders aus verfassungsrechtlichen Erwägungen BVerfG NStZ 1990, 238; BVerfG, Beschl. v. 19.08.2008 – 2 BvR 1817/08, DVBl. 2008, 1440.

Vermeiden Sie vor allem „in der Luft hängende" Darstellungen wie z.B.: „Infrage kommt Diebstahl. Problematisch ist hier, ob A Zueignungsabsicht hatte ...". Führen Sie den Leser stattdessen von einer zur anderen nach der Logik der Norm vorgegebenen Voraussetzung und diskutieren Sie die Rechtsfragen da, wo sie hingehören. Das Überspringen von Einzelmerkmalen ist nur in Ausnahmefällen erlaubt, in denen ein an sich später zu prüfendes Merkmal offensichtlich(!) nicht erfüllt ist.

- ***Die Auslegungsmethoden in Abgrenzung zur Analogie sind das Werkzeug zum Argumentieren!***

Für die Ermittlung des Inhalts einer Norm oder eines Merkmals gibt es nur die vorgenannten juristischen Auslegungsmethoden. Diese Methoden sind kein Anfängerkram, sondern die „Profi-Tools", die bei allen Juristen bis zu den höchsten Gerichten Anwendung finden.[68] *Die oft gefürchteten „Streitstände" im Strafrecht sind auch nichts anderes als Argumentations- und Wertungsmuster basierend auf den Auslegungsmethoden. Sie sollten die wichtigsten Streitstände kennen, weil man das Faktenwissen von Examenskandidaten erwartet. Aber scheuen Sie sich nicht, selbst mit den Auslegungsmethoden an ein Problem heranzugehen. Oft genug sind Klausuren gerade so „gestrickt", dass man von Ihnen eine methodisch fundierte Antwort erwartet. Hierbei zählen in Klausuren die grammatische, die systematische und vor allem die teleologische Auslegung.*

B. Das Schuldprinzip

Neben dem Grundsatz „nullum crimen sine lege" in seinen oben dargestellten Ausformungen steht das Prinzip **„nulla poena sine culpa", d.h. keine Strafe ohne Schuld**.

I. Schuld im strafrechtlichen Sinn ist die an rechtlichen Maßstäben ausgerichtete persönliche Verantwortlichkeit einer natürlichen, zur Selbstbestimmung fähigen Person für ihre Tat. Es geht nicht um eine moralische oder sittliche Bewertung der Person des Täters. Die Schuld betrifft das Einstehenmüssen für die Tat. Unser Strafrecht ist Tat- und nicht Täterstrafrecht. Dem Täter wird vorgeworfen, dass er sich nach seinen Fähigkeiten hätte rechtskonform verhalten können. Der Begriff der Schuld geht damit von der Entscheidungsfreiheit des Einzelnen zwischen Recht und Unrecht aus, sog. **Autonomieprinzip**. 32

Die Willensfreiheit des Einzelnen wird von einigen Hirnforschern und in ihrem Gefolge von einzelnen Juristen verneint.[69] Sie behaupten, der Mensch sei durch neuro-physiologische Abläufe völlig determiniert. Das Ich-Bewusstsein und die subjektiv empfundene Willensfreiheit seien eine Selbsttäuschung. Nach dieser These dürfte es auch keine Verantwortlichkeit für begangenes Unrecht geben. Tatsächlich kann die Hirnforschung den Beweis für das Fehlen von Willensfreiheit nicht erbringen. Nach kritischer Selbsteinschätzung weiß die Hirnforschung „nicht einmal in Ansätzen, wie (das Gehirn) das innere Tun als 'seine' Tätigkeit erlebt und wie es zukünftige Aktionen plant".[70] Dass der erwachsene und psychisch nicht gestörte Mensch – zumindest in Grenzen – entscheidungsfrei ist, ist eine zwar unbeweisbare, aber reale Erfahrungstatsache. Die daraus resultierende Verantwortlichkeit des Menschen für seine Entscheidungen kann deshalb zur Grundlage staatlichen Strafens gemacht werden.[71]

---

68 Lesen Sie nur einmal BGH, Beschl. v. 08.01.2009 – 4 StR 117/08, RÜ 2009, 234.

69 Schiemann NJW 2004, 2056.

70 Das Manifest. Was wissen und können Hirnforscher heute? in: Gehirn und Geist 2004, 30 ff., www.gehirnundgeist.de/blatt/det_gg_manifest.

71 LK-Schöch § 20 Rdnr. 27 ff.

Der Schuldgrundsatz hat Verfassungsrang;[72] gesetzlichen Niederschlag hat er vor allem in den §§ 46 Abs. 1 S. 1, 18, 20 gefunden.

Das Schuldprinzip gilt für jegliche strafrechtliche oder strafrechtsähnliche Ahndung.[73] Diese darf nicht ohne Schuld des Täters verhängt werden oder das Maß der Täterschuld übersteigen.

33 **II.** Der Schuldgrundsatz gilt nicht für Maßregeln der Sicherung und Besserung (§§ 61 ff.). Während Strafe Schuld voraussetzt, kommt es darauf bei den Maßregeln, die allein präventiven Zwecken dienen, nicht an.

Deshalb können die Unterbringung in einem psychiatrischen Krankenhaus (§ 63) oder einer Entziehungsanstalt (§ 64), die Entziehung der Fahrerlaubnis (§ 69) oder die Anordnung des Berufsverbots (§ 70) bereits aufgrund einer nur rechtswidrigen Tat angeordnet werden.

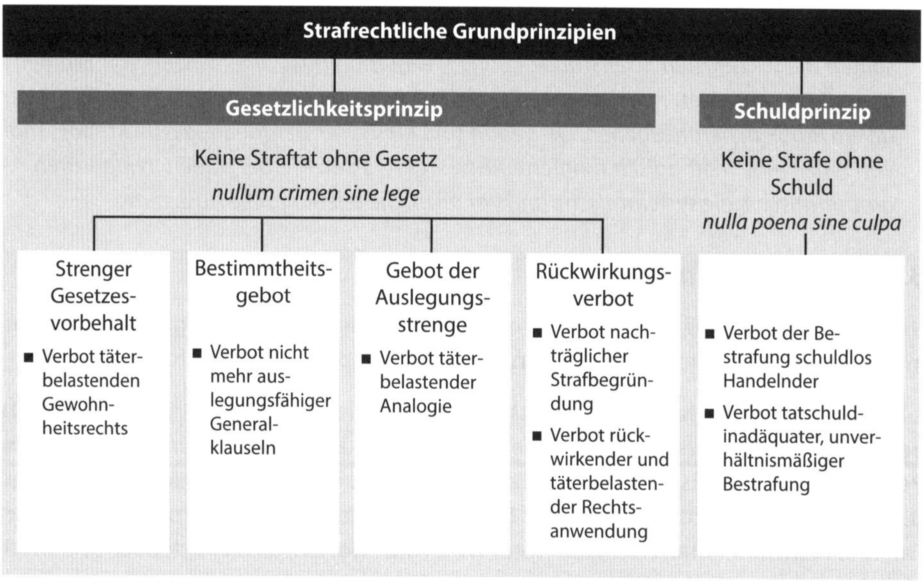

5. Abschnitt: Deliktsarten

Durch Unterschiede in den Tatbestandsvoraussetzungen und in der Straffolge lassen sich Untergruppen von Straftaten systematisieren. Die nachfolgenden Begriffe sind für die Strafrechtsanwendung unverzichtbar und kommen in jeder Falllösung vor.

A. Vorsatz- und Fahrlässigkeitsdelikte

34 Gemäß § 15 ist **nur vorsätzliches Handeln strafbar**, wenn nicht das Gesetz fahrlässiges Handeln ausdrücklich mit Strafe bedroht. Der Gesetzgeber geht also von **zwei Grundtypen vorwerfbaren Verhaltens** aus:

- **Regelform ist die Vorsatztat.** Hierbei legt man dem Täter zur Last, dass er ein bestimmtes Rechtsgut wissentlich oder willentlich angegriffen hat.

72 BVerfGE 20, 323, 331; 23, 127, 132.
73 VerfGH Berlin StV 2001, 324.

- Ausnahmsweise kann auch die **Fahrlässigkeitstat** strafbar sein. Dabei wirft man dem Täter vor, dass er sorgfaltswidrig eine bestimmte, für ihn vermeidbare Rechtsverletzung herbeigeführt hat.

Beide Deliktstypen werden im Strafrecht auch verbunden: Dies zeigt sich in strafbegründenden **Vorsatz-Fahrlässigkeits-Kombinationen**, wenn hinsichtlich eines Teils des Delikts Vorsatz und hinsichtlich einer dadurch ausgelösten konkreten Gefährdung Fahrlässigkeit ausreicht (z.B. § 315 c Abs. 1 Nr. 1 a i.V.m. Abs. 3 Nr. 1). Dies zeigt sich ferner in sog. **Erfolgsqualifikationen**, bei denen der Gesetzgeber ein vorsätzliches Grunddelikt mit einer typischerweise dadurch ausgelösten schweren Folge zu einer selbstständigen Strafschärfung ausgestaltet hat (z.B. § 227).

Rechtstechnisch folgt aus dem in § 15 niedergelegten Regel-Ausnahme-Prinzip, dass der Gesetzgeber bei Normen, in denen **er nicht besonders auf die Vorwerfbarkeitsform der Handlung hinweist, eine Vorsatztat voraussetzt**. Das sind die meisten Straftaten.

*Ist beim jeweiligen Tatbestand die fahrlässige Begehung also nicht ausdrücklich unter Strafe gestellt, so ist diese auch **zwingend(!) straflos**.*

Beispiele: *Aus diesem Grund sind die Sachbeschädigung (§ 303), das unerlaubte Entfernen vom Unfallort (§ 142), der Schwangerschaftsabbruch (§ 218), die Untreue (§ 266) u.v.a. als Fahrlässigkeitstaten nicht strafbar.*

B. Erfolgsdelikte, schlichte Tätigkeitsdelikte

Ein weiteres, überaus wichtiges Unterscheidungskriterium ist, ob nach der tatbestandlichen Umschreibung eine reale Rechtsgutbeeinträchtigung eingetreten sein muss. In der strafrechtlichen Terminologie nennt man dies einen **„Erfolg"**.

I. Tatbestände, die den Eintritt eines solchen Erfolgs voraussetzen, sind **Erfolgsdelikte.** 35
Oft werden Handlung und Erfolg sprachlich sogar in dem Verb der Strafnorm zusammengefasst (z.B. „töten" in § 212 Abs. 1 oder „an der Gesundheit schädigen" in § 223 Abs. 1, 2. Alt.).

1. Die wichtigste Gruppe der Erfolgsdelikte sind die **Verletzungsdelikte**, bei denen der Erfolg in einem substanziellen Schaden bestehen muss. Liegt die Verletzung allein in der Herbeiführung eines Zustandes (z.B. bei § 212: Tod eines Menschen), spricht man von **Zustandsdelikten**. Besteht der Unrechtserfolg in der Aufrechterhaltung einer rechtsgutbeeinträchtigenden Situation (z.B. bei § 239: Einsperrung), spricht man von **Dauerdelikten**.

2. Zu den Erfolgsdelikten gehören auch die sog. **konkreten Gefährdungsdelikte**.[74] Für diese ist kennzeichnend, dass der Täter durch die Tathandlung zwar nicht notwendig einen Schaden, aber zumindest eine Situation herbeigeführt haben muss, bei der es nur noch vom Zufall abhing, ob ein weitergehender Schaden eintrat oder nicht. Gesetzestechnisch erkennt man die konkreten Gefährdungsdelikte daran, dass im Tatbestand die Wendung *„und dadurch Leib oder Leben eines anderen Menschen (usw.) ... gefährdet"* (z.B. § 315 c) oder *„und dadurch einen anderen Menschen in die Gefahr ... bringt"* (§ 306 a Abs. 2) verwendet wird.

74 Sch/Sch/Lenckner/Eisele Vorbem. §§ 13 ff. Rdnr. 130.

36 **II. Schlichte Tätigkeitsdelikte** setzen im Gegensatz zu den Erfolgsdelikten außer der inkriminierten Handlung keine weitere nachteilige Wirkung voraus.

Weil der Gesetzgeber schon in der Vornahme der Tathandlung eine strafwürdige Gefahr für das geschützte Rechtsgut sieht, sind sie zugleich **abstrakte Gefährdungsdelikte** (z.B. in § 153 die Falschaussage als abstrakte Gefahr für die Rechtspflege, in § 316 das Führen eines Fahrzeugs in fahruntüchtigem Zustand als abstrakte Gefahr für die Sicherheit des Straßenverkehrs).

Zur Gruppe der abstrakten Gefährdungsdelikte gehören auch die sog. **„Eignungsdelikte"**, bei denen der Gesetzgeber zusätzliche ausfüllungsbedürftige Merkmale verwendet, aus denen sich erst das eigentliche Gefahrenpotenzial für das jeweilige Rechtsgut ergibt (z.B. in § 130 die Eignung von Hetzäußerungen, den öffentlichen Frieden zu stören).

Bei den Erfolgsdelikten muss immer Kausalität und Zurechnung geprüft werden. Bei den reinen Tätigkeitsdelikten ist dies überflüssig – eben weil es dort keinen Erfolg gibt.

C. Begehungs- und Unterlassungsdelikte

37 **I.** Die weitaus meisten Straftatbestände sind auf aktives Tun zugeschnitten. Man nennt sie **Begehungsdelikte**.

Nur ausnahmsweise stellen manche Tatbestände als Tathandlung auf Untätigkeit ab, z.B. §§ 138, 142 Abs. 2 und 323 c. Man bezeichnet solche Delikte als **echte Unterlassungsdelikte**.

38 **II. § 13 erlaubt aber prinzipiell, jedes vorsätzliche oder fahrlässige Erfolgsdelikt in ein Unterlassungsdelikt umzuformen** (z.B. Totschlag durch Unterlassen, Freiheitsberaubung durch Unterlassen). Anstelle der aktiven Tathandlung steht dann die Untätigkeit als Tathandlung. Aus dem Begehungsdelikt wird ein sog. **unechtes Unterlassungsdelikt**, das strafbar ist, wenn die übrigen Voraussetzungen des § 13 erfüllt sind.

*Oft wird in **Klausuren** – und auch in der Praxis – übersehen, dass ein Täter, der sich wegen eines Begehungsdelikts nicht strafbar gemacht hat, dennoch aus einem Unterlassungsdelikt strafbar sein kann.*

Beispiel: *A hat O mit Tötungsvorsatz niedergeschlagen und diesen in dem Bewusstsein liegen gelassen, dass er an den beigebrachten Verletzungen nicht sterben werde. Eine Stunde später kommt er zurück und sieht, dass die Verletzungen doch lebensgefährlich sind. A verlässt wieder den Ort des Geschehens, ohne sich um O zu kümmern. Dieser wird später durch Dritte gerettet. – A ist vom versuchten Totschlag durch aktives Tun zurückgetreten, § 24 Abs. 1 S. 1, 1. Alt. Er bleibt jedoch strafbar für den versuchten Totschlag durch Unterlassen durch Imstichlassen seines Opfers.*[75]

D. Vollendung und Versuch

Bei vorsätzlichen Erfolgsdelikten gibt es weitere Unterformen:

39 **I.** Sind alle objektiven Tatbestandsmerkmale erfüllt, ist das Delikt **vollendet**.

Die Vollendung ist begrifflich zu trennen von der **Beendigung**. Dieser Begriff kennzeichnet den tatsächlichen Abschluss der Straftat. Vollendung und Beendigung sind deckungsgleich, wenn die durch den Tatbestand umschriebene Rechtsgutschädigung

75 Vgl. BGH, Beschl. v. 06.10.2009 – 3 StR 384/09, RÜ 2010, 22.

nicht mehr vertieft werden kann (z.B. Tod eines Menschen bei den §§ 211 ff.). Vollendung und Beendigung fallen aber zeitlich auseinander, wenn in dem jeweiligen Straftatbestand der benannte „Erfolg" noch nicht das deliktische Endstadium des Rechtsgutangriffs bezeichnet.

Beispiel: Der Diebstahl nach § 242 ist „vollendet", wenn der Täter zum Zweck der Zueignung neuen Gewahrsam an der Sache begründet hat – etwa wenn er die Beute im Supermarkt in der Tasche verschwinden lässt. „Beendet" ist der Diebstahl aber erst, wenn der Täter gesicherten Gewahrsam erlangt hat – also etwa mit der Beute den Supermarkt verlassen hat.

Die Beendigung spielt bei der Deliktsprüfung nur ausnahmsweise eine Rolle, nämlich dann, wenn es um den nachträglichen Einstieg eines Tatbeteiligten geht (dieser ist nach Beendigung nicht mehr möglich) oder wenn der Ablauf der Verjährungsfrist genau berechnet werden muss (die Verjährung beginnt erst mit Beendigung der Tat, § 78 a).

II. Sind nicht alle Tatbestandsmerkmale erfüllt, war aber der Vorsatz des Täters auf die Vollendung der Tat gerichtet (sog. Tatentschluss) und hat er begonnen, diesen Vorsatz auszuführen, sprechen wir von einem **Versuch**. Den Versuch kann es nur bei der Vorsatztat, nicht aber bei der Fahrlässigkeitstat geben, weil bei Letzterer denknotwendig kein Vorsatz zur Unrechtsverwirklichung vorliegt. **40**

Ein Versuch ist auch bei reinen Tätigkeitsdelikten in der Regel nicht mit Strafe bedroht (vgl. z.B. § 316 Abs. 1). Bei diesem Deliktstyp ist die Strafbarkeit schon so weit vorverlagert, dass eine noch frühere Strafbarkeitsschwelle unverhältnismäßig wäre.

E. Vergehen und Verbrechen

Von der Rechtsfolge her betrachtet gibt es nur Vergehen und Verbrechen, sog. *Dichotomie* (Zweiteilung).

I. Ob eine Tat Vergehen oder Verbrechen ist, beurteilt sich nach **§ 12**.

- Gemäß § 12 Abs. 1 sind **Verbrechen** rechtswidrige Taten, die im **Mindestmaß mit Freiheitsstrafe von einem Jahr** oder darüber bedroht sind.
- Gemäß § 12 Abs. 2 sind **Vergehen** rechtswidrige Taten, die im **Mindestmaß mit einer geringeren Freiheitsstrafe oder die mit Geldstrafe** bedroht sind.

Maßgeblich für die Einteilung ist zunächst die **abstrakt angeordnete Mindeststrafe** („bedroht"). Die im Einzelfall zu erwartende Strafe vermag an der Einordnung deshalb nichts zu ändern.

Beispiel: Muss jemand wegen Betruges (angesichts seiner Vorstrafen) mit einer Verurteilung von ca. zwei Jahren Freiheitsstrafe rechnen, so bleibt § 263 wegen der abstrakt möglichen Geldstrafe Vergehen.

II. Bloße **Strafzumessungsvorschriften** lassen den Deliktscharakter gemäß § 12 Abs. 3 unberührt (z.B. § 28 Abs. 1, § 158, § 243). **41**

Beispiele:

Eine sexuelle Nötigung gemäß § 177 Abs. 1 bleibt also ein Verbrechen, auch wenn sie im Zustand verminderter Schuldfähigkeit begangen worden ist und das Mindeststrafmaß über §§ 21, 49 Abs. 1 Nr. 3 von einem Jahr auf drei Monate absinkt.

Schwerer Bandendiebstahl gemäß § 244 a Abs. 1 bleibt Verbrechen, selbst wenn ein minder schwerer Fall gemäß Abs. 2 vorliegen sollte.

42 **III.** Der Deliktscharakter ändert sich dagegen, wenn durch das Hinzutreten weiterer Merkmale **Privilegierungen, Qualifikationen oder Tatbestände eigener Art (delicta sui generis)** entstehen und im Verhältnis zum Grundtatbestand die Mindeststrafe des § 12 Abs. 1 unterschritten oder überschritten wird.

Ein Versuch ist bei Verbrechen immer strafbar, bei Vergehen dagegen nur, wenn dies im Sachzusammenhang der jeweiligen Verbotsnorm ausdrücklich angeordnet ist, § 23 Abs. 1. Auch gibt es den Versuch der Beteiligung grundsätzlich nur bei Verbrechen, § 30.

Im Verfahrensrecht unbedingt die §§ 140 Abs. 1 Nr. 2, 153, 153 a, 407 StPO sowie die §§ 25, 74 Abs. 1 GVG nachlesen!

F. Grundtatbestand, Qualifikation, Privilegierung

43 **I.** Als **Grundtatbestand** bezeichnet man ein Strafgesetz, das innerhalb einer Gruppe verwandter Delikte als strafrechtliche Ausgangsnorm die Mindestvoraussetzungen beschreibt, die dem Delikt sein typisches Gepräge geben.[76]

Beispiele: Die Körperverletzung gemäß § 223 ist Grundtatbestand im Verhältnis zu den §§ 224 ff.; der einfache Diebstahl gemäß § 242 ist Grundtatbestand im Verhältnis zu §§ 244, 244 a.

44 **II. Privilegierungen** sind tatbestandliche Abwandlungen von Grundtatbeständen, die ein im Verhältnis dazu geringeres Unrecht durch Einfügen weiterer Merkmale in den Unrechtstatbestand kennzeichnen und eine mildere Strafdrohung vorschreiben.

Beispiel: § 218 Abs. 3 enthält eine Privilegierung des Schwangerschaftsabbruchs für den Fall, dass die Schwangere die Täterin ist.

45 **III. Qualifizierungen** sind tatbestandliche Abwandlungen von Grundtatbeständen, die ein im Verhältnis dazu stärkeres Unrecht durch Einfügen weiterer Merkmale in den Unrechtstatbestand kennzeichnen und eine höhere Strafdrohung vorschreiben.

Beispiel: Der schwere Raub gemäß § 250 ist Qualifikation des einfachen Raubes nach § 249.

46 **IV. Tatbestände eigener Art** sind solche, die zwar einen kriminologischen Zusammenhang mit einem anderen Delikt aufweisen, davon jedoch durch ihre spezifische Struktur verselbstständigt sind.

Beispiel: Raub, § 249, ist nicht etwa eine Qualifikation des Diebstahls oder der Nötigung, sondern aus diesen Deliktskomponenten zusammengesetzter Tatbestand eigener Art.

47 **V.** Ob eine Strafänderung bloße Strafzumessungsregel oder Qualifikation/Privilegierung ist, erkennt man an Folgendem: **Deliktsändernde Merkmale** müssen abschließend und bestimmt formuliert sein, ferner muss die Rechtsfolge **zwingend** angeordnet sein. Das folgt schon aus dem in Art. 103 Abs. 2 GG, § 1 niedergelegten Gesetzlichkeitsprinzip (siehe dazu oben Rdnr. 16 ff.).

Beispiel: Deshalb ist der Meineid durch einen Zeugen (§ 154) gegenüber der falschen uneidlichen Aussage (§ 153) Qualifikation[77] und macht diese unter den dort genannten Voraussetzungen zum Verbrechen. Umgekehrt privilegiert § 216 die Tötung auf Verlangen zum bloßen Vergehen.

76 Wessels/Beulke Rdnr. 108.
77 BGHGSSt 8, 301, 309.

Es gibt keine Qualifikation oder Privilegierung ohne vollendetes Grunddelikt. Kommt jemand beim Versuch einer Körperverletzung zu Tode, ist folglich keine vollendete Körperverletzung mit Todesfolge, sondern nur versuchte Körperverletzung mit Todesfolge, §§ 227, 22, erfüllt.

G. Allgemeindelikte, Sonderdelikte, eigenhändige Delikte

I. Die meisten Straftaten können von jedermann verwirklicht werden, sog. **Allgemeindelikte** (z.B. §§ 212, 242). **48**

II. Bei einigen Delikten können aber nur solche Personen Täter sein, die bestimmte, im Tatbestand ausdrückliche oder der Sache nach geforderte besondere Eigenschaften besitzen, sog. **Sonderdelikte**. **49**

Sofern die Sondereigenschaft die Strafbarkeit begründet, spricht man von **echten Sonderdelikten** (z.B. §§ 331, 332, 348: Amtsträger).

Unechte Sonderdelikte liegen dagegen vor, wenn die persönliche Täterqualität zu einer Strafschärfung (z.B. §§ 133 Abs. 3, 258 a, 340: Amtsträger) oder Strafmilderung (z.B. § 247 als Privilegierung strafprozessualer Art) führt.

III. Andere Tatbestände sind so gefasst, dass ihr Täter nur sein kann, wer die verbotene Handlung selbst unmittelbar körperlich zu vollziehen in der Lage ist, sog. **eigenhändige Delikte** (z.B. § 154: der Schwörende). **50**

Wichtigste Konsequenz bei Sonderdelikten und eigenhändigen Delikten: Da für diejenigen, die selbst nicht die Sondereigenschaft besitzen oder eigenhändig den Tatbestand erfüllt haben, die Täterschaft nicht möglich ist, können sie auch keine Mittäter oder mittelbaren Täter sein! Möglich ist dann nur Teilnahme, also Anstiftung, § 26, oder Beihilfe, § 27.

Deliktsarten

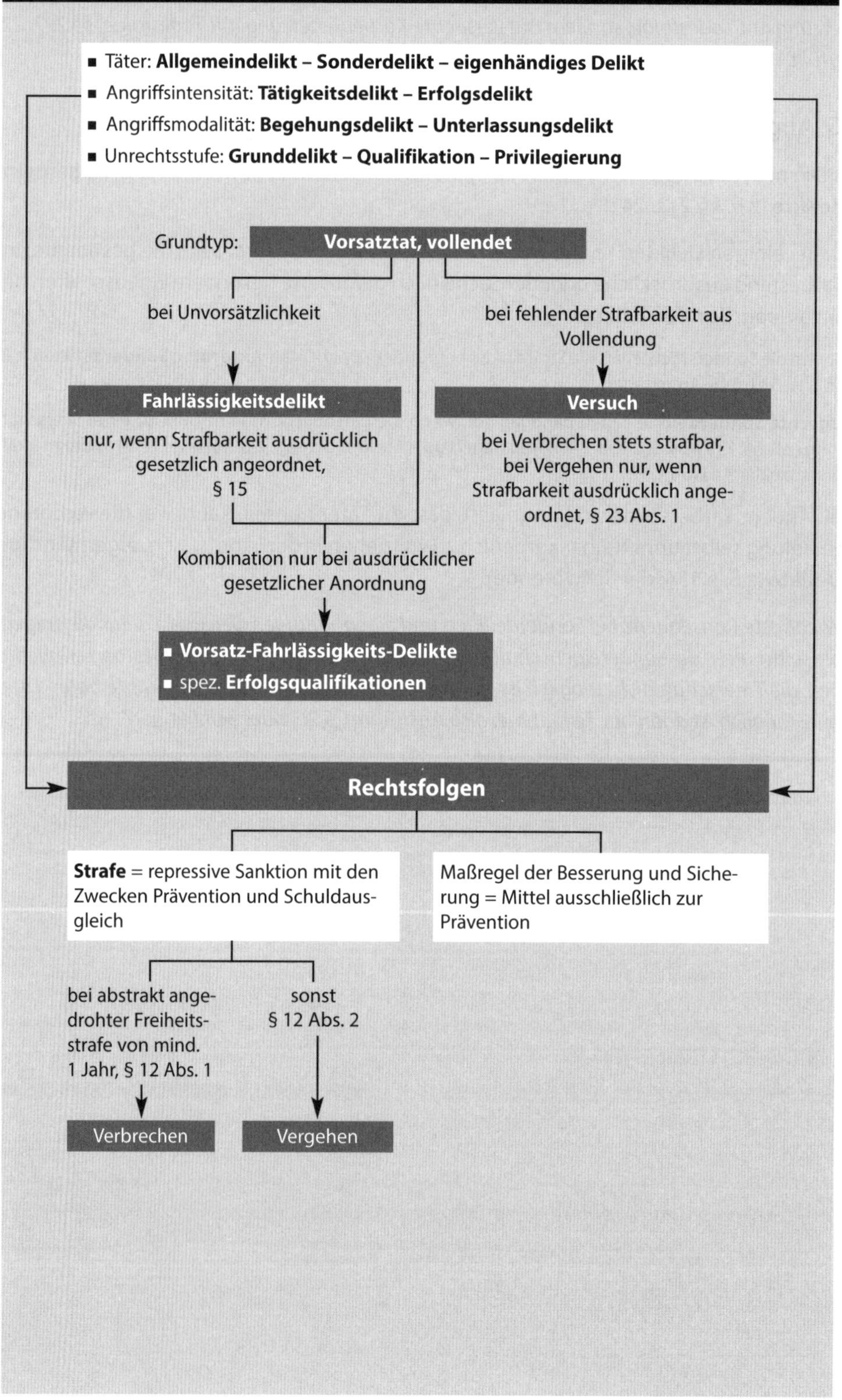

6. Abschnitt: Die für alle Delikte gültigen Haupt-Strafbarkeitsvoraussetzungen

Die Deliktsbeschreibung in der jeweiligen Verbotsnorm enthält nicht alle Strafbarkeitsvoraussetzungen. Ein vollständiges System der Strafbarkeitselemente für alle Deliktsarten erschließt sich erst, wenn man zusätzlich die verfassungsrechtlichen Vorgaben und die in jahrhundertelanger Rechtsentwicklung gewonnenen Erkenntnisse der allgemeinen Strafrechtslehre einbezieht.

A. Handlung – Tatbestandsmäßigkeit – Rechtswidrigkeit – Schuld

I. Handlung

Unverzichtbare Voraussetzung jeder Deliktsverwirklichung ist eine **Handlung**, denn nur 51
wenn jemand gehandelt hat, kann er sich auch falsch verhalten und dadurch eine strafrechtliche Sanktion auf sich gezogen haben. **Die Handlung ist der zeitliche Fixpunkt der Straftat (§ 8) und zugleich das zeitlich-sachliche Verbindungselement aller Strafbarkeitsvoraussetzungen** (dazu unten Rdnr. 54).

Was die Wesensmerkmale einer strafrechtlichen Handlung sind, war vor allem in der ers- 52
ten Hälfte des 20. Jahrhunderts heftig umstritten.

1. Prägend war lange Zeit die **kausale Handlungslehre (auch: natürlicher Handlungsbegriff): Handlung ist danach jede durch willengetragenes menschliches Verhalten bewirkte Veränderung der Außenwelt.** Diese Veränderung soll durch aktives Tun, aber auch durch Unterlassen bewirkt werden können. Welchen Inhalt der Handlungswille hat, welche Ziele der Täter mit seinem Verhalten verfolgt, spielt für die Handlungsqualität selbst keine Rolle.[78]

Kritik: Die kausale Handlungslehre ist nicht in der Lage, die **fahrlässige Unterlassungstat** zu erklären, die strafbar ist, obwohl der Täter im „Handlungs"-zeitpunkt gar nicht an den späteren Erfolg gedacht hat und folglich auch keinen willentlichen Impuls zur Untätigkeit setzen konnte.[79] Dass die Zielgerichtetheit des Willens bereits zum Unrecht und nicht erst zur Schuld einer Tat gehört, wird auch beim Versuch deutlich: Das „objektive Bruchstück" des unmittelbaren Ansetzens wird nur deshalb zum tatbestandlichen Unrecht, weil man vorher festgestellt hat, dass der Täterwille inhaltlich auf die Verwirklichung eines bestimmten Unrechtstatbestands gerichtet war.[80]

2. Großen Einfluss gewann später die von Welzel begründete **finale Handlungslehre: Handlung ist danach ein vom steuernden Willen beherrschtes, zielgerichtetes menschliches Verhalten.** Da sich menschliches Handeln von allen anderen Kategorien des Seins durch seine Zweckhaftigkeit, durch seine Zielorientiertheit unterscheidet, wird diese Finalität zum Wesenselement der Handlung selbst. Die Finalität tritt am Schärfsten bei der Vorsatztat in Erscheinung. Hier sind Handlungswille und Vorsatz schlechthin identisch. Aber auch bei der Fahrlässigkeitstat ist die Handlung i.S.d. Strafrechts ein vom steuernden Willen beherrschtes, zielgerichtetes Verhalten. Die Finalität ist aber hierbei nicht auf den tatsächlich verwirklichten Unrechtserfolg gerichtet (sonst

---

78 Beling, Die Lehre vom Verbrechen, 1906, S. 9, 17; v. Liszt, Strafrecht, 21. Aufl. 1919, S. 116; heute noch vertreten von Baumann/Weber/Mitsch § 13 Rdnr. 1 ff.; LK-Walter Vor § 13 Rdnr. 30.

79 Vgl. Haft S. 31.

80 Vgl. Jakobs 6/6.

läge eine Vorsatztat vor); Zielrichtung ist vielmehr ein außertatbestandlicher Erfolg, dessen Verwirklichung in unsorgfältiger und rechtsgutverletzender Weise geschieht.[81]

Kritik: Die finale Handlungslehre kann die **unbewusste Fahrlässigkeitstat** nicht einordnen. Zwar verfolgt der Täter auch hier irgendein Ziel; das Strafbare seines Verhaltens macht aber nicht diese Finalität aus, sondern der (unbewusste) Sorgfaltsmangel. Hat ein Autofahrer beispielsweise beim Verlassen des Fahrzeugs vergessen, die Handbremse anzuziehen, haftet er für spätere Unfallfolgen durch das führerlose Kfz nicht deshalb, weil er zielgerichtet aus dem Auto gestiegen ist, sondern weil er sich vor dem Verlassen nicht vergewissert hat, dass sein Fahrzeug hinreichend gesichert war. Bei der unbewussten Fahrlässigkeit ist also die Finalität bedeutungslos; entscheidend ist die unfinale Enttäuschung einer Verhaltenserwartung.[82]

3. Die vorgenannte Schwäche zu vermeiden, ist Anliegen der von Eberhard Schmidt begründeten **sozialen Handlungslehre: Handlung ist das vom menschlichen Willen beherrschte oder beherrschbare sozialerhebliche Verhalten.** „Verhalten" ist jede denkbare Reaktion des Menschen auf eine erkannte oder erkennbare Situationsanforderung. „Sozialerheblich" ist ein Verhalten immer dann, wenn es Auswirkungen auf die Umwelt des Täters durch Beeinträchtigung mitmenschlicher Interessen hat.[83] Die soziale Handlungslehre versteht sich selbst als Synthese von kausaler und finaler Handlungslehre. Sie geht einerseits von der Finalstruktur menschlichen Handelns aus, berücksichtigt aber zudem die Auswirkungen des Täterverhaltens auf seine Umwelt. Eine Handlung im strafrechtlichen Sinne besteht daher bei den vorsätzlichen Begehungsdelikten in der vom menschlichen Willen beherrschten Ausübung der Zwecktätigkeit. Insoweit stimmt der soziale mit dem finalen Handlungsbegriff überein. Bei den fahrlässigen Begehungsdelikten besteht die Handlung in der unfinalen Verursachung von Folgen, sofern das Geschehen durch Einsatz der Finalität steuerbar ist. Bei den Unterlassungsdelikten liegt die Handlung im Untätigbleiben, wobei auch hier vorausgesetzt wird, dass der Kausalverlauf durch Einsatz von Finalität beherrschbar ist.[84]

Kritik: Die soziale Handlungslehre bietet **gar keine Definition der Handlung selbst, sondern nur ihrer Auswirkungen**. Aber auch eine Handlung ohne soziale Bedeutung kann Handlung sein. Was „sozialerheblich" ist, lässt sich außerdem losgelöst von einem bestimmten Unrechtstatbestand kaum ermitteln. Das zeigt sich besonders bei der Unterlassung, deren Sozialerheblichkeit nicht schon durch die Untätigkeit als solche, sondern erst durch gleichzeitige Verletzung einer rechtlichen Handlungspflicht begründet wird.[85]

4. Nach dem u.a. von Roxin vertretenen **personalen Handlungsbegriff ist Handlung jede Persönlichkeitsäußerung.** Darunter fallen alle Wirkungen, die von der geistig-seelischen Kontrolle des Menschen ausgehen und in Beziehung zur Außenwelt stehen. Sogar die unbewusst fahrlässige Unterlassung ist danach noch Persönlichkeitsäußerung, sofern man sie dem einzelnen Menschen als sein „Werk" zuordnen kann.[86]

Kritik: Der personale Handlungsbegriff beansprucht für sich, umfassend und ohne Vermischung mit rechtlichen Kategorien menschliches Verhalten zu beschreiben. Das misslingt aber im Bereich der **Unterlassung**. Denn Untätigkeit soll nach dem personalen Handlungsbegriff erst dann Persönlichkeitsäu-

---

81 Welzel § 8.

82 Vgl. Lackner/Kühl vor § 13 Rdnr. 7.

83 Vgl. LK-Jescheck, 11. Aufl. vor § 13 Rdnr. 32.

84 Schmidt, Der Arzt im Strafrecht, 1939, S. 75 f., FN 79; JZ 1956, 190; Festschrift Engisch, 1969, S. 340.; aktuelle Vertreter sind Jescheck/Weigend § 23 VI 1; Maurach/Zipf AT 1 § 16 Rdnr. 73; Wessels/Beulke Rdnr. 93.

85 Vgl. Sch/Sch/Lenckner/Eisele Vorbem. §§ 13 ff. Rdnr. 35.

86 Roxin § 8 Rdnr. 44 ff.; ähnlich Hruschka, Strukturen der Zurechnung, 1976; Arthur Kaufmann, Festschrift H. Mayer, 1966, S. 77 ff.

ßerung sein, wenn ein bestimmtes Verhalten (rechtlich) erwartet wird. Bestehe eine solche Verhaltenserwartung dagegen nicht, habe Unterlassen auch keine Handlungsqualität. Daran zeigt sich, dass auch dieser Handlungsbegriff ohne rechtliche Vorwertungen nicht auskommt.

5. Weitere Definitionen sehen jedes auf die Tatbestandsverwirklichung bezogene Verhalten als Handlung an, **intentionaler Handlungsbegriff**,[87] oder abstrahieren die Handlung zum „vermeidbaren Nichtvermeiden des Erfolgs" (in Garantenstellung), **negativer Handlungsbegriff**.[88]

6. In der **Rechtsprechung** finden sich keine Ausführungen, die unmittelbar auf die positive Umschreibung des Handlungsbegriffs eingehen.

Heute hat der Streit an Bedeutung verloren, weil zumindest Einigkeit darüber besteht, wann eine **Handlung nicht vorliegt** (dazu Fall 1 Rdnr. 73).

Fruchtbar geworden ist die Suche nach dem Handlungsbegriff aber für die deliktssystematische Einordnung des Handlungswillens (dazu nachfolgend Rdnr. 57).

*In der **Falllösung** ist es deshalb überflüssig und falsch, Handlungslehren auszubreiten.*

II. Tatbestandsmäßigkeit

Aus dem verfassungsrechtlichen Gebot gesetzlicher Bestimmtheit folgt, dass ein strafrechtliches Verbot existieren muss. Dies ist die Funktion des Tatbestands. **Der (Straf- oder Unrechts-)Tatbestand umfasst die Summe der Merkmale, die ein strafrechtliches Verbot begründen.**[89] **Er beschreibt ein bestimmtes menschliches Verhalten und typisiert es durch die Einbindung in ein Strafgesetz als strafwürdigen Angriff auf den Rechtsfrieden.** Mit der Tatbestandsmäßigkeit einer konkreten Handlung wird festgestellt, dass der Täter alle Merkmale des Verbotstatbestands erfüllt hat. 53

Die Strafbarkeit lässt sich nicht allein durch Addition der einzelnen Merkmale des Tatbestands begründen. Die strafrechtlichen Vorschriften sind vielmehr beherrscht von dem sog. **Simultaneitätsprinzip** oder **Koinzidenzprinzip**. Dies beruht auf der **Verbindungsfunktion der Handlung für alle Verbrechensmerkmale** (s.o. Rdnr. 51) und verlangt, dass alle Deliktsmerkmale – mit Ausnahme des Deliktserfolgs – auf den Zeitpunkt der Tatbegehung bezogen werden.[90] Sofern der Gesetzgeber keine zeitliche Abfolge von Deliktsmerkmalen vorschreibt (wie z.B. beim Betrug oder bei der Hehlerei), gilt also **für alle objektiven und subjektiven Tatbestandsmerkmale das Erfordernis der Gleichzeitigkeit**.[91] 54

Beispiele:

X entwendet ein Bild aus der ehelichen Wohnung seines Onkels, ohne zu wissen, dass dieser kurz zuvor gestorben ist und den X zum Alleinerben eingesetzt hat. – Kein vollendeter Diebstahl nach § 242. Mit dem Tod ging das Eigentum am Bild gemäß § 1922 BGB auf X über, sodass das Bild im Zeitpunkt der Tathandlung – also der Wegnahme – für ihn nicht mehr fremd war. Verwirklicht ist aber ein versuchter Diebstahl!

---

87 Kindhäuser § 5 Rdnr. 13.

88 Herzberg JZ 1988, 576 ff.

89 Lackner/Kühl vor § 13 Rdnr. 15.

90 Vgl. Hruschka S. 4 ff.

91 Jereouschek/Kölbel JuS 2001, 417 zu Grundsatz und Ausnahmen.

X entwendet ein Motorrad. Dabei hat er zunächst den Willen, es alsbald wieder zurückzubringen. Beim Fahren fasst er den Entschluss, es weiter für sich zu behalten, und versteckt es in seiner Garage. – Diebstahl gemäß § 242 ist zu verneinen: Zwar hat X das Motorrad als für ihn fremde bewegliche Sache weggenommen. Auch hat er später Zueignungswillen entwickelt. Das subjektive Merkmal der Zueignungsabsicht muss aber (wie jedes andere auch) bei der Tat, also bei der Wegnahme vorgelegen haben. Das war gerade nicht der Fall. A ist strafbar wegen unbefugten Fahrzeuggebrauchs (§ 248 b) in Tatmehrheit mit Unterschlagung (§ 246 Abs. 1).

III. Rechtswidrigkeit

55 Mit der Tatbestandsmäßigkeit einer bestimmten Handlung steht noch nicht endgültig fest, ob die Tat auch Unrecht ist. **Auf der Ebene der Rechtswidrigkeit wird diese Frage beantwortet, nämlich ob die Tat im Widerspruch zur Gesamtrechtsordnung steht.** Die Rechtswidrigkeit ist grundsätzlich schon durch die Tatbestandsmäßigkeit indiziert (vgl. § 11 Abs. 1 Nr. 5).[92] Die Indizwirkung wird jedoch widerlegt, wenn das fragliche Verhalten durch einen Rechtfertigungsgrund erlaubt wird (zu diesen s.u. Rdnr. 131 ff.).

IV. Schuld

56 Soll eine Strafe verhängt werden, so verlangt das Schuldprinzip die Feststellung der **Schuld**. Bei der Schuld wird gefragt, ob der Täter das Unrecht seiner Tat hätte einsehen und nach dieser Einsicht zumutbarerweise hätte handeln können. Aus der Negativformulierung des § 20 folgt, dass die Schuld bei einem erwachsenen Täter vermutet wird. Sie kann aber wegen **Schuldunfähigkeit** und bei **Entschuldigungsgründen** ausnahmsweise zu verneinen sein.

*Im **strafrechtlichen Gutachten** sind die Tatbestandsmäßigkeit, Rechtswidrigkeit und Schuld für jedes Delikt obligatorische Prüfungspunkte. Dort, wo nach dem konkreten Fall zu dem jeweiligen Prüfungspunkt keine Probleme auftauchen, genügt die kurze Feststellung: „Rechtswidrigkeit und Schuld sind gegeben."*

B. Selbstständigkeit der Haupt-Strafbarkeitsvoraussetzungen

I. Einordnung der Handlung in den Verbrechensaufbau

57 Eine starke Gruppe von Rechtslehrern sieht – trotz unterschiedlicher Ansicht zum Handlungsbegriff selbst – die Feststellung der Handlung als vortatbestandlichen Prüfungspunkt.[93] Diese Gruppe kommt praktisch zu einem „viergliedrigen" Deliktssystem. Nach der Gegenauffassung ist die **Handlung** keine selbstständige (Vor-)Stufe im Deliktsaufbau, sondern **Teil des tatbestandsmäßigen Geschehens selbst.**[94] Dieses Konzept vermeidet vom Gesetz losgelöste Vorüberlegungen. Wir folgen ihm deshalb.

*Im **strafrechtlichen Gutachten** dürfen Aufbaufragen nicht als Streit thematisiert werden, sofern davon nicht die rechtliche Lösung beeinflusst wird. Das ist bei der Einordnung der*

---

92 Bei der Nötigung und bei der Erpressung muss die Rechtswidrigkeit immer positiv festgestellt werden, §§ 240 Abs. 2, 253 Abs. 2.

93 Baumann/Weber/Mitsch § 12 Rdnr. 2; LK-Walter Vor § 13 Rdnr. 28; Wessels/Beulke/Satzger Rdnr. 872, 875.

94 Kindhäuser § 5 Rdnr. 118 f.; Otto § 5 Rdnr. 40 f.; Sch/Sch/Lenckner/Eisele Vorbem. §§ 13 ff. Rdnr. 37.

Handlung in den Deliktsaufbau nie der Fall. Also können Sie den letztgenannten Aufbau ohne Erklärungen dazu einfach anwenden. Achten Sie aber auf Folgendes:

- *Auch wenn die Handlung nicht „vorgeprüft" wird, **gehört in jeden Eingangssatz einer Deliktsprüfung neben der genauen Gesetzesbezeichnung die Benennung der Handlung, an die die Deliktsprüfung angeknüpft wird**. Dies zu vergessen, ist ein (leider häufiger!) grober Fehler, weil dadurch die Verbindungsfunktion der Handlung für alle Deliktsmerkmale missachtet wird.*
- *Bei der Tatbestandsmäßigkeit wird das Anknüpfungsverhalten dann noch einmal angesprochen, aber nur problematisiert, wenn Bedenken an den Mindestvoraussetzungen strafrechtlichen Handelns bestehen.*

II. Eigenständigkeit von Tatbestandsmäßigkeit und Rechtswidrigkeit

1. Die Lehre von den **negativen Tatbestandsmerkmalen** erkennt nur Unrecht und Schuld als zwei selbstständige Wertungsstufen der Straftat an, folgt also einem **zweistufigen Deliktsaufbau**. Das Unrecht einer Straftat setzt sich danach zum einen aus den im Gesetzestatbestand positiv umschriebenen Voraussetzungen (= sog. positive Tatbestandsmerkmale) und zum anderen aus der Nichtverwirklichung von Rechtfertigungsgründen (= sog. negative Tatbestandsmerkmale) zusammen. Tatbestandsmäßigkeit und Rechtswidrigkeit verschmelzen also zu einem Gesamtunrechtstatbestand, nach dessen Feststellung nur noch die Schuld zu prüfen ist.[95] 58

2. Die **h.M.** hält demgegenüber an der **Trennung zwischen Tatbestandsmäßigkeit und Rechtswidrigkeit** als selbstständige strafrechtliche Wertungsebenen fest. Für einen zweistufigen Verbrechensaufbau mache es keinen wertungsmäßigen Unterschied, ob jemand unverboten handele, indem er eine Mücke töte oder indem er einen Menschen in Notwehr umbringe.[96] Auch das Gesetz selbst gebe zu verstehen, dass es in den Rechtfertigungsgründen mehr als nur negative Tatbestandsmerkmale sehe: Dass etwa die §§ 32, 34 eine in Notwehr oder Notstand begangene „Tat" als „nicht rechtswidrig" bezeichnen, sei nur verständlich, wenn in diesen Fällen nicht schon der Tatbestand fehle, sondern die Rechtswidrigkeit als eigenständige Wertungsstufe entfalle.[97]

Wir folgen mit der ganz h.M. dem **dreistufigen Verbrechensaufbau**.

*Auch hier gilt für die strafrechtliche **Falllösung**: Erklären Sie den Aufbau Ihrer Prüfung nicht! Auf den Streit über den Charakter der Rechtswidrigkeit müssen Sie deshalb i.d.R. nicht eingehen. Er wird ausschließlich bei Unkenntnis eines objektiv erfüllten Rechtfertigungsgrundes oder bei irriger Annahme tatsächlich nicht gegebener Rechtfertigungsumstände (siehe dazu AS-Skript Strafrecht AT 2 [2014]) bedeutsam und ist deshalb auch nur in diesen Fällen anzusprechen.*

95 Engisch ZStW 70, 583 ff.; Arthur Kaufmann ZStW 76, 564 ff.; NK-Puppe Vor § 13 Rdnr. 16; ähnlich Kretschmer NStZ 2012, 177, der Rechtfertigungsgründe in der objektiven Zurechnung berücksichtigen will.

96 Vgl. Welzel § 14 I.

97 Sch/Sch/Lenckner/Eisele Vorbem. §§ 13 ff. Rdnr. 17.

C. Fortentwicklung der Tatbestandsmäßigkeit als Strafbarkeitsvoraussetzung

I. Einfluss der Handlungslehren auf die Stellung von Vorsatz und Fahrlässigkeit

59 **1.** Der **klassische Verbrechensbegriff** sah den Tatbestand nur als äußerliche, d.h. objektive Beschreibung eines typisierten Geschehens. Mit der Rechtswidrigkeit wurde ebenfalls nur anhand objektiver Kriterien der Widerspruch der Tat zum Recht festgestellt. Die Schuld war dagegen das Sammelbecken aller geistigen und seelischen Vorgänge in der Person des Täters. Insbesondere waren **Vorsatz und Fahrlässigkeit nur Schuldformen**.[98]

2. Diese strenge Trennung zwischen äußeren (auf der Unrechtsseite) und inneren (auf der Schuldseite) angesiedelten Merkmalen ist mit der Erkenntnis, dass es subjektive Tatbestandsmerkmale gibt (z.B. Zueignungsabsicht bei § 242, sexuelle Tendenzen bei den §§ 174 ff. und personenbezogene Mordmerkmale bei § 211), aufgegeben worden. Damit hat sich der klassische zum **neoklassischen Verbrechensbegriff** fortentwickelt, für den die Anerkennung subjektiver Tatbestandsmerkmale einerseits und die Prüfung des **Vorsatzes bei der Schuld andererseits kennzeichnend ist**. Dieser Deliktsaufbau wird auch heute noch vertreten.[99]

3. Eine weitere Subjektivierung erfuhr der Deliktsaufbau in der Nachkriegszeit durch die finale Handlungslehre. Diese versteht menschliches Handeln stets als willensgesteuert und zielorientiert. Handlung und Finalität bilden danach eine untrennbare Einheit. Da die Finalität bei der Vorsatztat der Wille zur Verwirklichung der objektiven Tatumstände, also der Vorsatz ist, ist dieser Bestandteil des Unrechtstatbestands.[100] Dieser **finalistische Verbrechensaufbau** ist heute herrschend. Er wird auch von den anderen Handlungslehren und den Schriftstellern anerkannt, die eine positive Umschreibung des Handlungsbegriffs ablehnen. Einige weisen dem Vorsatz jedoch eine Doppelfunktion als Verhaltens- und Schuldform zu; dies vor allem, um den Irrtum über die Voraussetzungen eines Rechtfertigungsgrundes, den sog. Erlaubnistatbestandsirrtum, sachgerecht behandeln zu können;[101] siehe dazu ausführlich AS-Skript Strafrecht AT 2 (2014).

II. Lehre von der objektiven Zurechnung

60 Einen weiteren Bedeutungszuwachs hat die Deliktsstufe der Tatbestandsmäßigkeit etwa ab 1970 in der Strafrechtswissenschaft durch die **Lehre von der objektiven Zurechnung** erlangt. Im Kern besteht ihr Anliegen darin, den Zwecksetzungen des Strafrechts bei allen Erfolgsdelikten stärker Geltung zu verschaffen, **funktionales Strafrechtssystem**. Dies soll dadurch erreicht werden, dass zusätzlich zu den geschriebenen Merkmalen des Tatbestands geprüft wird, ob der Täter durch sein Verhalten auch eine

---

98 Beling, Die Lehre vom Verbrechen, S. 178 ff.

99 Vgl. Baumann/Weber/Mitsch § 12 Rdnr. 5.

100 Welzel §§ 8, 13.

101 Vgl. Jescheck/Weigend § 39 IV 4; Wessels/Beulke/Satzger Rdnr. 142.

unerlaubte Gefahr geschaffen hat und ob der eingetretene Erfolg auch von der fraglichen Norm erfasst werden soll.[102] (Dazu ausführlich noch unten.)

D. Sonstige Strafbarkeitsvoraussetzungen und Prüfungspunkte

I. Objektive Strafbarkeitsbedingungen

Dies sind Umstände, die an ein für sich gesehen gefährliches Verhalten anknüpfen, durch deren tatsächliche Verwirklichung aber erst die Schwelle der Strafwürdigkeit überschritten wird. Als wichtigste objektive Strafbarkeitsbedingungen gelten **61**

- die Nichterweislichkeit der behaupteten ehrenrührigen Tatsache in **§ 186**;
- der Tod oder eine schwere Körperverletzung bei der Beteiligung an einer Schlägerei, **§ 231**;
- in **§ 323 a** die im Rausch begangene rechtswidrige Tat, sog. Rauschtat.

Objektive Strafbarkeitsbedingungen stehen außerhalb des Tatbestands und der Schuld. Der Täter kann den Eintritt oder das Ausbleiben der Strafbarkeitsbedingung in aller Regel gar nicht steuern. Deshalb braucht ihn hinsichtlich einer objektiven Strafbarkeitsbedingung auch kein Vorsatz- oder Fahrlässigkeitsvorwurf zu treffen. Er kann sich diesbezüglich aber auch nicht mit fehlendem Vorsatz oder fehlender Fahrlässigkeit entlasten.

Beispiel: Wer eine ehrmindernde Tatsache über einen anderen verbreitet, kann sich nicht darauf berufen, er habe an die Wahrheit geglaubt. Es genügt für die Strafbarkeit aus § 186, dass die Wahrheit nicht beweisbar ist.

Die objektiven Strafbarkeitsbedingungen sind kriminalpolitisch begründete **Ausnahmefälle**, denn der Gesetzgeber kann nicht ohne Verstoß gegen das Schuldprinzip beliebig viele Merkmale von der persönlichen Vorwerfbarkeit abkoppeln.

*Die Vorsatzunabhängigkeit solcher Strafbarkeitsbedingungen sollte man im **Gutachten** immer dadurch hervorheben, dass man sie erst **nach Bejahung des Tatbestands (vor Prüfung der Rechtswidrigkeit)** in einem gesonderten Gliederungspunkt anspricht.*

II. Strafausschließungsgründe; Strafaufhebungsgesichtspunkte

1. Strafausschließungsgründe sind gewissermaßen das Spiegelbild zu den objektiven Strafbarkeitsbedingungen. Hierbei handelt es sich entweder um persönliche Gesichtspunkte (z.B. § 258 Abs. 5 und Abs. 6) oder sachliche Umstände (z.B. § 37), die schon bei Tatbegehung vorliegen und das Strafbedürfnis entfallen lassen. **62**

2. Demgegenüber beseitigen die sog. **Strafaufhebungsgründe** rückwirkend die Strafbarkeit, weil der Täter durch sein Verhalten weiteren Schaden verhindert hat. Hauptfälle sind der beim Versuch grundsätzlich mögliche Rücktritt (§ 24) und beim vollendeten Delikt die tätige Reue in den Fällen, in denen sie gesetzlich angeordnet ist (z.B. § 158, § 306 e). **63**

---

102 Roxin § 7 Rdnr. 28.

Strafausschließungs- und Strafaufhebungsgründe sind im Gutachten im Anschluss an die Schuld anzusprechen, sofern dazu Veranlassung besteht.

III. Verfahrensrechtliche Strafbarkeitsgesichtspunkte

64 Auch aus verfahrensrechtlichen Gründen kann eine Bestrafung ausgeschlossen sein, insbesondere bei Fehlen eines nicht nachholbaren **Strafantrags** bei Antragsdelikten (§§ 77 ff.) oder bei Eintritt der **Strafverfolgungsverjährung** (§§ 78 ff.). In diesen Fällen tritt ein sog. Strafverfolgungshindernis ein. Näheres dazu unten Rdnr. 275 ff.

*Auf diese Gesichtspunkte ist in einer **Falllösung** nur einzugehen, wenn der Sachverhalt konkrete Anhaltspunkte liefert. Die Prüfung erfolgt dann im Anschluss an die Schuld sowie etwaige Strafausschließungs- und Strafaufhebungsgründe.*

IV. Strafzumessungsvorschriften

65 **1.** Der in der Verbotsnorm angeordnete abstrakte Strafrahmen wird in vielen Fällen durch **benannte Strafzumessungsnormen** modifiziert.

Dazu gehören vor allem die Strafschärfungen für **besonders schwere Fälle**, die ihrerseits durch **Regelbeispiele** konkretisiert werden. Man erkennt diese immer daran, dass der Gesetzgeber dem jeweiligen BT-Tatbestand einen Absatz oder einen eigenen Paragraphen anhängt, dessen Satz 1 („*In besonders schweren Fällen wird ... bestraft*“) die Formel folgt: „*Ein besonders schwerer Fall liegt in der Regel vor, wenn ...*“ (vgl. §§ 243 Abs. 1, 263 Abs. 3).

Möglich sind aber auch sonstige Strafzumessungsregeln, die an bestimmte Merkmale geknüpft sind, wie etwa § 28 Abs. 1.

66 **2. Unbenannte Strafzumessungsvorschriften** sind dagegen solche, deren Anwendung – wie die konkrete Strafzumessung – allein der tatrichterlichen Würdigung überlassen ist. Möglich sind dabei z.B. unbenannte besonders schwere Fälle (vgl. § 212 Abs. 2) oder minder schwere Fälle (vgl. § 250 Abs. 3).

*In einer **Falllösung** zum 1. Staatsexamen sind benannte Strafzumessungsregeln immer anzusprechen, wenn Anlass dazu besteht. Dies gilt vor allem für die **Regelbeispiele**. Sonstige Ausführungen zur Strafzumessung sind überflüssig und falsch.*

V. Konkurrenzen

67 Hat der Täter mehrere Strafvorschriften verletzt, muss ermittelt werden, welche von ihnen im Schuldspruch auftauchen und wie viele Handlungen ihnen zugrunde liegen, weil davon abhängt, wie die Strafe zu bilden ist. Diese Fragen regeln die Konkurrenzen (§§ 52 ff.). Siehe dazu ausführlich AS-Skript Strafrecht AT 2 (2014).

*Die Prüfung der Konkurrenzen bei mehreren Gesetzesverletzungen ist in jeder **Falllösung** obligatorisch.*

2. Teil: Das vollendete vorsätzliche Erfolgsdelikt als Begehungstat

Fasst man die Ausführungen des letzten Abschnitts für die Vorsatztat zusammen, so ergibt sich folgendes

Prüfschema: Vorsätzliche Begehungstat

I. Tatbestandsmäßigkeit

- **1.** Objektiver Tatbestand
  - **a)** Täter, Tathandlung, Taterfolg (ergänzt und modifiziert durch weitere deliktsspezifische äußere Merkmale)
  - **b)** Kausalität
  - **c)** Objektiver Zurechnungszusammenhang zwischen Handlung und Erfolg
- **2.** Subjektiver Tatbestand
  - **a)** Tatbestandsvorsatz im Zeitpunkt der Tathandlung
  - **b)** Deliktsspezifische subjektive Tatbestandsmerkmale

[vorsatzunabhängige Bedingungen der Strafbarkeit]

II. Rechtswidrigkeit

III. Schuld

- **1.** Schuldfähigkeit
- **2.** Fehlen von Entschuldigungsgründen
- **3.** Möglichkeit des Unrechtsbewusstseins

IV. Strafausschließungs- oder Strafaufhebungsgründe

V. Strafantrag; andere Strafverfolgungsvoraussetzungen oder -hindernisse

*Verwenden Sie in der **Falllösung** zwar den vorstehenden Aufbau, aber verwenden Sie Übersichten möglichst sparsam! Diese sind nicht nur zeitraubend, sondern führen auch zu unnötigen Textdopplungen. Verwenden Sie stattdessen die Gliederung, um Ihren Aufbau zu verdeutlichen. Subsumieren Sie bei jeder Prüfung eines Straftatbestandes unter die deliktsspezifischen äußeren Unrechtsmerkmale, den Kausalzusammenhang sowie den Tatbestandsvorsatz und die deliktsspezifischen subjektiven Merkmale.*

Wichtig dabei: Trennen Sie immer objektive und subjektive Merkmale und dementsprechend tatsächliches Geschehen und Tätervorstellung! Sonst ist kein Irrtumsfall erkennbar, geschweige denn lösbar!

*Im Übrigen gilt: **Ausführungen nur dort, wo sie wirklich erforderlich sind.** Bietet also ein Fall keine Probleme zur Zurechnung, zum Unrechtsbewusstsein oder zur Verfolgbarkeit, kann der Bearbeiter hierzu schweigen.*

1. Abschnitt: Tatbestandsmäßigkeit

A. Objektive Tatbestandselemente

68 Diese haben die Aufgabe, das strafwürdige äußere Geschehen so zu bezeichnen, dass das verbotene Verhalten möglichst eindeutig festgelegt ist. Hierfür verwendet das Gesetz sowohl beschreibende, sinnlich wahrnehmbare, sog. **deskriptive** Merkmale, die Gegenstände oder Vorgänge der realen Welt umschreiben (z.B. „Sache", § 242; „töten", §§ 211, 212; „beschädigen", § 303), als auch wertausfüllungsbedürftige, sog. **normative** Merkmale (z.B. „fremd", § 242; „Urkunde", § 267).

Diese Unterscheidung sollte man nicht überbewerten, denn kein Gesetzesbegriff kommt – zumindest in den Grenzfällen – ohne Wertung aus, z.B. bei der Bestimmung von Beginn und Ende des Menschseins im strafrechtlichen Sinn als Voraussetzung für das Merkmal „Mensch" oder bei der Bestimmung der Grenze der Bagatellbeeinträchtigung beim Merkmal „beschädigen". Allerdings kann die Prüfung des Tätervorsatzes in Bezug auf die normativen Tatbestandsmerkmale Probleme bereiten (siehe dazu unten Rdnr. 114).

I. Deliktsspezifische äußere Unrechtsmerkmale

69 Das vorsätzliche Begehungsdelikt als Erfolgsdelikt knüpft immer an einen bestimmten **Täter** an, setzt dessen **Handlung** voraus und verlangt den Eintritt einer nachteiligen Veränderung des geschützten Rechtsguts, z.B. § 223 die Körperverletzung eines anderen. Dass diese Oberbegriffe nicht ausreichen, um die unterschiedlichsten kriminellen Verhaltensweisen zu charakterisieren, liegt auf der Hand. Keine Strafnorm kann daher auf weitere **deliktsspezifische Merkmale** verzichten, die erst präzisieren, wer welches Rechtsgut auf welche Weise angreifen muss, um sich strafbar zu machen. Auslegungsfragen dazu gehören in den Besonderen Teil.

Alle Spezialschemata auswendig zu lernen, ist nicht ratsam. ***Sie müssen auch unbekannte Strafnormen strukturieren können!*** *Um dies einzuüben, sollten Sie anhand des oben dargestellten Allgemeinschemas selbst Prüfungsschemata erarbeiten (z.B. zu den §§ 123, 239 a, 242, 267, 340) und diese dann anhand der AS-Skripten Strafrecht BT oder der AS-Aufbauschemata Strafrecht/StPO kontrollieren!*

II. Tathandlung

70 **1.** In manchen Tatbeständen umschreibt der Gesetzgeber die Art und Weise der Handlung. Man spricht dann von **verhaltensbezogenen Delikten**.

Beispiel: Als Nötigungshandlung verlangt der Gesetzgeber in § 240 entweder Gewalt oder Drohung.

71 **2.** Bei den übrigen Delikten kann der tatbestandliche Erfolg im Prinzip durch jede Handlung herbeigeführt werden. Dies sind die **verhaltensneutralen Delikte**.

Beispiel: Das Lösen eines Bremsschlauchs, das zum tödlichen Unfall geführt hat, ist deshalb ebenso „Tötungshandlung" wie der Schuss ins Herz.

72 **3.** Voraussetzung ist aber immer, dass tatsächlich eine Handlung im strafrechtlichen Sinn zugrunde liegt. Eine **Handlung** kann entweder in einem **aktiven Tun** oder einem

Unterlassen bestehen. Der Straftäter kann also entweder einen Kausalverlauf anstoßen oder einem Geschehen seinen Lauf lassen. In manchen Fällen kann problematisch werden, ob der Täter überhaupt gehandelt hat. Dazu der nachfolgende Fall.

Fall 1: „Handlung" und „Nichthandlung"; Unterlassen als Handlung

Der Reit- und Fahrverein der Gemeinde Niedorf veranstaltet ein Turnier. Unter dem Applaus zahlreicher Zuschauer führt der Landesmeister G seinen Vierspänner im Galopp durch die Bahn, als ihn plötzlich eine Wespe ins Augenlid sticht. Durch den Schmerzreiz reißt G beide Hände hoch und hält sie schützend vor das Gesicht. Dabei entgleiten ihm die Führungsleinen der Pferde, und diese laufen ungelenkt weiter geradeaus. G versucht vergeblich, die Leinen wieder in die Hand zu bekommen oder die Pferde durch Zuruf zu stoppen. Auch die Bremsen der Kutsche verzögern nur langsam. G erkennt, dass Zuschauer in Gefahr sind, die – was er vorher nicht wahrnehmen konnte – über die Absperrung gesprungen waren, um eine bessere Sicht zu haben. G ruft ihnen zu, sich in Sicherheit zu bringen, muss aber mit ansehen, wie L, ein Lokalreporter, von den Pferden niedergetrampelt wird und schwere Kopfverletzungen und Rippenbrüche erleidet.
Strafbarkeit des G? Etwa erforderliche Strafanträge sind gestellt.

I. G könnte sich wegen **Körperverletzung an L nach § 223 Abs. 1, 2. Alt.** strafbar gemacht haben, indem er mit dem Gespann auf die Zuschauer zufuhr.

1. Eine Gesundheitsschädigung ist durch die Kopfverletzungen und Rippenbrüche des L eingetreten.

2. Zweifelhaft ist jedoch, ob dies auf einer **„Handlung"** im strafrechtlichen Sinn beruht. Ungeachtet des Streits um die richtige Beschreibung der Handlung (s.o. Rdnr. 51) besteht Einigkeit über die Mindestvoraussetzungen: 73

a) Erforderlich ist zunächst ein **menschliches Verhalten. Daher können nur natürliche Personen strafbar sein; juristische Personen als solche sind (anders als im öffentlichen Recht oder im Zivilrecht) strafrechtlich nicht handlungsfähig.**[103] Abzustellen ist in solchen Fällen vielmehr auf die Menschen, die die deliktische Handlung selbst begangen haben oder denen sie wie eine eigene zurechenbar ist.

b) Es muss ein **äußerliches (körperliches) Verhalten** sein. Keine „Handlungen" sind dagegen Vorgänge, die sich nur im Inneren des Menschen abspielen, wie z.B. Gedanken, Absichten, Wünsche.

c) Ferner muss es sich um ein **vom Willen beherrschtes Verhalten** handeln. Erforderlich ist dafür (auch nach der kausalen Handlungslehre) allein, dass der Wille bei der Verhaltenssteuerung überhaupt mitwirkt. Da der natürliche Wille entscheidend ist, ohne dass es dabei auf vorsätzliches Handeln oder gar schuldhaftes Verhalten ankäme, können auch Kleinkinder, Geisteskranke oder Betrunkene in die-

103 H.M., Maurach/Zipf AT 1 § 15 Rdnr. 6; a.A. Baumann/Weber/Mitsch § 13 Rdnr. 15, wonach allerdings die Schuldfähigkeit juristischer Personen zu verneinen ist.

sem Sinne „handeln". Im vorliegenden Fall wurde L durch die Pferde niedergetrampelt. Dieses Tierverhalten kann nur in Verbindung mit der steuernden Einwirkung eines Menschen zu dessen strafrechtlich relevanter Handlung werden. G hatte aber in dem Moment, als er mit der Kutsche auf L zufuhr, keinen willensgesteuerten Einfluss mehr auf die Pferde.

Körperverletzung durch das Zufahren auf L ist zu verneinen.

II. Allerdings könnte sich G wegen **Körperverletzung an L durch Unterlassen** des rechtzeitigen Anhaltens gemäß **§§ 223 Abs. 1, 2. Alt., 13**strafbar gemacht haben.

74 Ausgehend von einem einheitlichen Handlungsbegriff **kann auch eine Unterlassung Handlungsqualität** besitzen. Abzustellen ist dann aber nicht auf die Untätigkeit als solche, sondern auf die Nichtvornahme genau der hypothetischen willensgesteuerten Handlung, die zur Erfolgsabwendung tatsächlich erforderlich war. Das aber setzt die Fähigkeit und Möglichkeit voraus, diese hypothetische, erfolgsabwendende Handlung vorzunehmen. Wer schon objektiv den Erfolg nicht abwenden konnte, hat auch keine strafrechtlich relevante Unterlassung begangen.[104] Hier war es selbst dem als Landesmeister ausgezeichneten G nicht möglich, die Führungsleinen wieder in die Hand zu bekommen oder das Gespann auf andere Weise rechtzeitig zum Stehen zu bringen. Damit bestand objektiv keine Möglichkeit, den Erfolg abzuwenden. Eine Unterlassung kann G ebenfalls nicht vorgeworfen werden.

III. Infrage kommt **fahrlässige Körperverletzung an L gemäß § 229** durch Loslassen der Führungsleinen.

75 Dann müsste dies eine strafrechtliche Handlung sein. Zwar liegt im Loslassen ein menschliches und äußerliches Verhalten, doch bestehen Zweifel an der Willenssteuerung. Aus diesem Grund scheiden als sog. **„Nichthandlungen"** aus:

- Verhaltensweisen im Zustand **völliger Bewusstlosigkeit** (z.B. Körperreaktionen im tiefen Schlaf, in hochgradigen Fieberdelirien, Ohnmacht oder unter vollständig lähmender Alkohol- und Rauschgiftwirkung);[105]

  Umstritten ist, ob bei im Zustand der **Hypnose** vorgenommenen Verrichtungen keine Handlungen i.S.d. Strafrechts vorliegen[106] oder ob lediglich die Schuldfähigkeit ausgeschlossen ist.[107]

- körperliches Verhalten, das durch **unwiderstehliche Gewalt** auf mechanische Weise („vis absoluta") erzwungen wird (z.B. der Sturz infolge eines Schlages);

  Dagegen bleibt eine Handlung bestehen, wenn der Zwang durch Einwirkung auf den Willen des Gezwungenen („vis compulsiva") ausgeübt wird (z.B. die durch Folter erzwungene Unterschrift).

- sog. **Reflexbewegungen**, bei denen durch einen physiologischen Reiz ohne Mitwirkung des Bewusstseins eine willensunabhängige Bewegung ausgelöst wird.[108]

  Hiervon abzugrenzen sind Verhaltensweisen, bei denen noch ein willentlicher Steuerungsprozess des Handlungsablaufs stattfindet und die deshalb noch Handlungen im strafrechtlichen

---

104 Statt aller MünchKomm/Freund Vor §§ 13 ff. Rdnr. 135.

105 Vgl. Maurach/Zipf AT 1 § 16 Rdnr. 19.

106 So Wessels/Beulke/Satzger Rdnr. 98.

107 So Maurach/Zipf AT 1 § 16 Rdnr. 19.

108 OLG Hamm JZ 1974, 716.

Sinne sind. Dies ist z.B. der Fall bei sog. **Affekt- und Kurzschlusshandlungen**, bei denen ein Willenselement eingeschaltet wird, allerdings in einer derartigen Geschwindigkeit, dass für den Handelnden die Möglichkeit entfällt, Gegenvorstellungen zu mobilisieren.[109] Auch sog. **Automatismen** haben nach h.M. noch Handlungsqualität. Hierbei hat sich zwar ein bestimmtes Verhalten durch ständige Wiederholung völlig ins Unterbewusstsein verlagert; es ist aber anders als der Reflex durch bewusste Gegensteuerung zu beeinflussen und „umzutrainieren". Beispielsweise versucht wohl jeder, der das erste Mal von seinem Fahrrad mit Rücktritt auf ein Rennrad umsteigt, bei Auftreten eines Hindernisses zuerst die Rücktrittbremse zu betätigen, er kann aber diesen Automatismus nach ausreichender Übung ablegen.[110]

Im vorliegenden Fall wurde die Körperbewegung des G dadurch ausgelöst, dass ein rein physiologischer Reiz – der Schmerz des Wespenstichs – unmittelbar in eine motorische Reaktion umgesetzt worden ist, ohne dass eine willentliche Steuerung zwischengeschaltet war. Anders als bei Handbewegungen zum Verscheuchen eines störenden Insekts liegt in der reinen Schmerzreaktion kein vom Willen beherrschtes Verhalten.[111] Aus dem Hochreißen der Hände mit der Folge des Verlusts der Führungsleinen kann dem G kein Strafbarkeitsvorwurf gemacht werden.

IV. Fraglich ist, ob sich die Strafbarkeit wegen **fahrlässiger Körperverletzung gemäß § 229** daraus begründen lässt, dass er in den Platz eingefahren ist, obwohl objektiv die Gefahr bestand, durch irgendein Ereignis die Herrschaft über das Gespann zu verlieren und Zuschauer zu verletzen. Selbst wenn das Lenken der Tiere als Handlung im vorgenannten Sinne zu qualifizieren ist, fehlt es an dem für die Fahrlässigkeit des Verhaltens erforderlichen Verstoß gegen anerkannte Sorgfaltsregeln. Auch dass sich Zuschauer im Innern des Parcours-Platzes aufhielten, war für G beim Einfahren nicht erkennbar.

Ergebnis: G ist straflos.

Mindestvoraussetzungen der Handlung im strafrechtlichen Sinn (nach allen Handlungslehren):

Zu verneinen bei:

- Akten juristischer Personen als solchen, Tierverhalten, sonstigen Naturereignissen
- Rein inneren Vorgängen (Gedanken, Gesinnungen, Wünsche)
- Nervenreflexen, durch willensausschließende Gewalt (vis absoluta) erzwungenem Verhalten, Körperbewegungen im Zustand der Bewusstlosigkeit oder Hypnose (str.)

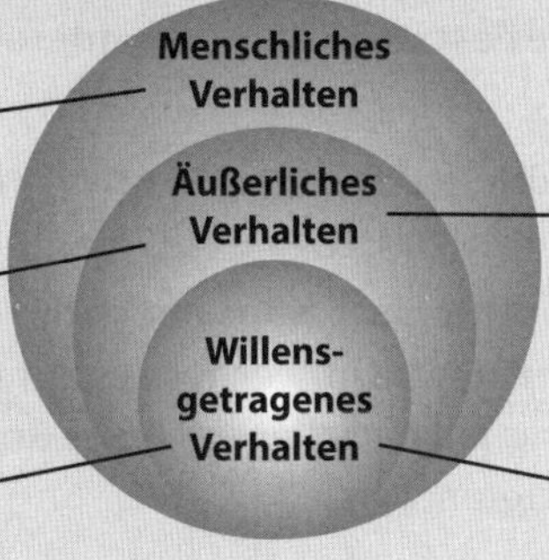

Zu bejahen bei:

- Aktivem Tun, Unterlassen des rechtlich Gebotenen bei tatsächlicher Handlungsmöglichkeit
- Abwehrreaktionen, durch willensbeugende Gewalt (vis compulsiva) erzwungenem Verhalten, Affekthandlungen, Automatismen

109 Maurach/Zipf AT 1 § 16 Rdnr. 17.

110 Vgl. Jescheck/Weigend § 23 III 2 a.

111 Vgl. dazu auch Maurach/Zipf AT 1 § 16 Rdnr. 18.

III. Kausalzusammenhang zwischen Handlung und Erfolg

Bei allen Erfolgsdelikten muss die tatbestandlich umschriebene Rechtsbeeinträchtigung gerade auf der Tathandlung beruhen. Das setzt zuallererst einen naturgesetzlichen Zusammenhang zwischen Tathandlung und Taterfolg voraus, den sog. Kausalzusammenhang. **Die Kausalität ist Tatbestandselement aller Erfolgsdelikte.** Umstritten ist, auf welchem denklogischen Weg die Kausalität festzustellen ist.

1. Bedingungs- oder Äquivalenztheorie (conditio sine qua non-Formel)

76 Nach der in der Rechtsprechung vorherrschenden **Bedingungs**- oder **Äquivalenztheorie** ist **jede Handlung kausal, die nicht hinweggedacht werden kann, ohne dass der tatbestandliche Erfolg in seiner konkreten Gestalt entfiele**. Jede Handlung, die **„conditio sine qua non"** für den konkreten Erfolg ist, ist gleichwertig (äquivalent).[112]

Die Äquivalenztheorie ermittelt die Kausalität nicht durch Rekonstruktion des wahren Ursache-Wirkungs-Zusammenhangs, sondern aus einer logischen Schlussfolgerung. Dafür unterstellt sie zuerst gedanklich, dass die fragliche Handlung des Täters nicht stattgefunden hätte. Danach konstruiert die Äquivalenztheorie einen neuen, fiktiven Ablauf ohne das „hinweggedachte" Verhalten. Sie fragt dann, ob der konkrete Erfolg auch bei diesem fiktiven Ablauf nach anerkanntem Erfahrungswissen eingetreten wäre. Ist das zu verneinen, dann lautet die logische Schlussfolgerung: Das fragliche Verhalten muss kausal gewesen sein. Bei dieser Gedankenoperation gelten folgende Grundsätze:

a) Auf die Zahl der Zwischenursachen kommt es nicht an, denn die Ursachen sind alle **gleichwertig**.

Beispiel: Deshalb ist die Ausstrahlung eines raffinierten Krimis im Fernsehen kausal für die Nachahmung dieser Tat in der Realität.

b) Wie die einzelnen Kausalfaktoren naturwissenschaftlich zusammenhängen, spielt keine Rolle. Ausreichend ist die **Feststellung, dass andere „mögliche" Ursachen nicht in Betracht kommen.**[113]

Beispiel: Wie ein bestimmtes Gift den Tod konkret herbeigeführt hat, ist bedeutungslos, wenn sicher ist, dass das Opfer ohne die Giftbeibringung überlebt hätte.

c) Reserveursachen und hypothetische Kausalverläufe dürfen anstelle der weggedachten Handlung nicht hinzugedacht werden. Entscheidend ist allein, ob der konkrete Erfolg ohne die Handlung **auch in dieser Weise, unter diesen Umständen und in diesem Augenblick** eingetreten wäre.[114]

Beispiel: Wegen überhöhter Geschwindigkeit fährt Autofahrer A den Fußgänger F auf dem Weg zum Flughafen an. F stirbt zwei Wochen später im Krankenhaus an den Verletzungen. Wäre er nicht angefahren worden, wäre er noch am Tag des Autounfalls getötet worden, weil das Flugzeug, das er erreichen wollte, abstürzte und alle Passagiere in den Tod riss. – A ist nach ganz h.M. strafbar wegen fahrläs-

---

112 Die Äquivalenztheorie wurde von Glaser begründet und durch v. Buri weiterentwickelt; sie wird in der Praxis standardmäßig verwendet: BGHSt 1, 332; BGH, Urt. v. 13.11.2003 – 5 StR 327/03, BGHSt 49, 1, 3, RÜ 2004, 34.

113 BGHSt 37, 106, 112 = Lederspray-Fall; BGH NJW 1995, 2930 = Holzschutzmittel-Fall; beide Entscheidungen unbedingt nachlesen!

114 Vgl. Baumann/Weber/Mitsch § 14 Rdnr. 17.

siger Tötung, § 222. Dass sein Anfahren im Vergleich zu dem sonst eingetretenen Tod durch den Flugzeugabsturz das Leben des F sogar verlängert hat(!), ist unerheblich.[115]

d) Auch wenn an eine Ursache eine Zweithandlung des Täters oder das freiverantwortliche Verhalten eines Dritten oder des Opfers selbst anknüpft, das den tatbestandlichen Erfolg herbeiführt, bleibt die Vorbedingung kausal, wenn sie bis zum Erfolgseintritt fortwirkt.[116] Das von Frank[117] entwickelte Regressverbot, das dies anders sah, wird heute im Rahmen der Kausalitätsprüfung abgelehnt. Die Unterscheidung zwischen menschlichen Handlungen und nicht willensgesteuerten Ereignissen als Zwischenursachen widerspricht der Äquivalenzlehre, wonach alle Bedingungen gleichwertig sind.[118] Eine **Unterbrechung des Kausalverlaufs** liegt vielmehr nur vor, wenn ein späteres Ereignis die Fortwirkung einer früheren Ursachenkette beseitigt und nunmehr allein unter Eröffnung einer neuen Ursachenreihe den Erfolg herbeiführt.[119] Die neue, bis zum Erfolgseintritt führende Ursachenkette bezeichnet man als **überholenden Kausalverlauf**.

Beispiel: Überholende Kausalität liegt vor, wenn ein Attentäter eine mit einem Zeitzünder versehene Bombe in einem Wagen versteckt hat und das Fahrzeug durch einen Selbsttötungsakt des Fahrers völlig zerstört wird, bevor die Bombe explodiert.

*Hier liegt eine **häufige Fehlerquelle**: Die Bearbeiter verneinen die Kausalität und damit die Strafbarkeit, weil zwischen der Täterhandlung und dem Erfolg eine weitere Handlung wirksam geworden ist. Ohne es zu bemerken, wenden sie das Regressverbot an. Das ist falsch! Vgl. dazu ausführlich unten Fall 2.*

2. Lehre von der gesetzmäßigen Bedingung

Das herrschende Schrifttum bestimmt den Kausalzusammenhang mit der **Lehre von der gesetzmäßigen Bedingung. Danach ist ein Verhalten Ursache eines Erfolgs, wenn dieser Erfolg mit dem Verhalten durch eine Reihe zeitlich aufeinander folgender Veränderungen (natur-)gesetzmäßig verbunden ist.**[120] 77

Die Lehre von der gesetzmäßigen Bedingung will den realen Ursache-Wirkung-Zusammenhang nachweisen. Dafür wird zunächst gefragt, ob ein wissenschaftlich gesichertes Naturgesetz existiert, und sodann, ob die zu prüfenden Faktoren der möglichen Kausalkette hierdurch miteinander verknüpft sind.[121] Einzelheiten:

a) Kausalverknüpfungen sind nicht nur über Naturereignisse herstellbar. Möglich ist auch, dass ein äußerer Umstand die Entscheidung eines anderen zu dessen Erfolg vermittelnder Handlung auslöst. In diesem Bereich psychischer Kausalität hat die Lehre von der gesetzmäßigen Bedingung Schwierigkeiten, denn es existieren keine allgemein anerkannten Grundsätze, inwieweit menschliche Entscheidungen durch äußere Umstän-

115 Vgl. Rengier § 13 Rdnr. 17; anders Frister S. 118, 120, der die Kausalität bei hypothetischen Reserveursachen und bereits betätigten Reserverhandlungen ablehnt.

116 Vgl. BGH NJW 1993, 1723; Sch/Sch/Lenckner/Eisele Vorbem. §§ 13 ff. Rdnr. 77.

117 Das Strafgesetzbuch für das Deutsche Reich, 18. Aufl. 1931, § 1 III 2 a.

118 Vgl. Lackner/Kühl vor § 13 Rdnr. 11.

119 BGH MDR 1989, 752.

120 Diese Formel wurde von Engisch, Die Kausalität als Merkmal der strafrechtlichen Tatbestände, 1931, S. 21, entwickelt. Namhafte Vertreter sind Jescheck/Weigend § 28 II 4; Kühl JR 1983, 33; NK-Puppe Vor § 13 Rdnr. 102 ff.; Roxin § 11 Rdnr. 15 f.; Sch/Sch/Lenckner/Eisele Vorbem. §§ 13 ff. Rdnr. 75.

121 Vgl. Hilgendorf Jura 1995, 514 ff.

de beeinflusst werden.[122] Die h.M. lässt es hier aber genügen, wenn ex post, d.h. im Nachhinein, ein Motivationszusammenhang festgestellt werden kann.[123]

b) Ein weiteres Problem besteht für die Lehre von der gesetzmäßigen Bedingung darin, dass vielfach auch nicht wissenschaftlich bekannt ist, wie einzelne Naturereignisse physikalisch oder chemisch wirken. Vertreter der Lehre übernehmen insoweit die Gedankenführung der Bedingungstheorie und lassen es ausreichen, dass andere Ursachen für den fraglichen Erfolg ausscheiden.[124] Andere halten einen solchen „Austausch der Beweisfrage" für unzulässig, lassen dann aber die „hohe Wahrscheinlichkeit" ausreichen, dass sich ein bestimmter Faktor im konkreten Fall ausgewirkt hat.[125]

c) Auch für die Lehre von der gesetzmäßigen Bedingung spielt es keine Rolle, wie viele Zwischenursachen den Erfolg vermittelt haben.

d) Hypothetische Faktoren bleiben nach der Theorie der gesetzmäßigen Bedingung, die ohnehin nur nach der tatsächlichen Verkettung einzelner Faktoren fragt, von vornherein außer Betracht.

e) Schließlich ist dann, wenn ein Realzusammenhang besteht, für diese Theorie gleichgültig, wie atypisch oder selten die Verknüpfung ist.

*Für eine **Falllösung** gilt: Die Kausalitätstheorien unterscheiden sich in ihren Ergebnissen nicht. Deshalb genügt die Begründung der Kausalität mithilfe der conditio-Formel. Allenfalls kann ergänzend auf die Lehre von der gesetzmäßigen Bedingung hingewiesen werden.*

IV. Der Risikozusammenhang zwischen einer kausalen Handlung und dem Erfolg (Lehre von der objektiven Zurechnung)

78 Anerkannt ist, dass die **Kausalität** im naturwissenschaftlichen Sinne zwar **notwendig, aber nicht hinreichend** ist, **um den für einen Strafvorwurf erforderlichen Zusammenhang** zwischen **Täterhandlung** und **Erfolg** herzustellen; d.h. umgekehrt, dass nicht schon jedes kausale Verhalten tatbestandsmäßig sein kann.

Sonst würde **beispielsweise** jeder Waffenhersteller durch seine Produktion den objektiven Tatbestand des später mit der Waffe verübten Tötungsdelikts erfüllen!

Auch der Arzt, der den Krebstod seines Patienten durch eine wirksame Chemotherapie um einige Monate herausgezögert hat, hätte diesen dadurch „getötet".

79 Ein Teil der Lehre versteht den Tatbestand nach wie vor als möglichst wertfreie Deliktsstufe. Danach sind etwaige Strafbarkeitsbeschränkungen ursächlichen Verhaltens nur über die anderen Verbrechenselemente – namentlich über den Vorsatz bzw. Vorhersehbarkeit eines atypischen Geschehensablaufs oder durch rechtfertigende Einwilligung bei Gefährdungen – zu erreichen.[126]

80 In der übrigen Rechtswissenschaft hat sich die Erkenntnis durchgesetzt, dass bereits im Tatbestand ein **zusätzliches Korrektiv** erforderlich ist, das durch Wertung bestimmte

---

122 Otto § 6 Rdnr. 33.

123 Sch/Sch/Lenckner/Eisele Vorbem. §§ 13 Rdnr. 75.

124 Roxin § 11 Rdnr. 16 f.

125 Volk NStZ 1996, 105, 110.

126 Insbes. Baumann/Weber/Mitsch § 14 Rdnr. 100; vgl. auch Frisch, Tatbestandsmäßiges Verhalten und Zurechnung des Erfolges, 1988; Schumann, Strafrechtl. Handlungsunrecht und das Prinzip der Selbstverantwortung des anderen, 1986.

Handlungen als strafrechtlich irrelevant ausscheidet, auch wenn diese ursächlich für einen bestimmten Unrechtserfolg geworden sind. Die Entwicklung dieser Wertekategorien vollzog sich über die **Adäquanzlehre** und **Relevanztheorie** bis hin zur heute in der Literatur herrschenden **Lehre von der objektiven Zurechnung**.[127]

Die **Adäquanztheorie** setzt zwar ebenso wie die Äquivalenzlehre eine Handlung voraus, die conditio sine qua non für den Erfolg ist. Als ursächlich gelten danach aber nur solche Bedingungen, die generell geeignet sind, den konkreten Erfolg herbeizuführen. Die Ursächlichkeit entfällt bei einem völlig regelwidrigen, gänzlich „inadäquaten" Kausalverlauf. Maßstab ist eine objektiv-nachträgliche Prognose.[128]

Die **Relevanztheorie** unterscheidet zwischen dem Kausalgedanken und dem Haftungsgedanken. In der Kausalitätsfrage hält sie an dem allgemeinen Kausalbegriff der Bedingungstheorie fest. Die Haftungs- und Verantwortungsfrage aber beantwortet sie ausschließlich wertend nach strafrechtlichen Gesichtspunkten, indem sie auf die strafrechtliche Relevanz des Kausalgeschehens abstellt. Dabei erkennt sie nur die tatbestandsadäquaten Bedingungen innerhalb des Kausalverlaufs als haftungsbegründend an und stellt im Übrigen auch auf den Schutzzweck der Norm und die Besonderheiten des einzelnen Straftatbestands ab.[129]

*Keine der beiden vorgenannten Theorien hat im Strafrecht Bedeutung erlangt, sie brauchen in einer **Klausur** nicht mehr erwähnt zu werden.*

Die **Lehre von der objektiven Zurechnung** verlangt ebenfalls physische oder psy- 81
chisch vermittelte Kausalität des Täterverhaltens für den Erfolg. Nach Feststellung dieses tatsächlichen Zusammenhangs wird aber weitergefragt, ob der Erfolg dem Täter auch juristisch-wertend als „sein Werk" zugerechnet werden kann, mithin ob neben dem tatsächlichen auch ein **normativer Zusammenhang** besteht. Hierfür nimmt diese Lehre die Haftungsbeschränkungen der Adäquanz- und Relevanztheorie auf, geht aber darüber hinaus:

Objektiv zurechenbar ist ein durch menschliche Handlung verursachter Erfolg nur dann, wenn die Handlung eine rechtlich missbilligte Gefahr geschaffen hat und sich diese (*eigene Ergänzung:* in tatbestandskonformer Weise) in dem Erfolg niedergeschlagen hat.[130]

Kurzformel: Objektive Zurechnung ist **„rechtlich relevantes Risiko plus Risikozusammenhang"**.

Bei der vorsätzlichen Begehungstat ist der objektive Zurechnungszusammenhang zwischen Handlung und Erfolg indiziert. Wenn ein Täter ein Geschehen in Gang setzt, das tatsächlich den Erfolg herbeiführt, und er dies auch wollte, schafft er in aller Regel ein missbilligtes Risiko, das sich auch in der Reichweite der Strafnorm verwirklicht. Das Verdienst der Zurechnungslehre besteht darin, Fallgruppen herausgearbeitet zu haben, bei denen ausnahmsweise die Gefahrschaffung oder der Gefahrzusammenhang fehlt:[131]

*In einer **strafrechtlichen Falllösung** sollte deshalb die objektive Zurechnung auch nur dann angesprochen werden, wenn eine der nachfolgenden Fallgruppen einschlägig ist.*

---

127 Zum Vergleich der Kausalitätsbegrenzungen im Strafrecht, Zivilrecht und Öffentlichen Recht Rönnau/Faust/Fehling JuS 2004, 113 ff.

128 Bockelmann/Volk § 13 A V 4; Wolter GA 1977, 257 ff.

129 Vgl. Blei § 28 IV.

130 Vgl. Jescheck/Weigend § 28 IV; Kindhäuser § 11; Maurach/Zipf AT 1 § 18 Rdnr. 49; Otto Jura 1992, 90; Roxin § 11 Rdnr. 39 ff.; Stratenwerth/Kuhlen § 8 Rdnr. 25 ff.; Wessels/Beulke/Satzger Rdnr. 179 ff.

131 Beim fahrlässigen Erfolgsdelikt kommt ein Zurechnungsfaktor hinzu, während andere entfallen, dazu unten Rdnr. 282 ff.

1. Zurechnungsausschluss wegen fehlenden rechtlich relevanten Risikos

82 **a)** An einem rechtlich relevanten Risiko fehlt es, wenn sich der **Schadenseintritt außerhalb des menschlichen Beherrschungsvermögens vollzieht.**

Schulbeispiel: A überredet bei einem aufziehenden Gewitter den ahnungslosen B zu einem Spaziergang. Er hat die Hoffnung, dass B vom Blitz erschlagen wird, was auch geschieht. – Trotz des „bösen Willens" des A keine Erfolgszurechnung und damit schon kein objektiv tatbestandsmäßiges Verhalten.[132] Übrigens auch kein strafbarer Versuch, weil A keinen Tatentschluss hatte. Dieser setzt nämlich den Vorsatz des Täters voraus, einen strafrechtlichen Erfolg in objektiv zurechenbarer Weise zu verwirklichen. Gerade das wollte A aber nicht. Das bloße „Herbeiwünschen" ist kein Tatentschluss, sondern allenfalls ein strafloses Wahndelikt (vgl. AS Skript AT 2 [2014]).

83 **b)** Rechtlich irrelevant ist auch **sozialadäquates Verhalten**, bei dem zwar ein schädlicher Erfolg von der Rechtsordnung toleriert wird, um ein menschliches Zusammenleben im Alltag überhaupt erst möglich zu machen. So begründet der Straßenverkehr, der Betrieb einer gefährlichen Anlage oder zwischenmenschlicher Kontakt so lange noch kein rechtlich relevantes Risiko, wie das fragliche Verhalten erlaubt ist. Dies ist der Fall, wenn es vom Staat ausdrücklich **gestattet** wird – etwa der Betrieb eines zugelassenen Fahrzeugs –, wenn der möglicherweise eintretende **Schaden unerheblich** ist oder wenn die Wahrscheinlichkeit des Schadens so **gering** ist, dass das Risikopotential nicht ins Gewicht fällt.[133]

Beispiele:

Waffen sind in unserer Gesellschaft für die Ausrüstung von Beamten, Soldaten, Jägern, Sportschützen und zur Selbstverteidigung gewollt. Deshalb liegt in der Waffenproduktion als solcher auch kein strafbares Verhalten, selbst wenn vorhersehbar ist, dass mit Waffen später Menschen getötet werden (siehe Eingangsbeispiel Rdnr. 78).

Wer andere mit einer Erkältungskrankheit ansteckt, wird nicht aus fahrlässiger Körperverletzung bestraft, nur weil er besondere Schutzmaßnahmen (Atemschutz, Fernhalten aus öffentlichen Räumen) unterlassen hat.

Gegenbeispiel: Wer Träger einer hochinfektiösen und für andere lebensbedrohlichen Viruserkrankung ist, macht sich strafbar, wenn er nicht die ärztlichen oder gesundheitspolizeilichen Ratschläge zur Ansteckungsverhütung befolgt und dadurch andere an der Gesundheit schädigt oder gar tötet.

Die Sozialadäquanz ist aber nur ein ausfüllungsbedürftiger Blankettbegriff. Welches Verhalten gesellschaftlich toleriert wird und welches nicht, unterliegt dem auf neuen wissenschaftlichen Erkenntnissen beruhenden gesellschaftlichen Wandel und kann von einer zur anderen Norm durchaus unterschiedlich sein.

Beispiele: Der Umgang mit Asbest als Baustoff war in den 1950er Jahren üblich und ist heute völlig verboten. Eine ähnliche Entwicklung kann man beim „Passivrauchen" beobachten.

84 **c)** Eine rechtlich relevante Gefahr scheidet auch bei einer bloßen **Risikoverringerung** aus. Kennzeichnend dafür ist, dass ein drohender schwerer Erfolg abgeschwächt oder zeitlich hinausgeschoben wird, ohne dass der Täter zur Erreichung dieses Ziels eine neue, andersartige Gefahr gesetzt hat.[134]

---

132 Vgl. SK-Rudolphi vor § 1 Rdnr. 62.

133 Vgl. Prittwitz StV 1989, 123, 127.

134 Wessels/Beulke/Satzger Rdnr. 193 ff.; ohne diese Differenzierung auch OLG Stuttgart NJW 1979, 2573.

Beispiele:

Der Retter lenkt den lebensgefährlichen, gegen den Kopf geführten Schlag ab und verursacht dadurch eine Schulterverletzung beim Opfer. – Hier ist wegen Risikoverringerung schon der objektive Tatbestand einer Körperverletzung nicht gegeben.[135]

Gegenbeispiel: Der Geisteskranke G ist im Begriff, sich aufs Schwerste selbst zu verletzen. Um das zu vermeiden, fesselt der Pfleger P den G. – Kein Tatbestandsausschluss der Freiheitsberaubung wegen Verringerung des Risikos drohender Körperverletzung, sondern Rechtfertigung der neuen und zurechenbaren Risikoschaffung in Bezug auf das Rechtsgut Freiheit nach § 34.

Zu kritisieren ist, dass durch das Kriterium der Risikoverringerung die engeren Voraussetzungen der Einwilligung, der mutmaßlichen Einwilligung oder des rechtfertigenden Notstandes überspielt werden.[136]

2. Zurechnungsausschluss wegen fehlenden Risikozusammenhangs

a) Selbst wenn der Täter eine rechtlich relevante Gefahr geschaffen hat, ist der Erfolg ob- **85**
jektiv nicht zurechenbar, wenn sich in diesem **ein anderes, für sich gesehen rechtlich neutrales Risiko** verwirklicht. Gemeint sind damit Fälle, in denen der Erfolg auf **allgemeinem Lebensrisiko** oder **erlaubtem Verhalten Dritter** beruht.

Beispiel: Der durch einen Mordversuch Verletzte stirbt durch einen gewöhnlichen Auffahrunfall beim Transport ins Krankenhaus. – Keine Zurechnung des Todes, weil sich darin nicht das durch den Angriff des Täters verbotswidrig geschaffene Risiko, sondern das allgemeine, mit jeder Autofahrt verbundene Lebensrisiko eines Unfalls verwirklicht hat.[137]

Gegenbeispiel: Es kommt zum tödlichen Autounfall, weil der Rettungssanitäter den durch den Mordversuch Verletzten unter Inanspruchnahme von Sonderrechten i.S.d. § 35 StVO fahren musste und dabei von einem anderen Verkehrsteilnehmer nicht rechtzeitig wahrgenommen wurde. Hier ist der Zurechnungszusammenhang zum Mordanschlag zu bejahen. Denn die Zufügung einer lebensgefährlichen Verletzung birgt auch die Gefahr von eiligen und deshalb besonders unfallträchtigen Rettungsfahrten.[138]

b) Der Zurechnungszusammenhang fehlt auch, wenn es sich um eine ganz ungewöhn- **86**
liche, **atypische Schadensfolge** handelt oder wenn der **Geschehensablauf** so sehr **außerhalb aller Lebenserfahrung** liegt, dass mit ihm vernünftigerweise nicht mehr gerechnet zu werden brauchte. Als **inadäquat** fallen aber nur abenteuerliche Abläufe und extrem unwahrscheinliche Schadensfolgen aus dem Zurechnungszusammenhang heraus.

Beispiel: Der Verletzte wird am Tatort, von dem er sich infolge der Verletzung nicht fortbewegen kann, von einem herabstürzenden Raketenteil erschlagen.[139]

c) Wenn der Täter zwar eine Gefahr geschaffen hat, in dem eingetretenen Erfolg sich **87**
aber nicht das durch den Tatbestand verbotene, sondern ein anderes Risiko verwirklicht hat, sodass der Erfolg **außerhalb des Schutzbereichs der verletzten Verhaltensnorm** liegt, fehlt es am tatbestandstypischen Risikozusammenhang.[140]

---

135 Jescheck/Weigend § 28 IV 2.

136 Vgl. Rengier § 13 Rdnr. 58.

137 Vgl. Sch/Sch/Lenckner/Eisele Vorbem. §§ 13 ff. Rdnr. 95/96.

138 Zutreffend Frister S. 133.

139 Vgl. BGHSt 1, 332, 334.

140 Krey/Esser Rdnr. 344; Fischer Vor § 13 Rdnr. 30; für die Einordnung bei der Schaffung eines rechtlich relevanten Risikos Wessels/Beulke/Satzger Rdnr. 182, 674.

Außerhalb des Schutzbereichs der §§ 211 ff., 223 ff. liegen nach dem Schrifttum auch die **Spätfolgenfälle**. Derjenige, der eine Person verletzt, haftet nicht für Spätfolgen, die sich nach ausgeheilter Verletzung infolge verminderter Widerstandskraft ergeben.[141]

Auch **Schockschäden** (der Täter verletzt eine Person lebensgefährlich, und eine Angehörige des Opfers bricht wegen der Unglücksnachricht tot zusammen) liegen nach dem Schrifttum außerhalb der Reichweite der Delikte zum Schutz des Lebens und der körperlichen Integrität, weil diese Folgen nicht vom Täter steuerbar sind.[142]

88 **d)** Ein weiteres Problemfeld des Zurechnungszusammenhangs sind **hypothetische Abläufe**, die zwar wegen des erfolgsursächlichen Täterverhaltens nicht im Erfolg wirksam geworden sind, aber ohne das Täterhandeln denselben Erfolg bewirkt hätten. Dass solche Reserveursachen – jedenfalls beim Begehungsdelikt – die Kausalität der Täterhandlung nicht berühren, ist klar (s.o. Rdnr. 76). Fraglich ist aber, ob der Risikozusammenhang auszuschließen ist, wenn der Erfolg auch ohne die Handlung des Täters eingetreten wäre.

89 Einigkeit besteht darüber, dass der Täter sich nicht mit dem Fehlverhalten eines „Ersatztäters" entlasten kann, weil sonst der Rechtsgüterschutz unzulässig verkürzt würde.[143]

Beispiel: A befindet sich in der Wüste. Nachdem B den letzten Wasservorrat des A vergiftet hat, schüttet C, ohne von der Vergiftung zu wissen, den Wasservorrat aus. A verdurstet. – B ist nur strafbar wegen Versuchs (abgebrochene Kausalität). C hat den Tod durch Verdursten verursacht. Dieser wird ihm auch zugerechnet, selbst wenn der (hypothetische) Tod durch die Vergiftung früher eingetreten wäre.[144]

90 Auch demjenigen, der einen durch Naturkausalität bereits angelegten Erfolg vorzeitig herbeiführt, kommt nicht zugute, dass das Rechtsgut „ohnehin" verloren war.

Beispiel: Auch die (aktive und gezielte) Lebensverkürzung eines Todkranken ist deshalb vollendeter Totschlag, § 212.

91 Lediglich in den seltenen Fällen, in denen der Täter den bereits zum Erfolg hintreibenden Naturverlauf geringfügig modifiziert, verneinen einige die Zurechnung.[145]

Beispiel: Mit Tötungsvorsatz lenkt A einen Zug auf ein durch einen Bergrutsch verschüttetes Gleis. Die Zuginsassen sterben, wären aber auch ohne die Täterhandlung gestorben, weil das ursprünglich befahrene Gleis ebenfalls vom Bergrutsch verschüttet war.[146]

Zu hypothetischen Kausalverläufen bei Unterlassungs- und Fahrlässigkeitsdelikten später im 3. und 4. Teil.

e) Ein tatbestandstypischer Risikozusammenhang scheidet schließlich dann aus, wenn ein **Dritter**, das **Opfer** oder **der Täter selbst** an das gefährliche Erstverhalten anknüpft, **durch diese Zweithandlung aber eine völlig neue Gefahr und damit einen Erfolg schafft, der nicht mehr im Wertungszusammenhang zur Ersthandlung steht**.

Diese Fallgruppe hat Ähnlichkeit mit der Lehre vom Regressverbot, die bei der Kausalität nicht gilt (s.o. Rdnr. 76), denn es geht darum, die **Verantwortungsbereiche** nacheinander handelnder Personen für einen Deliktserfolg voneinander abzugrenzen.

---

141 Sch/Sch/Cramer/Sternberg-Lieben § 15 Rdnr. 162.

142 Schünemann JA 1975, 720.

143 Kindhäuser § 11 Rdnr. 11; Roxin § 11 Rdnr. 59; Stratenwerth/Kuhlen § 8 Rdnr. 42.

144 Vgl. Brunner Jura 1989, 401 ff.

145 Roxin § 11 Rdnr. 61.

146 Beispiel von Samson, Hypothetische Kausalverläufe im Strafrecht, 1972, S. 98.

*In der Praxis und in **Klausuren und Hausarbeiten** ist diese Fallgruppe zur wichtigsten der objektiven Zurechnungslehre (vor allem bei Fahrlässigkeitstaten) geworden und in den letzten Jahren immer weiter durch die Bildung von Unterfallgruppen verfeinert worden.*

Ab hier nachlesen

aa) Untergruppe: Erfolg vermittelnde Anknüpfungshandlungen durch Dritte

(1) Zunächst sind bei Vorsatztaten die Fälle auszugrenzen, bei denen der Ersthandelnde 92
mit seinem Verhalten vorsätzlich einen anderen zu dessen unmittelbarer Tatbestandsverwirklichung veranlasst oder dabei unterstützt hat. Dann aber ist zu prüfen, ob dem Ersthandelnden die unmittelbare Tathandlung des Ausführenden **wie eine eigene nach den §§ 25–27 angelastet** werden kann. Erst wenn dies bejaht werden kann, kommt es auf die objektive Zurechenbarkeit des Erfolgs an.

Beispiel: A veranlasst B, auf C zu schießen, indem er ihm vorspiegelt, die Waffe sei nur mit Platzpatronen geladen. B glaubt A und erschießt C. – B ist strafbar aus fahrlässiger Tötung, § 222. A ist strafbar wegen Totschlags gemäß § 212 in mittelbarer Täterschaft, weil ihm die Handlung des B als unvorsätzliches Werkzeug gemäß § 25 Abs. 1, 2. Alt. wie eine eigene zurechenbar ist. Dass der eingetretene Erfolg im Risikozusammenhang zur Handlung der Schussabgabe steht, ist evident und braucht nicht ausgeführt zu werden.

(2) Auf die objektive Zurechnung des von einem Zweithandelnden geschaffenen Risikos kommt es folglich immer **außerhalb von Täterschaft und Teilnahme** an, nämlich

- bei einer **Vorsatztat des Erstverursachers,** wenn dieser **ungewollt** die unmittelbar Erfolg verursachende Zweithandlung einer anderen Person veranlasst hat (siehe dazu den nachfolgenden Fall),
- oder wenn es um eine **Fahrlässigkeitstat des Erstveranlassers** geht und der **Zweithandelnde den Erfolg seinerseits vorsätzlich oder fahrlässig** herbeigeführt hat.

  Beispiel: Strafbarkeit des Einsatzleiters der Polizei wegen fahrlässiger Brandstiftung durch Unterlassen, wenn dieser fahrlässig nicht verhindert hat, dass ein anderer vorsätzlich ein Asylbewerberheim in Brand gesetzt hat?[147]

Hier ist die objektive Zurechnung ausgeschlossen, wenn der Dritte einen **völlig neuen** 93
Steuerungsprozess in Gang gesetzt hat und dieser innerlich nicht mehr mit der Ausgangsgefahr verknüpft ist.[148]

Beispiel: A will B töten und verletzt ihn. Im Krankenhaus stirbt B nach einer Auseinandersetzung mit einem Zimmernachbarn an einem Herzinfarkt.

Im Grundsatz besteht auch Einigkeit darüber, dass sich aus dem Autonomieprinzip (s.o. Rdnr. 32) eine **Abgrenzung von Verantwortungsbereichen** ergibt: Jeder schuldfähige Mensch trägt für sein willensmangelfreies Verhalten selbst die Verantwortung, weil er dies steuern kann. Soweit diese eigene Verantwortung reicht, wird die Verantwortung anderer Personen dafür nicht begründet. Wenn folglich jemand ungewollt die Gelegenheit dafür schafft, dass ein anderer vorsätzlich den Deliktserfolg herbeiführt, reicht dies für die objektive Zurechnung nicht aus.[149]

---

147 Vgl. OLG Rostock, Beschl. v. 11.08.1999 – Ws 10/97, NStZ 2001, 199.

148 Wessels/Beulke/Satzger Rdnr. 192.

149 Geppert Jura 2001, 490, 494; Otto Jurakartei 2001 vor § 13/13; im Erg. auch OLG Rostock (s. FN 149).

(3) Dieser Zurechnungsausschluss unterliegt jedoch **Einschränkungen:**

94 **(a)** Trotz eigenverantwortlichen Verhaltens des Zweithandelnden ist der Zurechnungszusammenhang zur kausalen Ersthandlung gegeben, wenn den Ersthandelnden eine **rechtliche Verantwortung** dafür trifft, dass ein anderer die vorgefundene Situation ausnutzt und erst dadurch Rechtsgüter anderer verletzt.

Beispiel: Strafbarkeit des Hundehalters aus § 229, der seinen Wachhund in den Betriebsräumen frei umherlaufen lässt, wenn Unbekannte ein Loch in den Zaun schneiden, durch welches das Tier entweicht und einen Radfahrer beißt.[150]

95 **(b)** Erfolg vermittelnde Zweithandlungen sind dem Ersthandelnden ferner bei **Fehlern von Rettern** zurechenbar, also dann, wenn der tatbestandliche Erfolg bei einem anderen gerade wegen der Bemühungen um die **Abwendung der vom Ersthandelnden geschaffenen Gefahren** eintritt.[151]

Beispiel: Der Unfallfahrer haftet für die Todesfolge, wenn ein Helfer das im Auto eingeschlossene Kind bei einer Rettungsaktion leicht fahrlässig tötet oder wenn ein leichter Behandlungsfehler des Notarztes den Tod des Kindes herbeiführt.

96 Der Zurechnungszusammenhang ist aber auch in diesen Konstellationen dann wieder zu verneinen (Rückausnahme), wenn es sich um **grob fahrlässiges Fehlverhalten des Retters** handelt, denn eine solche Handlung ist keine den Erstverursacher belastende „Rettung" mehr, sondern eine eigene Gefahrschaffung.

In einem durch den BGH entschiedenen Fall hatte sich der Täter bei einem Streit mit Schwung auf seine am Boden liegende Ehefrau gesetzt und ihr dadurch 18 Rippen gebrochen. Die behandelnden Ärzte diagnostizierten nur drei Rippenbrüche und ließen die übrigen unbehandelt, obwohl diese nach außen und innen das Gewebe der Brusthöhle durchspießt hatten. Die Frau starb an hierdurch verursachten Entzündungen und Blutvergiftung. – Der BGH hob die Verurteilung aus Körperverletzung mit Todesfolge, § 227, auf und verwies die Sache zurück – erstmals in dieser Deutlichkeit mit Hinweis auf den möglicherweise fehlenden Zurechnungszusammenhang der Todesfolge wegen der schweren Behandlungsfehler.[152]

bb) Untergruppe: Erfolg vermittelnde freiverantwortliche Selbstgefährdungen

97 **(1)** Allgemein anerkannter Grundsatz für den Zurechnungsausschluss: **Wer einen anderen vorsätzlich oder fahrlässig zu dessen freiverantwortlich gewollter und verwirklichter Selbstverletzung oder Selbstgefährdung veranlasst, diese ermöglicht oder fördert, macht sich nicht ohne Weiteres strafbar, wenn sich das mit der Selbstgefährdung bewusst eingegangene Risiko realisiert. Seine Strafbarkeit beginnt erst dort, wo er kraft überlegenen Wissens das Risiko besser erfasst als der sich Gefährdende.**

98 **(2)** Voraussetzung für den Zurechnungsausschluss ist damit zweierlei: Zunächst muss eine **Selbstgefährdung** vorliegen; des Weiteren muss die Selbstgefährdung **freiverantwortlich** gewesen sein.

---

150 I.E. OLG Düsseldorf NJW 1993, 1609.

151 Str., vgl. Otto Jura 1992, 90, 98; Sch/Sch/Lenckner Vorbem. §§ 13 ff. Rdnr. 102; a.A. Roxin § 11 Rdnr. 116 f.; SK-Rudolphi vor § 1 Rdnr. 74.

152 BGH, Beschl. v. 08.08.2008 – 3 StR 190/08, RÜ 2008, 782.

(a) Zur Abgrenzung der Selbstgefährdung von der Fremdgefährdung wird dasselbe Kriterium herangezogen wie bei der Abgrenzung der Selbsttötung von der Fremdtötung: die Herrschaft über den Tod bringenden Akt (vgl. dazu AS-Skript Strafrecht BT 2 [2012] Rdnr. 61 ff.). Übertragen auf die Gefährdung bedeutet das: **Eine Selbstgefährdung liegt immer dann vor, wenn das Opfer selbst den letzten Schritt getan hat, durch den die Gefahr ausgelöst wurde.** 99

Beispiel: Der Drogenkonsument setzt sich selbst die Spritze mit Heroin, dass er zuvor bei seinem Dealer erworben hat.

Zur Abgrenzung zwischen tatbestandsausschließender Selbstgefährdung und Einwilligung in die Fremdgefährdung bei Zusammenwirken des Opfers mit dem Täter unten Fall 23 Rdnr. 303 ff.

(b) Des Weiteren muss der Entschluss **freiverantwortlich** gewesen sein. Das bedeutet, dass sich das Opfer in Kenntnis der Tragweite für die Eingehung des Risikos und seiner möglichen Folgen entschieden haben muss. Daran fehlt es, wenn das Opfer beispielsweise mangels Altersreife oder infolge einer Geisteskrankheit oder einer Bewusstseinsstörung oder infolge eines **Irrtums** gar nicht in voller Autonomie handeln konnte. 100

Daher ist der Dealer aus fahrlässiger Tötung gemäß § 222 strafbar, wenn er dem später am Drogenkonsum gestorbenen Abnehmer ohne vorherige Prüfung nicht das gewünschte Kokain, sondern Heroin verkauft hat, dessen Konsum zudem wegen hoher Reinheit besonders gefährlich war. Der Irrtum des Konsumenten über den Wirkstoff und den Wirkstoffgehalt schließt dann eine eigenverantwortliche Selbstgefährdung aus; es bleibt also beim Risikozusammenhang zwischen dem Verkauf der Droge und dem Tod.[153]

Liegt nach dem Vorgenannten eine eigenverantwortliche Selbstgefährdung vor, entfällt die Zurechnung von Verletzungs- oder Todesfolgen für den das Risiko schaffenden Erstverursacher.

Deshalb scheidet die Verantwortung des Drogendealers für den **Tod des Drogenkonsumenten aus**, der sich den Stoff in Kenntnis des Wirkstoffgehalts selbst verabreicht.[154]

Auch die Strafbarkeit einer HIV-infizierten Person für den durch ungeschützten Geschlechtsverkehr verursachten (späteren) Tod des Sexualpartners ist ausgeschlossen, wenn Letzterer **in Kenntnis der Infektion auf Schutzmittel** verzichtet hat.[155]

Auch der Tod eines Arbeiters, der durch dessen **bewusste Missachtung von Arbeitsschutzvorschriften** entstanden ist, kann nicht seinem Arbeitgeber zugerechnet werden, auch wenn dieser pflichtwidrig die Einhaltung der Arbeitsschutzvorschriften nicht kontrolliert hat.[156]

(3) Der Zurechnungsausschluss gilt aber nach h.M. nicht, wenn die **Selbstgefährdung gerade in der Abwendung des vom Ersttäter geschaffenen Risikos liegt**. Hier ist der Erstverursacher strafrechtlich auch für die Folgen der Selbstgefährdung verantwortlich, wenn diese auf einem einsichtigen Motiv des Opfers beruht.[157] 101

(a) Die Selbstgefährdung kann sich zunächst aus einem **Unterlassen des Rechtsgutträgers** im Anschluss an das vom Ersttäter geschaffene Risiko ergeben. 102

Beispiel: R wird von V bei einem Verkehrsunfall verletzt. Er verweigert die durch die Verletzung notwendig gewordene Operation, weil diese mit einem nicht ganz unbeträchtlichen (5–15%) Todesrisiko

153 BGH, Urt. v. 29.04.2009 – 1 StR 518/08, NJW 2009, 202.

154 BGHSt 32, 262, 265; BGH StV 1993, 128; RÜ 2000, 331.

155 Vgl. BayObLG JZ 1989, 1073.

156 OLG Rostock RÜ 2005, 31.

157 BGH NJW 1994, 205; BGHSt 39, 322, RÜ 1994, 63; Geppert Jura 2001, 490, 495; für Zurechnungsausschluss auch in diesen Fällen Roxin § 11 Rdnr. 113.

verbunden ist. Einige Zeit darauf stirbt er, gerade weil er nicht rechtzeitig operiert wurde. – Nach h.M. ist V strafbar wegen fahrlässiger Tötung, § 222. Die Selbstgefährdung des R beruhte bereits aufgrund des Todesrisikos auf einem einsichtigen Motiv.[158] Ungeklärt ist hingegen der umgekehrte Fall, bei dem der Tod eine willentliche Folge des Opfers aufgrund eines ausdrücklichen oder mutmaßlichen Behandlungsverzichts ist. Auch hier spricht viel für die Zurechnung des Erfolges, weil der Tod immer noch Folge dieses Risikos ist.

103 **(b)** Die Selbstgefährdung kann zudem in der **Verfolgung eines Straftäters** bestehen. Hier ist aber zwischen Verfolgungshandlungen Außenstehender und **Handlungspflichtiger** zu differenzieren: Veranlasst der Ersthandelnde eine andere Person zu einer Selbstgefährdung, die sowohl hinsichtlich des Ob als auch des Wie rechtlich geboten, also nicht freiwillig ist, trifft ihn die Verantwortung für die daraus entstehenden Schäden.[159]

Beispiel: Der Trunkenheitsfahrer haftet strafrechtlich nicht für die Unfallfolgen, die ein privater Verfolger erleidet, wohl aber für die Verletzung verfolgender Polizeibeamter.

104 **(c)** Problematisch ist der Zurechnungsausschluss bei **Rettungsaktionen von amtlichen oder freiwilligen Rettungspersonen**, die sich selbst gefährden, um gegen die vom Erstverursacher geschaffene Gefahr einzuschreiten.

Beispiel: Freiwillige Feuerwehrmänner dringen unter Atemschutz in ein brennendes Wohnhaus ein, um Menschenleben zu retten oder wichtigen Hausrat vor den Flammen zu bewahren.

105 Die **Rechtsprechung** bejaht den Zurechnungszusammenhang trotz der Selbstgefährdung, solange ein **einsichtiges Motiv** für die Rettungsmaßnahme besteht und die Retter sich **nicht unvernünftig riskant** verhalten.[160] Ist die Rettungsmaßnahme hingegen von vornherein sinnlos oder mit offenkundig unverhältnismäßigen Risiken verbunden, macht sich der Erstverursacher wegen der Verletzungen oder des Todes der Retter mangels Zurechenbarkeit nicht strafbar.[161] **Offensichtlich unverhältnismäßig riskant** in diesem Sinne ist ein Einsatz dabei dann, wenn die Risikofaktoren in einer objektivierten ex-ante-Betrachtung so gewichtig sind, dass auch unter angemessener Berücksichtigung der psychischen Drucksituation der Rettungskräfte deutlich ist, dass die (weitere) Durchführung der Rettungsaktion zu einem gänzlich unvertretbaren Risiko für Leib und Leben der Retter führt.

Aus diesem Grund verneinte das OLG Stuttgart die Strafbarkeit eines Brandstifters in Bezug auf den Tod zweier Feuerwehrleute, die unter gröblichster Verletzung der Sicherheitsvorschriften für Einheiten im Löscheinsatz ohne Atemschutzüberwachung in ein brennendes Gebäude eindrangen, obwohl sich in diesem bekanntermaßen keine Menschen mehr aufhielten, und dort erstickten.[162]

Einige Vertreter der **Literatur** bejahen den Zurechnungszusammenhang zwischen dem Verhalten des Erstverursachers und dem infolge der Selbstgefährdung des Retters eingetretenen Schaden, wenn der Retter sich infolge einer **Rettungspflicht** – aus § 323 c, einer Garantenstellung oder beruflichen Pflichten – **unfrei** selbst gefährdet habe.[163]

---

158 OLG Celle, Urt. v. 14.11.2000 – 32 Ss 78/00, StV 2002, 366, RÜ 2002, 411.

159 Sch/Sch/Cramer/Sternberg-Lieben § 15 Rdnr. 168.

160 BGH NJW 1994, 205; BGHSt 39, 322, 324 ff.; OLG Stuttgart, Beschl. v. 20.02.2008 – 4 Ws 37/08, RÜ 2008, 434; Sch/Sch/Sternberg-Lieben § 15 Rdnr. 168.

161 OLG Stuttgart, Beschl. v. 20.02.2008 – 4 Ws 37/2008, RÜ 2008, 434.

162 OLG Stuttgart a.a.O.

163 Rengier BT II Rdnr. 137 ff.

Andere verneinen den Zurechnungszusammenhang hingegen zumindest für professionelle Retter unter Hinweis auf die besonderen Gefahrtragungspflichten, wie auch § 35 Abs. 1 S. 2 zeige.[164] Zumindest diese Auffassung ist abzulehnen, da sich professionelle Retter aufgrund ihrer dienstrechtlichen Pflichten gerade nicht ohne Weiteres der Gefahrenlage durch schlichte Verweigerung der Selbstgefährdung entziehen können.

cc) Untergruppe: Erfolg vermittelnde Zweithandlungen des Erstverursachers **106**

Schließlich kann der **Täter** das von ihm selbst bewirkte Erstrisiko durch ein neues und selbstständiges, erfolgskausales Risiko verdrängen. Die eingetretene Folge wird dann ausschließlich der Zweithandlung zugerechnet.[165]

Beispiel: A gibt der B Gift, um sie zu töten. Danach reut ihn sein Vorhaben und er versucht vergeblich, die B zu retten. Als er sieht, dass B qualvoll sterben wird, erschießt er sein Opfer aus Mitleid. – Versuchter Mord in Tatmehrheit mit vollendetem Totschlag.

V. Zurückhaltende Rezeption der Zurechnungslehre durch die Rechtsprechung

Die Rspr. hat die Lehre von der objektiven Zurechnung als deliktsübergreifend gültige Wertungsstufe nur teilweise übernommen. **107**

Die Obergerichte begründen inzwischen häufig bei **Fahrlässigkeitstaten und bei allen Erfolgsqualifikationen** Zurechnungsausschlüsse wegen eigenverantwortlicher Selbstgefährdung oder mangelnden Schutzzweckzusammenhangs.

Bei **Vorsatztaten** wird das Kriterium des **Schutzzwecks der Norm** schon seit jeher angewendet, da die Gedankenführung mit der teleologischen Auslegung eines Merkmals identisch ist. Die Inadäquanz behandelt die Rechtsprechung im Zusammenhang mit der Frage, ob eine den Vorsatz ausschließende wesentliche Kausalabweichung (siehe dazu unten Rdnr. 109) vorliegt.

*Daraus folgt für die Darstellung der Zurechnungslehre in **Klausuren und Hausarbeiten:***

*Bei allen **Fahrlässigkeitsdelikten und Erfolgsqualifikationen** können Sie die objektive Zurechnung als unumstrittenen Bestandteil der Deliktsprüfung ansprechen – sofern dazu nach dem Fall Anlass besteht.*

*Bei **Vorsatzdelikten** sollte die objektive Zurechnung im objektiven Tatbestand als herrschende Lehrmeinung gekennzeichnet werden. Bejahen Sie damit den Zurechnungszusammenhang, sollten Sie noch kurz darauf hinweisen, dass die Rechtsprechung den objektiven Tatbestand ohne die zusätzliche Zurechenbarkeitsprüfung auch bejaht hätte.*

Verneinen Sie den objektiven Zurechnungszusammenhang, sollten Sie kurz darauf hinweisen, dass die Rechtsprechung den objektiven Tatbestand ohne die Zusatzprüfung annehmen würde. Untersuchen Sie dann, ob nach der Rechtsprechung auch der Vorsatz gegeben wäre. In den meisten Fällen ist dies wegen wesentlicher Kausalabweichung dann nicht mehr der Fall. Das Delikt ist dann nach allen Ansichten nicht vollendet. Ohne Stellungnahme zur Zurechnungslehre können Sie dann in die Versuchsprüfung einsteigen.

---

164 Roxin AT I § 11 Rdnr. 137 ff.

165 Otto § 6 Rdnr. 63.

VI. Kausalität und Zurechnung in der Falldarstellung

1. Erfolg vermittelndes Verhalten deliktisch handelnder Dritten

Fall 2: Überschneidung zwischen Risikolehre und Rechtsfigur der unwesentlichen Kausalabweichung; der in dubio pro reo-Grundsatz

Die 17-jährige R und ihr 20 Jahre alter Freund W lebten mit anderen Pflegekindern zusammen – darunter auch die 15-jährige J, das spätere Tatopfer. J hatte der gemeinsamen Pflegemutter von der Schwangerschaft der R erzählt und R einmal zu Unrecht des Diebstahls bezichtigt. Deshalb wartete R auf eine Gelegenheit, der J eine „gründliche Abreibung" zu verpassen. Diese Gelegenheit bot sich, als sie mit J allein im Haus war. R begann mit ihr einen Streit, in dessen Verlauf sie J zu Boden schlug. In Tötungsabsicht brachte sie der J danach zahlreiche Stichverletzungen mit einem Taschenmesser bei. Zuletzt versetzte sie der J so wuchtige Stiche ins Gesicht, dass das Messer stecken blieb. J lebte noch, war aber so zugerichtet, dass R sie für tot hielt.
R lief zu W und berichtete ihm, sie habe J erstochen. Beide kehrten zum Tatort zurück, um die Spuren zu beseitigen. Während R draußen blieb, betrat W das Haus und fand dort J blutüberströmt am Boden liegen. Als er sie röcheln hörte, beschloss er, J zu töten, um seine Freundin vor Strafverfolgung zu schützen. Mit einer beidhändig gehaltenen Wasserflasche schlug er mehrmals auf den Kopf der J ein, sodass ihr Stirnbein zersplitterte. Nach einem vergeblichen Versuch, die J aus dem Zimmer zu schaffen, verließ er das Haus. J starb danach.
Der medizinische Sachverständige hält für möglich, dass J entweder als Folge der Stichverletzungen verblutet ist oder dass der Tod allein durch die Schläge mit der Wasserflasche eingetreten ist. Weitere Aufklärung ist nicht möglich.
Strafbarkeit von R und W? (Fall nach BGH NStZ 2001, 29)
Die strafrechtliche Verantwortlichkeit der R nach § 3 JGG ist zu unterstellen.

R ist gemäß § 1 Abs. 2 und § 3 JGG Jugendliche mit Verantwortungsreife, W ist gemäß § 1 Abs. 2 JGG Heranwachsender, sodass gemäß § 1 Abs. 1 JGG für beide Jugendrecht gilt. An der materiell-rechtlichen Prüfung ändert dies nichts, da sich die materielle Strafbarkeit gemäß § 10 StGB, § 2 JGG nach allgemeinem Strafrecht richtet. Das JGG enthält lediglich Modifikationen der Rechtsfolgen für von Jugendlichen begangene Straftaten, aber keine eigenen Straftatbestände für Jugendliche.

A. **Strafbarkeit der R**

I. R könnte wegen der Messerstiche eines **vollendeten Totschlags** schuldig sein, **§ 212 Abs. 1**.

1. Objektiver Tatbestand

a) J ist verstorben, der Deliktserfolg des § 212 also eingetreten.

b) Die Messerstiche waren Handlungen im strafrechtlichen Sinne.

c) Der Tod müsste durch die Stiche **verursacht** worden sein, denn nur dann kann davon gesprochen werden, dass R die J „getötet" hat. Nach dem Gutachten des Sachverständigen sind mehrere Geschehensabläufe denkbar, nämlich dass medizinische Todesursache nur die Stichverletzungen oder nur die Schlagverletzungen waren.

In Übungsfällen ist ein solcher „offener Sachverhalt" die Ausnahme. Sind Tatsachenzweifel durch Formulierungen wie: „möglich ist" oder „nicht auszuschließen ist" oder dergleichen im Falltext deutlich gemacht worden, dann müssen die verschiedenen Sachverhaltsvarianten rechtlich als ***alternative Lösungen*** *durchgespielt werden, um herauszufinden, ob sich aus dem Tatsachenzweifel auch unterschiedliche rechtliche Lösungen ergeben. Dazu im Einzelnen AS-Skript Strafrecht AT 2 (2014).*

Wegen der verschiedenen Sachverhaltsvarianten könnte hier die Vollendungsstrafbarkeit nach dem Grundsatz „in dubio pro reo" ausgeschlossen sein.

Der Grundsatz „in dubio pro reo" (= im Zweifel für den Angeklagten), auch 108
„Zweifelssatz" genannt, ist eine Entscheidungsregel des materiellen Rechts. Er besagt positiv, dass eine Verurteilung nur aufgrund eines zur vollen Überzeugung festgestellten Sachverhalts zulässig ist; er besagt negativ, **dass aus nur möglichen, ungewissen, im Zweifel gebliebenen Tatsachen nichts zulasten des Angeklagten hergeleitet werden darf.**[166] Wenn also im vorliegenden Fall nur einer der möglichen Abläufe die Kausalität und damit die Vollendungsstrafbarkeit ausschließt, muss er nach dem Grundsatz „in dubio pro reo" für die strafrechtliche Beurteilung als tatsächlich geschehen unterstellt werden.

aa) **Strafbarkeit nach der 1. Sachverhaltsvariante:**

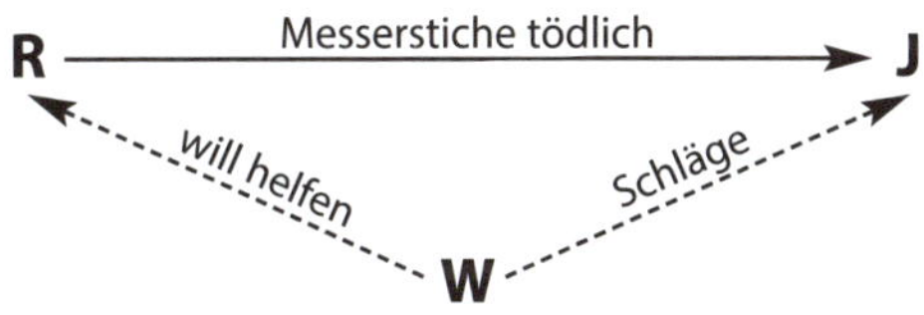

Wenn J an den **Messerstichen** verstorben ist, können diese nicht hinweggedacht werden, ohne dass der konkrete Todeserfolg entfiele. R's Handlungen wären nach der **conditio-Formel** kausal. Auf das Verhalten des W kommt es bei dieser Variante nicht an. Nach der **Lehre von der gesetzmäßigen Bedingung** ist Kausalität zu bejahen, weil die Stiche den Organismus der J so beeinträchtigt haben, dass der Tod eingetreten ist.

bb) **Strafbarkeit nach der 2. Sachverhaltsvariante:**

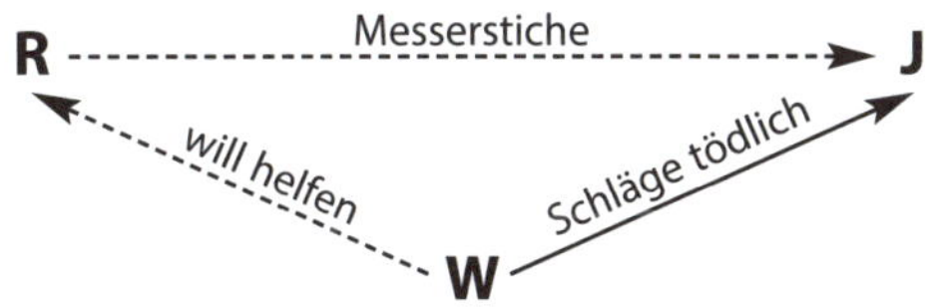

166 BGH NStZ 1987, 474.

Ist J an den **Schlagverletzungen** mit der Flasche gestorben, waren die Messerstiche nach der **conditio-Formel** ebenfalls für den Tod kausal, wenn W mit seinem Verhalten an die Handlungen der R angeknüpft hätte. Die Messerstiche wären dagegen nicht kausal, wenn W mit seinen Schlägen eine von der Wirkungsweise der Handlungen der J völlig unabhängige Kausalkette in Gang gesetzt hätte. Eine Handlung knüpft dann an die Handlungen eines anderen an, wenn die Vorhandlungen ihrerseits conditio sine qua non für das Anschlusshandeln waren. Hier ist W nur deshalb in das Geschehen eingetreten, um das von seiner Freundin begonnene Tötungswerk zu Ende zu bringen und ein Überleben der J als einziger Tatzeugin zu verhindern. Dazu wäre es ohne die vorherigen Messerstiche nicht gekommen. Die Stiche der R können also wiederum nicht hinweggedacht werden, ohne dass der konkrete Tod der J entfiele. Darauf, dass J möglicherweise auch ohne die Schläge mit der Flasche alsbald verstorben wäre, kommt es nicht an. Das Verhalten der R war für den Tod als Folge der Schlagverletzungen ursächlich.

Dasselbe Ergebnis erzielt die **Lehre von der gesetzmäßigen Bedingung:** Die Stiche waren bei dieser Variante gesetzmäßig mit dem Tod verknüpft, weil diese in W den Entschluss hervorriefen, das Tötungsvorhaben seiner Freundin zu beenden.

Das Handeln der R ist nach allen Kausalitätstheorien in den denkmöglichen Geschehensabläufen für den Tod der J ursächlich geworden. Für eine Anwendung des Grundsatzes „in dubio pro reo" ist insoweit kein Raum.[167]

d) Fraglich ist, ob in beiden Sachverhaltsvarianten der vom herrschenden Schrifttum auch bei Vorsatztaten verlangte objektive Zurechnungszusammenhang zwischen den Handlungen der R und dem Tod der J besteht.

aa) R hat durch die Messerstiche die **rechtlich missbilligte Gefahr** für J begründet, an den inneren Verletzungen zu sterben.

bb) Ist J an den Stichverletzungen gestorben (1. Var.), so ist auch der **Risikozusammenhang** ohne Weiteres zu bejahen. Zweifel am Risikozusammenhang könnten allenfalls für die mögliche 2. Var. bestehen, wonach der eingetretene Tod auf den Schlagverletzungen des W beruht.

(1) **Inadäquat** ist dieser Ablauf nicht, denn es stellt keine außerhalb aller Wahrscheinlichkeit liegende, sozusagen „abenteuerliche" Verkettung von Umständen dar, dass ein Dritter, der dem Vortäter bei der Spurenbeseitigung helfen will, das Tötungswerk gerade zum Schutz des Vortäters zu Ende bringt.

(2) Bleibt nur die Frage, ob die von R ungewollte Tötungshandlung des W als Erfolg vermittelnde Anknüpfungshandlung einen **völlig neuen Steuerungsprozess** in Gang gesetzt hat oder diese mit der Risiko-

167 Vgl. BGH NStZ 2001, 29, 30.

schaffung durch R innerlich verknüpft blieb. Hier gilt Letzteres: Durch die Messerstiche war J bereits schwer und lebensgefährlich verletzt. Sie war durch die zugefügten Verletzungen auch wehrlos den Angriffen des W ausgesetzt. W hat also das von R geschaffene Todesrisiko nur intensiviert und sich dafür die von ihr geschaffene Lage zunutze gemacht.[168]

Nach allen denkbaren Geschehensabläufen ist der Tod der J damit der R auch objektiv zurechenbar. Demnach wirkt es sich auch nicht aus, dass die Rechtsprechung den objektiven Zurechnungszusammenhang bei Vorsatztaten nicht prüft. R hat nach allen Ansichten den objektiven Tatbestand des § 212 verwirklicht.

2. Subjektiver Tatbestand

R müsste hinsichtlich aller Tatbestandsmerkmale vorsätzlich gehandelt haben. **109**
Die Messerstiche selbst waren von dem Willen getragen, J umzubringen. Da die Kausalität zwischen Handlung und Erfolg objektive Tatbestandsvoraussetzung ist, muss der Täter auch diesbezüglich Vorsatz haben. Für niemanden ist es aber möglich, eine Ursachenkette in all ihren Einzelheiten im Voraus zu berechnen.

Deshalb sind nach h.M. solche Abweichungen von dem vorgestellten Kausalverlauf unbeachtlich (= subjektiv zurechenbar), die sich im Rahmen des nach allgemeiner Lebenserfahrung Vorhersehbaren halten und keine andere Bewertung der Tat rechtfertigen.[169]

Dies gilt für die Rechtsprechung, aber auch für die Vertreter der Lehre von der objektiven Zurechnung. Da hiernach aber die inadäquaten Kausalverläufe bereits auf der Ebene des objektiven Tatbestands ausscheiden, bleiben die Fälle übrig, in denen der Täter den Erfolg objektiv zurechenbar bewirken wollte, ihm dies letztlich auch gelungen ist, jedoch der Erfolg dabei auf andere, vom Täter zwar nicht erkannte, aber ebenfalls objektiv zurechenbare Weise eingetreten ist.

Dies sind vor allem die Fälle der **aberratio ictus**, bei denen der Angriff aufgrund äußerer Umstände seine Richtung ändert und ein anderes als das vorgesehene Tatopfer verletzt bzw. getötet wird. Der objektiv bewirkte und dem Täter objektiv zurechenbare (!) Erfolg wird ihm dann wegen wesentlicher Kausalabweichung nicht als vorsätzlich, wohl aber als fahrlässig zugerechnet, und hinsichtlich des Gewollten liegt tateinheitlich Versuch vor. Ausführlich dazu AS-Skript Strafrecht AT 2 (2014).

Ist der Tod medizinisch allein auf die Stichverletzungen zurückzuführen (1. Var.), ist schon keine nennenswerte Kausalabweichung gegeben. Ist der Tod durch die Schlagverletzungen des W eingetreten, divergieren zwar vorgestellter und realisierter Kausalverlauf, doch liegt diese Abweichung nicht außerhalb aller Lebenserfahrung und gibt der Tat auch kein völlig anderes Ge-

---

168 Vgl. im Erg. auch Wessels/Beulke/Satzger Rdnr. 192 wegen der Anknüpfung an die Ausgangsgefahr; für Zurechnungsausschluss nach dem Verantwortungsprinzip im vorliegenden Fall Otto Jurakartei 2001 Vor § 13/13.

169 BGHSt 7, 325, 329; 23, 133, 135; BGH, Urt. v. 10.04.2002 – 5 StR 613/01, NStZ 2002, 475.

prägе. Vielmehr hat das vom Schutzmotiv für R getragene Eingreifen des W den womöglich schon herannahenden Tod des schwer verletzten Opfers nur noch beschleunigt. R ist damit auch der von ihr veranlasste konkrete Kausalverlauf – in beiden denkbaren Varianten – als vorsätzlich zurechenbar.

3. R handelte rechtswidrig und schuldhaft.

II. Da die Tat von dem Motiv der Rache an J getragen war und die Opferung eines Menschenlebens aus diesem Grunde auf sittlich tiefster Stufe steht, ist das Mordmerkmal der „niedrigen Beweggründe" erfüllt. Die Tat ist daher gemäß **§ 211 als Mord** anzusehen.

III. Die durch die Messerstiche gleichzeitig bewirkte **gefährliche Körperverletzung nach § 224 Abs. 1, Nr. 2, 5** tritt als Durchgangsstadium zum Mord dahinter zurück.

Ergebnis: Da der Totschlag nach allen Auffassungen hinter § 211 zurücktritt, ist R strafbar wegen Mordes.

B. **Strafbarkeit des W**

I. Vollendeter **Totschlag gemäß § 212 Abs. 1** durch die Schläge mit der Wasserflasche setzt voraus, dass diese Schläge für den Todeseintritt kausal waren. Nach dem Sachverständigengutachten besteht die Möglichkeit, dass J schon allein an den zugefügten Stichverletzungen gestorben ist (1. Var.). Bei diesem möglichen Geschehensablauf wären die Schlagverletzungen hinwegdenkbar, ohne dass der konkrete Todeserfolg entfiele (conditio-Formel) bzw. es fehlte an einer naturgesetzlichen Verknüpfung zwischen Handlung und Erfolg (Lehre von der gesetzmäßigen Bedingung). Nur, wenn sich die Schläge mit der Wasserflasche als todesursächlich herausstellen (2. Var.), wäre der Tod von W nach beiden Auffassungen verursacht worden. Nach dem Grundsatz „in dubio pro reo" ist von der 1. Sachverhaltsvariante und damit dem für W günstigeren Ablauf auszugehen. Vollendeter Totschlag scheidet aus.

II. Gegeben ist ein als Verbrechen strafbarer **versuchter Totschlag gemäß §§ 212 Abs. 1, 22, 23 Abs. 1**, weil W Tötungsentschluss hatte und zur Ausführung der Tat durch den Einsatz der Flasche unmittelbar angesetzt hat.

III. Da er handelte, um seine Freundin wegen deren – zumindest als vollendete gefährliche Körperverletzung strafbarer – Tat vor Entdeckung zu bewahren, handelte er zur Verdeckung einer anderen Straftat. Die Tat ist daher als **Mordversuch** anzusehen, **§§ 211, 22, 23 Abs. 1**, hinter den der versuchte Totschlag zurücktritt.

IV. Tateinheitlich dazu steht die vollendete gefährliche Körperverletzung der J gemäß **§ 224 Abs. 1 Nr. 2, Nr. 5**, begangen mittels eines gefährlichen Werkzeugs und mittels einer lebensgefährdenden Behandlung.[170]

Ergebnis: W ist strafbar wegen Mordversuchs in Tateinheit mit vollendeter Körperverletzung.

---

170 Vgl. BGHSt 44, 196.

2. Kumulative Ursachen

Fall 3: Keine Handlung kann hinweggedacht werden

Ohne voneinander zu wissen, schicken A und B dem F je eine Flasche mit vergiftetem Rotwein, um ihn umzubringen. F schüttet alles zusammen, kocht daraus Glühwein, trinkt das Gebräu und stirbt. Später stellt sich heraus, dass keines der Gifte allein, sondern erst deren Zusammenwirken den Tod herbeizuführen vermochte.
Strafbarkeit von A und B?

I. A und B könnten jeweils **Täter eines Mordes** sein, § 211.

1. Keiner der Tatbeiträge kann hinweggedacht werden, ohne dass der Erfolg entfiele, bzw. jede der Handlungen ist nach der Lehre von der gesetzmäßigen Bedingung für den Tod wirksam geworden. Bei einer solchen Mehrheit von ineinandergreifenden Ursachen – sog. **kumulative Kausalität**[171] – ist **jede der Handlungen ursächlich für den ganzen Erfolg**. Das ergibt sich nach allen Kausalitätstheorien als Folge der Gleichwertigkeit aller Bedingungen. **110**

2. **Es fehlt jedoch regelmäßig an der vom Schrifttum auch für das Vorsatzdelikt geforderten objektiven Zurechenbarkeit:** Zwar haben A und B jeweils eine Gefahr für das Leben des F gesetzt. Diese allein hat sich aber nicht im Tod des F niedergeschlagen, denn die vorsätzlichen Tötungshandlungen des jeweils anderen waren unvorhersehbar und fielen nicht in den Verantwortungsbereich des A oder B.[172]

3. Nach der Rechtsprechung liegt in dem unvorhersehbaren Mitwirkungsakt des jeweils anderen für A und für B eine die subjektive Zurechnung ausschließende **wesentliche Kausalabweichung**, sodass sie unvorsätzlich handelten, sodass eine Strafbarkeit auch nach der Rechtsprechung ausscheidet.

II. **Fahrlässige Tötung gemäß § 222** scheidet aus, da die – hier auch nach der Rechtsprechung zu prüfenden – objektive Zurechenbarkeit des Erfolges mit der obigen Begründung zu verneinen ist.

III. A und B sind jeweils Täter eines **Mordversuchs aus Heimtücke, §§ 211, 22, 23 Abs. 1**.

---

171 Vgl. BGH MDR 1989, 752.

172 Vgl. SK-Rudolphi vor § 1 Rdnr. 51 a; Sch/Sch/Lenckner/Eisele Vorbem. §§ 13 ff. Rdnr. 83.

3. Alternative Ursachen

Fall 4: Jede Handlung kann für sich hinweggedacht werden
(Abwandlung des Falles 3)

Wie haben sich A und B strafbar gemacht, wenn schon jeweils die in einer Flasche befindliche Giftmenge ausgereicht hätte, um den F in derselben Weise, wie es dann geschehen ist, zu töten?

A und B könnten jeder für sich Täter eines vollendeten **Mordes** sein, **§ 211**, sein.

111 I. Im Unterschied zum Ausgangsfall steht fest, dass der Tod des F nicht durch das Zusammenwirken der Vergiftungshandlungen, sondern durch die zeitgleiche, aber voneinander unabhängige Wirkung der Gifte des A und des B herbeigeführt worden ist. In einem solchen Fall von Doppelkausalität oder **alternativer Kausalität** müsste die conditio-Fomel in ihrer herkömmlichen Fassung zur Verneinung der Tatvollendung für beide gelangen: Man kann hier nämlich jeweils die Handlung des A oder B hinwegdenken, ohne dass der konkrete Erfolg in derselben Gestalt entfiele.[173] Für solche Ausnahmefälle wird die conditio-Formel von der h.M. abgewandelt: **Von mehreren zeitgleich wirkenden Bedingungen, die zwar alternativ, nicht aber kumulativ hinweggedacht werden können, ohne dass der Erfolg entfiele, ist jede für den Erfolg ursächlich.**[174]

Leichter ist die Bejahung der Kausalität für die Theorie von der gesetzmäßigen Bedingung, weil hiernach nur gefragt werden muss, ob die jeweilige Handlung mit der tatbestandsmäßigen Veränderung der Außenwelt gesetzmäßig verbunden war[175] – was in den Fällen alternativer Kausalität gegeben ist.

II. Auch die nach der Literatur zu prüfende **objektive Zurechnung ist zu bejahen**, weil sowohl A als auch B Risiken für das Leben des Opfers geschaffen haben, die nicht vom jeweils anderen verdrängt wurden, sondern sich vielmehr im Tod des Opfers realisiert haben. Das Hinzutreten der Giftwirkung des jeweils anderen hat den Tod allenfalls erleichtert oder beschleunigt.

III. A und B handelten jeweils unter bewusster Ausnutzung der Arg- und Wehrlosigkeit des Opfers, also heimtückisch.

IV. Eine vorsatzausschließende wesentliche Kausalabweichung (Rechtsprechung) kann nicht angenommen werden, weil sich A und B den Tod infolge Gifteinwirkung vorgestellt haben und die Tat durch das Hinzutreten des anderen keine andere Bewertung verdient.

V. A und B handelten jeweils rechtswidrig und schuldhaft.

Ergebnis: Sie sind als **Nebentäter** eines Mordes schuldig.

---

173 Mit dieser Konsequenz tatsächlich Frister S. 96.

174 BGH NJW 1993, 1723 m.w.N.

175 Sch/Sch/Lenckner/Eisele Vorbem. §§ 13 ff. Rdnr. 82.

Kausalität, objektive und subjektive Erfolgszurechnung

Objektiver Tatbestand

Tathandlung	Taterfolg

Kausalzusammenhang: naturgesetzlicher Zusammenhang zwischen Handlung und Erfolg

Conditio-Formel: Kausal ist jede Handlung, die nicht hinweggedacht werden kann, ohne dass der konkrete Erfolg entfiele.

Lehre von der gesetzmäßigen Bedingung: Ein Verhalten ist dann kausal für einen Erfolg, wenn dieser Erfolg mit dem Verhalten durch eine Reihe zeitlich nachfolgender Veränderungen (natur-)gesetzlich verbunden ist.

Im Einzelnen:

- Alle Bedingungen sind gleichwertig; die Zahl der Zwischenursachen ist unbeachtlich.
- Abzustellen ist nur auf den eingetretenen Erfolg in dieser Weise, unter diesen Umständen, in diesem Augenblick. Reserveursachen und hypothetische Kausalverläufe dürfen nicht hinzugedacht werden.
- Willentliche Handlungen Dritter oder des Opfers unterbrechen den Kausalzusammenhang nicht, wenn die Ursache bis zum Erfolg fortwirkt.
- Die Kausalität entfällt nicht bei atypischen Geschehensabläufen, ferner nicht bei kumulativ oder alternativ wirkenden Ursachen.

Objektive Zurechnung: (tatbestandskonformer) Risikozusammenhang zw. Handlung und Erfolg

Objektiv zurechenbar ist ein Erfolg nur dann, wenn durch die kausale Handlung eine rechtlich missbilligte Gefahr geschaffen wurde und sich diese in tatbestandstypischer Weise in dem Erfolg niedergeschlagen hat. Im Einzelnen:

- Kein rechtlich missbilligtes Risiko bei
  - Schadensfolgen außerhalb des menschlichen Beherrschungsvermögens,
  - sozialadäquatem Verhalten, also solchem, das im Rahmen des erlaubten Risikos liegt,
  - reiner Risikoverringerung.
- Kein Risikozusammenhang bei
  - Erfolgsverwirklichung durch ein anderes, rechtlich neutrales oder erlaubtes Risiko,
  - völlig inadäquaten Schadensfolgen oder unvorhersehbaren Geschehensabläufen,
  - Erfolgen, die außerhalb des Schutzbereichs der verletzten Verhaltensnorm liegen,
  - Erfolgen, die auf einer an die Tathandlung zwar anknüpfenden, aber mit einem völlig anderen Risiko verbundenen Handlung des Täters oder eines Dritten beruhen (Ausn.: Verletzungen an den Gütern anderer durch leicht fahrlässige Fehler von Rettern werden dem Täter zugerechnet),
  - an die Handlung anknüpfender eigenverantwortlicher Selbstgefährdung des Opfers (Ausn.: Rechtsverletzungen von sich selbst gefährdenden und nicht völlig sinnlos oder offensichtlich unverhältnismäßig riskant handelnden Rettern werden dem Veranlasser zugerechnet).

Subjektiver Tatbestand

Vorsatz bzgl. des Kausalzusammenhangs **und subjektive Zurechnung**

Zu verneinen, wenn der verwirklichte und der gewollte Kausalverlauf so **wesentlich** voneinander **abweichen**, dass das Geschehen eine **andere rechtliche Bewertung** verdient und der eingetretene Erfolg nicht mehr als vorsätzlich bewirkt angesehen werden kann.

B. Subjektive Tatbestandselemente

I. Tatbestandsvorsatz

Eine gesetzliche Definition des Vorsatzes existiert nicht. Die hin und wieder anzutreffende Formel: „Vorsatz ist Wissen und Wollen der Tatbestandsverwirklichung" sollte man nicht verwenden. Sie ist unzutreffend, ungenau und lückenhaft. Unzutreffend deshalb, weil auch derjenige, der bei der Tat keinerlei Bewusstsein hat, irgendeinen Straftatbestand zu erfüllen, vorsätzlich handeln kann. Ungenau ist die Formel, weil auch derjenige, der einen bestimmten Deliktserfolg nicht will, vorsätzlich handeln kann. Lückenhaft ist die genannte Definition, weil sie nicht angibt, wann der Vorsatz vorliegen muss. Aus der Zusammenschau der §§ 8, 16, 17 und 22 lässt sich folgende Vorsatzdefinition entwickeln:

112 **Vorsätzlich handelt, wer im Zeitpunkt des Versuchsbeginns zumindest billigend in Kauf nimmt, dass durch sein Verhalten alle Umstände, die zu einem gesetzlichen Tatbestand gehören, verwirklicht werden.**

Die Prüfung des Vorsatzes ist also rechtstechnisch nichts anderes als die Subsumtion und – nur soweit Anlass dazu besteht – Problematisierung in Bezug auf die Begriffselemente des Vorsatzes. Der Unterschied zur Subsumtion unter objektive Tatbestandsmerkmale liegt nur darin, dass das Subsumtionsmaterial nicht der Außenwelt, sondern dem Vorstellungsbild des Täters entnommen werden muss. Anders als in allen anderen Rechtsgebieten muss der Strafrechtler also die Fähigkeit beweisen, sich in die Psyche des Täters hineinversetzen zu können.

1. Bezugspunkte und Konkretisierung des Vorsatzes

Nach § 16 Abs. 1 S. 1 handelt ohne Vorsatz, wer bei Begehung der Tat einen Umstand nicht kennt, der zum gesetzlichen Tatbestand gehört. § 16 ist die Kernvorschrift der strafrechtlichen **Irrtumslehre**, auf die wir im AS-Skript Strafrecht AT 2 (2014) noch sehr ausführlich zurückkommen werden. In seiner Umkehrung besagt § 16, dass der Täter die Umstände in seine Vorstellung mit aufgenommen haben muss, die den objektiven Tatbestand ausmachen. Dass bedeutet:

113 **a) So weit wie im jeweiligen Tatbestand das Unrecht durch geschriebene und ungeschriebene Merkmale bezeichnet ist, muss auch das Vorstellungsbild des Täters entwickelt sein.**

aa) Über diesen Bezugsrahmen hinausgehende Vorstellungen oder Fehlvorstellungen sind für den Tatbestandsvorsatz unbeachtlich, da sie nur den **Motivbereich** betreffen. Sie können sich allenfalls bei der Strafzumessung auswirken, auf die Sie in einer Klausur jedoch nicht eingehen müssen.

Beispiel: Der Tatbestand des § 223 Abs. 1 verlangt nur die Verletzung (irgend-)eines anderen Menschen. Auf die Person des Opfers kommt es nicht an. Daher gehört auch zum Tatbestandsvorsatz das Bewusstsein, irgendeinen Menschen zu verletzen. Die Identität des Opfers gehört in den Motivbereich. Verprügelt der Täter daher infolge einer Verwechselung eine andere als die vorgesehene Person, liegt dennoch eine vorsätzliche Körperverletzung vor. Der Identitätsirrtum (error in persona) ist ein unbeachtlicher Motivirrtum.

Auch **sonstige Handlungsantriebe und Ziele**, die der Täter verfolgt, sind für den Schuldspruch als solchen irrelevant, es sei denn, sie sind im Tatbestand besonders hervorgehoben, wie etwa niedrige Beweggründe und Verdeckungsabsicht bei Mord, § 211.

Beispiel: Robin Hood, der den Reichen weggenommen und großzügig den Armen gegeben hat, ist ebenso Dieb bzw. Räuber wie der Hauptmann von Köpenick, der ausschließlich zu eigenem Vorteil die Köpenicker Stadtkasse „beschlagnahmt" hat.

bb) Darüber hinaus hat es keinen Einfluss auf den Vorsatz, ob der Täter in dem Bewusstsein handelt, gegen irgendein Verbot zu verstoßen. Dieses sog. **Unrechtsbewusstsein** ist **kein Bestandteil des Vorsatzes** (so die überholte „Vorsatztheorie"), **sondern Element der Schuld** (so die geltende „Schuldtheorie"). Dies wird durch die Regelung in § 17 S. 2 belegt: Danach kann der Täter bei fehlendem Unrechtsbewusstsein aus Vorsatztat bestraft werden, sofern der Irrtum über das Verbotensein der Tat vermeidbar war (ausführlich dazu im AS-Skript Strafrecht AT 2 [2014]).

Beispiel: X schafft in Kenntnis der bevorstehenden und materiell-rechtlich berechtigten Sachpfändung Mobiliar seiner Wohnung beiseite, um es dem Gläubiger vorzuenthalten. Dabei ist ihm nicht bewusst, dass dieses Verhalten unter Strafe gestellt ist. – Vollendete Vorsatztat einer Vollstreckungsvereitelung nach § 288 trotz fehlenden Unrechtsbewusstseins. Der Verbotsirrtum des X wäre bei gehöriger Anspannung seiner Erkenntniskräfte vermeidbar gewesen und führt deshalb auch nicht zum Schuldausschluss, sondern kann nach § 17 S. 2 allenfalls eine Strafmilderung auslösen.

Bedeutung erlangt die (modifizierte) Vorsatztheorie heute nur noch im Rahmen des Streits über die rechtliche Bewältigung eines Irrtums über das Vorliegen eines Rechtfertigungsgrundes, vgl. AS-Skript Strafrecht AT 2 (2014).

b) Bezugspunkt des Vorsatzes ist nicht der gesetzliche Tatbestand, sondern sind in erster Linie die zugrunde liegenden Tatsachen: Der Gesetzgeber verlangt in § 16 nämlich nicht, dass der Täter alle gesetzlichen Tatbestandsmerkmale selbst in sein Vorstellungsbild aufgenommen hat, sondern nur die **„Umstände"**, die das jeweilige Merkmal ausmachen. Das zeigt sich besonders an Tatbestandsmerkmalen, die zu ihrer Subsumtion rechtlicher Bewertung bedürfen, also bei normativ geprägten Tatbestandsmerkmalen wie z.B. „fremde Sache" in § 242 oder „Dienstpflichten verletzen" in § 334. Bei solchen Tatbestandsmerkmalen braucht der Täter nur die zugrunde liegenden Tatsachen zu kennen und allenfalls ungefähre Bedeutungskenntnis zu haben (= **„Parallelwertung in der Laiensphäre"**). Bezüglich des ungeschriebenen Tatbestandsmerkmals der Kausalität genügt sogar ein ganz grobes Vorstellungsbild, denn unwesentliche Abweichungen im Kausalverlauf lassen den Vorsatz unberührt. **114**

c) Auch soweit von „Kennen" der Tatumstände gesprochen wird, verlangt dies nicht, dass der Täter im fraglichen Zeitpunkt darüber nachgedacht haben muss. Es genügt, dass der Täter das Vorhandensein der Tatumstände „im Hinterkopf" hatte, also ein sog. **sachgedankliches Mitbewusstsein**.[176] **115**

Beispiel: Wer ständig eine geladene Gaspistole mit sich herumträgt und dann einen Diebstahl begeht, hat selbst dann Vorsatz bzgl. des nach § 244 Abs. 1 Nr. 1 a strafschärfenden Beisichführens einer Waffe, wenn er beim Einstecken der Ware gar nicht an die Waffe gedacht hat.

176 Sch/Sch/Sternberg-Lieben § 15 Rdnr. 51.

2. Zeitliche Beziehung zwischen Tatverwirklichung und Vorsatz

116 Das Simultaneitäts- oder Koinzidenzprinzip (s.o. Rdnr. 54) gilt auch und gerade für die Beziehung zwischen objektiver Tatbestandsverwirklichung und subjektivem Tatbestand, insbesondere dem Vorsatz. Das ergibt sich auch aus § 16 Abs. 1 S. 1, der verlangt, dass der Täter **„bei Begehung der Tat"** vorsätzlich gehandelt hat. Nach § 8 ist eine Tat zu der Zeit begangen, zu welcher der Täter gehandelt hat oder im Falle des Unterlassens hätte handeln müssen. Wann der Erfolg eintritt, ist nicht maßgebend. „Handlung" kann beim Vorsatzdelikt nur diejenige sein, durch die der Täter zum Versuch unmittelbar ansetzt, § 22, weil bloße Vorbereitungshandlungen straflos sind. Damit muss der **Tatvorsatz immer bei der unmittelbar auf die Tatverwirklichung gerichteten Handlung vorliegen. Im Vollendungszeitpunkt muss der Täter keinen Vorsatz mehr haben**. Sonst wäre Strafbefreiung allein durch Aufgeben des Tatvorsatzes ohne die Rücktrittsvoraussetzungen des § 24 möglich.[177] Ein der Tathandlung vorhergehender und im Tatzeitpunkt nicht mehr aktueller Vorsatz, sog. **dolus antecedens**, oder die nachträgliche Billigung des unvorsätzlich Verwirklichten, sog. **dolus subsequens**, reicht für den Vorwurf einer Vorsatztat nicht aus.[178]

Fall 5: dolus subsequens; Grenzen der subjektiven Zurechnung über „unwesentliche Kausalabweichung"

Bei einem Streit hatte A seine Ehefrau E geschlagen. Um weiteren Misshandlungen zu entgehen, flüchtete E in den Flur. Dort stolperte sie in ihrer Aufregung und schlug mit dem Gesicht so hart auf den Steinfußboden auf, dass sich vor dem Gesicht eine Blutlache bildete. A war im Verlauf der Auseinandersetzung immer wütender geworden. Er trat nunmehr mit voller Wucht mehrmals in das ihm zugewandte Gesicht der am Boden liegenden E, wobei er auch deren Tod in Kauf nahm. Dann ließ er sie liegen. Nach mehreren Stunden verstarb E an einer Sickerblutung im Gehirn, die sie sich bereits beim Sturz zugezogen hatte.
Strafbarkeit des A, wenn die Hirnblutung auch bei rechtzeitiger Hilfe unentdeckt geblieben wäre? (Fall nach BGH JZ 1983, 864)

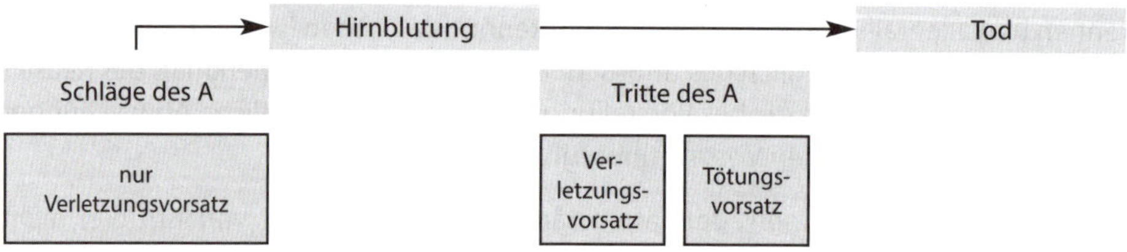

I. **Vollendeter Totschlag, § 212 Abs. 1?**

1. Durch die Schläge hat A seine Frau zur Flucht in den Flur veranlasst und damit eine nicht hinwegdenkbare Bedingung für den zum Tode führenden Sturz gesetzt. Es liegt auch im Risikozusammenhang von Misshandlungen, dass sich das gequälte Opfer bei der überstürzten Flucht eine Verletzung mit tödlichem Ausgang zufügt.

177 Vgl. BGH JZ 1983, 86.

178 Vgl. LK-Vogel § 15 Rdnr. 52.

2. Fraglich ist, ob die Tötung **vorsätzlich** erfolgte. In dem Zeitpunkt, als A die zum Tode führende Ursache setzte, wollte er seine Frau noch nicht umbringen. Tötungsvorsatz fasste er erst, nachdem sich die E durch den Sturz die zum späteren Tode führende Verletzung bereits zugefügt hatte (vgl. die umgekehrte Konstellation bei der Darstellung des dolus generalis, AS-Skript Strafrecht AT 2 [2014]). **117**

a) Betrachtet man die Handlung des A von diesem Standpunkt, so liegt ein Fall des **dolus subsequens** vor, da der Tötungsvorsatz erst mit den Tritten gegen die bereits am Boden liegende E einsetzte, nicht aber in dem hier maßgeblichen Zeitpunkt der Veranlassung zum Sturz durch die Schläge. A hätte demnach den Tod der E unvorsätzlich herbeigeführt.

b) Zu einem anderen Ergebnis gelangt man, wenn die nur mit Verletzungsvorsatz ausgeführten Schläge und die mit Tötungsvorsatz ausgeführten Tritte zu einer natürlichen Handlungseinheit verschmolzen werden könnten. Denn dann läge ein – wenigstens teilweise – mit dem späteren Tötungsvorsatz simultanes Gesamtgeschehen vor. Eine solche Verknüpfung ist jedoch unzulässig: Die Rechtsfigur der natürlichen Handlungseinheit dient lediglich der Abgrenzung von Tateinheit und Tatmehrheit i.S.d. §§ 52, 53 und allenfalls der Präzisierung der Rücktrittsvoraussetzungen. Den haftungsbegründenden Sachverhalt vermag sie jedoch nicht zu ersetzen.[179]

c) Man könnte auch eine nur **unwesentliche Abweichung vom Kausalverlauf** annehmen, weil A geglaubt hat, den Tod durch die Fußtritte herbeizuführen, während er – was nicht außerhalb der Lebenserfahrung lag – die Todesursache bereits durch die Veranlassung des Sturzes gesetzt hatte. Voraussetzung für diese Rechtsfigur ist jedoch nach allgemeiner Auffassung, dass sich der Täter mit der Erfolg verursachenden Handlung **bereits im Versuchsstadium** befunden hat und diese im Vergleich zum Tatplan lediglich auf andere als die geplante Weise wirksam wurde. Der Täter muss also Tatentschluss zu dem jeweiligen Delikt besessen und zumindest durch die infrage stehende Handlung zur Tatplanverwirklichung unmittelbar angesetzt haben. Hatte er im Zeitpunkt der Erfolgsverursachung noch keinen Vorsatz in Bezug auf das jeweilige Delikt, kann dieser Vorsatz auch nicht durch die Rechtsfigur der unwesentlichen Kausalabweichung und einen dolus subsequens fingiert werden.[180] Anderenfalls wäre das Vorsatzerfordernis „bei Begehung der Tat" verletzt, § 16 Abs. 1 S. 1. Bei den Schlägen dachte A noch nicht daran, seine Frau umzubringen. Deren Tod kann auch über die Rechtsfigur der unwesentlichen Abweichung vom Kausalverlauf nicht als vorsätzlich zugerechnet werden. Vollendeter Totschlag ist zu verneinen. **118**

*Denselben Gedankengang gibt es bei der Fallgruppe der **„Vollendung vor Versuchsbeginn"**, bei der der Täter zwar Deliktsvorsatz hat (zumeist Tötungsvorsatz), sich aber subjektiv noch in der Vorbereitungsphase befindet, als er den Erfolg*

179 Vgl. BGH JZ 1983, 864.
180 Sowada Jura 2004, 814, 817.

herbeiführt. Auch hier ist eine Bestrafung aus vollendeter Vorsatztat ausgeschlossen.[181] *Ausführlich dazu AS-Skript Strafrecht AT 2 (2014).*

II. **Körperverletzung mit Todesfolge, § 227?** Durch die den Tatbestand der Körperverletzung erfüllenden Schläge hat A objektiv vorhersehbar die Flucht der E und damit ihren Tod verursacht. Der für Erfolgsqualifikationen erforderliche tatbestandsspezifische Gefahrzusammenhang ist bei § 227 nicht nur gegeben, wenn der Tod Folge der Verletzungswirkungen ist, sondern auch dann, wenn das Opfer bei einer Selbstrettung vor weiteren Misshandlungen zu Tode kommt (ausführlich AS-Skript Strafrecht BT 2 [2012] Rdnr. 125 ff., Höchstpersönliche Rechtsgüter).[182] A handelte rechtswidrig und fahrlässigkeits-schuldhaft. Er hat sich deshalb wegen Körperverletzung mit Todesfolge strafbar gemacht.

III. Die **fahrlässige Tötung, § 222**, tritt hinter der spezielleren Erfolgsqualifikation im Wege der Gesetzeskonkurrenz zurück.

IV. Durch die nachfolgenden Fußtritte hat A einen **versuchten Totschlag gemäß §§ 212 Abs. 1, 22, 23 Abs. 1** begangen: Da er in Kauf nahm, dass er durch seine Tritte den Todeserfolg herbeiführte, hatte er Tatentschluss zur Verwirklichung des Totschlags. Das unmittelbare Ansetzen besteht in den Tritten, auch Rechtswidrigkeit und Schuld liegen vor.

V. Die Tritte mit dem beschuhten Fuß in das ungeschützte Gesicht der E stellen zudem eine körperliche Misshandlung mittels eines gefährlichen Werkzeugs und mittels einer lebensgefährdenden Behandlung dar, **§ 224 Abs. 1 Nr. 2, Nr. 5.** Die gefährliche Körperverletzung steht aus Klarstellungsgründen zu dem Tötungsversuch in Tateinheit.[183]

Ergebnis: A ist strafbar wegen Körperverletzung mit Todesfolge, tatmehrheitlich mit versuchtem Totschlag, der mit gefährlicher Körperverletzung tateinheitlich zusammentrifft.

---

3. Vorsatzformen

Wenngleich der Vorsatztäter nicht positiv wissen muss, dass er etwas Verbotenes tut, lässt sich die psychische Verfassung allgemein als **Entscheidung des Täters zur Vornahme einer das tatbestandliche Unrecht eines bestimmten Delikts realisierende Handlung** beschreiben. Der Vorsatz besteht demzufolge nicht nur aus der Umstandskenntnis, dem sog. **Wissenselement**, sondern nach h.M. auch aus einem **Willenselement**. Je nachdem, wie stark das jeweilige Element ausgeprägt ist, lassen sich verschiedene **Vorsatzformen** unterscheiden: die **Absicht** (= dolus directus I), der **direkte Vorsatz** (= dolus directus II) und der **Eventualvorsatz** (= dolus eventualis).[184]

a) Absicht

119 **Absicht ist gegeben, wenn es dem Täter gerade darauf ankommt, den Eintritt des tatbestandlichen Erfolgs herbeizuführen oder den Umstand zu verwirklichen, für den das Gesetz absichtliches Handeln voraussetzt.**

---

181 Vgl. BGH, Urt. v. 12.12.2001 – 3 StR 303/01, NStZ 2002, 309; Urt. v. 10.04.2002 – 5 StR 613/01, NStZ 2002, 475.

182 BGH, Urt. v. 09.10.2002 – 5 StR 42/02; BGHSt 48, 34.

183 BGHSt 44, 196.

184 Statt aller Jescheck/Weigend § 29 III.

Es kann sich hierbei um ein Endziel, aber auch nur um ein Zwischenziel zur Erreichung eines weiteren Ziels handeln. Die Tatbestandsverwirklichung braucht auch nicht für sicher gehalten zu werden; sie muss jedoch mindestens als möglich vorgestellt sein.[185] Notwendig sind also ein **dominierendes Willenselement** und ein **Wissenselement**.

Beispiel: X vernichtet eine Blutprobe seines Freundes F, wobei er es für möglich hält, dass dieser mehr als 1,1‰ Alkohol im Blut hat. Tatsächlich war F in absolut fahruntüchtigem Zustand Auto gefahren. – Vollendete Strafvereitelung gemäß § 258 Abs. 1, denn X hat durch die Beseitigung des Beweismittels die Bestrafung des F aus § 316 verhindert. Weil es ihm auf die Vereitelung ankam, handelte er mit der erforderlichen Absicht, auch wenn er die Strafbarkeit des F aus § 316, folglich den Eintritt des Handlungserfolgs, nur für möglich hielt.

Machen Sie nicht den (häufigen) Fehler, Absicht mit dolus eventualis zu verwechseln, nur weil beide Vorsatzformen hinsichtlich der Wissensseite das Bewusstsein der Möglichkeit des Erfolgseintritts ausreichen lassen!

b) Direkter Vorsatz

Direkter Vorsatz liegt vor, wenn der Täter weiß oder als sicher voraussieht, dass er den gesetzlichen Tatbestand verwirklicht.

Gewollt ist, „was der Täter aus seiner Perspektive als notwendige Folge oder als unver- **120**
meidliche Nebenwirkung seiner beabsichtigten Handlung in seinen Willen aufgenommen hat, mag er auch diesem weiteren Erfolg innerlich gleichgültig oder sogar ablehnend gegenüberstehen".[186] Auch der direkte Vorsatz erfordert nach h.M. ein **Wissens- und Willenselement**. Nur bildet hier – im Gegensatz zur Absicht – das sichere Wissen um den Erfolgseintritt den Schwerpunkt. Ein Willenselement gibt es bei dieser Vorsatzform genau genommen gar nicht.[187]

Beispiel: A will seinen Vater töten und baut in dessen Privatflugzeug eine Bombe ein, die bei 2.000 m Flughöhe von selbst zündet. A weiß, dass der Pilot des Flugzeugs sein bester Freund ist, und ihm ist klar, dass niemand das Explosionsunglück überleben kann. – Hinsichtlich der Tötung des Vaters dolus directus I und hinsichtlich des Freundes dolus directus 2. Grades.

c) Bedingter Vorsatz

Sofern der Gesetzgeber keine bestimmte Vorsatzform vorschreibt, reicht für jeden Tat- **121**
bestand **bedingter Vorsatz** aus. Kennzeichnend hierfür ist, dass der Täter zwar unbedingten Handlungswillen, jedoch nur bedingten Erfolgswillen besitzt.[188] Zu den „Ur-alt-Fragen" im Strafrecht gehört der theoretische Streit, was unter bedingtem Erfolgswillen zu verstehen ist.

---

185 BGHSt 18, 246, 248; 21, 283, 284.
186 BGHSt 18, 246, 248.
187 Vgl. Maurach/Zipf AT 1 § 22 Rdnr. 29.
188 Maurach/Zipf AT 1 § 22 Rdnr. 33.

Fall 6: dolus eventualis für einen Deliktserfolg und seine Abgrenzung zur bewussten Fahrlässigkeit sowie zum Gefährdungsvorsatz

Der A und der O waren arbeitslos und ins Trinkermilieu abgerutscht. Da O keine Bleibe mehr hatte, nahm ihn A in seine Wohnung auf. Dort kam es häufig zum Streit, weil O den A immer wieder provozierte. Als A nach gemeinsamem Alkoholkonsum mit O eines Abends bemerkte, dass dieser ihn bestohlen hatte, stellte er O deswegen zur Rede. Als O ihn aufs Neue beleidigte, geriet A, begünstigt durch die Wirkung des Alkohols, außer sich vor Wut. Er ergriff eine etwa 75 cm lange und 1 kg schwere Eisenstange und schlug damit – obwohl ihm die Gefährlichkeit seines Tuns bewusst war – wahllos und mit voller Wucht 7 Mal auf den ungeschützten Rumpf des O ein. Dieser erlitt Rippen- und Schlüsselbeinbrüche, blieb aber bei Bewusstsein. A ließ ihn in ein Krankenhaus schaffen. Dort zog sich O infolge seines durch die Verletzungen geschwächten Allgemeinzustands eine Lungenentzündung zu, an der er drei Wochen nach dem Vorfall starb.
Strafbarkeit des A? Seine Schuldfähigkeit im Tatzeitpunkt war nicht eingeschränkt.
(Fall nach BGH, Beschl. v. 08.05.2008 – 3 StR 142/08, StV 2009, 473)

I. Durch die Schläge mit der Eisenstange könnte sich A wegen **Totschlags** an O gemäß **§ 212 Abs. 1** strafbar gemacht haben.

1. Ohne die Schläge wäre es nicht zur tödlich verlaufenen Lungenentzündung gekommen. Diese waren daher eine nicht hinwegdenkbare Bedingung für den Erfolgseintritt. Sie bewirkten auch medizinisch-physiologisch die Schwächung der Abwehrkräfte des O, sodass die Lungenentzündung ihren tödlichen Verlauf nehmen konnte. Die Schläge waren damit sowohl nach der conditio-Formel als auch nach der Lehre von der gesetzmäßigen Bedingung kausal für den Tod des O.

   Durch die Hiebe mit der Eisenstange hat A ein rechtlich missbilligtes Risiko gesetzt. O ist zwar nicht unmittelbar an den Verletzungen gestorben. Die tödliche Lungenentzündung war aber Folge der verletzungsbedingten Beeinträchtigung der Abwehrkräfte des O. In ihr realisierte sich deshalb nicht nur ein Alltagsrisiko oder ein unvorhersehbarer Ablauf, sondern sie stand sogar im typischen Gefahrzusammenhang mit den beigebrachten Verletzungen. Zwischen den Schlägen mit der Eisenstange und dem Tod besteht deshalb auch der vom Schrifttum geforderte objektive Zurechnungszusammenhang. Die Rechtsprechung bejaht den objektiven Tatbestand des Totschlags ohnedies.

2. A müsste im Zeitpunkt des Schlagens auch Tötungsvorsatz besessen haben, §§ 15, 16 Abs. 1 S. 1. Dass der Wutausbruch von dem zielgerichteten Willen getragen war, O zu töten, ist nicht festgestellt. Der Tod des O war angesichts der Art und Weise der Verletzungen keine zwangsläufige Folge, sodass auch direkter Vorsatz nicht anzunehmen ist. Für § 212 Abs. 1 genügt aber auch **dolus eventualis**. Fraglich ist, welche Voraussetzungen hierfür vorliegen müssen und ob sie in der Person des A erfüllt waren.

122 a) Anerkannt ist zunächst, dass der Eventualvorsatz ein **kognitives Element** beinhaltet: Der Täter muss den **Eintritt des tatbestandlichen Erfolgs für möglich halten**. Deswegen entfällt dolus eventualis nach allgemeiner Ansicht,

wenn der Täter schon über die **Möglichkeit des Erfolgseintritts nicht reflektiert** hat und sich im Augenblick der Tathandlung der **möglichen Tatbestandsverwirklichung nicht bewusst** ist.[189]

Hier hat A trotz seiner Alkoholisierung die Gefährlichkeit seines Tuns erkannt; ihm war deshalb auch die möglicherweise tödliche Wirkung der Schläge bewusst.

b) Allerdings hält der Täter nicht nur bei der vorsätzlichen Herbeiführung den Eintritt des tatbestandlichen Erfolges für möglich. Eine entsprechende Vorstellung ist auch bei der bewussten Fahrlässigkeit oder bei bloßem Gefährdungsvorsatz, insbesondere beim Vorsatz zur lebensgefährdenden Behandlung gemäß § 224 Abs. 1 Nr. 5, gegeben. Es müssen deshalb **zusätzliche Kriterien** herangezogen werden, um den Eventualvorsatz in Bezug auf einen Deliktserfolg vom Gefährdungsvorsatz und der bewussten Fahrlässigkeit abzugrenzen. Es gibt folgende zwei Hauptströmungen:

aa) Teile des Schrifttums halten das voluntative Element, also das **Willenselement, nicht für ein notwendiges Merkmal des Eventualvorsatzes**. Diese sog. **Wissenstheorien**[190] bestimmen den Eventualvorsatz entweder nach der Qualität des vom Täter geschaffenen Erfolgsrisikos oder nach dem Grad des Bewusstseins der Erfolgswahrscheinlichkeit. 123

(1) Nach der von Herzberg formulierten **Theorie vom unabgeschirmten Risiko** (oder auch: **Risikotheorie**) ist das Wollen Wesenselement des Handlungsbegriffs, aber für die Tatbestandserfüllung selbst nicht wesentlich. Die Abgrenzung von Eventualvorsatz und bewusster Fahrlässigkeit sei bereits im objektiven Tatbestand vorzunehmen. Schon dort sei für das Vorsatzdelikt zu verlangen, dass der Täter eine „unabgeschirmte Gefahr" geschaffen habe. Für den Vorsatz genüge dann das Bewusstsein, das Opfer durch diese Gefahr einem qualifizierten Verletzungsrisiko auszusetzen. Eine unerlaubte, durch menschliche Aufmerksamkeit abgeschirmte Gefahr dagegen reiche für die vorsätzlichen Erfolgsdelikte nicht aus.[191]

(2) Damit verwandt ist die von Armin Kaufmann[192] und auch von Schlehofer[193] vertretene **Vermeidungstheorie**, die auf die **Manifestation des Vermeidewillens** abstellt, also darauf, ob der Täter Maßnahmen ergriffen hat, um das von ihm erkannte Risiko zu verringern. Dort, wo ernsthaftes Vermeidebemühen fehlt, soll dolus eventualis vorliegen.

(3) Nach der **Möglichkeitstheorie** handelt der Täter mit Eventualvorsatz, wenn er die konkrete Möglichkeit der Rechtsgutverletzung erkennt und dennoch handelt.[194]

---

189 BGH StV 1995, 511; NStZ 1999, 508; Sch/Sch/Sternberg-Lieben § 15 Rdnr. 73.

190 Vgl. Satzger Jura 2008, 112, 117.

191 Herzberg JuS 1986, 249 ff.; JZ 1988, 573 ff., 635 ff.

192 ZStW 70, 73 ff.

193 NJW 1989, 2017, 2020.

194 Schmidhäuser JuS 1980, 241 ff.; ähnlich Morkel NStZ 1981, 176; aus dem aktuellen Schrifttum Frister S. 129; Kindhäuser § 14 Rdnr. 16, 27 ff.

(4) Die **Wahrscheinlichkeitstheorie** bejaht Eventualvorsatz, wenn der Täter die Rechtsgutverletzung nicht nur für möglich, sondern für wahrscheinlich hält.[195]

Von diesen Theorien könnten die meisten den Tötungsvorsatz hier bejahen: A hat durch die Schläge, die er wahllos und mit voller Wucht auf den Rumpf des O ausführte, eine unabgeschirmte Gefahr für das Leben des O geschaffen. Dass er die Hiebe nicht in Richtung Kopf platzierte, ist kein ernsthaft manifestierter Vermeidewillen, weil auch Schläge auf innere Organe tödlich wirken können. Dabei hat A auch die Möglichkeit des Todeseintritts erkannt. Dass er den Tod auch als naheliegende Folge oder als wahrscheinlich eingestuft hat, lässt sich dagegen im Zweifel nicht annehmen.

Kritik:
Zu (1): Die Risikotheorie privilegiert den Absichtstäter, der ein bewusst unsicheres Tötungsmittel aussucht: Derjenige nämlich, der z.B. den Sicherheitsabstand auf der Autobahn bewusst unterschreitet, soll sogar dann nicht tötungsvorsätzlich handeln, wenn er den Todeserfolg herbeiwünscht und dieser tatsächlich eintritt.[196] Zu (2): Die Vermeidungstheorie überhöht ein Indiz der Vorsatzfeststellung zum Vorsatzinhalt selbst. Auch derjenige, der keine Maßnahmen zur Vermeidung des Erfolgs einsetzt, kann auf den guten Ausgang vertrauen.

Zu (3): Die Möglichkeitstheorie macht eine Abgrenzung zwischen Vorsatz und bewusster Fahrlässigkeit sowie zwischen Verletzungs- und Gefährdungsvorsatz von vornherein unmöglich, denn dass der Erfolg aus Tätersicht eintreten könnte, ist all diesen Vorwerfbarkeitsformen gemeinsam. Zudem es ist unbillig, den Täter, der nur leichtsinnig handelt (z.B. der zu schnelle Nebelfahrer), oder denjenigen, der sogar bei erkanntem Risiko den Erfolg vermeiden will (z.B. der Arzt bei einer lebensgefährlichen Operation), mit Vorsatzstrafe zu belegen.

Zu (4): Ebenso ist das Kriterium der Wahrscheinlichkeit im Täterbewusstsein untauglich, weil auch der subjektiv wenig wahrscheinliche Erfolg vom Vorsatz umfasst sein kann, wenn der Täter ihn beabsichtigt. Entscheidend ist nicht der Grad der Wahrscheinlichkeit, sondern die Willensbeziehung zur Realisierung des Wahrscheinlichen. Zudem ist diese Theorie unpraktikabel, wenn – wie vorliegend – unbekannt ist, für wie naheliegend der Täter den Erfolg gehalten hat.

Keine der Wissenstheorien zum dolus eventualis ist deshalb überzeugend. Sie haben sich in der Praxis auch nicht durchgesetzt.

124 bb) Herrschende Literatur und Rechtsprechung verlangen für Vorsatz in allen Erscheinungsformen neben einer Wissens- auch eine **Willenskomponen-**

195 Vgl. H. Mayer, Strafrecht Allgemeiner Teil, 1953, S. 250; vgl. auch Jakobs 8/24.

196 So Herzberg JuS 1986, 262.

te.[197] Das Willenselement sei auch beim Eventualvorsatz unverzichtbar, denn es dokumentiere die unrechtserhöhende Missachtung der bewussten Rechtsgutbeeinträchtigung.[198] Zu der Frage, wie stark die Willenskomponente beim Eventualvorsatz ausgeprägt sein muss, werden verschiedene **Willenstheorien** vertreten:

(1) Die geringsten Anforderungen stellt die **Gleichgültigkeitstheorie**, derzufolge dolus eventualis u.a. auch dann vorliegen soll, wenn der Täter innerlich keine Stellung zum Erfolg bezieht, weil ihm dieser völlig gleichgültig ist.[199] Nach dieser Theorie müsste der Vorsatz hier abgelehnt werden, weil nicht festgestellt ist, dass die Wut des A ihn auch gegenüber dem Leben des O gleichgültig werden ließ.

Kritik: Diese Auffassung ist abzulehnen. Wer auf die Gleichgültigkeit abstellt, macht letztlich nicht den Willen, sondern die negative Bewertung einer gefühlsmäßigen Einstellung zum Erfolg zum Abgrenzungskriterium. Das läuft auf eine Bestrafung bloßen Gesinnungsunwerts hinaus.

(2) Herrschend im Schrifttum ist die sog. **Ernstnahmetheorie**. Mit Eventualvorsatz handelt danach, wer die konkrete drohende Rechtsverletzung **erkannt, ernst genommen und sich mit ihr abgefunden hat.**[200]

(3) Inhaltlich deckungsgleich ist die in der Rechtsprechung einhellig vertretene **Billigungstheorie**. Erforderlich und ausreichend ist danach, dass der Täter den Erfolgseintritt als möglich und nicht ganz fernliegend erkannt und ihn **gebilligt bzw. billigend in Kauf genommen hat**.

„Billigen" beinhaltet dabei aber keine positive emotionale Stellungnahme im Sinne eines Gutheißens. Vielmehr kann auch ein unerwünschter Erfolg im Rechtssinn gebilligt werden, wenn sich der Täter damit abgefunden hat.

Tätervorstellung schlagwortartig: „Na wenn schon."

(Bewusste) Fahrlässigkeit liegt danach vor, wenn der Täter mit der als möglich erkannten Tatbestandsverwirklichung nicht einverstanden ist und ernsthaft – nicht nur vage – darauf vertraut, dass der tatbestandliche Erfolg nicht eintreten werde.[201]

Tätervorstellung schlagwortartig: „Es wird schon gutgehen."

c) Ausgehend von der Ernstnahme- bzw. Billigungstheorie fragt sich, wann ein Sichabfinden mit dem Erfolg bejaht werden kann, wenn hierüber **keine unmittelbaren Feststellungen im Sachverhalt** getroffen sind – wie im vorliegenden Fall, wo nur mitgeteilt ist, dass A die Gefährlichkeit der Schläge mit der Eisenstange erkannt hat. Hierauf kann nur durch eine **Beweiswürdigung** ge- 125

---

197 Vgl. BGHSt 36, 1, 10; Wessels/Beulke/Satzger Rdnr. 203.

198 Brammsen JZ 1989, 71, 79.

199 Sch/Sch/Sternberg-Lieben § 15 Rdnr. 84.

200 Rengier § 14 Rdnr. 26; Wessels/Beulke/Satzger Rdnr. 225.

201 BGHSt 7, 363, 367; BGH, Urt. v. 13.12.2005 – 1 StR 410/05, NJW 2006, 386.

schlossen werden, die alle objektiven und subjektiven Tatumstände des Einzelfalls berücksichtigt. In Tötungsfällen hatte hierbei früher die psychologische Hemmschwelle, einen Menschen zu töten, als Gegenindiz besonderes Gewicht.[202] Nach aktueller Rechtsprechung ist die Hemmschwelle für sich genommen kein Argument mehr, um den Tötungsvorsatz zu verneinen.[203] **Maßgeblich sind vielmehr die objektive Gefährlichkeit der Tathandlung, die konkrete Angriffsweise des Täters, seine psychische Verfassung bei der Tatbegehung und seine Motivationslage.**[204]

Die Hiebe mit der Eisenstange sind zwar Gewalthandlungen, die den Schluss auf eine Billigung des Todes von O infrage kommen lassen. Sie waren aber nicht so schwer, dass sie – etwa wie Schläge auf den Kopf – ein solches Todesrisiko bargen, dass es nur vom Zufall abhing, ob O überlebte. Dafür spricht auch, dass O medizinisch gesehen nicht an den Folgen der Schläge, sondern an einer Lungenentzündung drei Wochen nach dem Vorfall gestorben ist. Zudem war A von O provoziert worden und stand unter Alkoholeinfluss. Nimmt man diese Umstände zusammen, kann man nicht darauf schließen, dass A den Tod des O billigend in Kauf nahm. [205]

Mangels Vorsatzes ist A nicht wegen Totschlags strafbar.

Gegenbeispiel: Ein Transplantationsmediziner, der die Untersuchungsergebnisse seiner Patienten gefälscht hat, damit diese einen höheren Rang in der Dringlichkeitsliste der für die Organverteilung zuständigen Stiftung erhalten, handelte bedingt vorsätzlich bezüglich des Todes anderer Patienten, deren Transplantation tatsächlich dringender war. Denn wenn der Mediziner schon seine eigenen Patienten unmittelbar vom Tode bedroht sah, erkannte er auch, dass die Gefahr, noch vor der rettenden Organübertragung zu versterben, bei den „überholten" Wartelistenkandidaten noch deutlich größer war und sich jederzeit gerade aufgrund der bewirkten Verzögerung realisieren konnte.[206]

II. **Körperverletzung mit Todesfolge, § 227?**

Durch die Schläge hat A den O vorsätzlich körperlich misshandelt und an der Gesundheit geschädigt. Er hat dadurch den Tod des O verursacht. Dass dieser nur mittelbare Folge der Verletzung war, ist unerheblich, da auch Lungenentzündungen als Komplikation eines Ausheilungsprozesses nichts Ungewöhnliches und daher objektiv vorhersehbar sind. Der für Erfolgsqualifikationen erforderliche tatbestandsspezifische Gefahrzusammenhang ist bei § 227 nach h.M. auch dann gegeben, wenn die Verletzung erst über eine hierdurch ausgelöste Folgeerkrankung den Tod herbeiführt. A handelte rechtswidrig und fahrlässigkeits-schuldhaft, sodass er sich wegen Körperverletzung mit Todesfolge strafbar gemacht hat.

III. Die **fahrlässige Tötung, § 222**, tritt hinter der spezielleren Erfolgsqualifikation im Wege der Gesetzeskonkurrenz zurück.

---

202 BGHSt 36, 1, 10; BGH, Urt. v. 19.07.2001 – 4 StR 144/01, RÜ 2001, 509; Urt. v. 13.12.2005 – 1 StR 410/05, NJW 2006, 386; speziell zur Nichtheranziehung der Hemmschwelle bei Unterlassungsdelikten BGH NStZ 1992, 125.

203 BGH, Urt. v. 19.12.2013 – 4 StR 347/13, RÜ 2014,165; vgl. auch BGH, Urt. v. 22.03.2012 – 4 StR 558/11, NJW 2012, 1524, RÜ 2012, 369, m. Anm. Jahn JuS 2012, 757; dazu auch Fahl JuS 2013, 499; Leitmeier NJW 2012, 2850, 2851.

204 BGH, Urt. v. 04.04.2013 – 3 StR 37/13.

205 U. a. mit diesen Argumenten hat der BGH, Beschl. v. 08.05.2008 – 3 StR 142/08, StV 2009, 473, im vorliegenden Fall die Verurteilung des A wegen Totschlages aufgehoben und die Sache zurückverwiesen.

206 OLG Braunschweig, Beschl. v. 20.03.2013 – Ws 49/13, NStZ 2013, 593.

IV. Die Schläge mit der Eisenstange stellen zudem eine **Körperverletzung mittels eines gefährlichen Werkzeugs und mittels einer lebensgefährdenden Behandlung** dar, **§ 224 Abs. 1 Nr. 2, Nr. 5.** Auch diese tritt jedoch hinter der spezielleren Tat nach § 227 zurück.

Ergebnis: A ist strafbar wegen Körperverletzung mit Todesfolge.

---

*Der Streit um den Eventualvorsatz gehört in Anfängerarbeiten zum Standard-Repertoire. In Examensklausuren braucht er nur sehr selten entwickelt zu werden. Achten Sie immer darauf, ob im Sachverhalt etwas zum voluntativen Element des Täters mitgeteilt ist. Finden Sie Formulierungen wie: **„Er hoffte, dass nichts Weiteres passieren werde"**, ist das ein Signal für die Verneinung von Eventualvorsatz. Lesen Sie, dass der Täter den Erfolg **„gebilligt"** oder **„in Kauf genommen"** habe, heißt das für Sie: Der Eventualvorsatz liegt vor. In beiden Varianten steuern Sie in Ihrer Lösung zügig auf die herrschende Ernstnahme- bzw. Billigungstheorie zu und lösen dementsprechend. Eine lange Streitdarstellung ist dann vom Aufgabensteller nicht gewollt. Richten Sie sich unbedingt danach.*

Ist nichts über die Willensseite mitgeteilt, müssen Sie den im vorgenannten Fall gezeigten Weg einer kleinen Beweiswürdigung gehen. Auch hier ist es ratsam, der h.M. zu folgen. Schließen Sie also nicht einfach – wie die Wissenstheorien – von der Möglichkeit des Erfolgseintritts auf den Vorsatz. Dieser Fehler ist sehr häufig. Vielmehr will der Aufgabensteller, dass Sie aus dem Sachverhalt Argumente für oder gegen den bedingten Vorsatz entwickeln.

4. Vorsatzkombinationen

Fall 7: dolus alternativus; dolus cumulativus

Kurz vor der Niederkunft bittet die A ihren Freund F, sie in die Klinik zu bringen. Auf der Treppe kommt es zu einer Auseinandersetzung, bei der F die A für seine als misslich empfundene Lage verantwortlich macht und ihr drastisch seine egoistischen Motive vor Augen führt. Aufgrund eines spontanen Entschlusses stößt er die A die steile Treppe hinab, um so zu erreichen, dass A das Kind verliert. Ob bereits die Eröffnungswehen bei A begonnen haben oder nicht, ist ihm gleichgültig. Den Tod der A hält F für ausgeschlossen; er rechnet aber damit, dass sich A erhebliche Verletzungen zuziehen wird. F erreicht sein Ziel, denn infolge des Sturzes kommt es zu einer Totgeburt, und die A erleidet einen Oberarmbruch. Die Eröffnungswehen hatten im Tatzeitpunkt tatsächlich noch nicht begonnen.
Strafbarkeit des F?

I. **Schwangerschaftsabbruch in einem besonders schweren Fall, § 218 Abs. 1 u. 2?**

1. Tatobjekt ist die lebende menschliche Leibesfrucht.[207] Da Handlungen „in der Geburt" aber bereits dem erheblich weiter gehenden Strafbarkeitsschutz der §§ 211 ff. unterfallen,[208] endet der Anwendungsbereich des § 218 mit dem Be-

207 Fischer § 218 Rdnr. 3.
208 BGHSt 32, 194; vgl. auch BVerfG NJW 1988, 2945.

ginn des Geburtsvorgangs.[209] Dieser wird von der Rechtsprechung in Parallele zu medizinischen Erkenntnissen im Beginn der Eröffnungswehen gesehen.[210] Da hier die Eröffnungswehen noch nicht begonnen hatten, bezog sich die Handlung des F auf eine Leibesfrucht. Abbrechen der Schwangerschaft ist jede Handlung, die – sei es auch mittelbar – auf die Leibesfrucht einwirkt und dadurch deren Absterben herbeiführt.[211] Indem F die A die Treppe hinabstieß, hat er den objektiven Tatbestand des § 218 Abs. 1 erfüllt.

126 2. Er müsste auch vorsätzlich gehandelt haben. Zwar wollte F die Tötung des Kindes; er hielt es jedoch für möglich, dass die Geburtswehen noch nicht eingesetzt hatten. Damit umfasste sein Vorsatz die Tatumstände für das Merkmal „Leibesfrucht". Andererseits hielt er es aber auch für möglich, dass die Eröffnungswehen bereits eingesetzt hatten, wodurch sich die Tat gegen einen Menschen gerichtet hätte. F hatte also Eventualvorsatz sowohl für einen Schwangerschaftsabbruch als auch für ein Tötungsdelikt an dem Kind. Hinsichtlich desselben Opfers können durch dieselbe Handlung aber nur entweder § 218 oder §§ 211 ff. verwirklicht sein. Eine solche **Vorsatzkombination in Bezug auf zwei oder mehrere Tatbestände, die sich gegenseitig ausschließen, bezeichnet man als Alternativvorsatz (= dolus alternativus)**. Die Lösung ist umstritten.

a) Für einen Teil des Schrifttums hat derjenige, der nur eine Rechtsverletzung will, auch nur Vorsatz bzgl. eines Delikts. Um aber die Gefährlichkeit des Täters voll zu ahnden, soll **allein der Vorsatz des schwereren Delikts** Berücksichtigung finden, womit gleichzeitig der Vorsatz des leichteren Delikts entfalle.[212] Konsequenz dieser Ansicht wäre, dass der vollendete Schwangerschaftsabbruch wegen des Willens des F, einen Menschen zu töten, entfallen müsste.

Kritik: Dieser Ansicht kann dann gefolgt werden, wenn der Täter keines von mehreren gewollten Alternativ-Delikten vollendet hat. Sie überzeugt aber nicht, wenn der Täter ein Delikt, und zwar das schwächere, vollendet hat. Hier würde die Klarstellungsfunktion des Schuldspruchs verletzt, wenn man darin nicht das Erfolgsunrecht der Vorsatztat zum Ausdruck bringen könnte.

b) Für die h.M. ist nur entscheidend, dass der Täter das objektiv Verwirklichte auch wollte. Dass er daneben ein anderes Delikt mit ins Auge gefasst habe, schließe jedenfalls den Vorsatz für das vollendete Delikt nicht aus.[213]

3. Folgt man der h.M., so hat F rechtswidrig und schuldhaft und unter den Voraussetzungen der Regelbeispiele des § 218 Abs. 2 S. 2 Nr. 1 sowie Nr. 2 einen Schwangerschaftsabbruch begangen.

II. Daneben könnte auch **Mordversuch nach §§ 211, 22, 23 Abs. 1** gegeben sein.

1. Die Tat ist nicht vollendet, weil die Leibesfrucht noch kein Mensch i.S.d. § 211 war; der Mordversuch ist als Verbrechen strafbar.

---

209 BGH, Beschl. v. 02.11.2007 – 2 StR 336/07, RÜ 2008, 173.

210 BGHSt 31, 348.

211 Vgl. Lackner/Kühl § 218 Rdnr. 3.

212 Lackner/Kühl § 15 Rdnr. 29; Otto § 7 Rdnr. 24; LK-Vogel § 15 Rdnr. 136.

213 Vgl. Jescheck/Weigend § 29 III 4; NK-Puppe § 15 Rdnr. 115; Roxin § 12 Rdnr. 94.

2. Nach h.M. begründet auch der dolus eventualis bzgl. des Todeserfolgs Tatentschluss; zudem handelte F aus besonders verwerflicher Eigensucht, also aus niedrigen Beweggründen, und hatte damit einen Mordentschluss gefasst. Zur Tatbestandsverwirklichung unmittelbar angesetzt hat er durch den Stoß.

3. Die Tat geschah rechtswidrig und schuldhaft.

4. Fraglich ist das **Konkurrenzverhältnis** zum vollendeten Schwangerschaftsabbruch. 127

   a) Für diejenigen, die beim dolus alternativus ohnehin nur den Vorsatz für eine Tat bejahen, nämlich für die schwerere, taucht kein Konkurrenzproblem auf. Danach wird das leichtere Delikt schon auf der Ebene des subjektiven Tatbestands verdrängt.[214]

   b) Die h.M. **differenziert**: Soweit die nur versuchte Tat wegen etwa gleicher Schutzrichtung und Tatschwere gegenüber der vollendeten nicht ins Gewicht fällt, wird nur aus dem vollendeten Tatbestand bestraft. Tateinheit zwischen dem vollendeten und dem versuchten Delikt ist aber anzunehmen, wenn Letzteres im Unrechts- und Schuldgehalt wesentlich schwerer wiegt als die vollendete Tat und deshalb in Schuldspruch und Strafe berücksichtigt werden muss.[215]

Im vorliegenden Fall bedeutet das: Mord ist ein Verbrechen und wird mit erheblich höherer Strafe geahndet als das Vergehen des Schwangerschaftsabbruchs. Um die über den vollendeten Schwangerschaftsabbruch hinausreichende kriminelle Energie des Mordversuchs klarzustellen, ist Tateinheit zwischen Schwangerschaftsabbruch und Mordversuch anzunehmen.

III. Daneben hat F an der A noch eine **gefährliche Körperverletzung** in der Form einer lebensgefährdenden Behandlung gemäß **§ 224 Abs. 1 Nr. 5** begangen, als er die hochschwangere Frau die Treppe hinabstieß und dadurch den Armbruch verursachte. Diesbezüglich handelte F mit Wissen und Willen. Dass er durch dieselbe Handlung **mehrere – voneinander unabhängige – Deliktsverwirklichungen wollte, sog. dolus cumulativus**,[216] steht der Bejahung seines Vorsatzes nicht entgegen. F handelte rechtswidrig und schuldhaft.

Gesetzeskonkurrenz des § 224 Abs. 1 zugunsten der Tötungsdelikte kommt nicht infrage, weil sich die Taten gegen unterschiedliche Rechtsgutträger richteten (die schwangere A und das Kind). Dies ist durch Idealkonkurrenz klarzustellen.

Ergebnis: F ist strafbar wegen versuchten Mordes in Tateinheit mit Schwangerschaftsabbruchs in einem besonders schweren Fall und gefährlicher Körperverletzung.

---

214 Lackner/Kühl § 15 Rdnr. 29; Otto § 7 Rdnr. 24; LK-Vogel § 15 Rdnr. 136.

215 Jescheck/Weigend § 29 III 4; Sch/Sch/Sternberg-Lieben § 15 Rdnr. 91 f.; Wessels/Beulke/Satzger Rdnr. 233 f.

216 Vgl. Wessels/Beulke/Satzger Rdnr. 231.

II. Deliktsspezifische subjektive Tatbestandsmerkmale

1. „Wider besseres Wissen"

128 Gebraucht der Gesetzgeber die Wendung **„wider besseres Wissen"** (vgl. §§ 145 d, 187, 278), gibt er damit immer zu erkennen, dass hinsichtlich des Umstandes, auf den sich die Wendung bezieht, **direkter Vorsatz** vorliegen muss und dolus eventualis nicht ausreicht. Auch das Adverb **„wissentlich"** wird vom Gesetzgeber gebraucht, um das Erfordernis mindestens direkten Vorsatzes deutlich zu machen.

2. „Absicht"

129 Dieser Begriff kann verschiedene Bedeutungen haben.

a) Häufig wird die Absicht oder die sinngleiche Wendung „um zu" gebraucht, weil als **subjektives Tatbestandsmerkmal** eine Tendenz des Täters verlangt wird, also eine auf die Zukunft gerichtete innere Vorstellung, die über den objektiven Tatbestand hinausreicht.

Beispiel: Der Betrug ist schon mit der durch Täuschung und Irrtum motivierten Selbstschädigung vollendet; die Bereicherung muss nicht eingetreten sein, der Täter muss sie nur angestrebt haben.

b) Bezieht sich die „Absicht" nach dem Gesetzeswortlaut auf ein Element des objektiven Tatbestands, liegt kein selbstständiges subjektives Tatbestandsmerkmal vor; der Gesetzgeber **verengt vielmehr den Vorsatz auf dolus directus** und gibt zu erkennen, dass Eventualvorsatz nicht ausreicht.

Beispiele: Beabsichtigte schwere Körperverletzung gemäß § 226 Abs. 2; absichtliche Strafvereitelung gemäß § 258 Abs. 1; absichtlicher Missbrauch von Notrufen gemäß § 145.

c) Unabhängig davon, ob der Begriff „Absicht" auf ein objektives Tatbestandsmerkmal oder auf eine Tätertendenz bezogen ist, muss durch Auslegung ermittelt werden, ob der Gesetzgeber im Einzelfall Absicht i.S.v. dolus directus I verlangt oder nur Eventualvorsatz ausschließen will. Der gesetzliche Sprachgebrauch ist ungenau.

Als Faustregel kann gelten: **Umschreibt die Absicht eine für den Täter oder Dritte günstige Position, so ist regelmäßig dolus directus I erforderlich; umschreibt die Absicht dagegen eine besondere Schädigung, genügt diesbezüglich dolus directus II.**[217]

Beispiele: Die Bereicherung bei § 263 Abs. 1 muss i.S.v. dolus directus I beabsichtigt werden. Demgegenüber reicht für Nachteilszufügungsabsicht bei der Urkundenunterdrückung gemäß § 274 dolus directus II; dasselbe gilt für die beabsichtigte schwere Körperverletzung gemäß § 226 Abs. 2 und für die Absicht, ein behördliches Verfahren herbeizuführen, in § 164.[218]

---

217 Sch/Sch/Cramer/Sternberg-Lieben § 15 Rdnr. 70.

218 BGHSt 13, 219.

Subjektiver Tatbestand des vorsätzlichen Begehungsdelikts

Tatbestandsvorsatz ist Bewusstsein und zumindest billigende Inkaufnahme der Verwirklichung aller Umstände des gesetzlichen Tatbestands

Gegenstand
- Umstände aller geschriebenen und ungeschriebenen deliktsspezifischen objektiven Merkmale eines Tatbestands; bei Vorsatz bzgl. mehrerer Delikte: dolus cumulativus; bzgl. mehrerer, sich gegenseitig ausschließender Delikte: dolus alternativus
- Kausalität/Faktoren der objektiven Zurechnung

Konkretisierung
- bzgl. aller äußeren Tatbestandsmerkmale Kenntnis (zumindest sachgedankliches Mitbewusstsein) der zugrunde liegenden Tatsachen; bei normativen Merkmalen zusätzlich laienhafte Bedeutungskenntnis
- bzgl. Kausalität nur Kenntnis des Geschehensablaufs in seinen wesentlichen Zügen

Zeitpunkt
- Vorsatz muss nur bei der Tatbegehung, d.h. bei Vornahme der Tathandlung, und nicht mehr im Zeitpunkt der Vollendung vorliegen

Formen
- **Absicht** (= dolus directus I)
  - Kognitiv: Täter hält TB-Verwirklichung für sicher oder möglich
  - Voluntativ: zielgerichteter Erfolgswille
- **direkter Vorsatz** (= dolus directus II)
  - Kognitiv: Täter hält TB-Verwirklichung für sicher
  - Voluntativ: Erfolg kann dem Täter sogar unerwünscht sein
- **Eventualvorsatz** (= dolus eventualis)
  - Kognitiv: Täter hält TB-Verwirklichung für möglich
  - Voluntativ: Täter nimmt Erfolg billigend in Kauf, d.h. er findet sich damit ab (h.M.: Ernstnahme-, Billigungstheorie)

Deliktsspezifische subjektive Tatbestandsmerkmale

Tendenzen → „Absicht", „um zu" als über den objektiven Tb hinausreichendes, ins Subjektive vorverlagerte Ziel → Durch Auslegung zu ermitteln, ob Absicht i.S.v. dolus directus I gemeint ist oder nur dolus eventualis ausgeschlossen werden soll

2. Abschnitt: Rechtswidrigkeit

130 Nach dem dreigliedrigen Verbrechensaufbau (s.o. Rdnr. 58) betrifft der Tatbestand nur einen Teilausschnitt des Gesamtgeschehens, nämlich die Beeinträchtigung eines Rechtsguts in der vom Gesetzgeber vertypten Weise. Ob die Tat im Widerspruch zur Gesamtrechtsordnung steht und deshalb die Bewertung als strafbares Unrecht verdient, wird unter dem Gesichtspunkt der **Rechtswidrigkeit** der Tat geprüft. Grundsätzlich ergibt sich aus der Tatbestandsverwirklichung auch das Unrecht der Tat, sodass gilt: „Die Tatbestandsmäßigkeit indiziert die Rechtswidrigkeit." Allerdings beschreibt die Rechtsordnung in sog. **Rechtfertigungsgründen** Konfliktsituationen, in denen das im Straftatbestand formulierte Verbot für den Einzelfall aufgehoben und das rechtsgutverletzende Verhalten erlaubt wird. Man bezeichnet die Rechtfertigungsgründe deshalb auch als **Erlaubnissätze**.

A. Systematik der Erlaubnissätze

I. „Rechtswidrigkeit" im Strafgesetz als Tatbestandsmerkmal oder als bloßer Hinweis auf etwaige Rechtfertigungsgründe

131 Häufig finden sich schon in den Tatbestandsformulierungen des Besonderen Teils Begriffe wie „unbefugt" (z.B. in § 132 a, in § 324 oder §§ 201 ff.) oder „widerrechtlich" (in § 123). Hierbei kann es sich um echte Tatbestandsmerkmale oder auch nur um klarstellende (eigentlich überflüssige) Hinweise auf die Rechtswidrigkeitsstufe handeln. Diese Frage lässt sich nur in Bezug auf den jeweiligen Tatbestand beantworten. Dazu folgende Gedankenschritte:

Zunächst ist der fragliche Begriff **gedanklich aus dem Gesetz zu streichen**. Die „übrig gebliebene" Formulierung ist Gegenstand der weiteren Interpretation:

- Beschreibt diese **immer noch ein als strafwürdig erkennbares Verhalten**, kann der weggedachte Begriff nicht für das Verbot selbst von Bedeutung gewesen sein; es handelt sich dann nur um einen Hinweis auf etwaige Rechtfertigungsgründe.

  Beispiel: Auch ohne das Wort „widerrechtlich" ist der Hausfriedensbruch gemäß § 123 Abs. 1, 1. Alt. als strafbares Verhalten durch die Tathandlung des „Eindringens" erkennbar; auch ohne das Wort „unbefugt" ist das Verbot des § 324 durch die übrigen Merkmale „Verunreinigen eines Gewässers" präzisiert. Hier haben die fraglichen Begriffe also keine Tatbestandsqualität.[219]

- Ist ohne den fraglichen Begriff **kein sozialschädliches Verhalten mehr erkennbar**, wird die Verbotsmaterie erst durch diesen zum Ausdruck gebracht; das Merkmal gehört dann zum Tatbestand.

  Beispiele: Ohne das Merkmal „unbefugt" in § 132 a bliebe nur das Führen eines Titels als Verhalten übrig. Das kann aber für sich nichts Verbotenes sein. Denn dann würde auch derjenige, der den Titel redlich erworben hat, den Tatbestand eines Strafgesetzes erfüllen. Hier ist das Merkmal „unbefugt" deshalb Tatbestandsmerkmal.[220]

---

219 Fischer § 123 Rdnr. 34; § 324 Rdnr. 7.

220 Sch/Sch/Sternberg-Lieben § 132 a Rdnr. 19.

Die Frage nach der Einordnung von „unbefugt", „rechtswidrig" usw. wird gern in der ***mündlichen Prüfung*** *gestellt. Sie hat aber auch erhebliche Bedeutung für die* ***Falllösung****. Von ihrer Beantwortung hängt nämlich ab, ob Erlaubnissätze – insbesondere die Einwilligung – schon im Tatbestand zu prüfen sind. Bejahendenfalls muss sich auch der Vorsatz auf das Nichtvorliegen von Erlaubnissätzen beziehen und die irrige Annahme von Umständen, die den Begriff ausschließen, lässt in direkter Anwendung des § 16 den Vorsatz entfallen!*

II. Die strafrechtlichen Unterschiede zwischen Rechtfertigungs- und Schuldausschließungsgründen

1. Ein Rechtfertigungsgrund verhindert nicht nur, dass der Handelnde Unrecht tut, sondern verleiht ihm sogar ein **Recht zum Eingriff**. Spiegelbildlich dazu entsteht eine grundsätzliche **Duldungspflicht des Betroffenen**. Dies beweist § 32: Wer gerechtfertigt ist, begeht keinen „rechtswidrigen" Angriff. **Keine Notwehr gegen eine gerechtfertigte Tat!** 132

Beispiel: Frau A wurde frühmorgens von K überholt, der sie grundlos anpöbelte. Die Aufforderung der A, sie in Ruhe zu lassen, reizte den K noch mehr und er wurde handgreiflich. Dabei wurde der Kopfhörer des MP 3-Players der A zerstört und das ausgeschaltete Handy des K fiel auf den Boden. Noch bevor K es aufheben und sich damit entfernen konnte, steckte A das Mobiltelefon in ihre Handtasche. Sie erklärte, sie werde es erst wieder herausgeben, wenn A ihr Schadensersatz für den Kopfhörer zahle oder – da Polizei nicht in der Nähe war – zumindest seine Personalien angebe. K schlug daraufhin mit der Faust auf A ein, um das Handy zurückzuerlangen. A wehrte die Schläge ab, indem sie K ohne Tötungsvorsatz mit einem Taschenmesser in die Brust stach. Strafbarkeit der A? – Die Ankündigung, das Handy nicht zurückzugeben ist keine (versuchte) Nötigung gemäß § 240, weil A zur Durchsetzung ihres zivilrechtlichen Schadensersatzes Selbsthilfe nach § 229 BGB üben durfte. K musste die Besitzentziehung dulden. Damit hat A auch keinen gegenwärtigen rechtswidrigen Angriff begangen, gegen den sich K gemäß § 32 wehren durfte. Wegen seiner Duldungspflicht wurde er selbst zum gegenwärtigen rechtswidrigen Angreifer, als er auf A einschlug. Dagegen durfte sich A mit dem Messer gemäß § 32 verteidigen. Auch die gefährliche Körperverletzung gemäß §§ 223, 224 ist damit gerechtfertigt[221]

2. Ist eine Tat zwar rechtswidrig, aber nur **entschuldigt**, besteht für den davon Betroffenen keine Duldungspflicht. Er darf sich mit Notwehr gegen den rechtswidrigen Angreifer wehren, lediglich der Umfang der Notwehr ist beschränkt.

Beispiel: Um an ein lebenserhaltendes Medikament zu gelangen, greift A den B, der das Präparat für sich braucht, an. B wehrt sich unter möglichster Schonung des A, kann aber nicht verhindern, dass A schwer verletzt wird. – Der Raubversuch (§§ 249, 22, 23) des A war rechtswidrig, denn die Beseitigung der eigenen Lebensgefahr durch Schaffung einer gleichwertigen Lebensgefahr für B war weder aus § 32 noch aus § 34 gerechtfertigt. A ist aus § 35 entschuldigt. Die Körperverletzung durch B gemäß § 223 war dagegen aus § 32 gerechtfertigt.

3. Da die §§ 26, 27 eine „rechtswidrige" – nicht notwendig schuldhafte – Tat voraussetzen, sind Anstiftung und Beihilfe zu einer gerechtfertigten Tat nicht möglich. **Die gerechtfertigte Tat ist nicht teilnahmefähig!** 133

Beispiel: A will den B beseitigen. Zu diesem Zweck provoziert er einen Angriff des B auf C. Während der Auseinandersetzung animiert A den C, seine Schusswaffe einzusetzen, was auch geschieht. War der Schusswaffengebrauch von § 32 gedeckt, kann A nicht wegen Anstiftung zum Totschlag bestraft werden. Gegeben ist aber Totschlag in mittelbarer Täterschaft, weil A den C als gerechtfertigt handelndes Werkzeug einsetzte.

221 BGH, Beschl. v. 05.04.2011 – 3 StR 66/11, RÜ 2011, 432.

III. Tatbestandsbezogenheit der Rechtfertigungsgründe

134 Dass für ein Delikt ein Rechtfertigungsgrund eingreift, schließt nicht aus, dass für dieselbe Handlung unter dem Blickwinkel eines anderen Delikts ein anderer oder gar kein Erlaubnissatz eingreift. **Die Rechtfertigung ist teilbar.** Die Einzelprüfung der Rechtfertigung muss daher immer **auf den jeweiligen Tatbestand bezogen** und für **jeden Tatbestand wiederholt** werden.

Beispiele:

Benutzt jemand einen in der U-Bahn angebrachten Feuerlöscher, um damit den Angriff von Skinheads abzuwehren, ist die Körperverletzung gemäß § 223 aus § 32, die gemeinschädliche Sachbeschädigung an dem Löschgerät gemäß § 304 aus § 34 und die Sachbeschädigung gemäß § 303 an dem Löschgerät als Eigentumsverletzung aus § 904 BGB gerechtfertigt.

IV. Rechtsquellen für Erlaubnissätze

135 **Für Rechtfertigungsgründe gibt es keinen numerus clausus**, d.h. sie sind nicht abschließend geregelt und können auch durch Gewohnheitsrecht entstehen, wie z.B. die rechtfertigende Pflichtenkollision (s.u. Rdnr. 338).

Es scheiden aber solche Regeln als Rechtfertigungsgründe aus, die gegen höherrangiges Recht verstoßen, insbesondere wenn in ihnen ein offensichtlich grober Verstoß gegen Grundgedanken der Gerechtigkeit und Menschlichkeit zum Ausdruck kommt.[222]

Da es um den Widerspruch der Tat zur Gesamtrechtsordnung als einheitliche Rechtsordnung geht, **sind bei der Rechtswidrigkeitsprüfung häufig auch Rechtssätze außerhalb des StGB als Rechtfertigungsgründe heranzuziehen**.

So kann eine Festnahme, die nach § 127 Abs. 1 S. 1 StPO erlaubt ist, unter strafrechtlichem Blickwinkel der Freiheitsberaubung, § 239 Abs. 1, nicht verboten sein.

V. Gemeinsame Strukturen der „Erlaubnistatbestände"

136 **1.** Ob sich alle Erlaubnissätze auf einheitliche Prinzipien zurückführen lassen, ist umstritten. Beim Handeln durch Private ist eine „dualistische" Einteilung[223] zweckmäßig. Diese unterscheidet zwischen Rechtfertigungsgründen zum **Schutz von Interessen der Rechtsordnung** (z.B. Notwehr) und solchen zum **Schutz der Interessen des Rechtsgutträgers** (insbesondere Einwilligung).

137 **2.** Bei allen Rechtfertigungsgründen muss streng zwischen der **objektiven Rechtfertigungssituation** und dem **subjektiven Vorstellungsbild** des Täters getrennt werden:

Grundelemente des **objektiven und subjektiven Erlaubnistatbestands** aller Rechtfertigungsgründe zum Schutz von Interessen der Rechtsordnung sind immer

- die Umschreibung der **Konfliktlage**,
- die **allgemeine Eingriffsbefugnis**,

---

222 Damit hat der BGH (NJW 1995, 2728, 2730) § 27 Abs. 2 des GrenzG-DDR, soweit er die vorsätzliche Tötung unbewaffneter Flüchtlinge gestattete, als Rechtfertigungsgrund für unwirksam erklärt. Das BVerfG (RÜ 1997, 73) sieht in der dadurch rückwirkend begründeten Strafbarkeit auch keinen Verstoß gegen Art. 103 Abs. 2 GG.

223 Vgl. Sch/Sch/Lenckner/Sternberg-Lieben §§ 32 ff. Rdnr. 7 ff.

- die **rechtsethische Begrenzung** des Eingriffsrechts
- und ein **subjektives Rechtfertigungselement** (str.; dazu nachfolgend Rdnr. 139 f.).

VI. Ex ante- oder ex post-Perspektive bei der Konfliktlage?

1. Eine Mindermeinung im Schrifttum möchte generell auf die sorgfaltsgemäße ex ante-Perspektive des Täters abstellen; die Rechtfertigungslage sei schon dann gegeben, wenn der Täter, ohne sorgfaltswidrig zu handeln, von ihrem Vorliegen habe ausgehen dürfen. Stelle sich dann heraus, dass die Notlage tatsächlich nicht vorgelegen habe, bewege sich die Fehlbeurteilung des Täters im Rahmen erlaubten Risikos; der Rechtfertigungsgrund liege dennoch vor.[224] **138**

2. Nach h.M. ist eine ex ante-Betrachtung bei den Rechtfertigungsgründen nur punktuell zuzulassen, nämlich dort, wo der Handelnde eine Prognoseentscheidung zu treffen habe (z.B. bei dem Gefahrurteil in § 34 oder bei der Frage der Erforderlichkeit in § 32). Im Übrigen müssten die Rechtfertigungselemente objektiv vorliegen.[225]

Der Streit ist im Fall nur anzusprechen, wenn die in dem jeweiligen Rechtfertigungsgrund beschriebene Konfliktlage ***tatsächlich nicht vorgelegen hat, aber der Täter irrig hiervon ausging****. Auf die Strafbarkeit des ex ante gerechtfertigt Handelnden selbst wirkt sich der Streit auch dann noch nicht aus: Lag die Rechtfertigungslage objektiv nicht vor und handelte er nicht sorgfaltswidrig, ist er nach der ex ante-Lehre tatsächlich gerechtfertigt, während die h.M. über Erlaubnistatbestandsirrtum die Vorsatztat und mangels Sorgfaltswidrigkeit auch die Fahrlässigkeitstat ablehnt.[226] In diesem Fall tauchen aber Probleme bei dem von der Rechtfertigungshandlung Betroffenen auf. Nach der ex ante-Lehre ist er wegen der Rechtfertigung des anderen zur Duldung verpflichtet. Die ex ante-Lehre führt daher zu einer Rechtsverkürzung, die die h.M. vermeidet, weil der Betroffene sich danach entweder mit eingeschränkter Notwehr oder mit Notstand wehren darf. Eine generelle ex ante-Beurteilung der Notrechte ist deshalb abzulehnen.*

VII. Notwendigkeit und Inhalt subjektiver Rechtfertigungselemente

1. Umstritten ist, ob subjektive Rechtfertigungselemente erforderlich sind. Dieser Streit hängt mit dem unterschiedlichen Verständnis des Begriffs „Unrecht" zusammen: **139**

a) Früher (auf der Grundlage eines kausalen Handlungsverständnisses) verstand man Unrecht als rein objektive, von der Täterperson getrennte Rechtsgutverletzung. Für diese **objektive Unrechtslehre** war folgerichtig kein Unrecht gegeben, wenn der Täter objektiv im Einklang mit der Rechtsordnung handelte. Subjektive Rechtfertigungselemente waren danach entbehrlich.[227]

b) Dieses Verständnis wurde (unter Einfluss der modernen Handlungslehren) von der heute herrschenden **personalen Unrechtslehre** verdrängt. Danach wird Unrecht ne-

224 Freund GA 1991, 388, 406 f.; Herzberg JA 1989, 243, 247.
225 Frister S. 162 f; Lackner/Kühl Vor § 32 Rdnr. 5; Sch/Sch/Lenckner/Sternberg-Lieben §§ 32 ff. Rdnr. 10 a.
226 Vgl. ausführlich dazu Nippert/Tinkl JuS 2002, 964 ff.
227 Beling, Lehre vom Verbrechen, 1906, S. 141; im neueren Schrifttum LK-Spendel, 11. Aufl., § 32 Rdnr. 138 ff.

ben der Rechtsgüterverletzung auch geprägt durch Zielsetzungen und Pflichtverletzungen des Täters. Da zudem die meisten Rechtfertigungsgründe schon ihrem Wortlaut nach einen subjektiven Bezug voraussetzen (§ 32 Abs. 2, § 34 S. 1: „um zu"), ist nach h.M. für die Rechtfertigung neben dem objektiven auch ein subjektives Rechtfertigungselement unverzichtbar.[228]

Der Streit wird bedeutsam, wenn der Täter einen Angriff abwehrt oder eine Gefahr beseitigt, ohne dies zu wissen. Das fehlende subjektive Rechtfertigungselement führt dann dazu, dass die Handlung Unrecht und damit notwehrfähiger rechtswidriger Angriff wird. Umstritten ist innerhalb der personalen Unrechtslehre, ob ein solcher Täter aus Vollendung strafbar ist oder ob die Übereinstimmung mit der objektiven Rechtsordnung dies verhindert. Viele nehmen Letzteres an und bestrafen bei einer Vorsatztat nur aus Versuch; mangels Versuchsstrafbarkeit soll die Fahrlässigkeitstat sogar straflos sein. (Ausführliche Falllösung AS-Skript Strafrecht AT 2 [2014])

140 **2.** Unter den Befürwortern eines subjektiven Rechtfertigungselements bestehen weiter Meinungsunterschiede zum Inhalt dessen, was der Täter sich vorgestellt haben muss.

a) Vorwiegend das Schrifttum hält es für ausreichend, wenn der Handelnde in **Kenntnis der Konfliktlage und im Bewusstsein eigener Rechtfertigung** gehandelt hat. Ein zusätzliches voluntatives Rechtfertigungselement, also ein Handeln zum Zweck der Rechtfertigung sei nicht erforderlich.[229]

b) Demgegenüber verlangt vor allem die Rechtsprechung außer der Kenntnis der Konfliktlage einen handlungsleitenden Zweckbezug, also eine **Rechtfertigungsabsicht**, auch wenn dabei Nebenziele eine Rolle gespielt haben.[230]

VIII. Prüfungsreihenfolge bei mehreren möglichen Rechtfertigungsgründen

141 **1.** Aus dem Prüfungsansatz der Rechtswidrigkeit als Widerspruch zur Gesamtrechtsordnung folgt das **Gebot der Spezialität**, d.h. man muss vorrangig die Rechtfertigungsgründe suchen, die **typischerweise für Rechtsguteingriffe der fraglichen Art geschaffen sind**.

- Bei **Handlungen durch Amtsträger** sind zunächst öffentlich-rechtliche Eingriffsregeln heranzuziehen, etwa § 81 a StPO für die durch eine Blutentnahme begangene Körperverletzung im Amt, § 340 (siehe dazu unten Rdnr. 182 ff., 220 ff.).
- Geht es ausschließlich um **Besitzstörungen**, ist § 859 BGB vor § 32 zu erörtern.
- Verletzt der Verteidiger **fremdes Eigentum**, sind §§ 228, 904 BGB dem § 34 vorgehende Sonderregeln.
- Bei der Sicherung **zivilrechtlicher Forderungen** ist primär auf Selbsthilfe nach BGB einzugehen.

228 NK-Paeffgen Vor §§ 32 ff. Rdnr. 88 mit zahlr. Nachweisen.

229 Kindhäuser § 15 Rdnr. 9; Sch/Sch/Lenckner/Sternberg-Lieben §§ 32 ff. Rdnr. 14.

230 Vgl. BGH NStZ 2000, 365; BGH, Urt. v. 06.10.2004 – 1 StR 286/04, S. 16, RÜ 2005, 82, 84.

- Im StGB sind immer zuerst die **im BT genannten speziellen Rechtfertigungsgründe** zu prüfen, z.B. § 193 oder § 218 a Abs. 2 vor § 34.

2. Innerhalb ähnlicher Rechtfertigungsgründe sind diejenigen mit den **weitesten Eingriffsbefugnissen** vorrangig. 142

Beispiele: Notwehr vor Notstand; Defensivnotstand, § 228 BGB, vor Aggressivnotstand, § 904 BGB.

3. Greift dann ein solcher Rechtfertigungsgrund ein, brauchen andere Erlaubnissätze, die nur **dieselbe Schutzrichtung** haben, nicht mehr geprüft zu werden. 143

Beispiel: Nachdem eine Körperverletzung wegen Notwehr als gerechtfertigt angesehen wird, wäre es müßig, denselben Verteidigungsakt unter dem Gesichtspunkt des § 34 noch einmal prüfen zu wollen.

Verfolgte der Täter mit seiner Handlung **mehrere Ziele**, die wegen ihrer Verschiedenheit von **unterschiedlichen Rechtfertigungsgründen** erfasst werden, sollten alle in einem strafrechtlichen Gutachten behandelt werden. Es genügt nicht, nur einen Rechtfertigungsgrund zu bejahen.

Beispiel: Der Wirt, der einen Zechpreller (§ 263 Abs. 1) bis zum Eintreffen der Polizei festhält (§ 239 Abs. 1), ist hinsichtlich der Sicherung der Personalien für seinen fälligen Anspruch aus § 229 BGB gerechtfertigt und für die Ermöglichung der Strafverfolgung aus § 127 Abs. 1 S. 1 StPO.

4. Greift für das oder die Handlungsziele des Täters ein spezieller Rechtfertigungsgrund **nicht** ein, muss die Frage beantwortet werden, **ob die speziellen Rechtfertigungsgründe eine abschließende Regelung enthalten** und deshalb ein Rückgriff auf allgemeine Erlaubnissätze unzulässig ist. 144

Sehr wichtige Beispiele:

Hat ein Amtsträger durch dienstliches Handeln den Tatbestand eines Strafgesetzes erfüllt, fehlt aber für die fragliche Handlung eine öffentlich-rechtliche Ermächtigungsgrundlage, ist vorab zu klären, ob eine Berufung auf allgemeine Rechtfertigungsgründe überhaupt zulässig ist.

Bei Nichtvorliegen des § 127 Abs. 1 S. 1 StPO – etwa wegen mangelnder Frische der Tat – darf die Festnahme durch Private grundsätzlich nicht etwa aus § 34 gerechtfertigt werden, weil § 127 StPO eine abschließende Eingriffsbefugnis enthält.[231]

Liegen die Voraussetzungen der Selbsthilfe, § 229 BGB, nicht vor, weil obrigkeitliche Hilfe erreichbar war, kann der Anspruchsinhaber sein Vorgehen nicht mit § 32 als „Verteidigung des Vermögens" rechtfertigen, weil sonst die Begrenzungsfunktion der Selbsthilfe unterlaufen würde.[232]

Ist eine Tat dagegen nicht aus Notwehr gerechtfertigt – vor allem, weil noch kein Angriff vorlag –, kommt Notstand in Betracht, weil beide Erlaubnisregelungen auf unterschiedlichen Prinzipien beruhen und zwischen ihnen kein Exklusivitätsverhältnis besteht.[233]

231 Roxin § 14 Rdnr. 48.

232 Vgl. Sternberg-Lieben JA 1996, 126, 131.

233 Vgl. LK-Hirsch, 11. Aufl., § 34 Rdnr. 86.

B. Rechtfertigungsgründe zum Schutz von Interessen der Rechtsordnung

I. Notwehr, § 32

145 Die Notwehr ist legaldefiniert in § 32 Abs. 2. Im Zusammenhang mit Abs. 1 gelesen ist **Notwehr die Verteidigung, die erforderlich und geboten ist, um einen gegenwärtigen rechtswidrigen Angriff von sich oder einem anderen abzuwenden.**

Die Notwehr ist der weitestgehende (bildhaft: „schneidigste") Rechtfertigungsgrund des Strafrechts, weil sie nicht auf Güterproportionalität beruht und deshalb im Prinzip sogar Tötungen zum Schutz von Sachwerten erlaubt. Dies ist Folge der beiden Grundprinzipien des Notwehrrechts, nämlich

- des **Schutzprinzips**
- und des **Rechtsbewährungsprinzips**.

Das Schutzprinzip besagt, dass jedermann bei einer akuten Bedrohung das Recht auf Selbstverteidigung zusteht. Das Rechtsbewährungsprinzip drückt aus, dass der Notwehr Übende zugleich die Rechtsordnung verteidigt.[234]

Wortgleich mit § 32 sind § 227 BGB und § 15 Abs. 1, 2 OWiG, die aber als **Rechtfertigungsgründe für eine Straftat von § 32 verdrängt werden.**[235]

Prüfschema: Notwehr und Nothilfe, § 32
1. Notwehrlage
Gegenwärtiger rechtswidriger Angriff auf den Verteidiger oder einen Dritten (dann: Nothilfe)
2. Notwehrhandlung
a) Verteidigung durch Eingriff in Rechtsgüter des Angreifers
b) Erforderlichkeit
c) Gebotenheit
3. Notwehrwille

1. Angriff

Angriff ist jede Bedrohung rechtlich geschützter Interessen durch menschliches Verhalten, gleichgültig, ob die Bedrohung bezweckt oder ungewollt ist.[236]

146 **a)** Notwehrfähig ist grds. **jedes Individualrechtsgut** (s.o. Rdnr. 5) **oder rechtlich anerkannte Interesse des Angegriffenen oder eines Dritten.**

234 Ganz h.M., statt aller Kühl § 7 Rdnr. 6 ff.

235 Vgl. Sternberg-Lieben JA 1996, 129, 131.

236 Fischer § 32 Rdnr. 5; Geilen Jura 1981, 202; für eine Beschränkung auf bewusste Angriffshandlungen Otto § 8 Rdnr. 21; Schmidhäuser 9/86.

Eine **Ausnahme** macht die h.M. für das **Vermögen**, soweit dies durch die Nichterfüllung schuldrechtlicher Forderungen betroffen ist. Die Zubilligung der „schneidigen" Notwehr würde sonst die justizförmige Durchsetzung eines Anspruchs und das Zwangsvollstreckungsmonopol des Staates außer Kraft setzen. Deshalb darf ein Gläubiger **nur im Rahmen der zivilrechtlichen Selbsthilfe gemäß §§ 229 ff. BGB** (siehe dazu unten Rdnr. 185 ff.) seinen Anspruch vor Gefährdung sichern.[237]

Nicht notwehrfähig sind dagegen Güter der **Allgemeinheit** oder die **Rechtsordnung als solche** (zur Staatsnothilfe s.u. Rdnr. 181.).

Auch hier gilt als Ausnahme, dass die Notwehrfähigkeit auch solcher Güter gegeben ist, soweit der Einzelne daran teilhat. Deshalb wird das **Recht des Einzelnen auf Gemeingebrauch** für notwehrfähig gehalten. Dies jedenfalls dann, wenn die Rechtsordnung dem Betroffenen Nutzungsvorrang einräumt, wie es in § 12 Abs. 5 S. 1 StVO für denjenigen geschieht, der als Erster eine **Parklücke** erreicht.[238] Trifft ein solcher Autofahrer auf eine Person, die ihm das Vorrecht streitig macht – etwa einen anderen, der die Lücke für einen erwarteten Freund „reservieren" will –, so befindet er sich in einer Notwehrlage. Meist scheitert aber die Rechtfertigung daran, dass der Betroffene sein Notwehrrecht rechtsmissbräuchlich überschreitet. So geschehen im Fall des BayObLG;[239] hier war der Autofahrer auf den Freihaltenden zugefahren und hatte diesen verletzt.

b) Die **Rechtsgutbedrohung** muss nach h.M. (s.o. Rdnr. 138) **objektiv bestehen.** Dies ist aus der ex post-Perspektive, also im Nachhinein zu überprüfen, weil auch nur dann eine Duldungspflicht des Betroffenen anzuerkennen ist. Sind keine sicheren Feststellungen zu treffen, gilt der Grundsatz „in dubio pro reo".[240] Wer nur irrig annimmt, ein Angriff liege vor, befindet sich in sog. „Putativnotwehr", ist aber nicht aus Notwehr gerechtfertigt. Die Vorsatztat entfällt jedoch nach h.M. wegen Erlaubnistatbestandsirrtums. War der Irrtum für den Täter unvermeidbar, liegt nicht einmal Fahrlässigkeitsunrecht vor (ausführlich dazu AS-Skript Strafrecht AT 2 [2014]).[241] **147**

c) Die Rechtsgutbedrohung muss **auf menschlichem Verhalten beruhen**. Ist dies zu verneinen, kommt eine Rechtfertigung regelmäßig nicht nach dem „schneidigen" Notwehrrecht, sondern nur nach dem auf dem Güterabwägungsprinzip beruhenden Notstandsrecht infrage. Im Einzelnen gilt Folgendes: **148**

aa) Handlungsqualität fehlt bei Verhaltensweisen, die nicht willensgetragen sind.

Beispiel: Die Reflexhandlungen eines Schlafenden oder Bewusstlosen können nicht mit Notwehrmaßnahmen beendet werden.[242]

bb) Auch **Unterlassen** kann einen Angriff begründen, sofern eine Rechtspflicht zur Beseitigung der bedrohlichen Situation besteht. Allerdings ist umstritten, ob dafür irgendeine straf- oder ordnungsrechtlich sanktionierte Pflicht genügt[243] oder ob eine echte Garantenstellung i.S.v. § 13 erforderlich ist.[244] **149**

237 LK-Rönnau/Hohn § 32 Rdnr. 86.

238 Sch/Sch/Perron § 32 Rdnr. 9.

239 NJW 1995, 2646.

240 BGH StV 1995, 463; Sch/Sch/Lenckner/Sternberg-Lieben Vorbem. §§ 32 ff. Rdnr. 10 a.

241 Zusammenfassend Geppert Jura 2007, 33.

242 Vgl. Kühl Jura 1993, 57, 59.

243 Jescheck/Weigend § 32 II 1 a; Geilen Jura 1981, 200, 204; BayObLG NJW 1963, 824 f.

244 Hruschka, Festschrift Dreher, 1977, S. 190, 201; Maurach/Zipf AT 1 § 26 Rdnr. 9.

Beispiel: Mit Gewalt erzwingt A die Herausgabe des Fahrzeugs von B, der zufällig vorbeigekommen ist und den Transport des verletzten C ins Krankenhaus verweigert. – Nach der erstgenannten Meinungsgruppe Rechtfertigung der Nötigung aus § 32, nach der zweitgenannten Gruppe nur unter den besonderen Voraussetzungen des § 34.

Gegenbeispiel: Nach wirksamer Kündigung zieht der Mieter M nicht aus. Vermieter V verschafft sich Zutritt zu der Wohnung und setzt M gewaltsam auf die Straße. – V ist nach § 240 strafbar. Die Tat ist insbesondere nicht aus § 32 gerechtfertigt. Zwar kann ein Angriff auf das Hausrecht durch Eindringen gemäß § 123 Abs. 1, 1. Alt. oder durch unbefugtes Verweilen gemäß § 123 Abs. 1, 2. Alt. begangen werden,[245] doch gilt dies **nicht für den gekündigten Mieter**. Entscheidend ist, dass der Mieter das Hausrecht einmal begründet hat, indem er durch den Vertragsschluss auf rechtmäßige Weise den Besitz an der Mietsache erlangt hat. Da das Hausrecht mit dem unmittelbaren Besitz an der Sache verknüpft ist, bleibt es so lange bestehen, wie auch der tatsächliche Besitz fortdauert, selbst wenn der Rechtsgrund für das Besitzverhältnis erloschen ist.[246] Folglich ist auch durch die Kündigung das Hausrecht nicht auf den Vermieter übergegangen, und er kann hieraus kein Notwehrrecht ableiten, sondern ist auf Räumungsklage und Zwangsvollstreckung angewiesen.

150 **cc) Tierverhalten** begründet grds. keinen Angriff i.S.d. § 32. Zwar kann ein Tier im umgangssprachlichen Sinn „angreifen". Die Wertungskategorie „rechtswidrig" kann aber ausschließlich bei menschlichem Verhalten Anwendung finden, weil nur Menschen Adressat einer Strafnorm sein können.[247] Die von dem Tier ausgehende Bedrohung kann aber auch Ergebnis eines aktiven Tuns oder pflichtwidrigen Unterlassens von Menschen sein, die für die Tierhaltung oder Beaufsichtigung zuständig sind.[248]

2. Gegenwärtigkeit des Angriffs

151 **Gegenwärtig** ist der Angriff, der **unmittelbar bevorsteht, gerade stattfindet oder noch fortdauert**.[249]

Anders als die zeitlich früher mögliche **„Gefahr"** in § 34 **beginnt der gegenwärtige Angriff erst, wenn es ohne weitere Zwischenschritte zur Verletzung kommen kann**. Ist der Angriff erst für einen späteren Zeitpunkt zu erwarten, kann die Tat nicht durch Notwehr gerechtfertigt sein, es kann aber schon eine gegenwärtige Gefahr i.S.d. Notstandsregeln vorliegen.[250]

Eine Sonderstellung nehmen in diesem Zusammenhang die Fälle sog. **antizipierter Notwehr** ein. Hierbei geht es um Selbstschutzeinrichtungen (elektrisch geladene Zäune, Selbstschussanlagen, Wachhunde). Diese werden zwar lange vor Beginn eines Angriffs eingerichtet, wirken aber erst im Zeitpunkt akuter Gefahr. Sofern der Angreifer hier vorher das Risiko durch Warnhinweise oder Schilder kannte, auf das er sich einließ, kann schon die objektive Zurechnung seiner Verletzung oder Tötung wegen **eigenverantwortlicher Selbstgefährdung** ausgeschlossen sein (s.o. Rdnr. 97 ff.). Dort, wo dies nicht der Fall ist, liegt zwar ein gegenwärtiger rechtswidriger Angriff vor; es scheitert häufig aber an der **Erforderlichkeit**, wenn die Abwehreinrichtungen exzessiv gefährlich sind und nicht – wie bei einem menschlichen Verteidiger – die Möglichkeit zu einer stufen-

245 Vgl. BGH, Urt. v. 07.03.2002 – 3 StR 490/01, NStZ 2002, 425.

246 RGSt 36, 322, 323; Sch/Sch/Lenckner/Sternberg-Lieben § 123 Rdnr. 17; a.A. für Hausbesetzungen nach wirksamer Kündigung OLG Düsseldorf JZ 1990, 1088.

247 Heute allg. Auffassung, vgl. LK-Rönnau/Hohn, 12. Aufl., § 32 Rdnr. 99; a.A. noch LK-Spendel, 11. Aufl., § 32 Rdnr. 38 ff.

248 Geilen Jura 1981, 200, 204.

249 Sch/Sch/Perron § 32 Rdnr. 15.

250 BGH MDR 1993, 558, 559.

weisen Verteidigung (Androhung, Warnung, Kampfunfähigmachen, lebensgefährliche Abwehr) zulassen.[251]

Der Angriff dauert so lange an, wie die akut bedrohliche Situation fortbesteht.

Beispiele:

Ein Angriff auf die **körperliche Unversehrtheit** ist so lange gegenwärtig, wie mit weiteren Schlägen zu rechnen ist.[252]

Bei einem **Diebstahl** dauert der Angriff auf fremdes Eigentum so lange an, wie der mit der Beute fliehende Dieb noch keinen gesicherten Gewahrsam erlangt hat.[253] Zudem muss ein unmittelbarer und durchgängiger Handlungszusammenhang zwischen dem Zugriff des Verfolgers auf den Täter und der Tat vorliegen. Wenn der Verfolger den Täter also nicht an Ort und Stelle antrifft, muss zumindest eine ununterbrochene Verfolgungskette zwischen der frischen Tat und der körperlichen Attacke auf den Verfolgten bestehen.[254]

Bei Dauerdelikten wie der **Freiheitsberaubung** ist das der gesamte Zeitraum der rechtswidrig aufrechterhaltenen Lage.[255]

Beendet ist der Angriff dagegen, wenn er seinen tatsächlichen Abschluss gefunden hat, sei es, weil er fehlgeschlagen ist, sei es, weil weiterer Schaden nicht mehr abgewendet werden kann.[256]

Bei **ehrverletzenden Äußerungen** ist das mit dem Aussprechen der einzelnen Beleidigung der Fall, es sei denn, es stehen akut weitere Verbalattacken bevor.[257]

3. Rechtswidrigkeit des Angriffs

Der Angriff ist nach einer Definition **rechtswidrig, wenn der Betroffene ihn nicht zu dulden braucht,**[258] nach anderer Ansicht, **wenn er im Widerspruch zur Rechtsordnung steht**.[259] 152

Eine engere Definition gilt, wenn die Rechtsgutbeeinträchtigung von einem **Hoheitsträger** ausgeht. Dazu und auch zu einer eigenständigen Notwehrbeschränkung unten Rdnr. 227.

a) Beide Definitionen verneinen die Notwehrlage, wenn der Angreifer **seinerseits gerechtfertigt** ist – „Keine Notwehr gegen Notwehr"!

Hier liegt in Übungsfällen oft das Einfallstor für eine beschränkte Inzidenterprüfung des Angreifers (siehe dazu auch den nachfolgenden Fall).

Beispiel: Fertigt ein Pressefotograf Bildaufnahmen von einem Angeklagten auf dem Gerichtsflur an, kann ein rechtswidriger Angriff auf das Recht am eigenen Bild als Ausprägung des Allgemeinen Persönlichkeitsrechts aus Art. 2 Abs. 1 i.V.m. Art. 1 Abs. 1 GG vorliegen. Das Anfertigen der Bilder kann seinerseits nur nach § 23 Abs. 1 Nr. 1 KunstUrhG gerechtfertigt sein, wenn es sich bei dem Angeklagten um eine Person der Zeitgeschichte handelt. Zusätzlich ist eine Interessenabwägung zwischen dem Informationsinteresse und dem Recht am eigenen Bild vorzunehmen. Diese Abwägung geht zugunsten des

---

251 LK-Rönnau/Hohn, 12. Aufl., § 32 Rdnr. 197 ff.

252 Vgl. BGH, Urt. v. 09.08.2005 – 1 StR 99/05, S. 8, NStZ 2006, 152.

253 BGH bei Holtz MDR 1979, 985.

254 Vgl. Mitsch NStZ 1989, 26; i.E. Puppe JZ 1989, 728.

255 Kühl Jura 1993, 57, 62.

256 Sch/Sch/Perron § 32 Rdnr. 15.

257 Mitsch JuS 1992, 289, 291.

258 Vgl. BSG JZ 2000, 96, 97; NK-Kindhäuser § 32 Rdnr. 61; Geilen Jura 1981, 200, 256.

259 Vgl. Sch/Sch/Lenckner/Perron § 32 Rdnr. 19/20.

Rechtes des Fotografierten aus, wenn es sich bei dem zur Last gelegten Delikt um ein solches der Kleinkriminalität handelt und das Verfahren in der Öffentlichkeit keine Beachtung gefunden hat. Die durch den Angeklagten mittels eines Schlages gegen das Kameraobjektiv verursachte Körperverletzung ist deshalb durch Notwehr gerechtfertigt.[260]

b) Auswirkungen haben die unterschiedlichen Definitionen zur Rechtswidrigkeit des Angriffs, wenn der Angreifer zwar objektiv keinen Rechtfertigungsgrund auf seiner Seite hatte, wenn seinem Verhalten aber nicht einmal ein objektiver Sorgfaltsverstoß zugrunde lag: Wer nur auf die Duldungspflicht aufseiten des Angegriffenen und damit auf den **Erfolgsunwert** abstellt, kann in solchen Fällen trotzdem die Notwehr erlauben; wer für das Verhalten des Angreifers einen Widerspruch zur Rechtsordnung und damit **Handlungsunwert** verlangt, muss bei Angriffen ohne Sorgfaltspflichtverletzung eine Notwehrlage und damit § 32 ablehnen.

Beispiel: A glaubt irrtümlich, B greife eine andere Person rechtswidrig an. Aufgrund dieses Irrtums versucht er, den B von seinem vermeintlichen Vorhaben abzubringen, und greift diesen an. Wenn jeder andere in der Situation des A zu demselben Fehlschluss gekommen wäre, fehlt dem darauf beruhenden Angriffsverhalten das Handlungsunrecht. Nach der Auffassung, die für die Rechtswidrigkeit eines Angriffs allein auf den Erfolgsunwert abstellt, wäre der Angriff des A trotz seines unvermeidbaren Irrtums rechtswidrig, weil B ihn nicht zu dulden brauchte. B wäre gegenüber A grundsätzlich zur Notwehr berechtigt. Die Auffassung, die auf den Widerspruch zur Rechtsordnung abstellt, müsste die Rechtswidrigkeit des Angriffs durch A und damit die Notwehrbefugnis des B ablehnen. Nach dieser Ansicht wäre das Handeln des B nur nach den Regeln des Notstands, § 34, zu rechtfertigen.

153 **c)** Schuldhaft braucht der Angriff nicht zu sein.[261] Der Angriff muss auch **nicht notwendig strafbar** sein, um mit Notwehr abgewehrt werden zu dürfen.

Beispiel: Fotografiert jemand ein Liebespaar auf der Parkbank, liegt darin noch keine Straftat (§ 201 a Abs. 1 erfasst nur das Fotografieren in einer Wohnung oder in einem gegen Einblicke besonders geschützten Raum). Das durch Art. 1 Abs. 1, Art. 2 Abs. 1 GG geschützte Persönlichkeitsrecht, insbesondere das Recht am eigenen Bild, ist aber ein notwehrfähiges Rechtsgut, das der Fotografierende rechtswidrig angreift. Der Betroffene ist deshalb zur Notwehr befugt und darf durch Festhalten der Kamera weitere Aufnahmen und durch Wegnahme des Films die missbräuchliche Verwendung der gemachten Fotos verhindern, §§ 240, 32.[262]

4. Verteidigung

154 Die **Notwehrhandlung** muss eine **„Verteidigung"** gewesen sein. Daraus ergibt sich als wichtigste Begrenzung, dass das „schneidige Notwehrrecht" **nur ein Recht zum Eingriff in Rechtsgüter des Angreifers, nicht aber in Rechtsgüter dritter, unbeteiligter Personen** gibt.[263] Eine Mindermeinung macht hiervon eine Ausnahme in den Fällen, in denen der Angreifer Dritten gehörende Gegenstände zum oder beim Angriff benutzt.[264] Die herrschende Gegenauffassung erlaubt **keinerlei Drittwirkung der Notwehr** und verweist generell auf Notstandsregeln: Namentlich das Eigentum des unbeteiligten Dritten sei nicht deshalb weniger schützenswert, weil es für einen rechtswidrigen Angriff missbraucht worden sei.[265]

---

260 OLG Hamburg, Beschl. v. 05.04.2012 – 3 – 14/12 (REV), StraFo 2012, 279.

261 Sch/Sch/Perron § 32 Rdnr. 24.

262 OLG Düsseldorf NJW 1994, 1971; vgl. auch BGH, Urt. v. 23.01.2003 – 4 StR 267/02, NStZ 2003, 599.

263 Vgl. BGH MDR 1994, 183.

264 MünchKomm/Erb § 32 Rdnr. 127 jedenfalls für Sachen, die dem Angreifer vom Eigentümer überlassen worden sind; LK-Spendel, 11. Aufl., § 32 Rdnr. 211 ff.

265 Baumann/Weber/Mitsch § 17 Rdnr. 21; Kühl Jura 1993, 118, 119; Sch/Sch/Perron § 32 Rdnr. 32; Fischer § 32 Rdnr. 24.

Beispiel: A führt den Hund seines Nachbarn N aus. Ohne Grund hetzt er das Tier auf den O, der sich nicht anders als durch Tötung des Hundes vor den Beißattacken retten kann. – Nach h.M. keine Rechtfertigung der Sachbeschädigung an dem Tier (§ 303 Abs. 1) durch Notwehr. Zwar liegt in dem Hetzen des Hundes ein Angriff des A; eine Verteidigung i.S.v. § 32 hätte aber nur dann vorgelegen, wenn das Tier auch Eigentum des A gewesen wäre. Das war nicht der Fall. Die Tötung des Hundes ist als Sachbeschädigung aus Defensivnotstand nach § 228 BGB erlaubt (s.u. Rdnr. 190).

5. Erforderlichkeit der Verteidigungshandlung

In diesem Begriff zeigt sich die besondere „Schneidigkeit" des Notwehrrechts. Was „erforderlich" bedeutet, lassen folgende Kernsätze erkennen:

Recht braucht Unrecht nicht zu weichen. Bei der Notwehr findet – anders als beim Notstand – grds. keine Güterabwägung statt! Diese Thesen bestimmen auch den **Inhalt der Erforderlichkeit**:

a) Die Verteidigungshandlung muss nach objektivem ex ante-Urteil – also aus der Perspektive eines gedachten vernünftigen Dritten in der Situation des Angriffs – **geeignet** sein, den Angriff zu brechen. Dabei darf der Verteidiger das für ihn erreichbare Abwehrmittel wählen, das eine **sofortige und endgültige Beseitigung des Angriffs** erwarten lässt. Er ist grundsätzlich nicht gehalten, auf die Anwendung weniger gefährlicher Verteidigungsmittel zurückzugreifen, wenn deren Wirkung für die Abwehr zweifelhaft ist. Auf einen Kampf mit ungewissem Ausgang braucht er sich nicht einzulassen.[266] **155**

b) Stehen mehrere, gleich wirksame Mittel oder Einsatzmöglichkeiten eines Mittels zur Verfügung, so hat der Verteidigende, wenn ihm Zeit zur Auswahl und zur Einschätzung der Gefährlichkeit zur Verfügung steht, **das relativ mildeste Mittel zu wählen, also dasjenige, das für den Angreifer am wenigsten gefährlich ist.**[267] **156**

Gerade bei **tödlich wirkenden Waffen** wird aus dem Grundsatz der Erforderlichkeit aber eine **3-Stufen-Folge** des Einsatzes abgeleitet: **157**

- Soweit es dem Verteidiger ohne Gefahr, sein Verteidigungsmittel zu verlieren, möglich ist, muss er zunächst den **Waffengebrauch androhen** (bei Schusswaffen ggf. durch einen Warnschuss).

  Dies gilt – sogar bei unbewaffneten Angreifern! – aber nur für den Fall, dass eine Androhung unter den konkreten Umständen eine so hohe Erfolgsaussicht hat, dass dem Angegriffenen das Risiko eines Fehlschlags und der damit verbundenen Verkürzung seiner Verteidigungsmöglichkeiten zugemutet werden kann.[268]

- Danach muss er versuchen, den Angreifer nur **kampfunfähig** zu machen (bei Schusswaffen durch Schuss in die Beine oder Arme).
- **Die Tötung des Angreifers ist nur als letztes Mittel der Verteidigung erlaubt.**[269]

---

266 BGH, Beschl. v. 25.10.2001 – 1 StR 435/01, NStZ 2002, 140; BGH, Beschl. v. 09.08.2005 – 1 StR 99/05, S. 9, NStZ 2006, 152.

267 BGH StV 1990, 543.

268 BGH, Beschl. v. 21.11.2012 – 2 StR 311/12, NStZ-RR 2013, 105; m. Anm. Hecker JuS 2013, 563; BGH, Urt. v. 27.09.2012 – 4 StR 197/12, NStZ-RR 2013, 139.

269 BGH StV 1997, 291; BGH, Urt. v. 25.08.2005 – 5 StR 255/05, S. 7.

Wann eine weniger gefährliche Abwehr geeignet ist, die Gefahr zweifelsfrei und sofort endgültig zu beseitigen, hängt von der jeweiligen „Kampflage" ab, also den gesamten Umständen, unter welchen Angriff und Abwehr sich abspielen, insbesondere Stärke und Gefährlichkeit des Angreifers und Verteidigungsmöglichkeiten des Angegriffenen.[270] Befindet sich der Angegriffene in einer Lage, in der er nur ein sicheres Mittel zur Verfügung hat, ist dieses Mittel auch erforderlich.[271]

In einer Klausur oder Hausarbeit erwartet man an dieser Stelle, dass Sie den Sachverhalt in tatsächlicher Hinsicht auf ***etwaige Handlungsalternativen*** *abklopfen und diese auch in der Subsumtion darstellen. Keine Sorge: In Zweifelsfällen gilt in dubio pro reo!*

158 **c)** Bei der Prüfung der Erforderlichkeit kommt es **nicht auf Güterproportionalität zwischen dem verteidigten und dem beeinträchtigten Rechtsgut an**. Abzustellen ist nur auf die **Abwehrhandlung**; das Folgenrisiko trifft den Angreifer.[272] Daher sind auch Körperverletzungen und Tötungen zur Verteidigung von Sachwerten zulässig – sofern sie das einzige Mittel sind.[273]

Verwechseln *Sie die Erforderlichkeit nicht mit der für den Notstand typischen Güterabwägung oder mit Verhältnismäßigkeit: Wenn kein milderes Mittel zur Verfügung steht, ist die Handlung erforderlich, auch wenn der Verteidiger nur ein geringerwertiges Rechtsgut schützt.*

159 **d) Präsente obrigkeitliche Hilfe** schließt private Notwehr aus, weil das der Notwehr zugrunde liegende Rechtsbewährungsprinzip die Anerkennung des Gewaltmonopols des Staates und die Subsidiarität der Selbsthilfe mit einschließt. Ist also polizeiliche Hilfe zur effektiven Angriffsabwehr sofort verfügbar oder kann sie ohne Preisgabe berechtigter Interessen herbeigeholt werden, ist private Notwehr nicht „erforderlich" (näher dazu bei Notwehr gegen Erpresser unten Rdnr. 165).[274]

6. Gebotenheit der Verteidigungshandlung

160 Die Notwehrhandlung muss nach § 32 Abs. 1 auch **„geboten"** sein, um rechtfertigend zu wirken. Dies ist nach h.M. der begriffliche Anknüpfungspunkt für **Einschränkungen des Notwehrrechts**. Diese Einschränkungen ergeben sich aus den beiden Prinzipien des Notwehrrechts, das sowohl dem Schutz von Rechtsgütern des Täters bzw. eines Dritten dient als auch der Erhaltung und Bewährung der Rechtsordnung. Es ist daher legitim, das Recht auf Notwehr dort einzuschränken, wo das Bedürfnis nach Rechtsbewährung geringer ist als sonst.[275]

Der ***Unterschied zwischen Erforderlichkeit und Gebotenheit*** *ist folgender: Bei der Erforderlichkeitsprüfung betrachtet man nur die konkrete „Kampflage" und fragt nach weniger eingriffsintensiven, aber gleich wirksamen Handlungsalternativen. Bei der Gebotenheit wird*

270 BGH NJW 1989, 3027.
271 BGH, Beschl. v. 05.06.2009 – 5 StR 141/09, NStZ 2009, 626.
272 BGHSt 27, 313, 314; BayObLG NStZ 1988, 408.
273 BGH StV 1982, 219; Wessels/Beulke Rdnr. 340.
274 LK-Rönnau/Hohn, 12. Aufl., § 32 Rdnr. 183 ff.; Sch/Sch/Perron § 32 Rdnr. 41; Fischer § 32 Rdnr. 35.
275 Vgl. hierzu Roxin § 15 Rdnr. 56; erstmals auch in der Rechtsprechung BSG JZ 1996, 96, 97; vgl. Rönnau JuS 2012, 404, 405.

der konkrete Konflikt im Ganzen beleuchtet. Man sucht nach Anhaltspunkten in der Vorgeschichte, der Person des Angreifers, der Person des Verteidigers oder eventuell in den Verteidigungsfolgen, die ausnahmsweise eine schrankenlose Zuerkennung der Notwehr rechtsethisch unvertretbar machen.

a) Bagatellangriffe

Liegt lediglich ein **Bagatellangriff** vor, also nur eine Belästigung, ist schon zweifelhaft, ob überhaupt eine Notwehrlage gegeben ist. Bejaht man eine Bedrohung rechtlich geschützter Interessen, ist in aller Regel keine Abwehr erlaubt, die die Grenze zur Körperverletzung überschreitet.[276] 161

Beispiel: X beleuchtet den Angler Y fortwährend mit seiner Taschenlampe. Y wehrt sich, indem er den X mit faustgroßen Kieselsteinen bewirft und verletzt. – Keine Rechtfertigung der gefährlichen Körperverletzung aus Notwehr.

b) Krasses Missverhältnis

Mit dem Vorgenannten sind die Fälle verwandt, in denen Art und Umfang des Rechtsgutangriffs einerseits und die durch die Verteidigung herbeigeführten Verletzungen oder Gefährdungen andererseits in einem **krassen Missverhältnis** zueinander stehen. Selbst wenn der Verteidiger keine andere Abwehrmöglichkeit zur Hand hat, führt in Extremfällen von Disproportionalität **ausnahmsweise** der Gedanke der Güterabwägung zur Versagung des Notwehrrechts. 162

„Klausur-Oldie": Der gelähmte Bauer schießt, weil ihm keine anderen Mittel zur Verfügung stehen, auf den Äpfel stehlenden Jugendlichen.

c) Angriff schuldlos Handelnder

Auch gegenüber Angriffen **schuldlos Handelnder** tritt das Rechtsbewährungsprinzip zurück und es verbleibt nach h.M. nur ein beschränktes Notwehrrecht.[277] 163

Teilweise wird angenommen, dass das Notwehrrecht von den Regeln des Defensivnotstands, § 34 i.V.m. § 228 BGB, verdrängt werde.[278] In die entgegengesetzte Richtung weist Krey,[279] der Einschränkungen nur bis zur Grenze der Zumutbarkeit für den Angegriffenen zulassen will.

aa) Schuldlos handeln insbesondere **Kinder**, **Betrunkene**, **Geisteskranke**, §§ 19, 20, und **durch Notwehrexzess** gemäß § 33 oder durch **Notstand** nach § 35 entschuldigte Personen. Hier verlangt die Rechtsordnung ein Ausweichen, wenn dies dem Angegriffenen möglich ist, ohne dass er „sich dabei etwas vergibt"; wo keine Ausweichmöglichkeit besteht, ist zunächst Schutzwehr und erst danach Trutzwehr unter möglichster Schonung des Angreifers zulässig.[280]

bb) Schuldlos können aber auch Personen handeln, die sich bei der Rechtsgutbeeinträchtigung in einem **Tatbestandsirrtum**, in einem **unvermeidbaren Verbotsirrtum**

276 Sch/Sch/Perron § 32 Rdnr. 49 m.w.N.
277 BGHSt 5, 245, 249; Fischer § 32 Rdnr. 37.
278 SK-Günther § 32 Rdnr. 119.
279 Krey/Esser Rdnr. 535.
280 Vgl. Wessels/Beulke/Satzger Rdnr. 344.

oder in einem Irrtum über die sachlichen Voraussetzungen eines Rechtfertigungsgrundes befinden.

Hier muss der Angegriffene zunächst versuchen, den Irrtum aufzuklären.[281] Sogar dann, wenn eine sofortige Aufklärungsmöglichkeit nicht besteht, soll eine aktive schädigende Gegenwehr unzulässig sein, wenn diese nur dazu dient, sich frei zu machen und eine Sachaufklärung zu verhindern.[282]

Erst wenn diese Handlungsalternativen ausgeschöpft oder im konkreten Fall nicht ohne schwerwiegende Gefahren für den Angegriffenen ausgeübt werden können, lebt das volle Notwehrrecht wieder auf.

d) Persönliche Nähebeziehung

164 Fraglich ist, ob das Notwehrrecht in **engen persönlichen Beziehungen**, insbesondere zwischen Ehegatten und zwischen Eltern und Kindern eingeschränkt ist.

In früheren Entscheidungen hat der BGH eine solche Notwehrbeschränkung bejaht, weil insbesondere unter Eheleuten eine Verpflichtung zu verständnisvollem Eingehen und Rücksichtnahme auf den anderen besteht. Dem angegriffenen Ehegatten – praktisch immer die körperlich unterlegene Ehefrau – wurde deshalb, sofern kein Angriff auf das Leben vorlag, abverlangt, auf ein tödlich wirkendes Verteidigungsmittel zu verzichten und sich mit einer milderen Abwehr zu begnügen, auch wenn dies die Beseitigung der Gefahr nicht mit Sicherheit erwarten ließ.[283] Diese Rechtsprechung lief auf eine Duldungspflicht leichter Körperverletzungen hinaus.

Inzwischen lässt der BGH offen, ob diese Einschränkungen auch weiterhin gelten sollen. Jedenfalls dann, wenn die angegriffene Ehefrau aufgrund ihrer Erfahrung mit Misshandlungen des Partners die Gefahr der Eskalation erkennt, wird ihr ein Ausweichen zugemutet.[284]

Das überwiegende Schrifttum billigt im Prinzip eine Notwehrbeschränkung, aber nur bei einer **intakten familiären Nähebeziehung**. Zum Teil wird angenommen, das Rechtsbewährungsprinzip sei dann wegen der Schutzwürdigkeit des Fortbestands der engen Beziehung abgesenkt.[285] Andere argumentieren, dass der Angegriffene aufgrund der persönlichen Nähebeziehung Garant gegenüber dem Angreifer sei. Diese Garantenstellung kollidiere mit dem Rechtsbewährungsprinzip der Notwehr und begründe zumindest die Pflicht zum Ausweichen, wo dies möglich sei.[286]
Andere lehnen Einschränkungen der Notwehr im sozialen Nahbereich generell ab.[287]

---

281 BSG JZ 2000, 96; Jescheck/Weigend § 32 III 3 a.

282 BayObLG MDR 1986, 956; vgl. auch BSG JZ 2000, 96, 98.

283 BGH NJW 1975, 62; MDR 1984, 413.

284 BGH, Urt. v. 18.04.2002 – 3 StR 503/01, JZ 2003, 50.

285 MünchKomm/Erb § 32 Rdnr. 196; Sch/Sch/Perron § 32 Rdnr. 53.

286 SK-Günther § 32 Rdnr. 128; Roxin § 15 Rdnr. 88; Wessels/Beulke/Satzger Rdnr. 345.

287 Otto § 8 Rdnr. 91; ders. Jurakartei 2003 § 32/27.

e) Notwehr gegen Schutz- oder Schweigegelderpresser

Wehrt sich der Verteidiger gegen einen Erpresser, sind hinsichtlich Notwehrlage und Notwehrbeschränkungen zwei Fallsituationen zu unterscheiden: 165

aa) Der Erpresser wird nach Aussprechen der Drohung, **aber lange vor der Verwirklichung des angekündigten Übels** getötet.

Hier ist zunächst fraglich, ob überhaupt eine Notwehrlage vorliegt: Die Rechtsgüter Vermögen/Eigentum und Leib/Leben des Erpressten sind in diesem Zeitpunkt noch nicht akut gefährdet. Gegeben ist jedoch eine gegenwärtige Beeinträchtigung der Willensfreiheit durch Aussprechen der Drohung, die so lange andauert, wie das angekündigte Übel selbst als Willensbeugung fortwirkt.[288]

Auch an der Erforderlichkeit der Abwehr bis hin zur Tötung wird, wenn keine gleich effektiven Handlungsalternativen zur Verfügung stehen, nicht gezweifelt.[289]

Die Gebotenheit entfällt in solchen Konstellationen auch nicht wegen Notwehrprovokation, weil der Erpresser i.d.R. eine andere Person ist als diejenige, gegen die sich das Vorverhalten des Erpressten richtete. Überwiegend wird die Gebotenheit aus einem anderen Grund abgelehnt: Rechtsbewährungs- und Schutzinteresse würden bei einer heimlichen Verteidigung zum Schutz vor Enthüllungen nur eingeschränkt gelten. § 154 c StPO zeige, dass dem Opfer in solchen Fällen regelmäßig die Inanspruchnahme staatlicher Hilfe zumutbar sei.[290]

bb) Bei der anderen Fallkonstellation stehen sich Erpresser und Opfer **direkt gegenüber**, und der Erpresser droht zur Stützung seiner Forderung mit **sofortiger Übelszufügung** – etwa durch Sachbeschädigungen, Wegnahme von Eigentum oder mit Gefahr für Leib oder Leben. Hier ist die Notwehr nicht beschränkt. Dies auch dann nicht, wenn zuvor die Möglichkeit bestanden hätte, staatliche Hilfe zu suchen.[291]

f) Europäische Menschenrechtskonvention

Umstritten ist auch, ob bei vorsätzlichen Tötungen die Notwehr durch **Art. 2 der Europäischen Menschenrechtskonvention**[292] eingeschränkt ist. 166

Art. 2 EMRK lautet:

(1) Das Recht jedes Menschen auf Leben wird gesetzlich geschützt. Niemand darf absichtlich getötet werden, außer durch Vollstreckung eines Todesurteils, das ein Gericht wegen eines Verbrechens verhängt hat, für das die Todesstrafe gesetzlich vorgesehen ist.

(2) Eine Tötung wird nicht als Verletzung dieses Artikels betrachtet, wenn sie durch eine Gewaltanwendung verursacht wird, die unbedingt erforderlich ist, um

a) jemanden gegen rechtswidrige Gewalt zu verteidigen;

---

288 Vgl. Eggert NStZ 2001, 225, 226; LK-Rönnau/Hohn § 32 Rdnr. 151.

289 Sch/Sch/Perron § 32 Rdnr. 18.

290 Amelung GA 1982, 381 ff.; BGH, Urt. v. 12.02.2003 – 1 StR 403/02, BGHSt 48, 207, 212; gegen eine Einschränkung nach der geltenden Rechtsordnung Eggert NStZ 2001, 225.

291 BGH, Urt. v. 12.02.2003 – 1 StR 403/02, S. 24, in BGHSt 48, 207 ff. nicht abgedruckt.

292 Innerstaatlich geltendes Recht im Rang eines Bundesgesetzes aufgrund des Gesetzes vom 07.08.1952, BGBl. I S. 686.

b) jemanden rechtmäßig festzunehmen oder jemanden, dem die Freiheit rechtmäßig entzogen ist, an der Flucht zu hindern;

c) einen Aufruhr oder Aufstand rechtmäßig niederzuschlagen.

Bei wörtlichem Verständnis des Art. 2 EMRK wäre eine Tötung von Menschen zum Schutz von Sachwerten konventionswidrig, was in gemeinschaftsrechtskonformer Auslegung des § 32 zu einem Notwehrausschluss führen müsste. Die h.M. geht aber davon aus, dass Art. 2 EMRK nur das Verhältnis Staat – Bürger betrifft und dort nur ein Verbot der absichtlichen Tötung zum Schutz von Sachwerten enthält (die ohnehin meistens schon nicht erforderlich wäre). Die Rechtsbeziehungen der Staatsbürger untereinander betrifft Art. 2 EMRK dagegen nicht, sodass das Notwehrrecht des Einzelnen durch diese Vorschrift nicht berührt wird.[293]

g) Schuldhafte Herbeiführung der Notwehrlage

167 Eine der wichtigsten Fallgruppen von Notwehrbeschränkung ist die **schuldhafte Herbeiführung der Notwehrlage**. Hierbei geht es um ein vor dem Angriff liegendes Verhalten des späteren Verteidigers. Hat dieses Vorverhalten den Angriff des späteren Notwehropfers ausgelöst, kann dies rechtlich so sehr zu missbilligen sein, dass dadurch die Notwehrrechte des Verteidigers gänzlich ausgeschlossen oder beschränkt werden.

aa) Absichtsprovokation

168 Von **Absichtsprovokation** spricht man, wenn der Angriff gerade mit dem Ziel herausgefordert wurde, unter dem Deckmantel der Notwehr verletzen zu können. Nach h.M. braucht das von dieser Absicht getragene Vorverhalten nicht rechtswidrig gewesen zu sein; es genügen schon Hänseleien und Sticheleien unterhalb der Schwelle der §§ 185 ff.[294] Die Rechtsfolge der Absichtsprovokation ist umstritten.

Eine Mindermeinung im Schrifttum verneint selbst bei Absichtsprovokation jegliche Notwehrbeschränkung. Nach dieser Ansicht ist entscheidend, dass der Provozierte sich zu einem Angriff hat verleiten lassen und erst mit seinem Angriff den Boden der Rechtsordnung verlassen hat.[295]

Eine andere Auffassung verneint das Notwehrrecht nicht ganz, sondern verlangt vom Absichtsprovokateur nur, dass er dem Angriff ausweicht. Ist ein Ausweichen unmöglich, soll das Notwehrrecht erhalten bleiben.[296]

Die h.M. lässt das Notwehrrecht **vollständig entfallen**, begründet dieses Ergebnis aber auf unterschiedliche Weise: Teilweise wird in der Absichtsprovokation ein der **Einwilligung** ähnlicher Verzicht auf den Rechtsgüterschutz gesehen, sodass es an einem rechtswidrigen Angriff des Provozierten fehle.[297] Andere verneinen bei einer Absichtsprovokation eine **„Verteidigung"**, weil in Wahrheit in der Provokation ein verkappter

293 Fischer § 32 Rdnr. 40; Wessels/Beulke/Satzger Rdnr. 343 a.

294 Vgl. Sch/Sch/Perron § 32 Rdnr. 55; a.A. Roxin § 15 Rdnr. 65.

295 NK-Paeffgen Vor §§ 32 ff. Rdnr. 147; LK-Spendel, 11. Aufl., § 32 Rdnr. 304.

296 Jescheck/Weigend § 32 III 3 a; MünchKomm/Erb § 32 Rdnr. 201; Sch/Sch/Perron § 32 Rdnr. 57.

297 Maurach/Zipf AT 1 § 26 Rdnr. 43.

Angriff[298] oder eine nicht schutzbedürftige **Selbstgefährdung**[299] liege. Wieder andere betonen, dass derjenige, der die Situation mit dem Ziel einer Verletzung des provozierten Angreifers manipuliert habe, **nicht mehr zur Verteidigung der Rechtsordnung befugt** sei.[300] Die Rechtsprechung versagt die Notwehr insgesamt, weil der Täter rechtsmissbräuchlich handele, indem er **Verteidigungswillen vortäusche**, in Wirklichkeit aber angreifen wolle.[301]

bb) Sonst vorwerfbar herbeigeführte Notwehrlage

(1) Ein Teil des Schrifttums lehnt in diesen Fällen erst recht eine Notwehrbeschränkung ab. Die Mitverantwortung des Provokateurs für den in der Notwehrtat eskalierenden Konflikt sei allein kein tragfähiger Grund für eine Verschlechterung seiner Rechte. Erst wenn der Provokateur durch sein Vorverhalten einen rechtswidrigen Angriff begangen oder eine Schuldminderung beim provozierten Angreifer ausgelöst habe, führe dies entweder zum völligen Verlust des Notwehrrechts (weil dann kein rechtswidriger Angriff des Provozierten mehr vorliege) oder zu einer Beschränkung des Notwehrrechts (weil es bei schuldlosen Angreifern grds. zumutbar ist, auszuweichen, s.o. Rdnr. 163).[302] **169**

Die ganz überwiegender Auffassung in Lit. und Rechtsprechung bejaht auch bei einer unabsichtlichen Herausforderung des Angriffs Beschränkungen des späteren Notwehrrechts.

(2) Auf der Grundlage der h.M. ist dann fraglich, was eine „**Herausforderung**" oder Provokation ist. **170**

Voraussetzung ist zunächst ein **Vorverhalten, das sich auf den später provozierten Angreifer selbst bezieht**. Richtet sich das Vorverhalten gegen Rechtsgüter Dritter und veranlasst dies den Angriff einer anderen Person (z.B. in Form einer Erpressung), verkürzt dies nicht die Verteidigungsrechte.[303] Ferner muss das Vorverhalten in einem **zeitlichen und räumlichen Zusammenhang** zum späteren Angriff stehen. Maßgeblich ist also entweder das den Angriff auslösende Vorverhalten selbst oder das der Tatsituation unmittelbar vorausgehende Verhalten.[304]

(3) Weiterhin muss das Verhalten dem Herausforderer **„vorwerfbar"** sein. **171**

Unbestritten ist, dass ein **rechtlich erlaubtes oder sittlich neutrales Verhalten genügt nicht „vorwerfbar" ist**. Auch wer sich in eine Lage begibt, aus der ein Konflikt entstehen kann, fordert diesen nicht allein dadurch heraus, selbst wenn er annimmt oder billigt, dass der andere sich dadurch zu einem Angriff veranlasst sehen könnte.

Beispiel: Nach einem einverständlich geführten Zweikampf wird dessen „Sieger" A von dem Unterlegenen und anderen angegriffen und muss sich dagegen unter Einsatz eines Messers wehren. – Keine Beschränkung der Notwehr dadurch, dass sich A auf den durch gegenseitige Einwilligung gerechtfertigten Zweikampf eingelassen hatte.[305]

---

298 Krey/Esser Rdnr. 555; Wessels/Beulke/Satzger Rdnr. 347.

299 Roxin § 15 Rdnr. 65.

300 Sch/Sch/Perron § 32 Rdnr. 47.

301 BGH NStZ 1983, 452; RÜ 2001, 78.

302 Baumann/Weber/Mitsch § 17 Rdnr. 38; Mitsch JuS 2001, 751.

303 BGH, Urt. v. 12.02.2003 – 1 StR 403/02, S. 21, in BGHSt 48, 207 nicht veröffentlicht.

304 Vgl. BGH, Urt. v. 02.11.2005 – 2 StR 237/05, RÜ 2006, 31.

305 BGH, Beschl. v. 10.11.2010 – 2 StR 483/10, RÜ 2011, 232.

Umstritten ist, ab wann vorwerfbares Verhalten beginnt.

Die Rechtsprechung lässt schon bei „sozialethisch vorwerfbarem Vorverhalten" Notwehrbeschränkungen zu, sofern dieses „seinem Gewicht nach einer schweren Beleidigung gleichkommt".[306] Darüber hinaus muss zwischen dem Vorverhalten und dem rechtswidrigen Angriff ein enger zeitlicher und räumlicher Ursachenzusammenhang bestehen (sog. objektiver Provokationszusammenhang) und das Vorverhalten nach Kenntnis des Täters auch geeignet sein, einen Angriff zu provozieren (sog. subjektiver Provokationszusammenhang.[307]

In dem zugrunde liegenden Fall hatte der Täter versucht, sein späteres Tatopfer J, einen Mitreisenden im Zug, durch fortwährendes Öffnen des Fensters aus dem Abteil zu ekeln. J schloss das Fenster wieder, der Täter öffnete es erneut, es kam zu einem Wortgefecht und einem tätlichen Angriff des J, den der Täter durch tödliche Messerstiche abwehrte. Für den BGH kam das „Herausekeln" einer schweren Beleidigung gleich.[308]

Das dominierende **Schrifttum** verlangt demgegenüber nicht nur ein sozialethisch missbilligenswertes, sondern **sogar rechtswidriges Vorverhalten**, weil nur derjenige, der den Boden des Rechts verlasse, die Legitimation verliere, sich auf das Rechtsbewährungsprinzip zu berufen.[309]

(4) Unterschiedlich wird auch gesehen, **wie** die Notwehr bei vorwerfbarer Provokation beschränkt ist.

Manche nehmen eine Garantenpflicht des Provokateurs aus vorangegangenem gefährdenden Tun an und verlangen deshalb, dem Angriff mit schonenden Mitteln zu begegnen.[310] Andere wollen das dem Defensivnotstand zugrunde liegende Verhältnismäßigkeitsprinzip übertragen, also Notwehr nur so weit zulassen, als das durch die Verteidigungshandlung gefährdete Rechtsgut gegenüber dem angegriffenen nicht wesentlich überwiegt. Anderenfalls müsse die Notwehr unterbleiben.[311]

Der BGH betont, dass in den Fällen des provozierten Angriffs das Rechtsbewährungsinteresse verringert sei, und vertritt ein weiteres (s.o. bei der Erforderlichkeit Rdnr. 157) ***„Drei-Stufen-Modell"*.** Der Verteidiger müsse

- dem **Angriff nach Möglichkeit ausweichen**
- und dann **alle Möglichkeiten der Schutzwehr ausnutzen**
- und dürfe erst danach **zur Trutzwehr mit einer lebensgefährlichen Waffe Zuflucht nehmen**.

Welches Maß der Beschränkung dabei vom Provokateur konkret verlangt wird, welches Restrisiko einer weniger effektiven Verteidigung er also im Gegensatz zur nicht verschuldeten Notwehr tragen muss, richtet sich nach den Umständen des Falles:

306 BGHSt 42, 97; BGH, Urt. v. 02.11.2005 – 2 StR 237/05, RÜ 2006, 31.

307 BGH, Urt. v. 10.11.2010 – 2 StR 483/10, NStZ-RR 2011, 74; BGH, Urt. v. 02.11.2005 – 2 StR 237/05, NStZ 2006, 332; Wessels/Beulke/Satzger Rdnr. 348.

308 BGHSt 42, 97; kritisch Otto JK 1997, StGB § 32/22.

309 SK-Günther § 32 Rdnr. 125; Sch/Sch/Perron § 32 Rdnr. 59.

310 Marxen, Die sozialethischen Grenzen der Notwehr, 1979, S. 56 ff.

311 Hinz JR 1993, 353.

Je schwerer die rechtswidrige und vorwerfbare Provokation der Notwehrlage wiegt, umso größere Zurückhaltung ist ihm bei der Abwehr zuzumuten. Hat der Provokateur die Möglichkeit einer späteren, besonders für Unbeteiligte gefährlichen Konfrontation erkannt und gebilligt, muss er u.U. auf eine sicheren Erfolg versprechende Verteidigung verzichten und das Risiko hinnehmen, dass ein minder gefährliches Abwehrmittel keine gleichwertigen Erfolgschancen hat.[312]

Umgekehrt sind die **Beschränkungen umso geringer, je schwerer das Übel ist, das von dem Angriff droht**.[313]

Kann der Verteidiger dem Angriff aber nicht ausweichen und auch nicht über ein Ausweichen zum Einsatz eines weniger gefährlichen Verteidigungsmittels gelangen, liegt auch im Falle der verschuldeten Provokation – jedenfalls aus diesem Gesichtspunkt – eine rechtsmissbräuchliche Verteidigung nicht vor.[314]

(5) Es stellt sich dann das Folgeproblem, ob trotz der Rechtfertigung die Notwehrprovokation nicht zumindest eine Bestrafung aus **Fahrlässigkeitstat** hinsichtlich der später in Notwehr herbeigeführten Verletzung oder des Todes des Angreifers begründet.

Fall 8: Rechtfertigungsfähigkeit von Fahrlässigkeitsdelikten; Notwehrverkettungen; actio illicita in causa

C hatte sich bei einer Schlägerei erhebliche Verletzungen zugezogen, die dazu führten, dass er sein linkes Bein nur eingeschränkt und unter Schmerzen bewegen konnte. Für diese Verletzungen machte er M verantwortlich. C wollte Rache an M üben, wusste aber, dass dieser ihm körperlich überlegen und ein gefährlicher Gegner war. Er erwarb deshalb eine abgesägte Schrotflinte, ohne im Besitz eines Waffenscheins zu sein. Damit wollte er M eine Schrotladung ins Knie schießen, damit auch M sein Bein nicht mehr gebrauchen konnte. Unter dem Vorwand eines illegalen Zigarettengeschäfts lockte C den M in die Nähe eines Waldes. C führte seine geladene Schrotflinte unter der Jacke verborgen mit; M hatte einen Totschläger (Rohr mit Teleskop-Stahlfeder und Metallkugel an der Spitze) dabei. Auf die Frage des M, wo die Ware sei, führte ihn C in Richtung Waldrand. M befand sich zu diesem Zeitpunkt knapp rechts hinter ihm. Zur Verwirklichung seines Racheplans entschloss sich C, dem M zunächst einen unerwarteten schweren Faustschlag zu versetzen und ihn zu Fall zu bringen. Danach wollte er ihm mit der Schrotflinte in das Knie schießen. Er setzte deshalb mit geballter rechter Faust zu einer blitzschnellen schlagartigen Drehung an. Um den gegen ihn gerichteten Angriff zu stoppen, versetzte M dem C mit dem Totschläger einen wuchtigen schweren Schlag auf den Kopf, der diesen etwa in Schädelmitte traf und eine sofort stark blutende Wunde verursachte. C wurde durch den Schlag völlig überrascht, kam zu Fall und blieb auf dem Rücken liegen. Unmittelbar danach sah er M, den Totschläger in der Hand und erneut zum Schlag ausholend, auf sich zustürzen mit den Worten: „Du Schwein, dich bring ich um". C bekam Todes-

312 BGH, Urt. v. 27.09.2012 – 4 StR 197/12, NStZ-RR 2013, 139; BGH MDR 1994, 183, 184.

313 BGHSt 42, 97, 101; BGH, Urt. v. 07.03.2002 – 3 StR 490/01, NStZ-RR 2002, 205.

314 BGH NStZ 1992, 327; RÜ 2001, 78; BGH, Urt. v. 07.03.2002 – 3 StR 490/01, NStZ 2002, 426, RÜ 2002, 310.

angst und zog die Schrotflinte aus seiner Jacke. M versuchte vergeblich, die Waffe wegzutreten. C nahm sie in beide Hände. Ohne an die Möglichkeit einer tödlichen Verletzung zu denken, drückte er ab und traf M aus einer Entfernung von ca. 30 cm in die Brust. M brach zusammen und verblutete kurz darauf noch am Tatort. Strafbarkeit des C nach StGB? (Fall nach BGH NStZ 2001, 143, RÜ 2001, 78)

Aufbau: *Notwehrfälle sind häufig Verkettungen eskalierender Aktionen und Reaktionen. Grundsätzlich empfiehlt es sich deshalb, die Auseinandersetzung historisch aufzubauen. Wird nach der Strafbarkeit mehrerer Beteiligter gefragt, sollten Sie die einzelnen Abschnitte des Kampfes als Handlungskomplexe darstellen. Das gibt die Möglichkeit, zuerst nach der Strafbarkeit des Agierenden und dann nach der des Reagierenden zu gliedern. Wird nach der Strafbarkeit nur einer Person gefragt – insbesondere weil der andere am Kampf Beteiligte tot ist –, sollten Sie mit der frühesten strafbaren Handlung in der Kampfsituation beginnen. Kommen dann eventuelle Notrechte des verstorbenen Gegners in Betracht, sind diese inzidenter bei den Notrechten des Überlebenden zu erörtern.*

I. Indem C zum Faustschlag gegen den Kopf des M ausholte, um danach auf das Knie zu schießen, könnte er sich wegen **versuchter schwerer Körperverletzung** strafbar gemacht haben, **§§ 226 Abs. 2, Abs. 1 Nr. 2, 22, 23**.

1. Die Tat ist nicht vollendet worden, weil es zu der schweren Folge – der Gebrauchsunfähigkeit des Beins – nicht gekommen ist. Der Versuch des Verbrechens des § 226 Abs. 2 ist stets mit Strafe bedroht, § 23 Abs. 1.

2. C hatte die Absicht, den M durch den Schuss an der Gesundheit zu schädigen und dadurch die Gebrauchsunfähigkeit eines wichtigen Gliedes herbeizuführen. Er hatte somit Tatentschluss.

3. Zur Tatbestandsverwirklichung unmittelbar angesetzt hat er, indem er zum Faustschlag ausholte. Dieser Schlag sollte nach der Vorstellung des C dazu führen, dass M niederstürzte und in ungestörtem Fortgang dem Schuss ins Knie ausgesetzt war.

4. Rechtswidrigkeit und Schuld sind gegeben.

II. **Totschlag** durch den ungezielten Schrotschuss **gemäß § 212 Abs. 1** ist nicht anzunehmen, da C die tödliche Wirkung des Schusses in seiner Panik nicht für möglich gehalten hatte und deshalb unvorsätzlich handelte.

III. C könnte sich durch die Abgabe des Schusses mit der Schrotflinte aus der Erfolgsqualifikation der **Körperverletzung mit Todesfolge gemäß § 227** strafbar gemacht haben.

1. Der Tatbestand setzt eine vorsätzliche Körperverletzung i.S.d. §§ 223 bis 226 voraus, deren typische Gefahren objektiv sorgfaltswidrig und vorhersehbar den Tod des Opfers verursacht haben müssen.

   a) Durch die Abgabe des Schrotschusses auf den Oberkörper des M hat C diesen mittels einer Waffe und einer das Leben gefährdenden Behandlung an der Gesundheit beschädigt. Bezüglich aller Tatumstände hatte C auch Vorsatz (§§ 223, 224 Abs. 1 Nr. 2, 5).

b) Die der Schussverletzung typisch anhaftende Lebensgefahr hat sich in dem Tod des M realisiert. Da jedermann klar sein muss, dass Schüsse mit einem abgesägten Schrotgewehr aus nächster Nähe tödliche Verletzungen auslösen können, war der Tod objektiv vorhersehbar und bei Verzicht auf den Schuss vermeidbar.

2. Fraglich ist, ob die Tat rechtswidrig war. Das ist nicht der Fall, wenn ein Rechtfertigungsgrund, speziell **Notwehr gemäß § 32**, eingreift. Dass es hier nicht um eine Vorsatztat, sondern um ein erfolgsqualifiziertes Delikt, also eine Kombination aus Vorsatz- und Fahrlässigkeitstat geht, spielt keine Rolle. **Auch Fahrlässigkeitsdelikte können gerechtfertigt sein, insbesondere durch Notwehr**. Das ergibt sich aus einem Erst-recht-Schluss: Wenn sogar der vorsätzlich herbeigeführte Erfolg aus Notwehr gerechtfertigt ist, muss dies erst recht für einen nur sorgfaltspflichtwidrig verursachten Erfolg gelten.[315]

a) C müsste sich in einer **Notwehrlage** befunden haben.

aa) Als M mit dem Totschläger und den Worten „Du Schwein, Dich bring ich um" auf den unmittelbar vor ihm am Boden auf dem Rücken liegenden C zustürzte, griff M dessen Leib und Leben an.

bb) Der Angriff war gegenwärtig, denn das erneute Zuschlagen mit dem Totschläger stand unmittelbar bevor.

cc) Der Angriff des M müsste rechtswidrig gewesen sein. Unabhängig davon, auf welche Weise man die Rechtswidrigkeit des Angriffs bestimmt, gilt: **Wenn dem Angreifer seinerseits ein Rechtfertigungsgrund zur Seite steht, ist sein Angriff nicht mehr rechtswidrig, und Notwehr ist ausgeschlossen.** Hier hatte C den M durch das Ausholen zum Faustschlag angegriffen. Diesen Angriff hatte M durch seinen Schlag mit dem Totschläger im Rahmen zulässiger Notwehr gebrochen. Als C am Boden auf dem Rücken lag, ging von ihm kein gegenwärtiger Angriff mehr aus. Das Zustürzen auf C zu einem erneuten Schlag war deshalb nicht mehr Teil der Notwehr und damit ein rechtswidriger Angriff.

C befand sich daher bei Abgabe des Schusses in einer Notwehrlage.

b) Der Schuss war eine **Verteidigungshandlung**, weil er sich gegen den Angreifer M richtete.

c) Fraglich ist, ob diese Verteidigung **erforderlich** war. Dass die Tötung ein geeignetes Mittel zur Beseitigung des Angriffs ist, liegt auf der Hand. **Wird jemand rechtswidrig angegriffen, kann er sogar auf eine unerlaubt geführte Schusswaffe Zugriff nehmen und muss sich nicht mit der Anwendung weniger gefährlicher Verteidigungsmittel begnügen, wenn deren Abwehrwirkung zweifelhaft ist.**[316]

315 BGH, Beschl. v. 21.03.2001 – 1 StR 48/01, NStZ 2001, 591 m. Anm. Otto NStZ 2001, 594, der in diesem Fall als Folge der Rechtfertigung bereits die Sorgfaltswidrigkeit verneint.

316 BGH StV 1990, 543; 1991, 63.

C hatte – auch unter Berücksichtigung der abgestuften Verteidigung mit lebensgefährlichen Waffen (s.o. Rdnr. 157) – keine Wahl eines milderen Abwehrmittels oder einer schonenderen Handlungsalternative. In der konkreten Kampflage waren sowohl die Drohung mit der Waffe sowie ein Warnschuss nicht geeignet, den Angriff zu beenden, da weitere Schläge des M unmittelbar bevorstanden. Die einzige Möglichkeit für C bestand in der Abgabe eines unkontrollierten Schusses, sodass die Verteidigungshandlung erforderlich war.

172 d) Fraglich ist jedoch, ob der Schuss auch **geboten** war. Hier könnte eine Notwehrbeschränkungen wegen Rechtsmissbrauchs durch **Notwehrprovokation**. vorliegen.

aa) C hat sich hier nicht niederschlagen lassen, damit ihm als Verteidiger keine andere Wahl blieb, als zur Waffe zu greifen. Dass angesichts der körperlichen Überlegenheit des M eine solche Situation entstehen könnte und für C nicht unvorhersehbar war, reicht für eine Absichtsprovokation nicht aus.

bb) Es könnte eine unabsichtlich, aber **vorwerfbar herbeigeführte Notwehrlage** vorgelegen haben. C hat die Notwehrlage dadurch vorhersehbar provoziert, dass er zu dem Faustschlag gegen M ausgeholt hat. Dieses Verhalten war nicht nur sozialethisch zu missbilligen, sondern als Versuchsbeginn einer beabsichtigten schweren Körperverletzung sogar strafrechtswidrig. C hat damit die Notwehrlage vorwerfbar provoziert. Gleichwohl scheidet eine Notwehreinschränkung nach der Konzeption der h.M. aus, wenn der Notwehr Übende – wie hier – keine andere Möglichkeit der Verteidigung mehr hat.

3. Da C auch mit dem Willen geschossen hat, die drohende Attacke des M auf seine körperliche Unversehrtheit abzuwehren, hatte er den erforderlichen Verteidigungswillen. Die Körperverletzung mit Todesfolge ist daher gerechtfertigt.

173 IV. Fraglich ist, ob derjenige, der sich trotz seiner Provokation im Rahmen des durch die Notwehr Erlaubten gehalten hat, wegen der unvorsätzlichen Provokation strafbar ist; konkret: ob das Hinlocken zum Wald und das Ansetzen des C zu dem Faustschlag den Vorwurf einer **fahrlässigen Tötung gemäß § 222** begründet.

1. Im Schrifttum wird zur Begründung die Rechtsfigur der **actio illicita in causa** herangezogen. Hierbei handelt es sich um eine juristische Konstruktion, die den Angegriffenen zwar nicht für die gerechtfertigte Notwehrhandlung zur strafrechtlichen Verantwortung ziehen will, wohl aber für die vorwerfbare Verursachung der Notwehrlage. Wörtlich übersetzt ist dies dann die „im Ursprung verbotene Handlung". Die actio illicita in causa verlagert also – ebenso wie die (s.u. Rdnr. 238 ff. bei der Schuld noch zu besprechende) actio libera in causa – den Anknüpfungspunkt. Je nachdem, ob der Notwehr Übende die spätere Verletzung oder Tötung des Angreifers vorhergesehen hat oder vorhersehen musste, haftet er dann aus Vorsatz- oder Fahrlässigkeitstat.[317]

317 Baumann MDR 1962, 349; Bertel ZStW 84 (1972), 1 ff.; Schmidhäuser 6/81 ff.

2. Die Rechtsprechung hat die actio illicita in causa stets abgelehnt und ist stattdessen nach den allgemeinen Fahrlässigkeitsregeln auf das frühere mit dem Erfolg verknüpfte Verhalten zur Strafbegründung ausgewichen.[318] Die Voraussetzungen der fahrlässigen Tötung werden sodann ohne Weiteres bejaht: C habe durch sein Hinlocken des M an den Waldrand die Ursache dafür gesetzt, dass am Ende der Kausalkette der Tod des M stand. Daran ändere im Ergebnis nichts, dass M nach der erfolgreichen Abwehr des Angriffs des C nun seinerseits den C aufgrund eines neuen Entschlusses rechtswidrig angriff und die tödliche Folge dann als unmittelbare Folge der Notwehrlage eintrat. Denn durch diese neu eintretenden Umstände werde der Ursachenzusammenhang zwischen dem Locken in die einsame Gegend sowie dem Beginn der Körperverletzung und dem späteren Tod nicht unterbrochen. Es sei anerkannt, dass eine Ursache im Rechtssinne ihre Bedeutung nicht verliert, wenn außer ihr noch andere Ursachen zur Herbeiführung des Erfolgs beitragen. Hier war objektiv und nach den persönlichen Kenntnissen und Fähigkeiten auch individuell für C angesichts der vorher von ihm erkannten Standfestigkeit und Gefährlichkeit des M naheliegend, dass dieser sich zur Wehr setzen würde, sobald und soweit ihm das möglich sein würde, und dass sich daraus eine Notwehrlage für den C ergeben könnte.[319]

   Die Rechtsprechung würde eine Bestrafung aus Fahrlässigkeitstat hingegen ablehnen, wenn das sorgfaltspflichtwidrige Vorverhalten allein im verbotswidrigen Besitz einer später in Notwehr gerechtfertigt benutzten Waffe liegt. Es wäre ein Widerspruch, wenn die Rechtsordnung zum einen die Befugnis erteilte, das Notwehrrecht auszuüben, zum anderen aber gerade für diesen Fall die Bestrafung aufgrund eines Delikts androhte, dessen tatbestandliche Voraussetzungen mit der Ausübung dieser Befugnis erteilt würden.[320]

3. Gegen diese Konstruktion, die auf dasselbe herauskommt wie eine actio-illicita-in-causa-Bestrafung, wird Folgendes eingewandt: Der wenn auch provozierte, aber dennoch rechtswidrige Angriff sei eine **eigenverantwortliche Selbstgefährdung** des Angreifers M. Die Folgen einer rechtmäßigen Abwehr fiele allein in seinen Verantwortungsbereich. Damit fehle zwischen der provozierenden Vorhandlung und dem Taterfolg der erforderliche Zurechnungszusammenhang.[321]

   Überzeugender ist folgender Standpunkt: Die Rechtfertigung der unmittelbar zum Tode führenden Schussabgabe beseitigt die rechtliche Missbilligung der Todesfolge. Wenn aber **kein Erfolgsunwert** mehr vorliegt, ist eine Bestrafung aus dem Erfolgsdelikt der fahrlässigen Tötung schlechthin ausgeschlossen, gleichviel ob und inwieweit in der Vorhandlung ein fahrlässiger Handlungsunwert liegt.[322]

3. Entgegen der Ansicht des BGH im vorliegenden Fall ist damit eine fahrlässige Tötung zu verneinen.

Ergebnis: C ist strafbar wegen versuchter schwerer Körperverletzung.[323]

318 Vgl. schon BGH NStZ 1997, 228.

319 BGH RÜ 2001, 78, 80.

320 BGH, Beschl. v. 04.08.2010 – 2 StR 118/10, RÜ 2010, 779, 782.

321 LK-Rönnau/Hohn § 32 Rdnr. 257; Sch/Sch/Perron § 32 Rdnr. 61 zur actio illicita in causa; Eisele NStZ 2001, 416, 417; vgl. auch Voigt/Hoffmann-Holland NStZ 2012, 362, 365.

322 Roxin JZ 2001, 667.

h) Abwehrprovokation

174 Noch nicht geklärt ist, ob es eine Notwehrbeschränkung der **„Abwehrprovokation"** gibt. Hier hat sich der später Notwehr Übende in Erwartung des Angriffs absichtlich oder sonst vorwerfbar „überrüstet" und deshalb in der Notlage selbst nur Zugriff auf ein lebensgefährliches Verteidigungsmittel. Eine Ansicht lehnt sogar bei absichtlichem Vorverhalten eine Notwehrbeschränkung ab, weil der später Notwehr Übende zu der Entstehung des Konflikts nichts beigetragen habe.[324] Andere befürworten, die Notwehr in Fällen absichtlicher Überrüstung (z.B. tödliche Schusswaffe statt Gaspistole oder Schlagwerkzeug) parallel zur Absichtsprovokation entfallen zu lassen. Bei nur unvorsätzlich fehlerhafter Abwehrvorbereitung soll das Notwehrrecht unberührt bleiben.[325]

Ein Fahrlässigkeitsvorwurf wegen des später durch Gebrauch einer an sich verbotenen Waffe in Notwehr lehnt der BGH – anders als bei der Notwehrprovokation (s.o. Rdnr. 173) jedenfalls ab: Es sei ein Widerspruch, wenn die Rechtsordnung zum einen die Befugnis erteilte, das Notwehrrecht auszuüben, zum anderen aber gerade für diesen Fall die Bestrafung aufgrund eines Delikts androhte, dessen tatbestandliche Voraussetzungen mit der Ausübung dieser Befugnis erfüllt werden.[326]

7. Verteidigungswille

175 Für die h.M., die ein subjektives Rechtfertigungselement verlangt, **muss der Täter die Umstände kennen, die die Notwehrlage begründen und die Erforderlichkeit der konkret gewählten Verteidigungshandlung ausmachen**.[327]

Nach der Rechtsprechung muss darüber hinaus **Verteidigungsabsicht** vorliegen, der Gegenangriff also von dem Täter zumindest auch zu dem Zweck geführt worden sein, den vorangegangenen Angriff abzuwehren. Diese kann zwar von notwehrfremden Nebenmotiven begleitet sein (Wut, Rache), doch dürfen solche in der Vorstellung des Täters nicht die Oberhand gewonnen haben, d.h. nicht bewusstseinsdominant sein[328] (s.o. Rdnr. 140).

a) Hatte der Täter Verteidigungsabsicht, ist er nach allen Ansichten gerechtfertigt. Glaubte er in rechtlicher Verkennung der Reichweite der Notwehr zu seinen Ungunsten, sich strafbar zu machen, steht dieser Irrtum auf derselben Stufe wie die Verkennung der rechtlichen Grenzen eines Straftatbestands und begründet daher lediglich ein Wahndelikt.[329]

176 **b)** Kannte der Täter schon die Notwehrlage nicht, fehlte ihm der Verteidigungswille. Hier besteht Streit, ob er aus Vollendung oder aus Versuch strafbar is. (dazu AS-Skript Strafrecht AT 2 [2014]).

---

323 Zur Rechtfertigung der verschiedenen Modalitäten des § 53 WaffG im Zusammenhang mit Notwehrhandlungen vgl. BGH NStZ 1999, 347; OLG Hamm, Urt. v. 24.05.2000 – 3 Ss 44/00.

324 LK-Rönnau/Hohn § 32 Rdnr. 190.

325 Sch/Sch/Perron § 32 Rdnr. 61 b; Küpper JA 2001, 438.

326 BGH, Beschl. v. 04. 08. 2010 – 2 StR 118/10, RÜ 2010, 779.

327 Vgl. Schroeder JZ 1988, 567, 568; Engländer HRRS 2013, 389; Brüning ZJS 2013, 511; zusammengefasst in RÜ 2014, 35.

328 BGH, Urt. v. 25.04.2013 – 4 StR 551/12, RÜ 2013, 505, 508.

329 Vgl. Mitsch JA 1989, 79, 87.

c) Lag schon objektiv keine Notwehrlage vor oder hat der Täter irrtumsbedingt die Grenzen der Notwehr verkannt, greifen die Regeln über den Erlaubnistatbestandsirrtum und den Erlaubnisirrtum ein (siehe dazu AS-Skript Strafrecht AT 2 [2014]). **177**

8. Nothilfe

Nothilfe ist gemäß § 32 Abs. 2 die Notwehr gegen einen Angriff, der sich **gegen andere Personen als den Verteidiger** richtet. Voraussetzungen und Umfang der Nothilfe sind dieselben wie bei der Notwehr. Es gelten jedoch folgende **Besonderheiten**:

a) Der Nothelfer wird nicht zum eigenen Rechtsgüterschutz tätig, sondern steht einem Dritten bei. **Notwehrvoraussetzungen und -einschränkungen sind daher allein aus dem Verhältnis von Angreifer und Angegriffenem zu beurteilen.**[330] **178**

b) Da der Nothelfer sein Recht nur ableitet, kann er nicht mehr Eingriffsrechte besitzen, als der Angegriffene selbst ausüben will. Soweit der Rechtsschutzverzicht des Angegriffenen schon die Notwehrlage ausschließt, **kann deshalb Nothilfe auch nicht gegen seinen Willen aufgedrängt werden.**[331] **179**

So fehlt es bei einem **Suizid** an der für einen „Angriff" begriffsnotwendigen Personenverschiedenheit von Angreifer und Angegriffenem. Mangels „Angriff" ist daher die Verhinderung eines Suizides nicht aus Notwehr zu rechtfertigen. Möglich wäre allenfalls eine Rechtfertigung aus § 34.[332]

Auch liegt kein (nothilfefähiger) rechtswidriger Angriff vor, wenn das Opfer nach den Regeln der **tatbestandsausschließenden oder rechtfertigenden Einwilligung** (siehe dazu unten Rdnr. 202 ff.) der eigenen Rechtsgutbeeinträchtigung wirksam zugestimmt hat. Dort, wo der Rechtsschutzverzicht nicht wirksam ist, weil das Opfer beispielsweise gar nicht zur Disposition über das Rechtsgut befugt war (§ 216) oder die Zustimmung wegen Täuschung, Zwang oder Sittenwidrigkeit bei Körperverletzungen (§ 228) unwirksam war, bleibt dagegen Nothilfe zulässig.[333]

c) Die Allgemeinheit ist im Rahmen der Nothilfe kein „anderer". Der Grund liegt darin, dass die Gewährleistung der öffentlichen Sicherheit und Ordnung Aufgabe der zuständigen staatlichen Organe ist. Deren Funktion darf der einzelne Bürger nur dann ausüben, wenn ihm das Gesetz dies ausdrücklich gestattet (z.B. § 127 Abs. 1 S. 1 StPO). Die Notwehr gibt auch kein „Unrechtsverhinderungsrecht". Anderenfalls wäre ein geordnetes Gemeinschaftsleben nicht möglich. Daher begründen **Handlungen, die nur Straftatbestände zum Schutz der Allgemeinheit verletzen, keinen nothilfefähigen Angriff**, es sei denn, ihre Verwirklichung gefährdet andere Individualgüter, wie z.B. bei Trunkenheitsfahrten.[334] **180**

Deshalb ist nach h.M. **Notwehr gegen Tierquälerei** (§ 17 Nr. 2 TierschutzG) nicht zulässig. Das gequälte Tier ist kein Träger eines Individualguts. Der in Art. 20 a GG zum Ausdruck gebrachte Tierschutz betrifft die Achtung vor den Mitgeschöpfen als Allgemeingut.[335] Die Tierquälerei kann also allenfalls unter den Voraussetzungen des § 34 – in Verbindung mit dem Rechtsgedanken des § 228 BGB (vgl. unten Rdnr. 190) – verhindert werden.

---

330 Vgl. Kühl Jura 1993, 233, 235.
331 BGHSt 5, 245, 248; BGH StV 1987, 59.
332 LK-Rönnau/Hohn § 32 Rdnr. 214; Sch/Sch/Perron § 34 Rdnr. 33.
333 Vgl. BGHSt 5, 245, 247.
334 Kühl Jura 1993, 57, 61.
335 LK-Rönnau/Hohn § 32 Rdnr. 82; a.A. Sch/Sch/Perron § 32 Rdnr. 8.

181 Zu differenzieren ist bei sog. **Staatsnothilfe**:

Da „anderer" i.S.d. Notwehrregeln auch juristische Personen sein können,[336] ist **Nothilfe zugunsten des Staates immer möglich, wenn der Staat als Träger von Individualrechtsgütern betroffen ist** (z.B. Nothilfe gegen die Beschädigung einer Notrufanlage).

Hilfe zugunsten des Staates als Hoheitsträger wird dagegen nur ausnahmsweise anerkannt, **wenn der Staat in seinem Bestand als solchem evident gefährdet und nicht in der Lage ist, sich durch seine eigenen Organe selbst zu schützen.**[337]

d) Fraglich ist, ob sich **Hoheitsträger bei amtlichem Handeln auf Nothilfe** zur strafrechtlichen Rechtfertigung berufen können.

182 **aa)** Unproblematisch sind zunächst die Fälle, in denen ein Hoheitsträger im Rahmen seiner Diensttätigkeit aufgrund einer Ermächtigungsgrundlage, deren Tatbestandsvoraussetzungen im konkreten Fall erfüllt sind (zum strafrechtlichen Prüfungsmaßstab s.u. Rdnr. 220), in Rechtsgüter Dritter eingreift. Denn dann entfaltet die öffentlich-rechtliche Befugnis zugleich eine strafrechtliche Rechtfertigung.

183 **bb)** Steht keine Ermächtigungsgrundlage zur Verfügung, sollen nach den Regelungen der jeweiligen Landespolizeigesetze die Regeln über **Notwehr und Nothilfe** unberührt bleiben (so z.B. in § 57 Abs. 2 PolG NRW).[338] Dies führt nach allgemeiner Ansicht dazu, dass sich der Polizeibeamte bei gegen ihn gerichteten Angriffen auf Notwehr berufen kann.[339] Ob über den Verweis auch hoheitlich geübte Nothilfe gemäß § 32 gerechtfertigt werden kann, wird hingegen unterschiedlich beurteilt.

Der Streit entzündete sich an dem Problem des **„finalen Rettungsschusses"**, bei dem ein Geiselnehmer gezielt getötet wird, weil keine anderen Mittel zur Geiselbefreiung möglich sind. In den Bundesländern, in denen diese Maßnahme polizeirechtlich erlaubt ist,[340] bildet die einschlägige Befugnisnorm zugleich die strafrechtliche Erlaubnis für die Tatbestandsverwirklichung des § 212. Dort, wo eine Ermächtigungsgrundlage fehlt,[341] kann die gezielte Tötung nur auf Nothilfe in Verbindung mit der polizeirechtlichen Verweisungsnorm gestützt werden (ergänzend aus öffentlich-rechtlicher Sicht AS-Skript Polizei- und Ordnungsrecht NRW [2013], Rdnr. 485).

(1) Eine Auffassung verlangt für hoheitliches Handeln stets eine Ermächtigungsgrundlage nach öffentlichem Recht. Die strafrechtlichen Rechtfertigungsgründe genügten den verfassungsrechtlichen Vorgaben einer öffentlich-rechtlichen Eingriffsermächtigung nicht; ferner würden die speziellen, für hoheitliches Handeln erlassenen Ermächtigungsgrundlagen des Polizeigesetzes gegenstandslos, wenn deren Grenzen durch weitergehende Regeln des Strafrechts unterlaufen werden könnten.[342]

Gegen diese Auffassung spricht jedoch bereits, dass dann der in den Polizeigesetzen enthaltene Notwehrvorbehalt völlig leerliefe.

---

336 RGSt 63, 215, 220.

337 RGSt 63, 215, 220; Sch/Sch/Perron § 32 Rdnr. 6; generell ablehnend Roxin § 15 Rdnr. 41, der auf Notstandsregeln verweist.

338 Parallelvorschriften in Bayern § 15 Abs. 4 PAG, in Hessen § 54 Abs. 2 HSOG, in Niedersachsen § 71 Abs. 2 Nds. SOG.

339 BGH, Urt. v. 30.06.2004 – 2 StR 82/04, JA 2005, 91, 92 zu § 58 Abs. 2 ThüPAG.

340 Art. 66 Abs. 2 S. 2 BayPAG; § 54 Abs. 2 Bad.-Württ. PolG; § 60 Abs. 2 S. 2 HessSOG; § 54 Abs. 2 S. 2 Nds. SOG; § 63 Abs. 2 S. 2 PVG RP; § 65 Abs. 2 S. 2 SOG LSA.

341 Vgl. § 63 Abs. 2 PolG NRW (eine Änderung befindet sich im Gesetzgebungsverfahren), § 9 Abs. 2 UZwG Berlin, § 46 Abs. 2 BremPolG, § 24 Abs. 2 HmbSOG.

342 Jakobs 12/42 f.; Kirchhof NJW 1978, 969; LK-Rönnau § 32 Rdnr. 220 ff.

(2) Die wohl h.M. sieht in dem Notwehrvorbehalt der Polizeigesetze die Bestätigung dafür, dass sich aus § 32 weitergehende Befugnisse ergeben können als aus den polizeirechtlichen Vorschriften und dass der Polizeibeamte diese Rechte ebenso ausüben könne wie jedermann, gleichviel, ob er selbst angegriffen werde oder während seiner Amtsausübung Nothilfe übe. Ein Polizeibeamter sei kein Bürger minderen Rechts. Was jedem Privaten nach § 32 erlaubt sei, könne dem Polizeibeamten nicht verwehrt sein. Durch das Polizeirecht würden an die Handhabung der Notwehrrechte auch keine strengeren Anforderungen als an Private gestellt werden.[343]

(3) Eine Kompromisslösung spaltet das Rechtswidrigkeitsurteil auf: Da die strafrechtlichen Rechtfertigungsgründe als Ermächtigungsgrundlage ausschieden, andererseits aber der polizeirechtliche Notrechtsvorbehalt nicht ignoriert werden dürfe, bleibe eine nach Polizeirecht nicht legitimierte Handlung öffentlich-rechtlich rechtswidrig, doch könne bei Erfüllung eines strafrechtlichen Rechtfertigungsgrundes die strafrechtliche Rechtswidrigkeit entfallen.[344]

cc) Hält man eine Rechtfertigung über die strafrechtliche Nothilfe mit den zuletzt genannten Auffassungen für möglich, ist dennoch nicht jeder Eingriff in Rechtsgüter Dritter straffrei möglich. So ist nach h.M. insbesondere die **Folter oder deren Androhung selbst zur Rettung eines bedrohten Menschenlebens nicht geboten**. **184**

Im tragischen Entführungsfall des 11-jährigen Jakob von Metzler wurde – dem später rechtskräftig verurteilten – Verdächtigen Magnus Gäfgen von einem Vernehmungsbeamten angedroht, ihm würden durch einen Spezialisten ungeahnte Schmerzen zugefügt, wenn er den Aufenthaltsort nicht verriete. Dem Beamten war zu diesem Zeitpunkt nicht klar, dass Gäfgen das Kind bereits getötet hatte. Diese Nötigung war nicht durch Nothilfe gerechtfertigt.[345]

Dieses Folterverbot folgt zum einen aus **Art. 3 der Europäischen Menschenrechtskonvention (EMRK)**, die nicht durch Rechtfertigungsgründe relativiert werden kann.[346] Es folgt zum anderen aus der **Menschenwürde aus Art. 1 Abs. 1 GG**, die bereits der Androhung von Gewalt entgegensteht. Der durch Polizei und Rechtspflege handelnde Staat erhält seine Legitimation für die Ausübung des Gewaltmonopols und die Verhängung von Strafen nur, wenn und soweit er selbst den Schutz der Menschenrechte garantiert und die Würde anderer nicht verletzt. Ein Staat, der hiergegen verstößt, verliere seine eigene Legitimationsbasis. Zudem widerspricht ein solches Verhalten dem der Notwehr und Nothilfe zugrunde liegenden Rechtsbewährungsprinzip.[347] Hierfür spricht, dass eine Zulassung der Folter die Gefahr ausufernden Missbrauchs begründet, weil auch Tatunbeteiligte (z.B. zeugnisverweigerungsberechtigte Zeugen) mit der Legitimation der Rettung vieler Menschen gefoltert werden könnten.

---

343 Herzberg JZ 2005, 321; Lackner/Kühl § 32 Rdnr. 17; Roxin § 15 Rdnr. 112; Sch/Sch/Perron § 32 Rdnr. 42 c.

344 Erb Jura 2005, 24, 29; NK-Herzog § 32 Rdnr. 84; MünchKomm/Erb § 32 Rdnr. 169; Otto § 8 Rdnr. 57 f.; Rogall JuS 1992, 559.

345 LG Frankfurt/Main, Urt. v. 20.12.2004 – 5/27 KLs 7570 Js 203814/03 (4/04), NJW 2005, 692, RÜ 2005, 258.

346 EGMR, Kammerurteil v. 30.06.2008 – 22978/05, RÜ 2008, 573.

347 LG Frankfurt/Main a.a.O.; Fischer § 32 Rdnr. 15; LK-Rönnau/Hohn § 32 Rdnr. 224; Norouzi JA 2005, 360 ff.; a.A. Herzberg JZ 2005, 321; Erb Jura NStZ 2005, 593 ff.; Jerouschek JuS 2005, 296 ff.

Notwehr und Nothilfe, § 32

Notwehrlage

Angriff ist jede tatsächlich vorliegende Bedrohung rechtlich, nicht notwendig strafrechtlich, geschützter Individualinteressen des Verteidigers oder eines anderen (dann: Nothilfelage) durch menschliches Tun oder pflichtwidriges Unterlassen.

Gegenwärtig ist der Angriff, der unmittelbar bevorsteht, gerade stattfindet oder noch fortdauert.

Rechtswidrig ist der Angriff, den der Betroffene nicht zu dulden braucht (nur Erfolgsunwert entscheidet); nach a.A. wenn er im Widerspruch zur Rechtsordnung steht (auch Handlungsunwert erforderlich).

Notwehrhandlung

Als **Verteidigung** sind nur Eingriffe in Rechtsgüter des Angreifers (nicht Unbeteiligter) erlaubt.

Erforderlich ist die Handlung, die objektiv geeignet ist, den Angriff sofort und endgültig zu brechen. Stehen mehrere gleich wirksame Mittel zur Verfügung, so muss das am wenigsten gefährliche gewählt werden.

Bei lebensgefährlichen Waffen „Drei-Stufen-Modell“:

(1) Warnung (2) Kampfunfähigmachen (3) Tötung nur als letztes Mittel.

Grds. keine Güterproportionalität zwischen dem verteidigten und dem beeinträchtigten Rechtsgut erforderlich.

Nothilfe ist nur soweit zulässig, wie eine Notwehrlage nicht daran scheitert, dass der Rechtsgutträger wirksam in die Rechtsgutbeeinträchtigung eingewilligt hat (Nothilfe darf insoweit nicht aufgedrängt werden).

An der **Gebotenheit** fehlt es, wenn die Verteidigung **rechtsmissbräuchlich** ist; daraus folgt:

- Bei Bagatellangriffen sind keine Körperverletzungen erlaubt.
- Bei krassem Missverhältnis zwischen angegriffenem und verteidigtem Rechtsgut keine Notwehrbefugnis.
- Bei Angriffen schuldlos Handelnder ist ein Ausweichen vor Schutzwehr und schonender Trutzwehr zumutbar, sofern möglich.
- Unter Personen mit intakter familiärer Beziehung Ausweichen geboten, sofern möglich.
- Bei absichtlicher Notwehrprovokation und Abwehrprovokation kein Notwehrrecht.
- Bei unabsichtlicher, aber vorwerfbarer Herbeiführung der Notwehrlage muss dem Angriff ausgewichen werden; ist dies nicht möglich, muss Schutzwehr ausgeschöpft werden, bevor zur Trutzwehr übergegangen wird.
- Notwehr gegen Erpresser bei bloßer Gefahr des Übelseintritts in der Regel nicht geboten.
- Staatliche Folter als Nothilfe zur Gefahrenabwehr niemals geboten (Art. 1 Abs. 1 S. 1, Art. 104 Abs. 1 S. 2 GG, Art. 3 EMRK).

Notwehrwille

Kenntnis der Umstände, die die Notwehrlage und die Erforderlichkeit der konkret gewählten Verteidigung ausmachen; ferner **Zweckbezug** zwischen Angriff und Verteidigung erforderlich (Verteidigungsabsicht).

II. Selbsthilferechte

Notwehrähnlich sind die im Zivilrecht normierten **Selbsthilferechte**, allgemein geregelt in §§ 229, 230 BGB, ergänzt durch Spezialregeln u.a. für Vermieter (§ 562 b BGB) und Besitzer und Besitzdiener (§§ 859, 860 BGB).

Diese Vorschriften sind weder hinsichtlich der Voraussetzungen noch hinsichtlich ihres Regelungsbereichs mit der Notwehr deckungsgleich, müssen also in einer ***Strafrechtsklausur*** *ggf. neben der Notwehr angesprochen werden.*

1. Selbsthilfe zur Anspruchssicherung nach den §§ 229 ff. BGB

Die Selbsthilfe nach den §§ 229 ff. BGB gestattet in Durchbrechung des Gewaltmonopols des Staates private Gewalt zur Sicherung einer gefährdeten Forderung. 185

Prüfschema: Zivilrechtliche Selbsthilfe, § 229 BGB
1. Selbsthilfelage **a)** Einredefreier zivilrechtlicher Anspruch **b)** Gefahr der Vereitelung oder Erschwerung **c)** Staatliche Hilfe nicht rechtzeitig zu erlangen **2. Selbsthilfehandlung** **a)** Wegnahme, Beschädigung oder Zerstörung einer Sache **b)** Bei Fluchtverdacht Festnahme **c)** Beseitigung von Widerstand **d) In allen Fällen:** Verhältnismäßigkeit und nur vorläufige Anspruchssicherung erlaubt, § 230 Abs. 1 BGB; ferner Selbsthilfegrenzen des § 230 Abs. 2–4 BGB, insbesondere bei Wegnahme einer Sache: Beantragung von Sicherheitsarrest **3. Selbsthilfewille**

a) Voraussetzung der Selbsthilfelage ist zunächst, dass **tatsächlich ein durchsetzbarer schuldrechtlicher Anspruch gegen den Betroffenen** besteht. Ist der Handelnde nicht Anspruchsinhaber, muss er rechtsgeschäftlicher Vertreter des Anspruchsinhabers sein.[348] Der Anspruch muss in seiner Durchsetzung **gefährdet** sein.

b) Hauptfälle der Selbsthilfehandlung sind die Wegnahme einer Sache und die Festnahme des Verpflichteten. Aus § 230 Abs. 1 BGB folgt aber, dass die Selbsthilfe nur zur **Gefahrabwendung und nur im Rahmen der Erforderlichkeit** geübt werden darf. **Erlaubt ist also nur die Sicherung, niemals die eigenmächtige Befriedigung, § 230 BGB!**

c) Subjektiv muss der Täter **in Kenntnis der Selbsthilfevoraussetzungen und zum Zweck der Anspruchssicherung** gehandelt haben.

---

348 Palandt/Heinrichs, BGB, 66. Aufl., § 229 Rdnr. 3.

d) Ist zwischen den Parteien streitig, ob überhaupt und in welcher Höhe ein Anspruch gegeben ist (z.B. der Fahrpreis bei einer Taxifahrt oder die Verschuldensfrage bei Beschädigungen), erkennt die h.M. aus diesem gesetzlichen Schuldverhältnis einen **Hilfsanspruch aus § 242 BGB auf Mitteilung von Namen und Anschrift** an. Zur Sicherung dieses Anspruchs steht ihm unter den Voraussetzungen des § 229 BGB ein Festnahmerecht zu, wenn die Gefahr besteht, dass sich dieser der Feststellung seiner Personalien durch Flucht entziehen will. Um die Identifizierung eines fluchtverdächtigen Schuldners mit Namen und ladungsfähiger Anschrift zu ermöglichen und dadurch dessen Festnahme zu vermeiden, darf der Geschädigte auch im Wege der Selbsthilfe eine dem Schuldner gehörende Sache wegnehmen.[349]

Beliebtes Klausurproblem!

2. Selbsthilfe des Besitzers, § 859 BGB

186 § 859 BGB gewährt dem unmittelbaren Besitzer in engen zeitlichen Grenzen das Recht, sich gegen eine Besitzstörung zur Wehr zu setzen, sog. **Besitzwehr** (Abs. 1) und sich eine entzogene Sache gewaltsam wiederzubeschaffen, sog. **Besitzkehr** (Abs. 2). Voraussetzung ist immer, dass die Besitzstörung auf **verbotener Eigenmacht** nach § 858 BGB beruht, dass also der Störer seinerseits kein Recht dazu hat.

Prüfschema: Besitzwehr und Besitzkehr, § 859 Abs. 1, 2 BGB

1. **Besitzstörung / Besitzentziehung durch verbotene Eigenmacht, § 858 BGB**
   - **a)** Besitzstörung muss noch andauern
   - **b)** Besitzentziehung muss noch „frisch“ sein
2. **Besitzwehr-/Besitzkehrhandlung**
   - **a)** Bei Besitzstörung: durch angemessene Gewaltanwendung
   - **b)** Bei Besitzentziehung: gewaltsame Wegnahme
3. **Besitzschutzwille**

III. Vorläufige Festnahme

187 Festnahme i.S.d. StPO ist eine freiheitsentziehende Maßnahme, die darauf gerichtet ist, die Anwesenheit einer Person zur Durchführung eines gegen sie gerichteten Strafverfahrens zu sichern.

Geschieht die Festnahme auf Anordnung eines Richters durch einen Haftbefehl (§§ 112 ff. StPO, Art. 104 Abs. 2, 3 GG), spricht man von Verhaftung. Liegt noch keine richterliche Entscheidung zur Haft vor, sondern soll diese erst ermöglicht werden, spricht man von vorläufiger Festnahme.

Das Recht hierzu steht nach **§ 127 Abs. 2 StPO** Staatsanwaltschaft und Polizei zu, wenn Gefahr im Verzug besteht und die Voraussetzungen für einen Haftbefehl nach § 112

349 BayObLG NStZ 1991, 133; BGH, Beschl. v. 05.04.2011 – 3 StR66/11, RÜ 2011, 432.

StPO erfüllt sind, nämlich: dringender Tatverdacht und ein Haftgrund (hierzu ausführlich AS-Skript StPO [2012], Rdnr. 54 ff.).

Darüber hinaus gibt **§ 127 Abs. 1 S. 1 StPO jedem Bürger** – stellvertretend für nicht anwesende Strafverfolgungsorgane – das Recht zur vorläufigen Festnahme, wenn der Täter auf frischer Tat betroffen oder verfolgt wird und seine Identität nicht feststeht oder Fluchtgefahr besteht.

Prüfschema: Jedermann-Festnahme, 127 Abs. 1 S.1 StPO

1. **Festnahmelage**
   - **a)** Andere Person auf frischer Tat betroffen oder verfolgt
   - **b)** Fluchtverdacht oder Identität nicht sofort feststellbar
2. **Festnahmehandlung**
   - **a)** Erklärung der Festnahme und zwangsweise Durchsetzung
   - **b)** Verhältnismäßigkeit
3. **Festnahmeabsicht**

1. „Tat" kann immer nur eine **Straftat sein, die zum Erlass eines Haftbefehls berechtigen würde**. Da § 127 StPO die Durchsetzung des staatlichen Strafverfolgungsanspruchs sichern will, muss es immer um eine in der Vergangenheit liegende Straftat gehen. Der Versuch einer Straftat genügt, wenn er als solcher strafbar ist.[350] Welches Gewicht die Straftat oder welchen Wert die Beute hat, spielt keine Rolle.[351]

Zum Teil wird vertreten, dass aus Gründen der Verhältnismäßigkeit (§ 112 Abs. 1 S. 2 StPO) für einen Privaten die Festnahme nur bei schweren Rechtsverstößen erlaubt sei.[352] Die Gegenansicht argumentiert mit § 127 Abs. 3 StPO, der keinen Sinn machen würde, wenn nicht auch die leichteren Antragsdelikte ausdrücklich und unabhängig vom Vorliegen eines Strafantrags in den Kreis der Anlasstaten für eine Festnahme einbezogen seien.[353]

Eine Festnahme zur Verhinderung zukünftiger Straftaten ist aus § 127 StPO aber nicht gestattet. Auch die Festnahme eines strafunmündigen Kindes ist nach h.M. nicht aus § 127 Abs. 1 S. 1 StPO zu rechtfertigen, auch nicht, wenn es lediglich um die Identitätsfeststellung geht, da in diesen Fällen keine strafbare Tat vorliegt.[354] Etwas anderes soll für nach § 20 schuldunfähige Täter gelten: Deren Festnahme sei nach § 127 StPO gerechtfertigt, da gegen diese im Rahmen eines Strafverfahrens Maßnahmen der Besserung und Sicherung verhängt werden könnten.[355]

Umstritten ist, ob die Tat wirklich begangen sein muss (dazu im nachfolgenden Fall).

350 BGH NJW 1981, 745.
351 BGH, Urt. v. 10.02.2000 – 4 StR 558/99, BGHSt 45, 378, 381.
352 LR-Hilger § 112 Rdnr. 19.
353 BGH NStZ 2000, 603; LR-Hilger § 127 Rdnr. 8; Rengier § 22 Rdnr. 5;Schröder Jura 1999, 10, 11.
354 Meyer-Goßner § 127 Rdnr. 3 a; Satzger Jura 2009, 107, 108; a.A. Pfeiffer § 127 Rdnr. 2.
355 Pfeiffer § 127 Rdnr. 2; Sickor JuS 2012, 1074, 1075 f.

Der Betroffene muss dafür **„auf frischer Tat betroffen oder verfolgt"** worden sein. **„Betroffen auf frischer Tat"** ist jemand, wenn er bei der Erfüllung des Straftatbestands oder unmittelbar danach am Tatort oder in dessen unmittelbarer Nähe gestellt wird. **Verfolgung „auf frischer Tat"** liegt vor, wenn sich der Täter bereits vom Tatort entfernt hat, sichere Anhaltspunkte auf ihn als Täter hinweisen und die Nacheile zum Zweck seiner Ergreifung aufgenommen wird.[356]

***Klausurtipp**: Die Festnahme eines Ausbrechers oder eines gesuchten Straftäters ist nach § 127 Abs. 1 S. 1 StPO nicht erlaubt: Die Selbstbefreiung ist nicht – auch nicht nach § 120 – strafbar und die Tat, deretwegen jemand gesucht wird, ist nicht mehr „frisch"!*

Des Weiteren muss entweder **Fluchtverdacht** bestehen oder die **Identität darf nicht sofort feststellbar** sein.

Für Fluchtverdacht genügt die nach den Umständen und der Lebenserfahrung berechtigte Annahme, der Betroffene werde sich der Strafverfolgung durch Flucht entziehen.[357]

Die Identität ist nicht sofort feststellbar, wenn der Name des Betroffenen nicht bekannt ist, er Angaben zur Person verweigert oder sich nicht ausweisen kann oder wenn er nicht ohne Vernehmungen oder Nachforschungen identifiziert werden kann, diese Feststellungen aber an Ort und Stelle nicht möglich sind.[358]

2. § 127 Abs. 1 S. 1 StPO erlaubt unter diesen Voraussetzungen zuallererst die Festnahme als solche. Diese geschieht dadurch, dass der Bürger gegenüber dem Betroffenen erklärt, dass er wegen einer Straftat zur Polizei mitzukommen oder bis zum Eintreffen der Polizei an seinem gegenwärtigen Aufenthaltsort zu bleiben habe. Die Durchsetzung der Festnahme unterliegt aber wie jeder Eingriff nach öffentlichem Recht der **Verhältnismäßigkeit.** Diese deckt nur den Zwang, der zur Durchsetzung der Festnahme erforderlich ist, also die Freiheitsberaubung und Nötigung sowie die unmittelbar dazu erforderliche Gewalt und Beeinträchtigung des körperlichen Wohlbefindens, soweit diese darauf gerichtet sind, den Betroffenen zur Polizei zu bringen oder dessen Verbleiben bis zum Eintreffen der Polizei zu sichern.[359]

Das schließt unterhalb dieser Intensitätsschwelle liegende Handlungen wie die Wegnahme von Ausweispapieren oder den vorübergehenden Entzug eines Fluchtmittels mit ein.[360]

Weitergehende Befugnisse gewährt § 127 Abs. 1 S. 1 StPO nicht. Der Festnehmende hat insbesondere **kein Recht**

- zu **Durchsuchungen** von Räumen oder Gegenständen;
- **zu Handlungen, die zu einer ernsthaften Schädigung der Gesundheit des Festzunehmenden oder zu einer unmittelbaren Gefährdung seines Lebens führen, und zwar selbst dann nicht, wenn die Festnahme ohne sie nicht ausgeführt oder**

---

356 Vgl. Pfeiffer § 127 Rdnr. 3.

357 BayObLG NStZ-RR 2002, 336.

358 Meyer-Goßner § 127 Rdnr. 11.

359 OLG Stuttgart NJW 1984, 1694.

360 Wessels/Beulke/Satzger Rdnr. 355; Kargl NStZ 2000, 8, 14.

aufrechterhalten werden kann. Unzulässig aus dem Gesichtspunkt der Festnahme sind damit lebensgefährliche Würgegriffe oder Schüsse auf einen Fliehenden.[361]

Solche Handlungen können aus Notwehr oder Nothilfe erlaubt sein, wenn der Grund der Festnahme zugleich eine Notwehrlage auslöst oder wenn sich der Festzunehmende der Festnahme mit Gewalt widersetzt und dadurch(!) einen gegenwärtigen rechtswidrigen Angriff begeht, sog. **Festnahmenotwehr**.[362]

3. In subjektiver Hinsicht ist neben der **Kenntnis der die Festnahme begründenden Umstände** noch die **Absicht** erforderlich, den Festgenommenen **den Strafverfolgungsorganen zuzuführen** (und nicht etwa, den Festgenommenen durch die Festhaltung selbst zu „bestrafen").[363]

Praktisch werden „Jedermann-Festnahmen" häufig im Zusammenhang mit Notwehr oder Nothilfe (Zivilcourage bei Schlägern in öffentlichen Verkehrsmitteln) oder Festnahmen durch Hausdetektive und sonstiges privates Bewachungspersonal. In ***Klausuren*** *gehört § 127 Abs. 1 S. 1 StPO neben der Notwehr zu den häufigsten Rechtfertigungsgründen.*

Fall 9: Grenzen von § 127 Abs. 1 S. 1 StPO; §§ 229, 230 BGB

In der S-Bahn kontrolliert Fahrscheinprüfer P den Fahrgast F. Dieser zeigt einen Fahrschein vor, der aber nicht entwertet ist. Als P ihn darauf aufmerksam macht, erklärt F, er habe das Entwerten schlichtweg vergessen. P verlangt nun das nach den Beförderungsbedingungen geschuldete erhöhte Beförderungsentgelt von 30 €. F bedauert, er habe nicht so viel Geld dabei. Einen Ausweis kann er nicht vorlegen. P fordert F deshalb auf, sich bis zum Eintreffen der Polizei zur Identitätsfeststellung nicht zu entfernen. F weigert sich mit der Begründung, keine Straftat begangen zu haben, und verlässt beim nächsten Halt den Zug. Um zu verhindern, dass F sich davonmacht, hält P ihn fest und alarmiert über Funk die nächste Polizeidienststelle. Als wenige Minuten später die Beamten zur Identitätsfeststellung eintreffen, erstattet F mündlich Strafanzeige gegen P.
Strafbarkeit der Beteiligten? (Fallmotiv nach Schauer/Wittig JuS 2004, 107)

A. **Strafbarkeit des F**

Infrage kommt nur **Beförderungserschleichung** gemäß **§ 265 a Abs. 1, 3. Mod.**

I. F hat die entgeltliche Personenbeförderung der S-Bahn in Anspruch genommen. Für das Merkmal des „Erschleichens" genügt zwar nicht die bloß unentgeltliche Benutzung. Andererseits ist nach h.M. aber auch kein Einschleichen oder eine Täuschungshandlung erforderlich. Es wird als ausreichend angesehen, dass der Täter sich mit dem Anschein der Ordnungsmäßigkeit umgibt, sich also – wie hier – wie ein normaler Fahrgast benimmt.[364]

II. Bezüglich der äußeren Tatumstände handelte F vorsätzlich. Er müsste aber auch beabsichtigt haben, das Entgelt nicht zu entrichten. Dafür ist der Nachweis erforderlich, dass F über diesen Umstand während seiner S-Bahnfahrt nachgedacht hat, weil er nur dann einen solchen zielgerichteten Willen gebildet haben kann. Hier ließ sich F ein, die Fahrkartenentwertung vergessen zu haben. Das kann eine Schutzbehauptung sein (und wird in der Praxis der Amtsgerichte oft

361 BGH, Urt. v. 03.07.2007 – 5 StR 37/07, NStZ-RR 2007, 303; BGH NJW 2000, 1348.

362 Vgl. Satzger Jura 2009, 108, 113.

363 Sch/Sch/Lenckner/Sternberg-Lieben Vorbem. §§ 32 ff. Rdnr. 16.

364 BGH, Beschl. v. 08.01.2009 – 4 StR 1117/08, RÜ 2009, 234.

auch so gesehen). Es gibt aber keine „Vermutung" dafür. Vielmehr ist auch bei alltäglichen Verhaltensweisen nicht auszuschließen, dass sich jemand ablenken lässt und die Konsequenzen seines Verhaltens nicht bedenkt. In dubio pro reo ist davon auszugehen, dass die Einlassung des F zutreffend war.[365] Er handelte dann nicht in der Absicht, das Entgelt zu ersparen.

Ergebnis: F ist nicht strafbar.

B. **Strafbarkeit des P**

I. **Freiheitsberaubung, § 239 Abs. 1, 2. Alt?**

1. Dadurch, dass P den F bis zum Eintreffen der Polizei festhielt, hat er dessen physische Freiheit zur Ortsveränderung für einen nicht völlig unerheblichen Zeitraum vorsätzlich beeinträchtigt und damit den Tatbestand erfüllt.

2. Fraglich ist, ob die Tat gerechtfertigt ist.

188 a) In Betracht kommt eine Festnahmebefugnis nach **§ 127 Abs. 1 S. 1 StPO**. Dann müsste eine zur Festnahme berechtigende „Tat" vorgelegen haben.

Dies ist die in Klausuren zu § 127 StPO häufigste Streitfrage.

Nach der herrschenden, am materiellen Strafrecht orientierten Auffassung (deshalb: **materielle Theorie**) muss eine **Straftat wirklich begangen worden sein**; Tatbestandsmäßigkeit, Rechtswidrigkeit und (grundsätzlich) auch Schuld müssen vorliegen. So wie bei der Notwehr der Scheinangriff keine Notwehr begründe, genüge bei § 127 Abs. 1 S. 1 StPO dringender Tatverdacht nicht.[366] Diese Ansicht kann für sich auch die Systematik des § 127 StPO in Anspruch nehmen. Wenn in Abs. 1 S. 1 ebenso wie in Abs. 2 für Staatsanwälte und Polizeibeamte (über den Verweis auf die Haftbefehlsvoraussetzungen) der dringende Tatverdacht ausreichen würde, wäre Abs. 2 praktisch überflüssig. Nach dieser Ansicht bestand mangels Straftat des F kein Festnahmerecht des P.

Dies lässt sich auch nicht durch eine erneute „in dubio pro reo"-Entscheidung (diesmal zugunsten des P) begründen, weil dann allein die Möglichkeit einer Straftat schon den Eingriff in Rechtsgüter des F erlauben würde.

Nach der sog. Verdachtslösung (auch: **prozessuale Theorie**) ist erforderlich, aber auch ausreichend, dass sich aus der Zusammenschau aller erkennbaren äußeren Umstände im Tatzeitpunkt zweifelsfrei **dringender Tatverdacht** für eine Straftat ergibt. Da es bei § 127 Abs. 1 S. 1 StPO um einen strafprozessualen Rechtfertigungsgrund gehe und alle Eingriffsnormen der StPO nur an den Verdacht und nicht an die tatsächliche Begehung der Straftat anknüpften, müsse auch für das Festnahmerecht des Bürgers der – allerdings evidente – Tatverdacht ausreichen.[367] Auch nach dieser Ansicht bestand im vorliegenden Fall keine Festnahmebefugnis des P: Äußerlich lagen keine Anzeichen für eine Straftat vor, weil sich F wie jeder nor-

365 Vgl. auch KG StV 2002, 412.

366 Jescheck/Weigend § 35 IV 2; Kindhäuser § 20 Rdnr. 5; Satzger Jura 2009, 107, 109; Sch/Sch/Lenckner/Sternberg-Lieben Vorbem. §§ 32 ff. Rdnr. 81 f.; Meyer-Goßner§ 127 Rdnr. 4; Tröndle/Fischer ab 50. Aufl. Vor § 32 Rdnr. 7.

367 Pfeiffer § 127 Rdnr. 2; Kargl NStZ 2000, 10; BayObLG MDR 1986, 956; OLG Hamm NStZ 1998, 370.

male Fahrgast verhielt. Zwar lag es nicht fern, dass F mit dem angeblichen „Vergessen" der Entwertung nur eine Ausrede suchte. Zweifelsfrei war das aber nicht. Die Festnahme durch P war daher nicht aus § 127 Abs. 1 S. 1 StPO gerechtfertigt.[368]

b) Infrage kommt eine Rechtfertigung der Tat als **Selbsthilfe-Festnahme** gemäß **§§ 229, 230 BGB**. Hier stand dem Verkehrsunternehmen nach seinen Allgemeinen Geschäftsbedingungen ein verschuldensunabhängiger Anspruch auf das erhöhte Beförderungsentgelt von 30 € zu. Diesen durfte P als Angestellter des Verkehrsunternehmens durchsetzen. F hatte den Zug bereits verlassen und wollte sich entfernen. Die Anspruchsverwirklichung war damit gefährdet und zugleich bestand Fluchtgefahr. Auch obrigkeitliche Hilfe war nicht erreichbar, weil F der Polizei erst noch zugeführt werden musste. Das Festhalten bis zum Eintreffen der Polizei war als mildester Eingriff zur Anspruchssicherung erforderlich. Schließlich handelte P auch **in Kenntnis der Selbsthilfevoraussetzungen und zum Zweck der Anspruchssicherung**, also mit Selbsthilfewillen. 189

Die Freiheitsberaubung ist damit gerechtfertigt.

II. Aus demselben Grund scheidet auch eine verwerfliche **Nötigung** gemäß **§ 240** durch das gewaltsame Festhalten aus.

Ergebnis: P ist ebenfalls nicht strafbar.

IV. Rechtfertigender Notstand

Der Notstand als Rechtfertigungsgrund ist in **§ 34** geregelt. Die Vorschrift ist dem zivilrechtlichen **Aggressivnotstand** in **§ 904 BGB** nachgebildet. Kernaussage beider Vorschriften ist, dass das Recht im Konflikt zweier Interessen die Verletzung des von der Rechtsordnung geringer bewerteten erlaubt, wenn der Täter eine alternativlose Chance wahrnimmt, um das **höherwertige** zu schützen. 190

Darüber hinaus gibt es in **§ 228 BGB** den sog. **Defensivnotstand** als speziellen Rechtfertigungsgrund, wenn sich die Tat **gegen die Gefahr bringende Sache** selbst richtet. Diese Vorschrift gewährt ein Eingriffsrecht, wenn die Handlung „erforderlich ist und der Schaden nicht außer Verhältnis zu der Gefahr steht". Durch die Negativformulierung „nicht außer Verhältnis" drückt der Gesetzgeber aus, dass nur ausnahmsweise bei einem Missverhältnis zwischen geschütztem und durch die Verteidigung beschädigtem Gut Defensivnotstand nicht erlaubt ist. Damit **verschiebt das Gesetz die Gewichtung beim Defensivnotstand zulasten des Eingriffsguts:** Sofern das Eingriffsgut selbst die Gefahrenquelle ist, entzieht die Rechtsordnung ihm einen Teil der Wertschätzung und gestattet auch Eingriffe zum Schutz sonst nachrangiger oder geringwertigerer Güter. Die Grenze bildet nur die Disproportionalität. Dieser Rechtsgedanke gilt zugunsten des Täters analog auch in § 34 (siehe dazu unten Fall 10, Rdnr. 196).[369]

368 Ebenso Schauer/Wittig JuS 2004, 107, 108.

369 Vgl. Kindhäuser § 27 Rdnr. 48.

Liegen die Voraussetzungen für rechtfertigenden Notstand vor, gewährt er ein Eingriffsrecht; der Betroffene ist zur Duldung verpflichtet und darf dagegen nicht – weil ein rechtswidriger Angriff fehlt – Notwehr üben.[370]

191 Von der Notwehr unterscheidet sich der rechtfertigende Notstand dadurch, dass das überwiegende Interesse hier nur mit dem **Schutz des bedrohten Rechtsguts**, nicht aber mit dem Rechtsbewährungsprinzip begründet werden kann.[371]

*Wichtig für die **Fallbearbeitung**: §§ 228, 904 BGB verdrängen als Spezialregeln § 34, soweit es um die Rechtfertigung von Eigentumsdelikten geht. Gegenüber § 904 BGB ist § 228 BGB spezieller, wenn die Gefahr bringende Sache selbst beschädigt oder zerstört wird. Für alle übrigen Straftatbestände gilt § 34 (siehe auch oben Rdnr. 141).*

Prüfschema: Rechtfertigender Notstand, § 34

1. **Notstandslage**

   Gegenwärtige Gefahr für ein rechtlich geschütztes Interesse des Verteidigers oder eines Dritten
2. **Notstandshandlung**
   - **a)** Gefahr nicht anders als durch den Eingriff abwendbar
   - **b)** Interessenabwägung
   - **c)** Angemessenheit
3. **Gefahrabwendungswille**

1. Notstandslage

192 **a)** Notstandsfähig ist **jedes rechtlich anerkannte Interesse** (siehe § 34 S. 1 a.E.: „... das geschützte Interesse ... wesentlich überwiegt"), auch wenn seine Beeinträchtigung keinen Straftatbestand erfüllen würde.[372]

Beispiel: So wurde das Interesse an der Erhaltung der in einem Unternehmen vorhandenen Arbeitsplätze als notstandsfähig angesehen.[373]

Durch die Gesetzesformulierung „um die Gefahr von sich oder einem anderen abzuwenden" ist klargestellt, dass das geschützte Rechtsgut nicht dem Täter zustehen muss. **Notstandshilfe** zugunsten eines Dritten ist daher ebenfalls zulässig.

Möglich ist aber auch, dass derjenige, dessen Güter in Gefahr sind, und der Träger des Rechtsguts, in das eingegriffen werden soll, **identisch** sind. Hier sind allerdings Einwilligung und mutmaßliche Einwilligung zu prüfen, bevor rechtfertigender Notstand angesprochen wird.

Beispiel: Die Nötigung eines Suizidwilligen, um diesen an der Selbsttötung zu hindern, kann nur aus § 34 gerechtfertigt sein.

---

370 Lackner/Kühl § 34 Rdnr. 1.

371 Sch/Sch/Perron § 34 Rdnr. 1.

372 Bergmann JuS 1989, 109, 110.

373 BGH bei Dallinger MDR 1975, 723.

Sogar **Rechtsgüter der Allgemeinheit** sind prinzipiell notstandsfähig. Im Rahmen des Notstands kann die Allgemeinheit also – anders als in § 32 – ein „anderer" sein, weil hier durch die zusätzlichen Voraussetzungen des § 34 ein Machtmissbrauch privater Personen ausgeschlossen ist.[374]

b) Eine Gefahr für das Rechtsgut liegt vor, wenn aufgrund tatsächlicher Umstände der Eintritt eines Schadens wahrscheinlich ist.[375] Die das Gefahrurteil tragenden Umstände müssen nach h.M. tatsächlich vorliegen. Eine bloße Anscheinsgefahr reicht für eine Rechtfertigung nach überwiegender Auffassung nicht aus.[376] 193

Beispiel: Begeht ein Arzt wegen eines nur vorgetäuschten Unglücksfalls einen unbefugten Kraftfahrzeuggebrauch, § 248 b, weil er auf andere Weise nicht zu dem vermeintlich Verunglückten gelangen kann, ist er nicht gerechtfertigt; vielmehr entfällt der Vorwurf der Vorsatztat aufgrund eines Erlaubnistatbestandsirrtums (ausführlich dazu AS-Skript Strafrecht AT 2 [2014]).

Ob aufgrund der gegebenen Umstände eine Schadenswahrscheinlichkeit besteht, beurteilt sich aus der Sicht eines objektiven Beobachters unter Berücksichtigung etwaigen Sonderwissens des Notstandstäters, sog. **objektive ex ante-Prognose.**[377] Ist nach diesen Umständen eine Gefahr zu bejahen, braucht es zu dem befürchteten Schaden stiftenden Ereignis nicht mehr gekommen zu sein.[378]

Beispiel: Bei einem Elbhochwasser wurde u.a. eine Klinik evakuiert, weil Fachleute vorausgesagt hatten, dass die zu erwartende Flutwelle die durchweichten Deichanlagen zum Brechen bringen werde. Durch den Krankentransport verschlimmerte sich bei vielen bewusstlosen Intensivpatienten der Gesundheitszustand. Die Dämme hielten wider Erwarten. – Rechtfertigung der Körperverletzung, sofern keine mutmaßliche Einwilligung anzunehmen ist, durch Notstand.

c) Gegenwärtig ist die Gefahr, wenn die Bedrohungslage bei natürlicher Weiterentwicklung jederzeit in einen Schaden umschlagen kann.[379] Gegenwärtig ist aber nach h.M. nicht nur der akut bedrohliche Zustand, sondern auch die sog. **Dauergefahr.** Hiervon spricht man, 194

- wenn die gefährliche Situation jederzeit, also auch alsbald, in einen Schaden umschlagen kann, mag auch die Möglichkeit offenbleiben, dass der Schadenseintritt noch eine Zeit lang auf sich warten lässt,[380]

  Beispiel: Einsturzgefahr eines baufälligen Hauses

- wenn der Eintritt des drohenden Schadens zwar erst nach Ablauf einer gewissen Zeit zu erwarten, **aber sofortiges Handeln angezeigt ist, um ihm wirksam begegnen zu können.**[381]

---

374 Vgl. Sch/Sch/Perron § 34 Rdnr. 10.
375 Vgl. BGHSt 18, 272; Fischer § 34 Rdnr. 3.
376 Sch/Sch/Perron § 34 Rdnr. 13.
377 Lackner/Kühl § 34 Rdnr. 2.
378 Maurach/Zipf AT 1 § 27 Rdnr. 15.
379 Vgl. BGH NJW 1989, 176.
380 BGHSt 5, 371, 373.
381 Sch/Sch/Perron § 34 Rdnr. 17.

2. Erforderlichkeit der Notstandshandlung

195 Die Gefahr darf **nicht anders als durch die Eingriffshandlung des Täters abwendbar** gewesen sein. Dieses Merkmal wird inhaltlich mit der Erforderlichkeit der Verteidigungshandlung in § 32 gleichgesetzt. Das bedeutet, dass die vom Täter vorgenommene Rechtsgutverletzung **geeignetes und zugleich relativ mildestes Mittel** gewesen sein muss, um die Gefahr zu beseitigen.[382] Für die Eignung ist nicht notwendig, dass die Handlung die Gefahrenlage sicher oder mit hoher Wahrscheinlichkeit beseitigt. Es genügt, dass durch die Handlung überhaupt eine Rettungschance bestand.[383] Kann die Gefahr dadurch abgewendet werden, dass ihr ausgewichen wird, ist eine Konfliktbeseitigung auf Kosten der Rechtsgüter Dritter nicht erforderlich, da der Notstand vom Prinzip der Güterabwägung und nicht – wie die Notwehr – vom Prinzip der Rechtsbewährung beherrscht wird.[384] Die Erforderlichkeit gebietet auch, rechtsgutverletzende Handlungen abzubrechen, wenn das Ziel der Gefahrbekämpfung erreicht ist.

Beispiel: Um Sicherheitslücken aufzudecken, schmuggelte ein Fernsehjournalist mehrfach ein Messer in seinem Handgepäck an den Flugsicherheitskontrollen vorbei. Mit dem Messer in seinem Besitz trat er auch die Flüge an. Die Vorgänge wurden gefilmt. – Das OLG Düsseldorf bejaht einen Verstoß gegen das Luftsicherheitsgesetz. Rechtfertigender Notstand sei nicht gegeben. Um die Gefahr für die Sicherheit des Luftverkehrs durch lasche Kontrollen zu bekämpfen, hätte es genügt, das Messer nur durch die Kontrolle zu bringen, nicht aber auch noch an Bord der Flugzeuge zu schaffen, wo die Bedrohung für andere Passagiere noch vergrößert wurde.[385]

3. Interessenabwägung

196 Voraussetzung ist weiter, dass das **geschützte Interesse** (= dasjenige, dem die Gefahr drohte, sog. **Erhaltungsinteresse**) **das beeinträchtigte Rechtsgut** (= dasjenige, das durch die tatbestandsmäßige Handlung verletzt wurde, sog. **Eingriffsgut**) **wesentlich überwiegt**, § 34 S. 1 a.E., und dass die Tat ein **angemessenes Mittel** zur Gefahrenabwehr ist, § 34 S. 2.

Zentrale Gesichtspunkte des Notstands sind damit zwei Wertungen, nämlich die Feststellung eines eindeutigen Übergewichts des geschützten Interesses nach der **Abwägungsklausel** von S. 1 unter Berücksichtigung der sozialethischen Schranken nach der **Angemessenheitsklausel** von S. 2.

Aufbau: *Umstritten ist, ob § 34 S. 2 unselbstständiger Bestandteil einer Gesamtabwägung ist[386] oder ob er eine selbstständige zweite Wertungsstufe darstellt.[387] Im Ergebnis unterscheiden sich diese Ansichten nicht. Für eine strukturierte Darstellung der Gedankenschritte empfiehlt es sich, der letztgenannten Ansicht zu folgen.*

a) Ausgangspunkt der Interessenabwägung ist das **Rangverhältnis** des sog. Eingriffsguts und des Erhaltungsinteresses. So folgt aus Art. 1 GG, dass **Personenwerte vor**

382 Baumann JuS 1989, 109, 110.

383 OLG Karlsruhe, Urt. v. 24.06.2004 – 3 Ss 187/03, StV 2005, 273 zur Rechtfertigung eines Verstoßes gegen das Betäubungsmittelgesetz zum Zweck der Schmerzlinderung.

384 Vgl. Sch/Sch/Perron § 34 Rdnr. 20.

385 OLG Düsseldorf, Beschl. v. 25.10.2005 – III-5Ss 63/05 – 33/05 I, RÜ 2006, 41.

386 Vgl. LK-Zieschang, 12. Aufl., § 34 Rdnr. 79; Sch/Sch/Perron § 34 Rdnr. 46.

387 Jescheck/Weigend § 33 IV 3 d; MünchKomm/Erb § 34 Rdnr. 176.

Sachgüterinteressen rangieren. Innerhalb der Personenwerte hat das **Leben einen höheren Wert als die körperliche Unversehrtheit**. Im Übrigen wird der Wert des jeweiligen Rechtsguts indiziert durch die **Strafdrohung** in dem jeweils einschlägigen Straftatbestand.

Daraus ergibt sich beispielsweise, dass das Interesse des Aids-Erkrankten an der Geheimhaltung seiner Krankheit durch den behandelnden Arzt gegenüber dem Schutzinteresse von Leib und Leben seines Sexualpartners zurücktritt. Wenn also der Aids-Kranke seinen Partner über das Ansteckungsrisiko nicht aufklären will, ist die Offenbarung der Krankheit diesem gegenüber durch den Arzt (§ 203 Abs. 1 Nr. 1), der beide behandelt, gemäß § 34 gerechtfertigt.[388]

b) Letztentscheidend für die Interessenabwägung ist jedoch nicht der absolute Rang, sondern die Bewertung von Eingriffsgut und Erhaltungsgut **in der konkreten Lebenssituation.**[389] Kriterien hierfür sind folgende:

- Intensität und Umfang des drohenden Schadens

  Dieser quantitative Gesichtspunkt ist vor allem bei **vermögenswerten Rechtsgütern** von ausschlaggebender Bedeutung. Er kann sogar dazu führen, dass ganz leichte Eingriffe in Personenwerte zugunsten hoher Sachwerte vorgenommen werden dürfen, **beispielweise** wenn beim Löschen eines Brandes ein Passant durchnässt wird und sich dadurch einen leichten Schnupfen zuzieht.[390]

- Grad der dem Eingriffsgut drohenden Gefahr und Höhe der Rettungschance

  Häufigster Anwendungsfall in Klausuren: Eine Trunkenheitsfahrt nach § 316 ist als abstraktes Gefährdungsdelikt aus Notstand erlaubt, um die konkrete Lebensgefahr eines anderen abzuwenden.[391]

- Zur Interessenabwägung beim **Defensivnotstand** der nachfolgende Fall:

Fall 10: Notstandslage bei Dauergefahr; Abgrenzung zur Notwehr bei „notwehrähnlicher Lage"; Interessenabwägung im Defensivnotstand

Frau Dr. H erwachte nachts in ihrem Schlafzimmer dadurch, dass sie jemand an ihrer Schulter berührte. Sie sah im Halbdunkel einen Mann, der sich alsbald leise entfernte. Dr. H, von seiner Frau verständigt, sah im Wohnzimmer den ihm unbekannten S, der sofort flüchtete. Nach diesem Vorfall ließ Dr. H am Gartentor eine Alarmanlage anbringen und erwarb eine Schreckschusspistole. Etwa sechs Wochen später ertönte abends das Signal der Alarmanlage.
Dr. H lief mit der Schreckschusspistole in den Garten, bemerkte dort dicht neben sich den S und gab einen Schuss aus der Pistole ab. S konnte wiederum flüchten. Dr. H zeigte die Vorkommnisse der Polizei an und erwarb auf ihr Anraten einen Waffenschein und eine Kleinkaliberpistole. Die Eheleute befürchteten, dass der Eindringling es auf Frau Dr. H oder auf die Kinder abgesehen habe. Ihre Angst steigerte sich derart, dass sie abends fast nie mehr gemeinsam ausgingen, auf Theaterbesuche verzichteten und keine Einladungen mehr annahmen. Zeitweilig traten Schlafstörungen auf. Frau Dr. H, die eine Arztpraxis betreibt, befürchtete, wenn sie zu nächtlichen Hausbesuchen gerufen wurde, jemand lauere ihr auf. Eines Nachts ertönte gegen 2.30 Uhr

388 OLG Frankfurt MDR 1999, 1444.
389 Sch/Sch/Perron § 34 Rdnr. 25.
390 Vgl. LK-Zieschang § 34 Rdnr. 64.
391 Einschränkend bei starker Alkoholisierung OLG Koblenz NJW 1988, 2316.

wieder die Alarmanlage, doch S konnte erneut fliehen, bevor die Polizei eintraf. Zwei Wochen später erwachte Dr. H gegen 1.50 Uhr und sah S am Fußende seines Bettes stehen. Mit einem Schrei sprang er aus dem Bett, ergriff die Pistole und lud sie durch. S wandte sich zur Flucht. Dr. H lief hinterher. Wieder war der Eindringling schneller als er. Dr. H rief mehrfach: „Halt, oder ich schieße!" und schoss schließlich auf die Beine des Flüchtenden. Er wollte S dingfest machen und so der für seine Familie unerträglichen Situation ein Ende bereiten. S wurde in die linke Gesäßhälfte getroffen und blieb liegen. Der Verletzte entpuppte sich später als „Spanner".
Hat sich Dr. H strafbar gemacht? (Fall vereinfacht nach BGH NJW 1979, 2053)

I. Gefährliche Körperverletzung, §§ 223, 224 Abs. 1 Nr. 2, 1. Alt.?

Dr. H hat durch den Schuss in das Gesäß vorsätzlich eine Körperverletzung des S mittels einer Waffe begangen. Fraglich ist, ob Rechtfertigungsgründe vorliegen.

1. Da Dr. H gehandelt hat, um S dingfest zu machen, könnte das **Festnahmerecht des § 127 Abs. 1 S. 1 StPO** eingreifen. Hier hatte sich S wegen Hausfriedensbruchs und Körperverletzung durch Verursachung der Schlafstörungen etc. schuldig gemacht. S wurde auch auf frischer Tat verfolgt und war aufgrund seines Verhaltens fluchtverdächtig. Darüber hinaus konnte auch seine Identität nicht sofort festgestellt werden. **§ 127 StPO gibt aber keine Befugnis zu Handlungen, die zu einer ernsthaften Schädigung des Festzunehmenden an Leib oder Leben führen.** Der Schuss war daher im vorliegenden Fall aus § 127 Abs. 1 S. 1 StPO nicht gerechtfertigt.
2. **Notwehr gemäß § 32** setzt einen gegenwärtigen rechtswidrigen Angriff voraus. Daran fehlt es hier. Der Angriff des S auf die Intimsphäre als Teil des allgemeinen Persönlichkeitsrechts sowie auf das Hausrecht der Eheleute H dauerte nicht mehr an, weil S bereits die Flucht ergriffen hatte.[392]
3. Zur Abwehr eines nicht gegenwärtigen, aber künftigen Angriffs wurde früher z.T. eine Rechtfertigung **analog § 32 aus notwehrähnlicher Lage oder Präventivnotwehr** angenommen.[393] Die herrschende Literatur lehnt eine solche Ausweitung der Notwehr heute ab. Bei der notwehrähnlichen Lage handelt es sich letztlich um ein Notstandsproblem, sodass es auf die in § 34 aufgestellten Voraussetzungen ankommt.[394]

4. Rechtfertigender Notstand, § 34?

a) S hatte durch wiederholtes nächtliches Erscheinen in der Wohnung und im Garten der Familie H eine fortdauernde Gefährdung für das allgemeine Persönlichkeitsrecht (Intimsphäre), das Hausrecht, die Freiheit der Willensbetätigung (Verzicht auf abendlichen Ausgang) und die Gesundheit der Eheleute H (Schlafstörungen) geschaffen. Es stand zu erwarten, dass S die Belästigungen fortsetzen würde, wenn es nicht gelang, seiner habhaft zu werden. Eine **Rechtsgutgefahr** lag somit vor.

Fraglich ist, ob diese Gefahr **gegenwärtig** war, weil ungewiss war, wann S wiederkommen würde. Dies begründet eine Dauergefahr, weil sofortiges Handeln erforderlich war, um das erneute Erscheinen des S endgültig zu verhindern.[395]

---

392 BGH NJW 1979, 2053; Schroeder JuS 1980, 336.

393 Suppert, Studien zur Notwehr und „notwehrähnlichen Lage", 1973, S. 356 ff.; mit Einschränkungen zustimmend Jakobs 12/27; vgl. im Zusammenhang mit heimlichen Tonbandaufnahmen zur Abwehr einer späteren Nötigung, Erpressung etc. auch BGHZ 27, 284, 289, 290.

394 Jescheck/Weigend § 32 II 1 d; Kühl Jura 1993, 57, 62; Lackner/Kühl § 32 Rdnr. 4; MünchKomm/Erb § 34 Rdnr. 165.; Sch/Sch/Perron § 32 Rdnr. 17.

395 LK-Zieschang § 34 Rdnr. 37.

b) Diese Gefahr war auch nicht anders abwendbar, weil alle anderen Maßnahmen, insbesondere die Inanspruchnahme der Polizei und sogar die Abgabe eines Schreckschusses ohne Erfolg geblieben waren.[396] Eine Notstandslage ist damit zu bejahen.

c) **Das geschützte Interesse** muss das beeinträchtigte **wesentlich überwiegen**. Den gefährdeten Rechtsgütern der Eheleute H – allgemeines Persönlichkeitsrecht, Hausrecht, Freiheit der Willensbetätigung, Gesundheit – stand die körperliche Unversehrtheit des S gegenüber. Stellt man allein auf das Ausmaß und die Intensität der dem S zugefügten und der den Eheleuten H in Zukunft drohenden Beeinträchtigungen ab, so lässt sich nicht ohne Weiteres sagen, dass das geschützte Interesse das beeinträchtigte wesentlich überwiegt.

Hier ist aber zu berücksichtigen, dass die Gefahr von **demjenigen herrührte, in dessen Rechtsgut eingegriffen wurde**. Nach heute h.M. ist dem § 228 BGB über den dort geregelten Fall der Sachwehr hinaus der allgemeine Grundsatz zu entnehmen, **dass beim defensiven Notstand qualitativ und quantitativ weitergehende Beeinträchtigungen zulässig sind als beim aggressiven Notstand. Es genügt grundsätzlich – wie in § 228 BGB –, wenn der durch die Verteidigung angerichtete Schaden nicht außer Verhältnis zu der abgewendeten Gefahr steht.** Unter diesem Gesichtspunkt können Maßnahmen, die sich gegen den Gefahrenurheber richten, nach § 34 gerechtfertigt sein, auch wenn sie – in maßvollen Grenzen[397] – höchstpersönliche Güter wie Körperintegrität und Freiheit verletzen.[398]

Aber: *Wegen des Abwägungsverbots „Leben gegen Leben" ist die* ***Tötung eines Menschen aus Defensivnotstand nicht erlaubt****, selbst wenn das Opfer für eine akute Lebensgefahr anderer verantwortlich ist, ohne dass bereits die Voraussetzungen für Notwehr vorliegen.*[399]

Die von S ausgehende Dauergefahr erzeugte einen „Terror, dem das gesamte Familienleben unterlag".[400] Die persönlichen Rechtsgüter der Eheleute H sind im Verhältnis zum beeinträchtigten Interesse des S schutzwürdiger.[401]

d) Die Beeinträchtigung der körperlichen Unversehrtheit des S stellt sich auch als **angemessenes Mittel** zur Gefahrenabwehr dar, da die Notstandshandlung den ethischen Prinzipien der Gesamtrechtsordnung nicht widerspricht.

e) Dr. H hat schließlich auch gehandelt, um die von S ausgehende Gefahr abzuwenden, d.h. mit **Gefahrabwendungswillen**.

Die gefährliche Körperverletzung ist somit nach § 34 gerechtfertigt.

---

396 BGH NJW 1979, 2053, 2054; kritisch Schroeder JuS 1980, 336 ff.

397 Hirsch JR 1980, 115, 117.

398 Jescheck/Weigend § 33 IV 5; Sch/Sch/Perron § 34 Rdnr. 30 f.; Schroeder JuS 1980, 336, 340; Wessels/Beulke/Satzger Rdnr. 313; differenzierend Roxin § 16 Rdnr. 86.

399 BGH, Urt. v. 25.03.2003 – 1 StR 483/02, BGHSt 48, 256, 257.

400 BGH NJW 1979, 2053, 2054.

401 So im Ergebnis auch Roxin a.a.O. und Sch/Sch/Perron a.a.O.

Der BGH hat im vorliegenden Fall offen gelassen, ob § 34 eingreift, da Dr. H jedenfalls gemäß § 35 ohne Schuld gehandelt habe.[402]

II. **Freiheitsberaubung, § 239?**
Da der Schuss der Strafverfolgung und damit der Verhinderung weiterer Straftaten diente, ist die mitverwirklichte Freiheitsberaubung ebenfalls nach § 34 gerechtfertigt.

Ergebnis: Dr. H ist nicht strafbar.

---

4. Angemessenheit

Auch wenn das Erhaltungsinteresse höher einzustufen ist als das verletzte Rechtsgut, kann die Tat dennoch **nach § 34 S. 2 unangemessen sein. Hiermit sind die folgenden wichtigsten rechts- und sozialethischen Schranken** gemeint:

a) Generelles Abwägungsverbot

197 Die Tat darf nicht gegen ein aus der Unantastbarkeit der Menschenwürde (Art. 1 Abs. 1 GG) abgeleitetes **generelles Abwägungsverbot** verstoßen:

aa) Nicht abwägungsfähig ist das Leben. Dieses oberste Rechtsgut ist einer Bewertung als gering- oder hochwertig ebenso entzogen wie einer Einstufung nach rechnerischen Kategorien. **Die Tötung weniger zur Rettung vieler (sog. quantitativer Lebensnotstand) ist niemals gerechtfertigt**, denn dies würde gegen die Menschenwürde verstoßen (Art. 1 Abs. 1 GG) und in unzulässiger Weise das Recht auf Leben Unschuldiger (Art. 2 Abs. 2 S. 1 GG) zur Disposition stellen. Die Betroffenen würden dadurch, dass ihre Tötung als Mittel zur Rettung anderer benutzt wird, verdinglicht und zugleich entrechtet. Indem über ihr Leben einseitig verfügt wird, wird ihnen der Wert abgesprochen, der dem Menschen um seiner selbst willen zukommt.[403]

Infrage kommt in diesen Fällen lediglich der übergesetzliche entschuldigende Notstand (zur umstrittenen weiteren Behandlung vgl. unten Fall 21 Rdnr. 262 f.).

bb) Unantastbar ist – zumindest im Kern – das **Selbstbestimmungsrecht über die eigene körperliche Integrität**. Dies darf selbst dann nicht beeinträchtigt werden, wenn die gegen den Willen des Betroffenen vorgenommene Handlung dem Schutz höherwertiger Rechtsgüter dient.

Beispiel: Unzulässig ist daher insbesondere die zwangsweise Heranziehung eines Dritten zur Blut- oder Organspende, selbst wenn dies die einzige Möglichkeit ist, anderes Leben zu retten.[404]

---

402 BGH NJW 1979, 2053, 2054; dazu kritisch Hruschka NJW 1980, 21, 23 und Schroeder JuS 1980, 336, 337.

403 Mit diesen Erwägungen hat das BVerfG § 14 Abs. 3 des Luftsicherheitsgesetzes vom 11.01.2005 für nichtig erklärt (BVerfG, Urt. v. 15.02.2006 – 1 BvR 357/05, Rdnr. 124). Nach dieser Ermächtigungsgrundlage wäre der gezielte Abschuss von Flugzeugen in der Hand von Terroristen, die diese gegen andere Menschen einsetzen wollen, auch dann erlaubt gewesen, wenn dadurch unschuldige Passagiere und die Flugzeugbesatzung geopfert würden. Nicht nur dem Staat ist die Schaffung solcher Ermächtigungsgrundlagen von Verfassungs wegen untersagt. Art. 1 Abs. 1, Art. 2 Abs. 2 S. 2 GG begrenzt auch die Auslegung des § 34.

404 Sch/Sch/Perron § 34 Rdnr. 41 e; a.A. Roxin § 16 Rdnr. 49 unter Hinweis auf andere Regeln, z.B. Impfgesetze, die körperliche Eingriffe auch zum Schutz geringwertigerer Rechtsgüter als das Leben erlauben.

Allerdings ist dieser Grundsatz nicht starr: Je niedriger der Rang des persönlichen Rechtsguts ist, desto mehr tritt das beachtliche Persönlichkeitsinteresse am Unterbleiben einer Notstandseinwirkung zurück.[405]

Beispiel: Aus diesem Grund ist eine Nötigung gemäß § 240 Abs. 1 zur Verhinderung eines Suizids bei einer akuten Lebensgefährdung nicht unangemessen.

cc) Aus der Unantastbarkeit der Menschenwürde ergibt sich auch das Verbot staatlicher **Folter zur Gefahrenabwehr** (s.o. Rdnr. 184).

b) Sonstige oberste Rechtsprinzipien

aa) Stellt die Rechtsordnung zur Bewältigung bestimmter Konflikte **abschließend rechtlich geordnete Verfahren** zur Verfügung, verlangt sie auch die Befolgung dieser Regeln. Kann der Täter deren Voraussetzungen nicht erfüllen, darf ihm die Konfliktbewältigung nicht über § 34 erlaubt werden, weil die Rechtsordnung dann den Geltungsanspruch für die Verfahrensnormen aufheben würde.[406] **198**

Beispiel: Keine Rechtfertigung des zu Unrecht Angeklagten für eine Anstiftung zum Meineid, auch wenn dadurch die einzige Möglichkeit besteht, der drohenden Verurteilung und Freiheitsentziehung zu entgehen.

bb) Nach h.M. ist auch die im **Nötigungsnotstand** begangene Tat nicht gerechtfertigt, weil die Rechtsordnung demjenigen, der sich einer solchen von einem Dritten erzwungenen Eingriffshandlung ausgesetzt sieht, keine Duldungspflicht auferlegen kann.[407]

Beispiel: Lässt A einen Gefangenen entweichen (§ 120), weil er von B unter Androhung schwerster Körperverletzungen dazu gezwungen wurde, ist die Tat nicht gerechtfertigt, sondern nach § 35 entschuldigt.

c) Besondere Duldungspflichten

Die Erhaltung an sich höherwertiger Rechtsgüter kann auch dann unangemessen sein, wenn für den Täter **besondere Duldungspflichten** bestehen. **199**

aa) Solche Duldungspflichten entstehen zunächst immer dann, wenn die Hinnahme der Gefahr oder sogar der Rechtsbeeinträchtigung vom **Gesetzgeber in Kauf genommene Folge einer anderen gesetzlichen Regelung ist.**[408]

Beispiele:

Der Angreifer kann seine auf die **Notwehr hin geübte Gegenwehr nicht aus Notstand rechtfertigen.**[409]

Wer durch Maßnahmen der Zwangsvollstreckung vor dem finanziellen Ruin steht, darf sich nicht deshalb durch Straftaten wieder liquide machen.

---

405 LK-Zieschang § 34 Rdnr. 68.

406 Vgl. SK-Günther § 34 Rdnr. 52.

407 Vgl. Sch/Sch/Perron § 34 Rdnr. 41 b; a.A. LK-Zieschang § 34 Rdnr. 69 a.

408 Schon für eine Ablehnung der Notstandslage in diesen Fällen LK-Zieschang § 34 Rdnr. 38.

409 LK-Rönnau vor § 32 Rdnr. 107.

bb) Duldungspflichten können sich ferner aus einer **besonderen Rechtsstellung** des Täters kraft Berufs (Soldat, Feuerwehrmann, Polizist, Seenothelfer) oder als Garant ergeben, die ihn verpflichtet, bestimmte Gefahren auf sich zu nehmen.[410]

cc) Noch ungeklärt ist, inwieweit das **Verschulden der Notstandslage** den Täter zur Hinnahme der Gefahr zwingt. Die These, wonach die Verantwortlichkeit für das Entstehen der Notlage auch zu deren uneingeschränkter Duldung verpflichte, also ein vollständiger Rechtfertigungsausschluss bei jeglichem Notstandsverschulden, wird heute nicht mehr vertreten.[411] Die Gegenthese, dass das Verschulden der Notstandssituation überhaupt keine Auswirkungen auf § 34 habe, hat auch kaum Anhänger.[412] Viele argumentieren mit einem Erst-recht-Schluss im Vergleich zu § 32: Wenn das Vorverschulden sogar die Notwehr gegen einen rechtswidrigen Angriff beschränke, müsse dies allemal dann gelten, wenn es um die Erlaubnis zur Rechtsbeeinträchtigung unbeteiligter Dritter gehe. Deshalb wird bei einer **absichtlich herbeigeführten Notstandslage die Rechtfertigung mangels Gefahrabwendungswillens verneint; in den übrigen Fällen treffe den Täter nur eine erhöhte Duldungspflicht** im Vergleich zu unbeteiligten Dritten.[413] Wieder andere halten eine Einschränkung des Notstandsrechts in der konkreten Konfliktsituation für unzulässig, wollen aber aus dem Gesichtspunkt der **actio illicita in causa** bestrafen.[414]

Beispiel: Als „Kandidat" einer zweifelhaften Fernsehshow muss sich A ohne Geld und Ausrüstung „durchschlagen". Um seinen Hunger zu stillen, stiehlt er nachts aus der Speisekammer des S Nahrungsmittel. – Weder ist der Diebstahl nach § 904 BGB gerechtfertigt noch der Hausfriedensbruch aus § 34.

5. Gefahrabwendungswille

200 Schließlich muss der Täter mit **Gefahrabwendungswillen** gehandelt haben („um die Gefahr abzuwenden"). Eine gewissenhafte Prüfung der objektiven Notstandsvoraussetzungen wurde von der Rechtsprechung vor Geltung des § 34 beim übergesetzlichen Notstand verlangt.[415] Eine Übertragung auf § 34 kommt nach heute h.M. nicht in Betracht.[416] Das Eingriffsrecht bestehe nicht aufgrund einer pflichtgemäßen Prüfung von Voraussetzungen, sondern aufgrund der vorliegenden Gefahr. Zudem lasse der Wortlaut der Vorschrift eine derartige Einschränkung nicht zu.[417]

---

410 Fischer § 34 Rdnr. 15.

411 NK-Neumann § 34 Rdnr. 93 unter Hinweis auf die frühere Auffassung von Binding, Handbuch des Strafrechts, 1885, Bd. I S. 785.

412 Hruschka JR 1979, 125, 126.

413 LK-Zieschang § 34 Rdnr. 70; MünchKomm/Erb § 34 Rdnr. 142.

414 Sch/Sch/Perron § 34 Rdnr. 42.

415 BGHSt 2, 111, 114; 3, 7, 12 vor Geltung des § 34.

416 Lackner/Kühl § 34 Rdnr. 13; NK-Neumann § 34 Rdnr. 110 m.w.N.

417 Sch/Sch/Perron § 34 Rdnr. 49.

Rechtfertigender Notstand, § 34

Notstandslage

Notstandsfähig ist jedes rechtlich anerkannte Interesse des Täters oder eines Dritten (dann: Notstandshilfe).	**Gefahr** besteht, wenn aufgrund tatsächlich vorliegender Umstände bei objektiver ex ante-Beurteilung der Eintritt eines Schadens wahrscheinlich ist.	**Gegenwärtig** ist die Gefahr, die jederzeit in einen Schaden umschlagen kann (akute Gefahr), auch dann, wenn der Schadenseintritt noch eine Zeit lang auf sich warten lässt, aber sofortiges Handeln erfordert (Dauergefahr).

Notstandshandlung

Die Gefahr darf **nicht anders als durch den Rechtsguteingriff abwendbar** sein, dieser muss also – wie bei § 32 – erforderlich sein.	**Es muss ein wesentliches Überwiegen des Erhaltungsguts gegenüber dem Eingriffsgut bestehen** (S. 1).
	Kriterien:
	▪ Abstraktes Rangverhältnis
	▪ Konkrete Bewertung
	  ▪ Intensität und Umfang des drohenden Schadens
	  ▪ Grad der drohenden Gefahr
	  ▪ Höhe der Rettungschance
	  ▪ Eingriff gegen den Gefahrurheber (§ 228 BGB analog, Defensivnotstand) oder gegen Dritten
		An der **Angemessenheit** (S. 2) der Tat kann es fehlen bei
		▪ Verstoß gegen Abwägungsverbot:
		  ▪ Leben gegen Leben
		  ▪ Medizinische Zwangsbehandlung
		  ▪ Menschenwürde (Folterverbot für Amtsträger)
		▪ Verstoß gegen oberste Rechtsprinzipien, wenn
		  ▪ zur Konfliktbewältigung rechtl. geordnete Verfahren existieren,
		  ▪ keine Rechtfertigung aus § 34 bei Nötigungsnotstand besteht
		▪ Duldungspflichten:
		  ▪ Wenn Duldung vom Gesetzgeber gewollte Folge einer anderen Regelung ist
		  ▪ Aus besonderer Rechtsstellung
		  ▪ Wegen verschuldeter Notstandslage

Gefahrabwendungswille

Kenntnis der Notstandslage und Zweckbezug der Handlung als Rettungsmaßnahme; gewissenhafte Prüfung ist nach h.Lit. nicht erforderlich.

V. Erziehungsrecht

201 Unbestritten ist schon lange, dass es für Lehrer oder andere Privatpersonen keinerlei Recht zu Körperverletzungen gibt, auch wenn ein erzieherischer Anlass besteht und die Handlung Erziehungszwecken dient.

Für Eltern und andere Personensorgeberechtigte gilt § 1631 Abs. 2 BGB, der körperliche Bestrafungen, seelische Verletzungen und andere entwürdigende Maßnahmen verbietet.

Durch diese gesetzliche Regelung ist nach h.M. ein gewohnheitsrechtliches Züchtigungsrecht als Rechtfertigungsgrund für eine Körperverletzung aufgehoben.

Das Verbot der körperlichen Bestrafung macht zugleich deutlich, dass nicht jede körperliche Einwirkung verboten ist. Das Festhalten des Babys auf dem Wickeltisch oder des Kindes vor der roten Ampel würde deshalb von dem Verbot nicht erfasst. Neben der körperlichen Bestrafung seien auch seelische Verletzungen Mittel, die in einer am Persönlichkeitsrecht des Kindes orientierten Erziehung keinen Raum hätten.[418]

Daher macht sich ein Elternteil, der sein Kind wegen dessen Fehlverhalten mit einer Ohrfeige züchtigt, wegen Körperverletzung gemäß § 223 Abs. 1, 1. Alt. strafbar.[419] *Für **Klausuren** werden gern Sachverhalte konstruiert, in denen der Täter glaubt, ein Züchtigungsrecht zu haben. Das sind dann klassische Fälle von Erlaubnisirrtum (siehe dazu AS-Skript Strafrecht AT 2 [2014]).*

C. Unrechtsausschlüsse wegen Handelns zum Schutz der Interessen des Rechtsgutträgers

I. Rechtfertigende erklärte Einwilligung

202 Bei allen Individualgütern außer dem Leben (Arg. aus § 216) kann der Rechtsgutinhaber auf den durch das Strafrecht gewährten Schutz verzichten. Wird dieser Verzicht geäußert, spricht man von **(erklärter) Einwilligung**. Eine generelle gesetzliche Regelung ihrer Voraussetzungen gibt es nicht. Dass der Gesetzgeber von der Existenz dieses Rechtfertigungsgrundes ausgeht, ergibt sich zunächst aus § 228. Die h.M. folgert aus der darin enthaltenen Formulierung „handelt nur dann rechtswidrig", dass die Einwilligung grds. einen **Rechtfertigungsgrund** darstellt.[420] Nach der Gegenauffassung wirkt die Einwilligung als Interessenpreisgabe und als Ausdruck verfassungsrechtlich abgesicherter Handlungsfreiheit generell tatbestandsausschließend[421] bzw. strafunrechtsausschließend.[422]

Für die h.M. spricht die neue Regelung der **Einwilligung im Rahmen des Behandlungsvertrags gemäß § 630 d BGB**. Dieser misst der Gesetzgeber ausdrücklich die Bedeutung bei, im Rahmen des Deliktsrechts die Rechtswidrigkeit eines Eingriffs in die körperliche Unversehrtheit im Rahmen einer ärztlichen Behandlungsmaßnahme zu besei-

---

418 BT-Drs. 14/1247, S. 8.

419 AG Burgwedel, Urt. v. 10.11.2004 – 64 DS 3643 Js 8475/04 (20/49).

420 Fischer Vor § 32 Rdnr. 3 b; Lackner/Kühl vor § 32 Rdnr. 15 f.; Sch/Sch/Lenckner/Sternberg-Lieben Vorbem. §§ 32 ff. Rdnr. 33.

421 Maurach/Zipf AT 1 § 17 Rdnr. 33; Roxin JuS 1988, 425, 426.

422 MünchKomm/Schlehofer Vor §§ 32 ff. Rdnr. 134 ff.

tigen.[423] Aufgrund des Grundsatzes der Einheitlichkeit der Rechtsordnung ist § 630 d BGB damit auch als Rechtfertigungsgrund im Rahmen der Körperverletzungsdelikte heranzuziehen.[424]

*Dieser Theorienstreit hat vorwiegend aufbautechnische Bedeutung, wirkt sich aber weder auf die Voraussetzungen der Einwilligung noch auf die Einzelfallergebnisse aus. Bei Unkenntnis einer objektiv gegebenen Einwilligung kommt man – wenn man auch subjektive Rechtfertigungselemente verlangt – nach beiden Konzeptionen bei der Vorsatztat zum Versuch und bei der Fahrlässigkeitstat zur Straflosigkeit. Nimmt der Täter irrtümlich die Voraussetzungen einer in Wahrheit nicht gegebenen Einwilligung an, entfällt eine Vorsatztat entweder wegen Tatbestandsirrtums oder wegen Erlaubnistatbestandsirrtums. Empfehlenswert ist es, in einer **Klausur** ohne ein Wort zum Aufbau die Einwilligung auf der Ebene der Rechtswidrigkeit zu prüfen. Liegt eine Einwilligung in eine ärztliche Heilbehandlung vor, sollten Sie die Prüfung an den §§ 630 d f. BGB ausrichten.*

Prüfungsschema zur erklärten rechtfertigenden Einwilligung
1. Rechtliche Zulässigkeit der Einwilligung
2. Erklärung des zur Disposition Berechtigten
3. Wirksamkeit der Erklärung
4. Handeln in Kenntnis und aufgrund der Einwilligung

1. Rechtliche Zulässigkeit

Da die Einwilligung den Verzicht auf strafrechtlichen Schutz des Rechtsguts bedeutet, ist sie nur bei solchen Tatbeständen zulässig, die ein Rechtsgut schützen, über das der **Inhaber auch verfügen** kann. **203**

Bei Tatbeständen, die ein **Rechtsgut der Allgemeinheit** schützen (z.B. §§ 153 ff., 267, 306 a) gibt es keine rechtfertigende Einwilligung. Auch in die **eigene Tötung durch aktive und gezielte Lebensverkürzung** kann der Sterbewillige nicht in einer für den Tötungstäter rechtfertigenden Weise einwilligen, weil der Schutz für das Individualrechtsgut Leben – wie § 216 zeigt – insoweit unverzichtbar ist (vgl. dazu AS-Skript Strafrecht BT 2 [2012], Rdnr. 60 ff.).

2. Erklärung des Berechtigten vor der Tat

Die Einwilligung muss **vom Rechtsgutinhaber** oder von einem zur Disposition über das Rechtsgut befugten Vertreter[425] **vor der Tat erteilt** worden sein **und zur Tatzeit noch fortbestehen.**[426] Die nachträgliche Zustimmung entfaltet keine Rechtfertigung der Straftat mehr. **204**

423 BT-Drs. 17/10488, S. 23.

424 Vgl. Paul/Schubert JuS 2013, 1007, 1009; Sommer RÜ 2013, 294, 299.

425 BGH, Beschl. v. 26.03.2003 – 1 StR 549/02, StV 2003, 397.

426 BGHSt 17, 359.

Die Einwilligung muss dabei **nach außen kundgegeben**, d.h. entweder ausdrücklich oder schlüssig erklärt worden sein (sog. **Willenserklärungstheorie**).[427] Nach einer Mindermeinung soll es dagegen genügen, dass der Rechtsgutträger seinen zustimmenden Willen nur innerlich gebildet hat (sog. **Willensrichtungstheorie**).[428] Rein passive Duldung oder gar nur Beobachtung des Vorgangs genügt jedenfalls nicht.

3. Wirksamkeit der Erklärung

a) Einwilligungsfähigkeit

205 Der Rechtsgutträger muss **einwilligungsfähig** gewesen sein. Allgemein wird dafür verlangt, dass der Rechtsgutträger **nach seiner geistigen und sittlichen Reife imstande ist, Bedeutung und Tragweite des gegen ihn gerichteten Eingriffs und des Verzichts auf den Schutz des Rechtsguts zu erkennen und sachgerecht zu beurteilen.**[429] Im Einzelnen:

Die Wirksamkeit der rechtfertigenden Einwilligung ist von den Kriterien zivilrechtlicher Geschäftsfähigkeit unabhängig und wird nur anhand **natürlicher Einsichts- und Urteilsfähigkeit** gemessen. Diese Urteilsfähigkeit kann auch bei minderjährigen Jugendlichen vorhanden sein. Nach allgemeiner Ansicht können daher solche Minderjährigen Eingriffe in höchstpersönliche Rechtsgüter erlauben.

Eine Meinungsgruppe macht von diesem Grundsatz eine Ausnahme, wenn es um Eingriffe **in Vermögensrechte geht**. Hier müssten die §§ 107 ff. BGB analog zur Beurteilung der Einwilligungsfähigkeit herangezogen werden, weil das, was einem Minderjährigen zivilrechtlich nicht möglich sei, auch strafrechtlich nicht ermöglicht werden könne.[430]

Im Einzelfall können Sonderregeln **Mindestaltersgrenzen** festschreiben, durch die die Vermutung zum Ausdruck gebracht wird, dass erst mit Erreichen der Altersstufe ausreichende Einsichts- und Urteilsfähigkeit gegeben sein kann.

Die Zustimmung zur Kastration kommt erst mit Vollendung des 25. Lebensjahres infrage (§ 2 Abs. 1 Nr. 3 KastrG). Die Organspende ist erst mit Erreichen der Volljährigkeit möglich (§ 8 Abs. 1 Nr. 1 a TPG).[431]

Ist der Minderjährige nach diesen Kriterien nicht einwilligungsfähig, kann die Einwilligung durch den **gesetzlichen Vertreter** (insbesondere die Eltern, vgl. §§ 1626, 1629 BGB) erklärt werden.

Schwierigkeiten bereitete die Einwilligung der Eltern in die religiös motivierte, aber medizinisch nicht indizierte **Beschneidung** des männlichen Kindes: Nach einer Entscheidung des LG Köln stellte diese eine strafbare Körperverletzung dar, da die von den Eltern erklärte Einwilligung nicht dem Kindeswohl i.S.d. § 1627 BGB entspreche und deshalb mangels Dispositionsbefugnis der Eltern unbeachtlich sei.[432] In Reaktion hierauf hat der Gesetzgeber mit **§ 1631 d BGB** eine Möglichkeit für die Eltern geschaffen, in

427 LK-Rönnau Vor § 32 Rdnr. 163.

428 KG JR 1954, 428; vgl. auch (mit eigener Systematik) MünchKomm/Schlehofer Vor §§ 32 ff. Rdnr. 152.

429 BGHSt 4, 88, 90; 12, 379, 383; Fischer § 228 Rdnr. 5; Wessels/Beulke/Satzger Rdnr. 374.

430 OLG Düsseldorf NZV 1991, 77; Sch/Sch/Lenckner/Sternberg-Lieben Vorbem. §§ 32 ff. Rdnr. 39.

431 Vgl. LK-Rönnau Vor § 32 Rdnr. 197 mit weiteren Beispielen.

432 LG Köln, Urt. v. 07.05.2012 – 151 Ns 169/11, RÜ 2012, 573; m. Anm. Jahn JuS 2012, 850;

die Beschneidung einzuwilligen. In der Literatur wurde diese Regelung kritisch aufgenommen, teilweise wurden gar Bedenken gegen die Verfassungsmäßigkeit der Vorschrift vorgebracht.[433]

Auch bei an sich einwilligungsfähigen Personen kann die **Einsichtsfähigkeit im Einzelfall** durch Geisteskrankheiten oder Bewusstseinsstörungen infolge von Rauschmittelgenuss ausgeschlossen sein.[434] Dafür genügt eine nicht unerhebliche Beeinträchtigung. Schuldunfähig braucht der Einwilligende nicht zu sein.

Beispiel: In BGHSt 4, 88 wurde die Einwilligung in eine Körperverletzung als unwirksam angesehen, weil der später Verletzte kurz vor der einverständlichen „Prügelei" vier Flaschen Bier getrunken hatte.

b) Ernstliche und willensmangelfreie Zustimmung

aa) Grundsätzlich unwirksam ist die durch Drohung, Täuschung und Irrtum beeinflusste Einwilligung[435] 206

bb) Eine Fehlvorstellung berührt aber die Wirksamkeit der Einwilligung nach umstrittener Meinung nur dann, wenn sie **rechtsgutbezogen** ist, d.h. wenn sich der Rechtsgutträger über Folgen, Bedeutung und Tragweite **gerade im Hinblick auf das verletzte Rechtsgut** nicht im Klaren ist.[436] Unbeachtlich sind dagegen Fehlvorstellungen über Begleitumstände des Eingriffs.[437] Die Gegenansicht lässt auch solche Irrtümer ausreichen, die sich auf eine etwaige Gegenleistung, verfolgte Zwecke, Motive oder andere Begleitumstände erstrecken.[438]

Willensmängel werden insbesondere im Zusammenhang mit **ärztlichen Eingriffen** bedeutsam. Lag **keine wirksame Aufklärung** vor, ist die Einwilligung unwirksam (§ 630 d Abs. 2 BGB). Der Eingriff ist dann nach herrschender Rechtsprechung eine rechtswidrige Körperverletzung gemäß § 223. Ob eine wirksame Aufklärung vorliegt, hängt davon ab, ob den Aufklärungspflichten aus § 630 e BGB genügt wurde. Die dortigen Pflichten gehen deutlich über die bisher von der Rechtsprechung vorgesehene sog. „Grundaufklärung" hinaus: Der behandelnde Arzt ist verpflichtet, den einwilligenden Patienten insbesondere über Art, Umfang und Durchführung der jeweiligen Maßnahme aufzuklären. Dabei hat er den Patienten darüber ins Bild zu setzen, inwieweit die Maßnahme notwendig oder sogar dringlich und darüber hinaus geeignet ist, einen bestimmten Behandlungserfolg herbeizuführen. Daneben muss der Arzt Alternativen zu der vorgeschlagenen Behandlungsmethode aufzeigen, sofern diese medizinisch gleichermaßen indiziert sind. Bei diesem Hinweis ist dann auf die wesentlichen unterschiedlichen Belastungen, Risiken und Heilungschancen einzugehen (Pflichtenkatalog aus § 630 e Abs. 1 BGB). Zum Kern der Patientenaufklärung über einen operativen Eingriff zählt darüber hinaus die Erläuterung des sicher oder regelmäßig eintretenden **post-operativen Zustands**. So kann etwa der Hinweis auf ein gegenüber dem Normalfall erhöhtes Wundinfektionsrisiko geboten sein. Ausnahmsweise ist auch über schwerwiegende Risiken einer Folge-

433 Vgl. Wessels/Beulke/Satzger Rdnr. 374; Walter JZ 2012, 1110; Isensee JZ 2013, 317, 324 ff.; kritisch Antomo Jura 2013, 425.
434 Vgl. OLG Frankfurt NStZ 1991, 235.
435 OLG Stuttgart MDR 1982, 952.
436 Sch/Sch/Lenckner/Sternberg-Lieben Vorbem. §§ 32 ff. Rdnr. 46.
437 Vgl. BGHSt 16, 309.
438 Rengier § 23 Rdnr. 27.

behandlung zu informieren, die trotz kunstgerechter Operation nötig werden kann, weil sich eine mit dieser verbundene Komplikationsgefahr verwirklicht. Für die ärztliche Hinweispflicht kommt es entscheidend nicht nur auf einen bestimmten Grad der Komplikationsdichte, sondern maßgeblich auch darauf an, ob das in Frage stehende **Risiko dem Eingriff spezifisch anhaftet** und bei seiner Verwirklichung die Lebensführung des Patienten besonders belastet. In solchen Fällen besteht zwischen einer ersten Operation und möglicherweise notwendig werdenden Folgebehandlungen ein enger Zusammenhang, der die Aufklärung über die Risiken der späteren Therapie schon vor dem ersten Eingriff erfordert.[439]

Zwischen dieser Aufklärung des Patienten, die grundsätzlich mündlich durch den behandelnden Arzt oder eine gleichermaßen qualifizierte Person durchgeführt werden muss (§ 630 e Abs. 2 S. 1 Nr. 1 BGB), und der Einwilligungserklärung muss gemäß § 630 e Abs. 2 S. 1 Nr. 2 BGB ein ausreichend bemessener Zeitraum liegen, um dem Patienten – als Ausfluss seines Selbstbestimmungsrechts – die Möglichkeit zu geben, frei einen Entschluss zu fassen. Maßgabe für die Art und Weise der Aufklärung muss für den Behandelnden letztlich die Verständlichkeit für den Patienten sein (§ 630 e Abs. 2 S. 1 Nr. 3 BGB), d.h. ihm soll kein medizinisches Fachwissen, sondern eine ausreichende Grundlage für seine Entscheidung vermittelt werden.[440]

207 **cc)** Fraglich ist, ob die wegen Willensmangels unwirksame erklärte Einwilligung durch einen Rückgriff auf den hypothetisch wirksam erklärten Willen „repariert" werden kann.

Fall 11: Hypothetische Einwilligung

Die P ist von Dr. X wegen eines Bandscheibenvorfalls operiert worden. Wochen nach dem Eingriff leidet sie immer noch an heftigen Schmerzen. Da sie das Vertrauen zu Dr. X verloren hat, begibt sie sich zu Dr. A. Dieser erkennt, dass sein Kollege offenbar versehentlich die falsche Bandscheibe operiert hat. Da er aber beruflich und privat viel mit Dr. X zu tun hat, verschleiert er den Kunstfehler gegenüber der Patientin und täuscht vor, die Operation müsse wegen eines „unvorhersehbaren Rezidivs" wiederholt werden. P willigt ein. Die Operation wird nach den medizinischen Standards ausgeführt und gelingt. Als P später erfährt, dass sie von Dr. A getäuscht wurde, erklärt sie, ihr sei dies letztlich gleichgültig. Entscheidend für ihre Zustimmung zur Operation sei gewesen, die Schmerzen loszuwerden.
Strafbarkeit des Dr. A? (Fall vereinfacht nach BGH, Beschl. v. 15.10.2003 – 1 StR 300/03, JR 2004, 251)

I. In Betracht kommt **Körperverletzung gemäß § 223 Abs. 1** durch die Operation.

1. Ob ärztliche Eingriffe den Tatbestand der Körperverletzung erfüllen, ist umstritten.

a) Die im Schrifttum überwiegend vertretene sog. Erfolgstheorie verneint dies, wenn der Eingriff – wie hier – medizinisch notwendig war und gelungen ist.[441]

439 So bereits vor der Regelung in §§ 630 d f. BGB: BGH, Urt. v. 22.12.2010 – 3 StR 239/10, RÜ 2011, 372 (Zitronensaft-Fall).
440 BT-Drs. 17/10488, S. 24.
441 Lackner/Kühl § 223 Rdnr. 8; LK-Lilie vor § 223 Rdnr. 3 ff.

b) Nach der Rechtsprechung ist jeder Eingriff in die körperliche Integrität tatbestandsmäßige Körperverletzung, und zwar auch dann, wenn er zu Heilzwecken und den medizinischen Standards gemäß ausgeführt worden ist.[442]

Die Auffassung der Rechtsprechung ist vorzuziehen. Die Konzeption des Schrifttums birgt die Gefahr einer Entmündigung des Patienten, weil es danach nur auf die Kunstgerechtigkeit des Eingriffs ankommt und nicht mehr darauf, ob dieser dem Willen des Patienten entsprach.

2. Nach dem Verständnis der Rechtsprechung von der objektiven Tatbestandsmäßigkeit ärztlicher Eingriffe handelte Dr. A mit Tatvorsatz, weil ihm bewusst war, dass er mit dem operativen Eingriff die körperliche Integrität der P verletzte.

3. Rechtfertigende Einwilligung?

a) Die dispositionsbefugte P hat die Zustimmung zu dem Eingriff erklärt.

b) Es lag allerdings ein rechtsgutbezogener Willensmangel vor, weil P über den tatsächlichen medizinischen Grund des Eingriffs von Dr. A getäuscht worden war. Da die Aufklärung demzufolge nicht den Vorgaben des § 630 e Abs. 1 BGB entsprach, ist sie gemäß § 630 d Abs. 2 BGB unwirksam.

c) Die Strafbarkeit könnte aber dennoch entfallen, weil P ihre Einwilligung in die **208**
zweite Operation auch dann erklärt hätte, wenn sie über den wahren Grund aufgeklärt worden wäre. Umstritten ist, ob und wie sich ein solcher **ex post ermittelter hypothetischer Wille auf eine irrtumsbehaftete erklärte Einwilligung** auswirkt:

aa) Für einen Teil des Schrifttums kann die mangels Einwilligung rechtswidrige Tat nicht im Nachhinein durch eine Fiktion des Willens ohne den Willensmangel wieder beseitigt werden. Wer dies bejahe, fordere den Arzt geradezu auf, eine vollständige Aufklärung zu unterlassen und sich dann im Nachhinein mit dem Grundsatz „in dubio pro reo" auf hypothetische Einwilligung zu berufen.[443]

bb) Eine andere Ansicht sieht in der Berücksichtigung des hypothetischen Willens auf Rechtswidrigkeitsebene strukturell dasselbe wie die Berücksichtigung rechtmäßigen Alternativverhaltens bei der Fahrlässigkeitstat. In beiden Fällen fehle der Pflichtwidrigkeitszusammenhang zwischen der (rechtspflichtwidrigen) Handlung und dem eingetretenen Taterfolg, also das Erfolgsunrecht.[444]

cc) **Nach gefestigter Rechtsprechung des BGH heilt der hypothetische Wille den tatsächlich vorhandenen Willensmangel.** In Zweifelsfällen soll dafür auch der Grundsatz „in dubio pro reo" gelten, d.h. zugunsten des Täters ist dann davon auszugehen, dass die Einwilligung auch bei ord-

---

442 Sog. Rechtfertigungslösung, vgl. BGHSt 11, 111; BGH, Urt. v. 23.10.2007 – 1 StR 238/07, NStZ 2008, 150; zum Streitstand ausführlich AS-Skript Strafrecht BT 2 (2012), Rdnr. 84.

443 Otto Jura 2004, 683; Puppe GA 2003, 796 ff; vgl. auch Sowada NStZ 2012, 1.

444 Geppert Jurakartei 2004 § 228/3; Kuhlen JR 2004, 227; LK-Rönnau Vor § 32 Rdnr. 230.

nungsgemäßer Aufklärung erfolgt wäre.[445] Diese „Heilungswirkung" tritt aber nur in Bezug auf den konkreten Willensmangel ein. Ist die Einwilligung aus anderen Gründen unwirksam – z.B. weil sie nur einen kunstgerechten, nicht aber einen tatsächlich grob fehlerhaften Eingriff deckte –, ist auch die hypothetische Einwilligung ohne Folgen.[446]

In der Literatur wird die Neuregelung in **§ 630 h Abs. 2 S. 2 BGB**, nach der eine hypothetische Einwilligung des Patienten den Arzt entlasten soll, teilweise als gesetzliche Bestätigung dieser Rechtsprechung angesehen.[447] Andere sehen die Übertragung nicht als zwingend an, da § 630 h BGB lediglich eine Beweislastregel enthalte und damit keine Aussage über die Rechtmäßigkeit des Heileingriffs treffe.[448]

Nach den beiden letztgenannten Meinungen wird der Irrtum der P über den medizinischen Grund der Operation kompensiert, weil nach ihrer späteren Bekundung feststeht, dass sie sich auch in Kenntnis der wahren Sachlage erneut hätte operieren lassen. Die Operation wurde ferner de lege artis durchgeführt, sodass die Einwilligung auch im Übrigen den Eingriff deckte. Dr. A ist damit trotz der fehlerhaften Aufklärung gerechtfertigt.

dd) Die erstgenannte Ansicht ist abzulehnen. Dass zwischen Willensmängeln und Einwilligung ein innerer Zusammenhang bestehen muss, ist auch sonst anerkannt. Das zeigt sich daran, dass nach h.M. nur „rechtsgutbezogene" Willensmängel die Wirksamkeit einer Einwilligung ausschließen. Insofern ist die Berücksichtigung des hypothetischen Willens nur eine Erweiterung dieses Gedankens. Dabei kann offenbleiben, ob die hypothetische Einwilligung ein eigenes Rechtsinstitut ist oder lediglich eine Rückausnahme bei Wirksamkeitsmängeln der erklärten Einwilligung.

II. Ein **Versuch der Körperverletzung gemäß §§ 223 Abs. 1, Abs. 2, 22, 23 Abs. 1** käme nur infrage, wenn Dr. A damit gerechnet hätte, dass die Einwilligung bei wahrheitsgemäßer Aufklärung über die Notwendigkeit der Operation versagt worden wäre. Dafür besteht jedoch kein Anhaltspunkt: Er hatte das Vertrauen der P, das nicht davon abhing, ob er den Fehler seines ärztlichen Kollegen offenbarte.

Ergebnis: Dr. A ist straflos.

Hypothetische Einwilligung und die nachfolgend zu besprechende mutmaßliche Einwilligung sind grundverschieden und dürfen auf keinen Fall verwechselt werden.

- *Auf die hypothetische Einwilligung kommt man zu sprechen, wenn eine **Einwilligungserklärung tatsächlich erteilt worden**, aber wegen Willensmängeln unwirksam ist.*
- *Bei der mutmaßlichen Einwilligung **fehlt schon die tatsächliche Zustimmung** und wird durch den im Tatzeitpunkt zu vermutenden Willen ersetzt.*

---

445 BGH, Beschl. v. 15.10.2003 – 1 StR 300/03, StV 2004, 376; ebenso Sch/Sch/Eser/Sternberg-Lieben § 223 Rdnr. 40.

446 BGH, Urt. v. 11.10.2011 – 1 StR 134/11, NStZ 2012, 205; Urt. v. 05.07.2007 – 4 StR 549/06, StV 2008, 189.

447 Paul/Schubert JuS 2013, 1007, 1009.

448 Conrad/Koranyi JuS 2013, 979.

c) Sittenverstoß, § 228

Bei Verletzung der Körperintegrität rechtfertigt die Einwilligung nicht, wenn **die Tat trotz der Einwilligung gegen die guten Sitten verstößt, § 228**. Diese Vorschrift begrenzt den Handlungsspielraum des Rechtsgutträgers und hat – bei Annahme eines Sittenverstoßes – strafbegründende Wirkung. Da der Begriff der guten Sitten in hohem Maß wertausfüllungsbedürftig ist, sind Bedenken an der verfassungsmäßigen Bestimmtheit laut geworden.[449] Rechtsprechung und h.M. teilen diese Bedenken nicht, legen § 228 aber inzwischen sehr restriktiv aus: **209**

aa) § 228 gilt ausschließlich bei den Körperverletzungsdelikten und ist auf andere disponible Rechtsgüter nicht übertragbar, weil von Verfassungs wegen die Entscheidungsfreiheit nur dort eingeschränkt werden darf, wo der Gesetzgeber dies ausdrücklich angeordnet hat.[450]

bb) Anknüpfung für das Sittenwidrigkeitsurteil ist **die Tat selbst. Es kommt darauf an, ob der Eingriff in die körperliche Integrität so schwer oder so lebensgefährlich ist, dass dadurch das Anstandsgefühl aller billig und gerecht Denkenden verletzt wird und deshalb ein Eingriff in das Selbstbestimmungsrecht des Opfers durch den Einwilligungsausschluss legitimiert ist.**

(1) Liegt danach keine gravierende Verletzung vor, kann der Einwilligungsausschluss nicht mehr damit begründet werden, dass etwa sittenwidrige Begleitumstände vorgelegen hätten[451] oder dass mit der Tat verwerfliche (Fern-)Ziele verfolgt worden seien.[452]

Beispiele:

Aus diesem Grund erachtet der BGH die Fremdverletzung durch eine vom Opfer gewollte **Rauschgiftinjektion** so lange nicht für sittenwidrig, wie das Opfer hierdurch nicht in Lebensgefahr gebracht wird.[453]

Demgemäß sind auch sexuell motivierte Verletzungen, die dem Opfer mit dessen Zustimmung beigebracht werden, nicht schon wegen ihres **sadomasochistischen** Charakters „sittenwidrig" i.S.d. § 228, sondern erst, wenn und weil sie das Opfer in Lebensgefahr bringen.[454]

(2) Der Zweck der Tat wird ausnahmsweise für den Ausschluss der Sittenwidrigkeit bedeutsam, nämlich wenn aufgrund der Schwere der Verletzung die Sittenwidrigkeit eigentlich gegeben wäre, dies aber durch einen positiven oder einsehbaren Zweck kompensiert wird.[455]

Beispiel: Lebensgefährliche Verletzung durch eine Notoperation zum Zweck der Lebenserhaltung.

---

449 Vgl. Amelung/Eymann JuS 2001, 937, 941 m.w.N.

450 Jescheck/Weigend § 34 III 1.

451 BGH NStZ 2000, 87.

452 BGH, Urt. v. 11.12.2003 – 3 StR 120/03, S. 11, BGHSt 49, 34, 41, RÜ 2004, 138.

453 Vgl. Amelung/Eymann JuS 2001, 937, 941 m.w.N.

454 BGH, Urt. v. 26.05.2004 – 2 StR 505/03, BGHSt 49, 166.

455 BGH, Urt. v. 26.05.2004 – 2 StR 505/03, BGHSt 49, 166, 171; Fischer § 228 Rdnr. 9 a f.

Fall 12: Grenzen der erklärten Einwilligung

S und W standen je einer Gruppe gewaltbereiter Fußballfans vor, die miteinander verfeindet waren. Anlässlich eines Spiels der unterstützten Vereine verabredeten sich die beiden Gruppen zur sog. „Dritten Halbzeit", einem gewaltsam geführten Wettstreit der Fanlager, unweit des Stadions. Zum verabredeten Zeitpunkt standen sich die beiden Gruppen mit je 30 Mitgliedern gegenüber. Den Beteiligten beider Gruppen war bewusst, dass es zu körperlichen Auseinandersetzungen kommen würde. Entsprechend dem unter derartigen Gruppen vorherrschenden „Ehrenkodex" führten die Beteiligten aber keinerlei Waffen oder andere Werkzeuge mit sich. Vielmehr sollte der Wettstreit mit Faustschlägen und Fußtritten ausgetragen werden. Weitergehende Absprachen wurden nicht getroffen, auch Kontrollen bzgl. der „Ausrüstung" erfolgten nicht. Im Rahmen der sich anschließenden Prügelei schlugen die Mitglieder der rivalisierenden Gruppen wechselseitig aufeinander ein. Dabei attackierte S den W und versetzte ihm derartig kräftige Schläge gegen den Oberkörper, dass dieser zu Boden stürzte. Anschließend trat S, der schwere Stiefel trug, mehrfach kräftig gegen den Kopf des am Boden liegenden W. Dieser erlitt eine Schädelprellung und musste stationär im Krankenhaus behandelt werden. Strafbarkeit des S wegen Körperverletzungsdelikten zum Nachteil des W?
(Fall abgewandelt nach BGH, Beschl. v. 20.02.2013 – 1 StR 585/12, RÜ 2013, 302)

I. S könnte sich wegen **Körperverletzung** gemäß **§ 223 Abs. 1** strafbar gemacht haben, indem er den W schlug und trat.

1. Tatbestand

a) S hat den W körperlich misshandelt und an der Gesundheit geschädigt. Die einzelnen Verletzungshandlungen richteten sich gegen dasselbe Tatopfer und wurden in zeitlichem und räumlichen Zusammenhang verwirklicht. Sie bilden deshalb eine tatbestandliche Bewertungseinheit, sodass nur eine einzige Körperverletzung vorliegt.

b) In Bezug auf alle Tatumstände handelte S vorsätzlich.

2. Die Rechtswidrigkeit der Tat könnte wegen **rechtfertigender Einwilligung** ausgeschlossen sein.

a) Dass das Rechtsgut der körperlichen Integrität der Disposition des Rechtsgutinhabers unterliegt, ergibt sich im Umkehrschluss aus § 228. Eine Einwilligung des W war daher zulässig.

b) Für die Kundgabe der Einwilligung genügt die schlüssige Erklärung. Hier kamen alle Gruppenmitglieder, darunter auch W, auf der Rasenfläche aufgrund der faktischen Übereinkunft zusammen, den zwischen beiden Gruppen vorherrschenden Konflikt mit Schlägen und Tritten auszutragen. In der Teilnahme an diesem „Wettstreit" liegt deshalb eine konkludente Einwilligung.

c) Allerdings könnte die Einwilligung gemäß **§ 228** wegen **Verstoßes gegen die guten Sitten** unwirksam sein. Wann ein solcher Sittenverstoß gegeben ist, wird unterschiedlich begründet.

aa) Nach einer Literaturauffassung wird auf den Zweck, also die Beweggründe und Ziele der Körperverletzungshandlung abgestellt.[456] Hiernach wäre aufgrund der Vermischung von sportlichem Wettstreit und von Gesetzes wegen verbotener Gewalt Sittenwidrigkeit zu bejahen.

bb) Eine andere Auffassung nimmt einen Verstoß gegen die guten Sitten erst an, wenn durch die Körperverletzung eine schwere Folge i.S.d. § 226 herbeigeführt worden ist.[457] Da es hier lediglich zu einer Schädelprellung kam, wäre die Einwilligung nach dieser Auffassung wirksam.

cc) Die Rechtsprechung stellt demgegenüber auf die aus ex-ante-Perspektive zu ermittelnden **Auswirkungen der Körperverletzung** ab.

(1) Der so bestimmte Gefährlichkeitsgrad der Körperverletzungshandlung führe zur Unwirksamkeit der Einwilligung, wenn sich hieraus eine konkrete Lebensgefahr für das Opfer ergebe.[458] Die Tritte gegen den Kopf des S waren generell, aber nicht konkret lebensgefährlich, sodass die Einwilligung grds. wirksam ist.

(2) Insbesondere bei **Gruppenschlägereien** leitet der BGH nunmehr die Gefährlichkeit nicht nur aus der Körperverletzungshandlung, sondern auch aus den Begleitumständen ab. Die Einwilligung ist danach unwirksam, wenn die **abstrakt-generelle Eskalationsgefahr** der Gruppenschlägerei nicht durch **Regularien** von vornherein sicher begrenzt wird. Selbst wenn derartige Regularien bestehen, ist die Einwilligung unwirksam, sofern das Vereinbarte nicht in ausreichend sicherer Weise für die Verhütung gravierender Körperverletzungen Sorge tragen kann. Hierfür spreche insbesondere die Regelung in **§ 231**, der als abstraktes Gefährdungsdelikt auf den Schutz von Leben und Gesundheit vor dem Gefährdungspotenzial von körperlichen Auseinandersetzungen zwischen mehreren Personen angelegt sei.[459] Der „Ehrenkodex" zwischen den Gruppen genügt als derartiges Regularium nicht. Darüber hinaus wurde die Einhaltung des Waffen- und Werkzeugverzichts nicht adäquat kontrolliert, sodass die Einwilligung hiernach unwirksam ist.

dd) Stellungnahme: Gegen die zweite Auffassung spricht, dass auch Verletzungshandlungen, die keine schwere Folge i.S.d. § 226 nach sich ziehen, eine Lebensgefahr beim Opfer bewirken und sich deshalb der Einwilligungssperre des § 216 nähern. Die Einwilligung ist mit den übrigen Auffassungen sittenwidrig und deshalb unwirksam.

2. S handelte zudem schuldhaft.

II. Die Tat ist auch als **gefährliche Körperverletzung** anzusehen, da S die Körperverletzung mittels des Stiefels als gefährliches Werkzeug (Nr. 2), mit den anderen Gruppen-

456 Lackner/Kühl § 228 Rdnr. 10 m.w.N.

457 Sch/Sch/Stree/Sternberg-Lieben § 228 Rdnr. 5; Jäger JA 2013, 634, 636.

458 BGHSt 49, 166, 173; 53, 55; Krey/Esser AT Rdnr. 664.

459 BGH, Beschl. v. 20.02.2013 – 1 StR 585/12, RÜ 2013, 302, 303 f.

mitgliedern gemeinschaftlich (Nr. 4) und durch die Tritte gegen den Kopf des am Boden liegenden W mittels einer das Leben generell gefährdende Behandlung (Nr. 5) begangen hat.

Ergebnis: S ist strafbar wegen gefährlicher Körperverletzung.

Zur Problematik der Einwilligung in die Fremdgefährdung im Zusammenhang mit einer Fahrlässigkeitstat s.u. Fall 23 Rdnr. 304.

4. Subjektives Rechtfertigungselement

210 Das Schrifttum lässt es genügen, dass der Täter nur die Umstände kannte, die die Einwilligung begründeten.[460] Überwiegend wird darüber hinaus verlangt, dass der Täter aufgrund der Einwilligung gehandelt haben müsse, um gerechtfertigt zu sein.[461]

II. Rechtfertigende mutmaßliche Einwilligung

211 Auch ohne ausdrückliche Erklärung kann das Verhalten des Täters dem im Tatzeitpunkt zu vermutenden Willen des Rechtsgutträgers entsprochen haben. Man spricht dann von **„mutmaßlicher Einwilligung"**. Diese wirkt ebenso wie die erklärte Einwilligung als **gewohnheitsrechtlich anerkannter Rechtfertigungsgrund**. Dieser ist mit § 630 d Abs. 1 S. 4 BGB für den Bereich der mutmaßlichen Einwilligung in ärztliche Heilbehandlungen ausdrücklich geregelt worden.

Den Charakter als Rechtfertigungsgrund bejahen auch diejenigen, die in der erklärten Einwilligung einen Tatbestandsausschluss sehen.[462]

*Auf die mutmaßliche Einwilligung ist immer dann einzugehen, wenn nach der Sachlage eine wirksame Einwilligung nicht eingeholt werden kann, nach den Umständen aber zu erwarten ist, dass der Rechtsgutträger seine Zustimmung erteilt hätte, weil der Rechtsguteingriff in seinem Interesse liegt **(Prinzip der Geschäftsführung ohne Auftrag)** oder weil er an der Rechtsguterhaltung kein Interesse hat **(Prinzip des mangelnden Interesses)**.*

Die zivilrechtlichen Regeln der Geschäftsführung ohne Auftrag, §§ 677 ff. BGB, haben demgegenüber nach h.M. keine unmittelbare Bedeutung im Strafrecht, weil sie nur den internen Aufwendungs- und Schadensausgleich regeln.[463]

Prüfschema: Mutmaßliche rechtfertigende Einwilligung
1. Subsidiarität
2. Rechtliche Möglichkeit eines wirksamen Rechtsschutzverzichts
3. Übereinstimmung mit mutmaßlichem Willen
4. Subjektives Rechtfertigungselement

460 Frister S. 188 ff.

461 LK-Rönnau Vor § 32 Rdnr. 211; Wessels/Beulke/Satzger Rdnr. 379.

462 Roxin § 18 Rdnr. 3.

463 Jescheck/Weigend § 34 VII 2; a.A. Schroth JuS 1992, 476.

1. Subsidiarität gegenüber dem entgegenstehenden Willen oder einer einholbaren Einwilligung

a) Ein erkennbar entgegenstehender Wille des Rechtsgutträgers – mag er bei objektiver Betrachtung auch unvernünftig sein – **ist stets zu beachten** und rechtfertigt ein davon abweichendes Verhalten jedenfalls nicht unter dem Gesichtspunkt der mutmaßlichen Einwilligung.[464] 212

Möglich bleibt in solchen Fällen nur eine Rechtfertigung aus Notstand gemäß § 34, sofern die Tat wegen Eingriffs in unantastbare Freiheitsrechte des Betroffenen nicht unangemessen ist.

b) Grds. muss der Rechtsgutträger **vorher gefragt** werden. 213

aa) Bei Handeln im Interesse des Verletzten kann sich der Täter nur auf mutmaßliche Einwilligung stützen, wenn die Entscheidung des Betroffenen nicht rechtzeitig eingeholt werden kann. Ist dies ohne größere Gefahr für den Betroffenen möglich, muss grds. dessen Entscheidung **abgewartet** werden; keinesfalls darf das Selbstbestimmungsrecht des Rechtsgutträgers durch vorschnellen Zugriff auf die mutmaßliche Einwilligung überspielt werden.[465]

Bei ärztlichen Eingriffen muss abgewogen werden zwischen dem Selbstbestimmungsrecht des Patienten einerseits und medizinischer Notwendigkeit andererseits. Relevant wird diese Frage speziell bei **Operationserweiterungen**, die der Chirurg bei dem narkotisierten – und deshalb nicht mehr befragbaren – Patienten auf dem OP-Tisch für medizinisch geboten erachtet. Auf eine vorherige Befragung nach zwischenzeitlichem Abbruch der Operation kann in diesen Fällen (soweit der geäußerte Patientenwille nicht sowieso entgegensteht) verzichtet werden, wenn sich die Behandlung bzw. Operationserweiterung als „unaufschiebbare Maßnahme" darstellt (§ 630 d Abs. 1 S. 2 BGB). Eine solche ist gegeben, wenn die Befragung zu einer Verzögerung des Eingriffs führen würde,

- die ein lebensgefährliches Risiko für den Patienten begründen würde (vitale Indikation)
- oder durch die zusätzliche erhebliche Komplikationen eintreten könnten, die ohne den erweiterten Eingriff nicht eintreten würden (akute Indikation).[466]

bb) Beruht der Eingriff auf dem Prinzip **mangelnden Interesses**, ist eine **vorherige Befragung des Rechtsgutträgers in aller Regel entbehrlich**. Hat der Rechtsgutträger kein Interesse an der Erhaltung des betroffenen Rechtsguts, ist davon auszugehen, dass er auch kein Interesse an vorheriger Befragung hat.[467]

Beispiel: Um ein größeres Trinkgeld zu bekommen, beseitigt der Blumenbote unmittelbar vor der Auslieferung eines Blumenstraußes die hässliche Papierverpackung und wirft sie fort. – Keine Sachbeschädigung gemäß § 303 an dem Papier. Sofern man nicht schon den tatbestandlichen Schutz bei solchen fremden Sachen verneint, an deren Erhaltung der Eigentümer keinerlei vernünftiges Interesse besitzt,[468] entfällt die Rechtswidrigkeit aus dem Gesichtspunkt der mutmaßlichen Einwilligung. Eine vorherige Befragung ist wegen des mangelnden Interesses des Blumenabsenders an dem Verpackungspapier entbehrlich.

464 Sch/Sch/Lenckner/Sternberg-Lieben Vorbem. §§ 32 ff. Rdnr. 57.
465 Maurach/Zipf AT 1 § 28 Rdnr. 12.
466 BGHSt 35, 246 ff.; 45, 219 ff.; vgl. auch BT-Drs. 17/10488, S. 24.
467 Sch/Sch/Lenckner/Sternberg-Lieben Vorbem. §§ 32 ff. Rdnr. 54.
468 So Sch/Sch/Stree § 303 Rdnr. 3.

2. Rechtliche Möglichkeit eines wirksamen Rechtsschutzverzichts

214 **a)** Das verletzte Rechtsgut muss **dispositionsfähig** sein.

Dispositionsfähig sind alle höchstpersönlichen Rechtsgüter, im Fall des unheilbar erkrankten, schwerstleidenden Patienten sogar dessen eigenes Leben. Unter dem Gesichtspunkt des **Behandlungsabbruchs** ist nach der Rechtsprechung auch der Verzicht auf lebenserhaltende Maßnahmen möglich (vgl. dazu ausführlich AS-Skript Strafrecht BT 2 [2012], Rdnr. 66 ff.).

b) Die mutmaßliche Einwilligung ist auf den **Zeitpunkt der Tat** zu beziehen.

c) Abzustellen ist auf den mutmaßlichen Willen des **Rechtsgutinhabers** und bei seiner Einwilligungsunfähigkeit auf den mutmaßlichen Willen des gesetzlichen Vertreters.

d) Soweit **§ 228** eine erklärte Einwilligung unwirksam machen würde, sperrt er auch eine Rechtfertigung aus mutmaßlicher Einwilligung.

3. Übereinstimmung mit dem mutmaßlichen Willen

215 Entscheidend dafür, ob die Handlung tatsächlich dem mutmaßlichen Willen des Rechtsgutinhabers entspricht, ist ein ex ante-Maßstab, also die Situation im Tatzeitpunkt. Kriterien sind in erster Linie die persönlichen Umstände des Betroffenen, seine individuellen Interessen, Wünsche, Bedürfnisse und Wertvorstellungen. Objektive Kriterien, insbesondere die Beurteilung einer Maßnahme als gemeinhin vernünftig und normal sowie den Interessen eines verständigen Betroffenen üblicherweise entsprechend, haben keine eigenständige Bedeutung, sondern sind lediglich Indizien für die Ermittlung des hypothetischen Willens. **Liegen aber keine Anhaltspunkte dafür vor, dass sich der Betroffene anders entschieden hätte, wird davon auszugehen sein, dass sein hypothetischer Wille mit dem übereinstimmt, was gemeinhin als normal und vernünftig angesehen wird.**[469]

4. Subjektives Rechtfertigungselement

216 Der Täter muss die **Absicht haben, im Sinne des Einwilligungsberechtigten zu handeln**. Darüber hinaus verlangt die h.M., dass er die für den hypothetischen Willen des Rechtsgutträgers bedeutsamen Umstände gewissenhaft geprüft hat.[470]

Auf diesen Gesichtspunkt kommt es an, wenn sich im Nachhinein herausstellt, dass die Tat nicht dem Willen des Rechtsgutträgers entsprach. Konnte der Täter aufgrund gewissenhafter Prüfung zu dem Ergebnis gelangen, dass er sich im Einklang mit dem hypothetischen Willen des Betroffenen befand, so bleibt die Tat aus mutmaßlicher Einwilligung rechtmäßig.

III. Die tatbestandsausschließende Einwilligung (Einverständnis)

217 In der Regel kann man die tatbestandliche Verletzung eines Individualguts unabhängig davon feststellen, ob der Rechtsgutträger sie gewollt hat oder nicht.

---

469 BGH NJW 1988, 2310, 2311.

470 BayObLG JZ 1983, 268; OLG Düsseldorf NZV 1991, 77; Jescheck/Weigend § 34 VII 3; Maurach/Zipf AT 1 § 28 Rdnr. 15; Sch/Sch/Lenckner/Sternberg-Lieben Vorbem. §§ 32 ff. Rdnr. 58.

Beispiel:

Ob eine Sache i.S.v. § 303 beschädigt ist, ergibt sich schon durch ihre Inaugenscheinnahme und Funktionsprüfung.

In all diesen Fällen wirkt der erklärte Rechtsschutzverzicht als Einwilligung und Rechtfertigungsgrund.

Nun kennt das Strafrecht viele Vorschriften, in denen der entgegenstehende Wille des Rechtsgutträgers **bereits Teil der Deliktsbeschreibung** ist. Dies kann dadurch geschehen, dass

- als Tatbestandsmerkmal ein Handeln **„wider Willen"** oder **„gegen den Willen"** des Betroffenen verlangt wird (z.B. § 248 b);
- ein Tatbestandsmerkmal enthalten ist, das seiner **Definition** nach nur gegeben sein kann, wenn gegen oder ohne den Willen gehandelt wurde (z.B. „der Freiheit berauben" in § 239, „wegnehmen" in § 242; „Pflichtverletzung" in § 266).

In diesen Fällen schließt die Zustimmung des Rechtsgutträgers immer schon den Tatbestand aus. Man spricht von **tatbestandsausschließender Einwilligung** oder kurz: **Einverständnis**.

Allgemein gültige Regeln für das Einverständnis gibt es nicht. Die in den verschiedenen Tatbeständen umschriebenen Positionen, die vom Willen des Rechtsgutträgers abhängig sind, sind dafür zu unterschiedlich; außerdem ist die Art und Weise, wie der Täter auf den Willen des Rechtsgutträgers einwirken kann, von einem zum anderen Tatbestand verschieden. Die Voraussetzungen des Einverständnisses sind deshalb **allein durch Auslegung des jeweiligen Tatbestandsmerkmals** zu ermitteln.[471]

Beispiele: Der Tatbestand des § 177 ist ausgeschlossen, wenn der Täter die geschlechtliche Hingabe durch Täuschung bewirkt hat. Bei § 239 dagegen ist das Einverständnis in den Verlust der Fortbewegungsfreiheit unwirksam, wenn es durch List erreicht worden ist.[472]

Als grobe Orientierung genügt folgende Unterscheidung: **218**

- Dort, wo die Zustimmung rechtsgeschäftsähnlich wirkt, also eine **normative Disposition des Rechtsgutträgers** nach Sinn und Zweck des jeweiligen Tatbestands erforderlich ist, kommt es nicht allein auf das Vorhandensein des Verzichtswillens an. **Vielmehr muss dieser auch wirksam gebildet worden sein.** Die Voraussetzungen des Einverständnisses decken sich hier weitgehend mit denen der rechtfertigenden Einwilligung. Insbesondere sind rechtsgutbezogene Willensmängel beachtlich.

  Beispiele:

  Einwilligung in die Zueignung, durch die die Rechtswidrigkeit der Zueignung als Tatbestandsmerkmal (bei §§ 242, 246) entfällt.

  Einwilligung in die vermögensschädigende Handlung bei der Untreue, § 266.

- Soweit in dem jeweiligen Tatbestand eine Position umschrieben wird, die allein durch einen **Realakt** zugunsten des Täters aufgehoben werden kann, genügt es,

---

471 Kindhäuser § 12 Rdnr. 39.

472 Lackner/Kühl § 239 Rdnr. 5.

dass der **tatsächliche Wille vorhanden war, auf die fragliche Position zu verzichten**. Dafür ist nur die natürliche Willensfähigkeit des Einwilligenden im Tatzeitpunkt erforderlich; Irrtümer sind grds. unbeachtlich. Das Einverständnis wirkt auch ohne Kenntnis des Täters.

Hauptfälle: Einverständnis in den Gewahrsamswechsel bei der Wegnahme, § 242; Zutrittserlaubnis durch den Hausrechtsinhaber (siehe dazu den nachfolgenden Fall).

Kein Einverständnis liegt dagegen vor, wenn die „Zustimmung" erzwungen worden ist.

Fall 13: Einverständnis zum Betreten einer Wohnung und zum Gewahrsamsverlust

Der Kleinkriminelle K arbeitet mit folgendem Trick, um sich in den Besitz teurer Teppiche zu bringen: Er schellt bei alleinstehenden älteren Frauen, stellt sich diesen als „Repräsentant der Firma Carpet-Clean" vor und verschafft sich Wohnungseinlass, indem er anbietet, den besten Bodenbelag im Hause mit einem neuartigen Spezialreinigungsgerät zu säubern. Zur Demonstration schüttet K – nach vorheriger Erlaubnis durch die Wohnungsinhaberin – eine dunkelbraune und übel riechende Flüssigkeit über den Teppich. Als er dann wortreich mit der Vorführung beginnt, fällt das Gerät „ganz unvorhergesehen" (in Wahrheit wegen eines eingebauten Stromunterbrechers) aus. K spiegelt daraufhin Bestürzung vor und bietet sofort an, den Teppich für eine kostenlose Reinigung mitzunehmen. Zögern der Hausfrauen überwindet K schnell dadurch, dass er gratis eine Farbauffrischung und Appretur „als Trostpflaster" anbietet. Mit dem Versprechen, die Reinigung bis zum nächsten Abend durchgeführt und den Teppich zurückgebracht zu haben, werden die Tatopfer beruhigt, und diese sehen zu, wie ihr Perser aus der Wohnung getragen wird. Zu Hause angekommen, beseitigt K den Fleck mit einem Spezialmittel und veräußert den Teppich sofort weiter an den Hehler H. Auch die Witwe W wurde auf diese Weise geschädigt.
Wie hat sich K ihr gegenüber strafbar gemacht? Etwa erforderliche Anträge sind gestellt.

I. Durch das Betreten der Wohnung könnte ein **Hausfriedensbruch gemäß § 123 Abs. 1, 1. Alt.** begangen worden sein.

1. Geschützte Räumlichkeit war die Wohnung der W.

2. Die Tathandlung des Eindringens verwirklicht, wer gegen bzw. ohne den Willen des Berechtigten zumindest mit einem Teil seines Körpers in die geschützten Räume gelangt.[473] Das Tatbestandsmerkmal entfällt also schon dann, wenn eine wirksame Erlaubnis zum Betreten durch den Hausrechtsinhaber gegeben ist, also durch ein **Einverständnis**. Hier hat W als Hausrechtsinhaberin dem K ausdrücklich den Zutritt gestattet, doch ist fraglich, ob ihre Erlaubnis zum Betreten der Wohnung wirksam war, weil sie über die wahren deliktischen Zwecke des K getäuscht wurde.

473 Sch/Sch/Lenckner/Sternberg-Lieben § 123 Rdnr. 11 f.

a) Eine ältere Auffassung leitet aus dem Merkmal „Eindringen" ab, dass jede Überwindung des dem Täter erkennbaren Widerstands tatbestandsmäßig sei. Auch bei einer erschlichenen Zustimmung des Hausrechtsinhabers überwinde der Täter dessen „an sich" entgegenstehenden Willen, indem er ihn täusche. Ein wirksames Einverständnis, das nach dieser Auffassung durch Kenntnis der wahren Sachlage und Freiheit von Nötigungsdruck gekennzeichnet ist, lag dann bei W nicht vor.[474]

b) Die herrschende Gegenmeinung betont den faktischen Charakter der Zutrittserlaubnis und verlangt für das Einverständnis nur, dass im Zeitpunkt des Betretens der tatsächliche Wille des Hausrechtsinhabers vorhanden war, den Zutritt zu gestatten. Dieser Wille sei auch dann wirksam, wenn er durch Täuschung manipuliert wurde. Erst wenn der Zutritt erzwungen oder ein Hausverbot durch Identitätstäuschung umgangen werde, sei kein Einverständnis mehr gegeben.[475]

Folgt man der h.M., scheidet ein Hausfriedensbruch durch K aus.

II. **Sachbeschädigung** durch Beschmutzen des Teppichs, **§ 303 Abs. 1, 1. Alt**?

1. Der im Eigentum der W stehende Teppich war für K eine fremde Sache. In dem Beschütten mit der übel riechenden Flüssigkeit liegt eine Einwirkung, die – wegen der Möglichkeit spurenloser Beseitigung – zwar keine Substanz-, wohl aber eine wesentliche Funktionsbeeinträchtigung des Bodenbelags herbeigeführt hat und damit eine Beschädigung darstellte.[476]

   Dass dies mit dem Willen der W geschah, ist unbeachtlich. Da sich die Tatbestandsverwirklichung ganz ohne Berücksichtigung des Willens des Rechtsgutträgers ermitteln lässt, hat die Einwilligung des Rechtsgutträgers nur auf der Rechtfertigungsebene Bedeutung.

2. K handelte auch vorsätzlich.

3. Eine rechtfertigende Einwilligung lag nicht vor. Zwar hat W dem K erlaubt, die Flüssigkeit zu verschütten. Diese Erklärung war jedoch durch die rechtsgutbezogene Täuschung des K veranlasst worden, dass die dadurch bewirkte Funktionsbeeinträchtigung nur ganz vorübergehender Natur sei.

4. K handelte schuldhaft. Der nach § 303 c erforderliche Strafantrag ist gestellt.

III. **Diebstahl** durch Abtransport des Teppichs, **§ 242 Abs. 1**?

Der Teppich war für K eine fremde bewegliche Sache. Er hätte ihn weggenommen, wenn in dem Fortschaffen ein Gewahrsamsbruch läge. Das setzt voraus, dass die mit dem Einladen in den Wagen bewirkte Gewahrsamsverschiebung an dem Teppich gegen den Willen der W vollzogen wurde. Da W dies jedoch geschehen ließ, könnte der Tatbestand wegen Einverständnisses ausgeschlossen sein. Voraussetzung dafür

---

474 Vgl. OLG München NJW 1972, 2275; Amelung/Schall JuS 1975, 565, 567; Maurach/Schroeder/Maiwald BT 1, 9. Aufl., § 30 Rdnr. 13.

475 Lackner/Kühl § 123 Rdnr. 5; Sch/Sch/Lenckner/Sternberg-Lieben § 123 Rdnr. 22; Fischer § 123 Rdnr. 23; SK-Rudolphi/Stein § 123 Rdnr. 18 b; Wessels/Hettinger BT 1, 28. Aufl., Rdnr. 588.

476 Vgl. OLG Frankfurt NJW 1987, 389; Stree JuS 1988, 187, 190 zur Verschmutzung eines Oberhemdes mit Bier.

ist, dass sich das Opfer im Zeitpunkt des Verlustes der tatsächlichen Herrschaft darüber bewusst ist, den Gewahrsam nicht nur zu lockern, sondern völlig preiszugeben. Ausreichend ist der natürliche Wille; auch ein durch Täuschung erschlichenes Einverständnis ist wirksam. Nur wenn das Opfer in eine Zwangssituation gebracht wird, die ihm die Vorstellung vermittelt, gegen den Gewahrsamsverlust letztlich nichts unternehmen zu können, wird ein Einverständnis abgelehnt (ausführlich dazu AS-Skript Strafrecht BT 1 [2014], Rdnr. 72 f.).[477] Hier war sich W darüber klar, den tatsächlichen Zugriff auf den Teppich zu verlieren. Dass sie glaubte, das Inventarstück am nächsten Tag zurückzuerhalten, ändert hieran nichts. Da K den Willen durch Täuschung manipuliert hat, ohne Zwangsmittel anzuwenden, lag ein wirksames Einverständnis in den Gewahrsamswechsel vor. Eine Wegnahme als Diebstahlsvoraussetzung scheidet aus.

IV. Gegeben ist **(Sach-)Betrug gemäß § 263 Abs. 1**, denn K hat die W über die Rückgabewilligkeit getäuscht, sie in einen entsprechenden Irrtum versetzt und die Duldung des Gewahrsamsentzugs als vermögensschädigende Verfügung veranlasst. Er handelte vorsätzlich und in der Absicht, sich durch die Besitzerlangung an dem Teppich rechtswidrig zu bereichern. Rechtswidrigkeit und Schuld unterliegen ebenfalls keinen Bedenken.

V. Eine Bestrafung aus **Unterschlagung gemäß § 246 Abs. 1** wegen des anschließenden Verkaufs kommt nicht mehr in Betracht. Da sich K durch den Sachbetrug Eigenbesitz unter Ausschluss der Berechtigten W verschafft hat und diesbezüglich strafbar ist, liegt keine tatbestandsmäßige Unterschlagungshandlung vor.[478] Die herrschende Literatur bejaht zwar die Begriffsmerkmale der Unterschlagung, lässt diese aber als mitbestrafte Nachtat hinter den Betrug zurücktreten.[479]

Ergebnis: K ist strafbar wegen Sachbeschädigung in Tatmehrheit mit Betrug.

IV. Keine Anerkennung eines „mutmaßlichen Einverständnisses"

219 Wenn die erklärte Einwilligung und die mutmaßliche Einwilligung dieselbe Wirkung als Rechtfertigungsgrund haben und wenn das erklärte Einverständnis des Opfers bereits von seinem Willen abhängige Tatbestände ausschließt, könnte man folgern, dass bei solchen Tatbeständen auch der mutmaßliche Wille schon die Tatbestandsmäßigkeit beseitigt.

Beispiele: Betreten einer Wohnung in Abwesenheit des Bewohners zur Bekämpfung eines Brandes oder Wasserrohrbruchs (§ 123); unbefugte Fahrzeugbenutzung, um der Feuerwehr Platz zu machen (§ 248 b).

Diese Frage ist unabhängig davon, ob das fragliche Merkmal verwirklicht ist, wenn der Täter „ohne den Willen des Berechtigten" gehandelt hat (so z.B. eine Meinung zum „Eindringen" in § 123 Abs. 1, 1. Alt.),[480] oder ob dafür ein Handeln „gegen den Willen des Berechtigten" verlangt wird (wie in § 248 b oder wie die h.M. die Tathandlung in § 123 Abs. 1, 1. Alt. auslegt).[481] Bei natürlichem Sprachverständnis

---

477 Vgl. OLG Düsseldorf NJW 1990, 923.

478 BGHSt 14, 38, 43 f.

479 Maurach/Schroeder/Maiwald BT 1, 9. Aufl., § 34 Rdnr. 23 m.w.N.

480 SK-Rudolphi/Stein § 123 Rdnr. 13.

481 MünchKomm/Schäfer § 123 Rdnr. 27.

besteht zwar ein Unterschied, weil „ohne Willen des Berechtigten" schon dann gehandelt wird, wenn der Berechtigte von dem Vorgang nichts weiß, während ein Handeln „gegen den Willen" erst erfüllt ist, wenn der Berechtigte tatsächlich einen entgegenstehenden Willen gebildet hat. Diesen Unterschied ebnet die ganz h.M. aber dadurch ein, dass sie für einen entgegenstehenden Willen auch schon einen mutmaßlich entgegenstehenden Willen ausreichen lässt.[482]

Eine Mindermeinung im Schrifttum bejaht die Existenz eines mutmaßlichen Einverständnisses generell. Die Delikte, die ein Handeln unter Überwindung eines besonderen Opferwillens voraussetzten, ließen sich mit einer verwaltungsrechtlichen Erlaubnis mit Verbotsvorbehalt vergleichen. Solange der Täter mit dem erklärten oder auch nur gemutmaßten Willen des Berechtigten im Einklang handele, sei das tatbestandsbegründende Verbot nicht erfüllt.[483]

Die ganz h.M. versagt dagegen dem mutmaßlichen Einverständnis die allgemeine Anerkennung als Tatbestandsausschluss. Sie berücksichtigt den zu vermutenden Willen des Opfers ausschließlich als Rechtfertigungsgrund bei der mutmaßlichen Einwilligung.[484] Ein Argument dafür ist, dass die mutmaßliche Einwilligung nicht wie das erklärte Einverständnis Ausdruck einer verbindlichen, Rechtsschutz verkürzenden Entscheidung des Rechtsgutinhabers ist, sondern eher einer wenn auch auf das Opfer bezogenen Interessenabwägung. Für solche Abwägungen ist die Rechtswidrigkeitsstufe nach der Gesetzessystematik der richtige Standort.

Die Streitfrage wirkt sich im Ergebnis nicht aus. In einer ***Strafrechtsklausur*** *sollten Sie sie nicht diskutieren, sondern bei der Tatbestandsmäßigkeit nur kurz darauf hinweisen, dass die mutmaßliche Zustimmung des Opfers hier noch keine Rolle spielt. Kommen Sie dann bei der Rechtswidrigkeit ohne weitere Erläuterungen sofort auf die mutmaßliche Einwilligung zu sprechen.*

---

482 Z.B. LK-Lilie § 123 Rdnr. 46; Sch/Sch/Eser/Bosch § 248 b Rdnr. 7; gegen die Zulässigkeit einer solchen strafbegründenden Mutmaßung Marlie JA 2007, 112, 115.

483 Merzig/Lange JuS 2000, 446 ff.; vgl. auch Fischer Vor § 32 Rdnr. 4.

484 Jescheck/Weigend S. 387, FN 75; LK-Rönnnau Vor § 32 Rdnr. 216; Marlie JA 2007, 112.

Tatbestandsausschließende Einwilligung (= Einverständnis)

Möglich bei Delikten, deren Tatbestandserfüllung nicht ohne Rücksicht auf den Willen des Rechtsgutträgers feststellbar ist. Voraussetzungen:

Bei tätergünstigem Realakt:

- Natürlicher Wille des Rechtsgutträgers im Tatzeitpunkt genügt; Irrtümer sind unbeachtlich
- Kenntnis des Täters ist nicht erforderlich

Bei normativem Rechtsschutzverzicht:

- Dieselben Voraussetzungen wie bei der rechtfertigenden Einwilligung

Rechtfertigende erklärte Einwilligung

- Die Einwilligung muss **rechtlich zulässig** sein. Das ist grds. nur bei Individualrechtsgütern (außer Leben, Argument aus § 216) der Fall.
- Die Einwilligung muss von dem zur Disposition über das Rechtsgut Berechtigten **vor der Tat erteilt** worden sein **und zur Tatzeit noch fortbestehen**.
- Der Rechtsschutzverzicht muss **nach außen kundgegeben**, d.h. nach h.M. ausdrücklich oder schlüssig erklärt worden sein.
- Der Rechtsgutträger muss **einwilligungsfähig**, also nach seiner geistigen und sittlichen Reife imstande sein, Bedeutung und Tragweite des gegen ihn gerichteten Eingriffs und des Verzichts auf den Schutz des Rechtsguts zu erkennen und sachgerecht zu beurteilen. Entscheidend ist **nur die natürliche Einsichts- und Urteilsfähigkeit**.
- Die Einwilligung muss **ernstlich und frei von rechtsgutbezogenen Willensmängeln** sein. Lag ein solcher Willensmangel vor, ist er nach h.M. unbeachtlich, wenn der Rechtsgutträger auch ohne diesen Willensmangel eingewilligt hätte (hypothetische Einwilligung).
- Bei Körperverletzungen darf die Tat **nicht gegen die guten Sitten** verstoßen, § 228. Die Vorschrift gilt nur für Körperverletzungsdelikte. Die Sittenwidrigkeit ist erst bei Einwilligung in lebensgefährliche Verletzungen gegeben. Sonstige, das Anstandsgefühl aller verletzende Umstände oder Zwecke sind unbeachtlich. Bei Einwilligung in schwere Verletzungen kann die Sittenwidrigkeit ausnahmsweise bei positiven oder einsehbaren Zwecken entfallen.
- Subjektiv: Handeln in Kenntnis und aufgrund der Einwilligung

Rechtfertigende mutmaßliche Einwilligung

- **Subsidiarität**
  - Ein **erkennbar entgegenstehender Wille des Rechtsgutträgers schließt eine Rechtfertigung aus mutmaßlicher Einwilligung aus**.
  - **Vorherige Befragung des Rechtsgutträgers** bei Handeln im Interesse des Verletzten immer erforderlich, sofern die Befragung ohne größere Gefahr für den Betroffenen möglich ist. Bei offensichtlich mangelndem Interesse ist eine vorherige Befragung des Rechtsgutträgers regelmäßig entbehrlich.
- Bis auf die Einwilligungserklärung selbst gelten **dieselben Maßstäbe wie bei der erklärten Einwilligung**
  - Dispositionsbefugnis
  - Abzustellen ist auf den Zeitpunkt der Tat
  - Abzustellen ist auf die Person des Rechtsgutinhabers
  - § 228 gilt auch hier
- Übereinstimmung mit dem mutmaßlichen Willen des Rechtsgutträgers
  - Ex ante-Beurteilung allein in Bezug auf die Person des Betroffenen; objektive Kriterien haben nur Indizwirkung
- Subjektiv: Absicht, i.S.d. Einwilligungsberechtigten zu handeln, und gewissenhafte Prüfung der für den mutmaßlichen Willen bedeutsamen Umstände.

D. Rechtfertigung hoheitlichen Handelns

I. Der strafrechtliche Rechtmäßigkeitsbegriff

Sind Hoheitsträger – vor allem Polizeibeamte und Gerichtsvollzieher – im Rahmen ihrer Aufgaben tätig, werden dadurch oft Straftatbestände erfüllt. Man denke an Hausfriedensbruch gemäß § 123 bei Durchsuchungen oder Körperverletzung im Amt gemäß § 340 bei Blutentnahmen. Die Rechtswidrigkeit entfällt, wenn für dieses Handeln die Voraussetzungen einer **öffentlich-rechtlichen Ermächtigungsgrundlage** erfüllt sind (für Polizeibeamte bei repressiver Amtstätigkeit nach StPO und für präventive Maßnahmen nach landesrechtlichen Polizeigesetzen; für Gerichtsvollzieher nach ZPO). 220

Gibt es für den fraglichen Eingriff keine spezielle Ermächtigung, ist umstritten, ob sich der Amtsträger auf allgemeine Rechtfertigungsgründe berufen kann (s.o. Rdnr. 183 f.).

Der Prüfungsmaßstab für hoheitliches Handeln aufgrund einer Ermächtigungsgrundlage ist nach h.M. nicht so streng wie im öffentlichen Recht, um den Amtsträger bei geringfügigen formalen Mängeln nicht gleich zum rechtswidrig handelnden Angreifer werden zu lassen, gegen den Notwehr geübt werden kann. Es gilt nach h.M. insoweit ein **strafrechtlicher Rechtmäßigkeitsbegriff**.

Der strafrechtliche Rechtmäßigkeitsmaßstab für öffentlich-rechtliches Handeln

- **Zuständigkeit** des Amtsträgers für die konkrete Diensthandlung
- Wahrung der **wesentlichen Regeln hinsichtlich des Ob und Wie der Maßnahme**
- Pflichtgemäße Ausübung etwa bestehenden **Ermessens**
- **Wille** des Amtsträgers, **zum Zwecke der Amtsausübung tätig zu sein**

Umstritten ist, ob ein **Sachverhaltsirrtum** des Amtsträgers der Rechtmäßigkeit seines Handelns entgegensteht. Näheres dazu im nachfolgenden Fall.

II. Handeln auf dienstliche Weisung

Führt ein Untergebener eine dienstliche Weisung aus, gelten für seine strafrechtliche Rechtmäßigkeit folgende Grundsätze:

1. Allein der Umstand, dass sich der Ausführende in einem beamtenrechtlichen Unterordnungsverhältnis befand, genügt für eine Rechtfertigung nicht, weil keine Gehorsamspflicht besteht, Anordnungen oder Befehle auszuführen, die auf die Begehung einer Straftat (und im Beamtenrecht: einer Ordnungswidrigkeit oder der Verletzung der Menschenwürde) gerichtet sind, § 63 Abs. 2 S. 4 BBG, § 36 Abs. 2 S. 4 BeamtStG, § 11 Abs. 2 S. 1 SG. 221

222 **2.** Da der Untergebene nach h.M. die Handlungsbefugnis von seinem Vorgesetzten ableitet,[485] ist eine tatbestandsmäßige Rechtsgutverletzung zunächst dann gerechtfertigt, wenn auch die dienstliche Anweisung oder der Befehl im strafrechtlichen Sinn rechtmäßig ist und der Vollzug sich innerhalb des durch die Anweisung vorgegebenen Rahmens hält.[486] Voraussetzungen für die Rechtmäßigkeit der Anordnung sind die **formelle Zuständigkeit** des Befehlenden und des ausführenden Untergebenen sowie die **Einhaltung der wesentlichen Förmlichkeiten**. Der Vorgesetzte muss **in den Grenzen seines pflichtgemäßen Ermessens** handeln.[487]

223 **3.** War die **Anordnung rechtswidrig**, sind zwei Fallgruppen zu unterscheiden:

a) Hatte der Vorgesetzte die **sachlichen Eingriffsvoraussetzungen** verkannt, ist die Ausführung rechtmäßig, wenn sie im Vertrauen auf die Rechtmäßigkeit der Anordnung erfolgt ist.

b) Hätte die Weisung aus **rechtlichen Gründen** nicht ergehen dürfen, meint ein Teil des Schrifttums, dass dann auch stets der Vollzugsakt rechtswidrig sei, auch wenn der Untergebene auf die Richtigkeit vertraut habe. Der Untergebene könne dann jedoch bei Unvermeidbarkeit seines Verbotsirrtums gemäß § 17 S. 1 schuldlos sein.[488] Nach der Rechtsprechung der Obergerichte ist der Rechtsirrtum des Vorgesetzten für den Weisungsempfänger – **jedenfalls in unübersichtlichen und schnelles Handeln erfordernden Situationen** – genauso zu behandeln wie ein Sachverhaltsirrtum. **Der Ausführende soll immer dann, wenn er einen vom sachlich und örtlich zuständigen Vorgesetzten erteilten dienstlichen und nicht offensichtlich rechtswidrigen Befehl im Vertrauen auf dessen Rechtmäßigkeit in gesetzlicher Form vollzieht, gerechtfertigt sein**. Zu einer Überprüfung der dienstlichen Anordnung sei der Untergebene dann weder verpflichtet noch berechtigt.[489]

Allerdings rechtfertigt ein aus tatsächlichen oder rechtlichen Gründen rechtswidriger Befehl den Untergebenen nicht, wenn dieser den **Irrtum des Vorgesetzten erkannt hat oder wenn das Fehlen der Eingriffsvoraussetzungen auch ohne besondere Prüfung offensichtlich** war. Bei positiver Kenntnis der Rechtswidrigkeit ist der Untergebene dann aus einem Vorsatzdelikt schuldig, bei vorwerfbarer Erkennbarkeit bleibt nur ein Fahrlässigkeitsvorwurf, sofern die fragliche Rechtgutverletzung fahrlässig begehbar ist.[490]

224 **4.** Ein Sonderfall ist der **rechtswidrige, aber verbindliche Befehl**. Dazu kann es kommen, wenn der Untergebene Bedenken an der Anordnung geäußert hat und der Vorgesetzte sie bestätigt oder wegen Gefahr im Verzug auf die Durchführung besteht. Hier ergibt sich aus den Beamtengesetzen eine Gehorsamspflicht, wenn für den Untergebenen die Strafbarkeit, die Ordnungswidrigkeit oder der Menschenwürdeverstoß nicht erkennbar ist (§ 63 Abs. 2 S. 4 a.E. BBG, § 36 Abs. 2 S. 4 a.E. BeamtStG). Dass diese Verbindlichkeit den Beamten bei Ausführung der Anordnung von der strafrechtlichen Verantwortung befreit, ist unbestritten. Uneinheitlich ist aber die Begründung: Die h.M.

---

485 Sch/Sch/Lenckner/Sternberg-Lieben Vorbem. §§ 32 ff. Rdnr. 87.

486 Jescheck/Weigend § 35 II 4.

487 NK-Paeffgen Vor §§ 32 ff. Rdnr. 188.

488 Sch/Sch/Lenckner/Sternberg-Lieben Vorbem. §§ 32 ff. Rdnr. 87 f.; Sch/Sch/Eser § 113 Rdnr. 31.

489 BGHSt 4, 161; KG NJW 1972, 781; OLG Köln NJW 1974, 2142; LK-Rosenau § 113 Rdnr. 53.

490 KG, Urt. v. 11.05.2005 – (5) 1 Ss 61/05 (12/05), StV 2005, 669, 670, RÜ 2006, 84; Sch/Sch/Lenckner/Sternberg-Lieben Vorbem. §§ 32 ff. Rdnr. 87 f.

kommt zur Rechtfertigung.[491] Die Gegenauffassung bejaht allenfalls eine Entschuldigung.[492] Von der Streitentscheidung hängt es ab, ob man dem von einer solchen Handlung betroffenen Bürger das Notwehrrecht zubilligt, denn ein gerechtfertigtes Handeln ist kein rechtswidriger Angriff, wohl aber ein nur entschuldigtes Verhalten.

Fall 14: Rechtsguteingriff aufgrund eigener Entschließung und aufgrund dienstlicher Weisung; Irrtumsprivileg

Kriminalhauptkommissar H und der ihm unterstellte Kriminalkommissar M waren auf dem Weg zum Gehöft des X, um dort eine richterlich angeordnete Durchsuchung wegen Verstoßes gegen das Tierschutzgesetz durchzuführen. Weil sich beide in der Gegend nicht auskannten, fragten sie eine am Straßenrand arbeitende Bäuerin. Diese gab eine falsche Wegauskunft. So fuhren beide nicht zum Gehöft des X, sondern des Y. Hier war niemand anwesend. Da auch kein Namensschild an der Hoftür angebracht war, glaubte H, er befinde sich bei X. Zeugen für die Durchsuchung hinzuzuziehen, hielt H für entbehrlich. Er ordnete daher an, M solle schon in den Stallungen mit der Durchsuchung beginnen. M kam dieser Anordnung sofort nach. H selbst schaute sich im unverschlossenen Wirtschaftsgebäude um. Da beide nichts Auffälliges fanden, fuhren sie zurück zum Polizeipräsidium. Als Y von dem Geschehen erfuhr, erstattete er Strafanzeige und stellte Strafantrag gegen H und M.

A. **Strafbarkeit des H**

Infrage kommt nur **Hausfriedensbruch gemäß § 123 Abs. 1, 1. Alt.**

I. Indem H das Wirtschaftsgebäude des Y ohne bzw. gegen dessen Zustimmung (siehe dazu oben Fall 14) betrat, ist er vorsätzlich in fremde Geschäftsräume eingedrungen.

II. H handelte nicht „widerrechtlich", d.h. seine Handlung erfüllte nicht das allgemeine Deliktsmerkmal der Rechtswidrigkeit,[493] wenn ihm Rechtfertigungsgründe zur Seite standen. Die Ausübung hoheitlicher Gewalt rechtfertigt grds. nur dann die Verwirklichung eines Straftatbestands, wenn sie nach öffentlichem Recht zulässig ist. Dabei gilt für die Prüfung der Strafrechtswidrigkeit nach h.M. der Prüfungsmaßstab des § 113 Abs. 3, also der sog. **strafrechtliche Rechtmäßigkeitsbegriff** (h.M., vgl. zu den Gegenansichten AS-Skript Strafrecht BT 2 [2012] Rdnr. 518). H betrat das Wirtschaftsgebäude, um eine richterliche Durchsuchungsanordnung zu vollziehen.

1. Auf § 102 StPO kann diese Maßnahme nicht gestützt werden. Der Durchsuchungsbeschluss richtete sich nicht gegen Y, sondern gegen X. Eine Durchsuchung beim unverdächtigen Y wäre nur möglich gewesen, wenn die Voraussetzungen des § 103 StPO vorgelegen hätten, was jedoch nicht der Fall war.

491 Kühl § 9 Rdnr. 118 d; Roxin § 17 Rdnr. 19.
492 NK-Paeffgen vor §§ 32–35 Rdnr. 198.
493 Vgl. Fischer § 123 Rdnr. 33.

225 2. Das Betreten des Wirtschaftsgebäudes könnte jedoch nach § 102 StPO i.V.m. **pflichtgemäßer Prüfung der Sachlage** gerechtfertigt sein. Umstritten ist, ob ein solches **Irrtumsprivileg des Staates** anzuerkennen ist.

a) Ein Teil des Schrifttums lehnt dies ab. Rechtmäßige und für den Betroffenen duldungspflichtige Eingriffsrechte liegen danach nur vor, wenn auch die in den Ermächtigungsgrundlagen vorgesehenen Voraussetzungen erfüllt seien. Ein Amtsträger, der über die sachlichen Voraussetzungen irre, befinde sich in einem die Vorsatzstrafbarkeit ausschließenden Erlaubnistatbestandsirrtum. Wenn ihm dann wegen seiner pflichtgemäßen Prüfung kein Sorgfaltsvorwurf gemacht werden könne, sei auch kein Fahrlässigkeitsdelikt gegeben.[494]

b) Das überwiegende Schrifttum und die Rechtspraxis bejahen hier die strafrechtliche Rechtmäßigkeit. Ein Vollzugsbeamter könne nicht mehr tun als sorgfältig zu prüfen, ob die Sachlage für sein Eingreifen gegeben sei. Habe er diese Prüfung vollzogen, sei ihm das Risiko der materiellen Unrichtigkeit nicht aufzuerlegen, weil er sonst Gefahr liefe, dass der von der Diensthandlung Betroffene gegen ihn Notwehr üben könne, wodurch staatliche Tätigkeit praktisch unmöglich gemacht würde. Der Irrtum darf aber nur die sachlichen Voraussetzungen des Eingreifens betreffen. Bezieht er sich auf die rechtlichen Zulässigkeitsvoraussetzungen, ist die Tat nicht gerechtfertigt.[495]

Faustregel: Der Amtsträger ist auch dann gerechtfertigt, wenn er sich aufgrund situationsangepasster, aber pflichtgemäßer Prüfung irrig tatsächliche Umstände vorstellt, bei deren Vorliegen er für ein Eingreifen zuständig wäre, wenn bzgl. des Ob und Wie der Maßnahme alle Voraussetzungen vorliegen würden und er den Willen zur Amtsausübung besitzt.

Aufgrund der falschen Wegangabe glaubte H, er durchsuche das Wirtschaftsgebäude des Verdächtigen X. Weil er sich auf die Auskunft der ortskundigen Bäuerin verlassen durfte und keine Anzeichen für eine falsche Auskunft vorlagen, war dieser Irrtum nicht pflichtwidrig.[496] Da die Durchführung der richterlich angeordneten Durchsuchung gemäß § 36 Abs. 2 S. 1 StPO der Staatsanwaltschaft obliegt und diese wiederum nach § 161 Abs. 1 S. 1 StPO Beamte des Polizeidienstes mit der Durchführung betrauen kann, sind auch die sachliche und örtliche Zuständigkeit des H gegeben. Dass ferner die sachlichen Voraussetzungen für eine Durchsuchung der Räume des X gemäß § 102 StPO vorgelegen haben, ist bei der richterlichen Durchsuchungsanordnung nach § 105 Abs. 1 S. 1 StPO anzunehmen.

Zweifel bestehen jedoch an der korrekten Durchführung der strafprozessualen Ermittlungsmaßnahme. Nach § 105 Abs. 2 StPO müssen bei Raumdurchsuchungen grds. Durchsuchungszeugen anwesend sein. Da diese Vorschrift u.a.

494 LK-RönnauVor § 32 Rdnr. 237 f.; Roxin § 17 Rdnr. 12 f.; Sch/Sch/Lenckner/Sternberg-Lieben Vorbem. §§ 32 ff. Rdnr. 86.

495 Vgl. BGHSt 21, 334, 363; KG, Urt. v. 11.05.2005 – (5) 1 Ss 61/05 (12/05), StV 2005, 669, RÜ 2006, 84; Jescheck/Weigend § 35 I 3.

496 Vgl. zum Parallelfall der Pfändung des Gerichtsvollziehers in der falschen Wohnung RGSt 61, 297, 299.

dazu dient, den Betroffenen vor Übergriffen der Durchsuchungsbeamten zu schützen, ist sie keine bloße Ordnungsvorschrift, sondern wesentliche Förmlichkeit.[497] Zwar lässt das Gesetz Ausnahmen von der Hinzuziehung von Durchsuchungszeugen zu („wenn möglich"). Doch gilt dies nur, sofern durch den mit der Zuziehung eintretenden Zeitverlust der Erfolg der Durchsuchung infrage gestellt würde.[498] Da hier der Verdächtige aber ohnehin nicht anwesend war, drohte auch keine Beweisvereitelung. Selbst dann, wenn sich H auf dem Gehöft des X aufgehalten hätte, wäre das Betreten der Geschäftsräume wegen Verstoßes gegen § 105 Abs. 2 StPO nicht erlaubt gewesen. Die Tat war damit nach allen Ansichten rechtswidrig.

III. Die irrige Vorstellung, auch ohne Hinzuziehung von Zeugen tätig werden zu dürfen, ist ein Verbotsirrtum gemäß § 17, der – z.B. durch Rückfrage bei einem Dienstvorgesetzten – vermeidbar gewesen wäre, also die Schuld des H nicht entfallen lässt.

IV. Der gemäß § 123 Abs. 2 erforderliche Strafantrag wurde gestellt.

B. Strafbarkeit des M

M kann sich ebenfalls wegen **Hausfriedensbruchs** strafbar gemacht haben, **§ 123 Abs. 1, 1. Alt.**

I. Auch er hat ohne bzw. gegen den Willen des Hausrechtsinhabers vorsätzlich fremde Geschäftsräume betreten.

II. Fraglich ist, ob insoweit Rechtfertigungsgründe eingreifen.

1. Auf eigene Amtsbefugnis kann sich M nicht berufen, weil die Durchsuchung ohne Hinzuziehung von Zeugen – wie bei H – wegen Verstoßes gegen eine wesentliche Formvorschrift rechtswidrig war.

2. Fraglich ist, ob sich M mit der **dienstlichen Weisung seines Vorgesetzten** rechtfertigen kann. **226**

a) Das ist dann der Fall, wenn die Anordnung ihrerseits rechtmäßig war. Als Dienstvorgesetzter war H für die Erteilung der dienstlichen Anordnung zuständig. Zwar bestand nach §§ 102, 103 StPO tatsächlich keine Befugnis, eine Durchsuchung bei Y durchzuführen. Da H trotz vorheriger gewissenhafter Prüfung zu dem Sachverhaltsirrtum gekommen ist und M diesen weder erkannt noch fahrlässig nicht erkannt hat, steht die Verwechselung einem rechtmäßigen Handeln auf dienstliche Anordnung nicht entgegen. Zu dem sachlichen Irrtum kam aber noch die rechtliche Fehlvorstellung des H hinzu, ohne Zeugen mit der Durchsuchung beginnen zu können. Dadurch wurde die Anordnung rechtswidrig.

b) Behandelt man mit der herrschenden Rechtsprechung den Sachverhalts- und den Rechtsirrtum des Anweisenden für den Weisungsempfänger

497 Meyer-Goßner § 105 Rdnr. 10; BayObLG JR 1981, 28.

498 BayObLG a.a.O.; BGH NStZ 1986, 84, 85.

gleich und geht man davon aus, dass sich M wegen der unklaren Lage auf die nicht evident rechtswidrige Anweisung verlassen durfte (s.o. Rdnr. 223), war sein Handeln trotzdem rechtmäßig.

Ergebnis: H ist strafbar wegen Hausfriedensbruchs; M ist straflos.

III. Widerstand gegen hoheitliches Handeln

227 Wehrt sich ein Bürger gegen hoheitliches Handeln durch Gewalt oder Drohung mit Gewalt oder durch einen tätlichen Angriff, macht er sich wegen Widerstandes gegen Vollstreckungsbeamte strafbar. Dies allerdings nur, sofern die konkrete Diensthandlung rechtmäßig war, § 113 Abs. 1, 3 S. 1. Maßstab dafür ist der oben genannte **strafrechtliche Rechtmäßigkeitsbegriff** (s.o. Rdnr. 220).

1. War die Diensthandlung danach **rechtmäßig**, handelt der Widerstandleistende bei irriger Annahme der Rechtswidrigkeit nur dann schuldlos, wenn sein Irrtum unvermeidbar war und auch die Einlegung von Rechtbehelfen unzumutbar war, § 113 Abs. 4 S. 1 (Einzelheiten AS-Skript Strafrecht BT 2 [2012], Rdnr. 519 f.). Auch andere mitverwirklichte Straftatbestände – z.B. Körperverletzung gemäß § 223 – sind dann in aller Regel rechtswidrig erfüllt. Insbesondere Notwehr scheitert an einem rechtswidrigen Angriff, weil auch dafür der strafrechtliche Rechtmäßigkeitsbegriff gilt.[499]

2. War die hoheitliche Handlung nach dem strafrechtlichen Rechtmäßigkeitsbegriff **rechtswidrig**, ist Widerstand dagegen nicht mehr aus § 113 strafbar. § 240 ist durch die privilegierende Sonderregel des § 113 gesperrt. Fraglich ist, ob andere Straftaten gegen den Amtsträger – insbesondere Körperverletzungsdelikte – aus § 32 gerechtfertigt sind. Ein gegenwärtiger und rechtswidriger Angriff durch den Amtsträger liegt vor. Sofern nicht schon die Erforderlichkeit daran scheitert, dass ein milderes Mittel zur Verfügung stand, wird § 113 Abs. 4 S. 1 als Grund für eine **Notwehrbeschränkung** wegen Rechtsmissbrauchs herangezogen: Geht es um die Verteidigung gegen (wenn auch rechtswidrige) polizeiliche Maßnahmen, ist in Fällen, in denen der Vollstreckungsbeamte nicht offensichtlich bösgläubig oder amtsmissbräuchlich handelt und durch die Vollstreckungshandlung kein irreparabler Schaden droht, durch die Abwehrhandlung andererseits aber erhebliche Verletzungen oder der Tod des Amtsträgers zu befürchten sind, ein Verzicht auf die Abwehrhandlung zu verlangen. Der Betroffene muss dann die rechtswidrige Diensthandlung dulden und wird auf den Rechtweg verwiesen.[500]

---

499 LK-Rönnau/Hohn § 113 Rdnr. 117.

500 OLG Hamm, Beschl. v. 03.05.2009 – 3 Ss 180/09, NStZ-RR 2009, 271; Sch/Sch/Eser § 113 Rdnr. 37.

Rechtfertigung des Amtsträgers aufgrund öffentlich-rechtlicher Eingriffsbefugnis

bei Rechtsguteingriff aufgrund eigener Entschließung	*bei Rechtsguteingriff aufgrund dienstlicher Weisung*

Strafrechtl. Rechtmäßigkeitsbegriff
▪ **Sachliche und örtliche Zuständigkeit**
▪ **Einhaltung der wesentlichen Förmlichkeiten**
  ▪ Ermächtigungsgrundlage
  ▪ Vollzugsregeln, die nicht nur reine Ordnungsvorschriften sind
▪ **Pflichtgemäße Ermessensausübung**
▪ Subjektiv: Wille, **zum Zweck der Amtsausübung** tätig zu sein
	Bzgl. **Rechtmäßigkeit der Weisung** nach strafrechtlichem Rechtmäßigkeitsbegriff
	
	Rechtmäßigkeit der Ausführung
	Bei rechtmäßiger Weisung, wenn Vollzug strafrechtl. Rechtmäßigkeitsbegriff entsprach. Trotz sachlich oder rechtlich fehlerhafter Weisung Rechtmäßigkeit bei unübersichtlicher Lage oder wenn sofortiges Handeln erforderlich.

Irrtum des Amtsträgers auf Tatsachenebene (nicht auf Rechtsebene) ist unschädlich, wenn dieser die Sachlage vorher **pflichtgemäß geprüft** hat.	Dennoch Rechtwidrigkeit der Ausführung, wenn Rechtswidrigkeit dem Untergebenen bekannt oder offensichtlich war.

3. Abschnitt: Schuld

Während es bei der Rechtswidrigkeit um die Frage geht, ob die Tat im Widerspruch zur Rechtsordnung steht, wird bei der Schuld untersucht, ob der Täter für seine Tat **persönlich verantwortlich** gemacht werden kann. **Schuld als Deliktsmerkmal ist Strafbegründungsschuld** und betrifft alle Faktoren persönlicher Verantwortlichkeit, die für das „Ob" einer Strafe maßgeblich sind. 228

Der weitergehende Begriff der Strafzumessungsschuld knüpft dagegen an alle in § 46 genannten Umstände an und bestimmt das Maß der Strafhöhe im Einzelfall.[501]

Schuldhaft handelt nach dem heute herrschenden **normativen Schuldbegriff, wer sich nicht zu einem rechtmäßigen Handeln hat motivieren lassen, obwohl er bzw. ein durchschnittlicher Mensch an seiner Stelle sich für das Recht hätte entscheiden können.**[502]

Für diese Bewertung sind folgende Prüfungspunkte wichtig:

Schuldelemente

- Die Schuldfähigkeit des Täters
- Die Erfüllung besonderer, d.h. deliktsspezifischer Schuldmerkmale
- Das Nichtvorliegen von Entschuldigungsgründen
- Die Möglichkeit des Unrechtsbewusstseins

501 Achenbach, Historische und dogmatische Grundlagen der strafrechtssystematischen Schuldlehre, 1974.

502 Vgl. BGHGSSt 2, 194, 200; LK-Walter Vor § 13 Rdnr. 165.

A. Schuldfähigkeit

229 **Unter Schuldfähigkeit versteht man die Fähigkeit, das Unrecht der Tat einzusehen (Einsichtsvermögen) und nach dieser Einsicht zu handeln (Steuerungsvermögen).**

I. Die altersabhängigen Stufen der Schuldfähigkeit im Allgemeinen

230 **1. Kinder, d.h. Jugendliche unter 14 Jahren, sind schuldunfähig und damit zugleich strafunmündig, § 19. Mangelnde Reife wird bei diesen Personen unwiderlegbar vermutet.[503] Die Schuldunfähigkeit ist materiell-rechtlich ein Schuldausschließungsgrund. Als Strafunmündigkeit erzeugt sie ein Verfahrenshindernis.[504] Gegen Kinder sind daher strafrechtliche Sanktionen ausgeschlossen.**

Möglich sind nur Maßnahmen des Familiengerichts (§§ 1631 Abs. 3, 1666 BGB) und der Jugendämter nach dem Kinder- und Jugendhilfegesetz (SGB VIII).

2. Bei **Jugendlichen**, den 14- bis noch nicht 18-Jährigen (§ 1 Abs. 2 JGG), ist die Schuldfähigkeit nicht der Normalfall. Die Schuldfähigkeit muss hier positiv festgestellt werden, § 3 JGG.

3. Bei **Heranwachsenden**, den 18- bis noch nicht 21-Jährigen (§ 1 Abs. 2 JGG), kann wiederum ohne Weiteres von der Schuldfähigkeit ausgegangen werden. § 105 JGG verweist nicht auf § 3 JGG! Die Sondervorschriften des JGG beziehen sich lediglich auf die Rechtsfolgen.

4. Bei einem **Erwachsenen** ist die Schuldfähigkeit der Normalfall. Die negative Fassung des § 20 wirkt wie eine Vermutung für das Vorhandensein der Schuldfähigkeit. Die Schuldunfähigkeit ist die Ausnahme.

Prüfungen in dieser Richtung sind nur nötig, wenn Anhaltspunkte dafür bestehen.

II. Biologisch-psychologische Schuldunfähigkeit im Einzelfall

231 Die **Schuldunfähigkeit richtet sich ausschließlich nach § 20.** Sie ist immer in Bezug auf das konkrete Delikt zu untersuchen, weil die von § 20 vorausgesetzte Einsichts- bzw. Steuerungsunfähigkeit bei der einen Straftat gegeben sein kann, während sie bei einer anderen fehlt. Die Schuldfähigkeit ist teilbar.

Beispiel: Eine anlagebedingte Triebstörung kann das Steuerungsvermögen in Bezug auf Sexualstraftaten ausschließen, ohne dass der Täter in Bezug auf Eigentumsdelikte schuldunfähig sein muss.

Dem § 20 liegt die **gemischte biologisch-psychologische Methode** zugrunde.

232 **1. Biologische Voraussetzung** der Schuldunfähigkeit ist, dass zur Tatzeit entweder eine krankhafte seelische Störung oder eine tief greifende Bewusstseinsstörung oder Schwachsinn oder eine andere schwere seelische Abartigkeit vorgelegen hat.

a) Krankhafte seelische Störung wird definiert als Störung auf intellektuellem oder emotionalem Gebiet, die nicht mehr im Rahmen verstehbarer Erlebniszusammenhänge

503 LK-Schöch § 19 Rdnr. 1.

504 Sch/Sch/Perron § 19 Rdnr. 3, 5.

liegt und auf einer Verletzung oder Erkrankung des Gehirns beruht,[505] z.B. Hirnverkalkung.

b) Tief greifende Bewusstseinsstörung ist eine grundsätzlich nicht krankhafte Trübung oder Einengung des Bewusstseins,[506] z.B. Erschöpfungszustände, Übermüdung; auch Affekte können tief greifende Bewusstseinsstörungen auslösen. Dies gilt jedoch nur ganz ausnahmsweise, wenn die Erregung ein Höchstmaß erreicht, sog. „Affektsturm". Daher ist hier stets eine sorgfältige Würdigung aller Umstände (z.B. Vorverhalten, Tatsituation, subjektive Gegebenheiten des Täters, Tatablauf) geboten.[507]

c) Schwachsinn ist eine angeborene Intelligenzschwäche ohne nachweisbare Ursache,[508] z.B. Debilität.

d) Andere seelische Abartigkeit bezeichnet die schwersten Erscheinungsformen der Psychopathien, Neurosen und persönlichkeitsverändernden Triebstörungen.[509]

2. Weitere **psychologische Voraussetzung** des § 20 ist, dass der Täter infolge eines der vorgenannten Defekte **unfähig** gewesen sein muss, entweder das Unrecht der Tat **einzusehen (= Einsichtsunfähigkeit, 1. Alt.) oder nach dieser Einsicht zu handeln (= Steuerungsunfähigkeit, 2. Alt.).** **233**

3. Die Schuldunfähigkeit muss **„bei Begehung der Tat"** vorliegen, also bei Vornahme der Tathandlung, § 8. Bei einer Vorsatztat ist der Zeitpunkt entscheidend, in dem der Täter die Versuchsschwelle überschreitet. Wird der Täter erst **nach Versuchsbeginn schuldunfähig** – z.B. dadurch, dass er in einen hochgradigen Affektzustand gerät – kann ihm der weitere erfolgsverursachende Tatablauf dennoch als **unwesentliche Kausalabweichung** zurechenbar sein. Voraussetzung dafür ist, dass die weiteren Handlungen vom Tatvorsatz umfasst waren, dass der spätere Tatablauf dem vor Eintritt der Schuldunfähigkeit geplanten Ablauf entsprach, ferner dass sich die Schuldunfähigkeit aus dem vorausgegangenen Handeln entwickelt hat und nicht durch äußere Einflüsse ausgelöst worden ist.[510] **234**

III. Hauptanwendungsfall für § 20: Alkoholrausch

1. Der Konsum hoher Alkoholmengen führt zu vorübergehenden Beeinträchtigungen der Hirntätigkeit. **Biologisch** wird ein solcher Rauschzustand zum Teil als „akute Intoxikationspsychose" und damit als „krankhafte seelische Störung" begriffen.[511] Andere ordnen den Rausch als „tief greifende Bewusstseinsstörung" ein.[512] Ob dadurch als **psychologische** Folge die Einsichts- bzw. Steuerungsfähigkeit gemäß § 20 ausgeschlossen ist, hängt von der **Menge des genossenen Alkohols** ab. **235**

---

505 Jescheck/Weigend § 40 III 2 a.

506 BGH bei Holtz MDR 1983, 447.

507 BGH NStZ 1995, 175; BGH, Beschl. v. 07.08.2012 – 2 StR 218/12, NStZ 2013, 31.

508 Fischer § 20 Rdnr. 35.

509 Dazu BGH NStZ 1994, 75.

510 BGHSt 7, 325, 328, 329; 23, 133, 135, 136; BGH, Urt. v. 30.04.2003 – 2 StR 503/02 (zu § 21).

511 Fischer § 20 Rdnr. 11.

512 Sch/Sch/Perron § 20 Rdnr. 13, 16.

236 **2.** Die Alkoholisierung wird gemessen in Promille (= ‰), d.h. das Verhältnis der Alkoholmenge in Gramm zum Körpergewicht je 1.000 Gramm. Die gemessene Alkoholmenge in Gramm ergibt sich aus der Formel: Vol% x 0,8 = Gramm/l. Aufbauend auf medizinischer Erkenntnis wendet die Rechtsprechung folgende **Leitlinien** bei der Beurteilung der Auswirkungen von Blutalkohol auf die Schuldfähigkeit an:

- Bei Alkoholwerten **unter 2,0‰** im Tatzeitpunkt kann man bei einem erwachsenen, gesunden Menschen in der Regel von voller Schuldfähigkeit ausgehen, sofern keine besonderen alkoholbedingten Ausfallerscheinungen vorliegen.[513]
- Bei einer Alkoholisierung zur Tatzeit von **2,0‰** an aufwärts (wegen der hohen Hemmschwelle bei Tötungsdelikten ab 2,2‰) ist eine „Intoxikationspsychose"[514] möglich. Hierbei handelt es sich aber nicht um einen medizinisch-statistischen Erfahrungssatz. Vielmehr kann auch trotz einer solchen Alkoholisierung unter Berücksichtigung der Persönlichkeit des Täters sowie seines Verhaltens vor, während und nach der Tat die volle Schuldfähigkeit bejaht werden.[515]
- Ab **3,0‰** (bei Tötungsdelikten ab 3,3‰) während der Tat ist die Schuldunfähigkeit regelmäßig nicht mehr auszuschließen. Eine derartige Alkoholisierung bedeutet aber ebenfalls nicht zwangsläufig Schuldunfähigkeit, vielmehr bedarf es dazu einer Gesamtschau der Täterperson und des Tatverhaltens.[516]

Die Bedeutung dieser Orientierungswerte ist nach aktueller Rechtsprechung des BGH umso geringer, je mehr sonstige aussagekräftige psychodiagnostische Beweisanzeichen zur Verfügung stehen, um die Schuldfähigkeit des Täters zu beurteilen.[517] So können planvolles, zielgerichtetes Agieren bei der Tat, das Fehlen von Ausfallerscheinungen und eine hochgradige Alkohlgewöhnung und -toleranz dafür sprechen, die Schuldfähigkeit auch oberhalb der Orientierungswerte anzunehmen.

Achten Sie in Ihrer Klausur deshalb auf derartige „Zusatzinformationen" und bauen Sie sie in die Prüfung des § 20 ein! Vermeiden Sie jedenfalls eine floskelhafte Darstellung der Orientierungswerte und weisen Sie auf die Relevanz der weiteren Umstände hin.

237 **3.** Steht der Alkoholisierungsgrad im Tatzeitpunkt nicht fest, ist **für die Frage der Schuldfähigkeit** nach dem Grundsatz „in dubio pro reo" eine für den Täter möglichst günstige, also die **denkbar höchste** Alkoholisierung zu ermitteln. Dies geschieht auf unterschiedliche Weise, je nachdem, ob man als Informationsquelle auf eine **Blutprobe** zurückgreifen kann oder ob man sich auf die **Trinkmengenangaben** durch den Täter oder durch Zeugen verlassen muss.

a) Bei Vorliegen einer (oft mehrere Stunden nach der Tat entnommenen) **Blutprobe** wird der Mittelwert mehrerer Blutprobenanalysen[518] zurückgerechnet, wobei man von einem **maximalen stündlichen Abbauwert von 0,2‰ zuzüglich eines einmaligen**

513 BGH StV 1990, 402.

514 Fischer § 20 Rdnr. 11.

515 BGH StV 1997, 460.

516 BGH NStZ 1991, 127.

517 BGH, Beschl. v. 29.05.2012 – 1 StR 59/12, RÜ 2012, 576; vgl. auch Satzger Jura 2013, 345, 347 f.

518 Dazu Schembecker JuS 1993, 674.

Sicherheitszuschlags von 0,2‰ von der ersten Stunde nach dem Tatzeitpunkt an auszugehen hat.[519]

b) Fehlt eine Blutprobe, ermittelt man die Tatzeit-Alkoholisierung nach der genossenen Trinkmenge mit der sog. **Widmark-Formel**. Danach setzt man das Gewicht des genossenen Alkohols in Gramm in Verhältnis zu dem um 40% bei weiblichen und 30% bei männlichen Tätern reduzierten Körpergewicht in Kilogramm, zieht von diesem Quotienten 10% ab (sog. Resorptionsdefizit) und subtrahiert von diesem Wert noch einmal für die Zeit von Trinkbeginn bis zur Tatzeit den **geringsten möglichen Abbauwert von 0,1‰ pro Stunde**.[520]

***Klausuren** mit Schuldfähigkeitsfragen betreffen fast ausschließlich Rauschzustände durch Alkohol (dazu der nachfolgende Fall). Bei anderen Defekten darf der Bearbeiter Sachverhaltsangaben dazu erwarten, ob die Voraussetzungen des § 20 vorgelegen haben.*

IV. Die actio libera in causa

Hatte der Täter Einfluss auf den Verlust der Schuldfähigkeit **vor Versuchsbeginn**, hat er ihn sogar vorsätzlich herbeigeführt, kann ihm ggf. mithilfe der **actio libera in causa** die spätere Straftat dennoch angelastet werden. **238**

Hierbei handelt es sich um eine **strafrechtliche Hilfskonstruktion** innerhalb der jeweiligen Deliktsprüfung. Der Zweck der Konstruktion besteht darin, den im Tatzeitpunkt vorliegenden Mangel der Schuldfähigkeit zu überwinden und die **Strafbarkeit des Täters aus Vorsatz- oder Fahrlässigkeitsdelikt zu begründen**, sofern er vorwerfbar durch Herbeiführung eines Zustands nach § 20 einen Geschehensablauf in Gang gesetzt hat (= actio libera), welcher die Ursache (= causa) für die später im Zustand der Schuldunfähigkeit bzw. verminderten Schuldfähigkeit begangenen Straftat bildet. Der Defekt **muss nicht immer eine Berauschung** sein, möglich sind auch verschuldete Affekte oder sonstige Bewusstseinsstörungen. Der häufigste Fall ist jedoch Alkoholisierung.

In Literatur und Rechtsprechung wird diese Konstruktion auch angewandt, wenn es bei der Erfolgsherbeiführung an einer **Handlung** fehlt (z.B. Autofahrer schläft ein und verursacht einen Unfall) oder wenn im **Tatzeitpunkt die gebotene Handlung nicht möglich** ist, aber den Täter bzgl. der Herbeiführung dieser Situation ein Verschulden trifft (z.B. Fälle des Übernahmeverschuldens oder Fälle der sog. **omissio libera in causa**, z.B. Mutter versäumt, rechtzeitig Medikamente für ihr Kind zu besorgen).[521]

Eine weitere Parallele bildet die **actio illicita in causa**, die zur Strafbegründung bei verschuldeter Rechtfertigungslage herangezogen wird, s.o. Fall 8 Rdnr. 171.

- Bei der **vorsätzlichen actio libera in causa** muss der Täter nach h.M. in schuldfähigem Zustand **sowohl hinsichtlich des Eintritts seines späteren Defekts** (§ 20) **als auch hinsichtlich der Begehung einer bestimmten Straftat** in diesem Zustand **vorsätzlich handeln**. Decken sich das vorher geplante und später ausgeführte Vorsatzdelikt tatbestandlich, soll der Täter hieraus strafbar sein.[522]

---

519 BGH NJW 1991, 852, 853.

520 BGH bei Holtz MDR 1992, 15.

521 Satzger Jura 2006, 68; Sch/Sch/Stree/Bosch Vorbem. §§ 13 ff. Rdnr. 144; zu § 266 a ausdrücklich BGH, Beschl. v. 28.05.2002 – 5 StR 16/02, BGHSt 47, 318, 320.

522 Roxin § 20 Rdnr. 67 m.w.N.; a.A. vom Standpunkt der Ausnahmetheorie Hruschka JuS 1968, 558.

- Bei der **fahrlässigen actio libera in causa** handelt der Täter hinsichtlich des Eintritts seines späteren Defekts entweder fahrlässig oder er führt seinen Defekt vorsätzlich herbei und **bedenkt dabei fahrlässig nicht die Möglichkeit der späteren Straftat**.

  Selbst wenn die im schuldunfähigen Zustand begangene Straftat mit Vorsatz begangen worden ist, erfolgt eine Bestrafung aus dem Fahrlässigkeitsdelikt, sofern der Täter im schuldfähigen Zustand daran nicht gedacht hat.

  Voraussetzung für eine Bestrafung ist aber immer, dass überhaupt ein entsprechender Fahrlässigkeitstatbestand existiert, § 15.

Über die rechtliche Zulässigkeit und Begründung hat sich seit langem eine heftige Diskussion entfacht. Dazu die nachfolgenden Fälle.

Fall 15: Notwendigkeit und Begründungsmodelle der actio libera in causa

Der Däne A, der bereits mehrfach wegen Trunkenheitsdelikten verurteilt und dem auch die Fahrerlaubnis entzogen worden war, fuhr in die Niederlande, um dort Kunden aufzusuchen. Unmittelbar nach der Einreise in die Niederlande, wo er für die Nacht ein Hotel suchen wollte, kaufte der bis dahin nüchterne A kurz nach 18.00 Uhr alkoholische Getränke. In der Folgezeit trank er etwa fünf Liter Bier und Schnaps. Dabei war ihm klar, dass er den Wagen später noch benutzen würde. Gegen 21.30 Uhr fuhr er mit einer Blutalkoholkonzentration von 3,2‰ in Schlangenlinien auf der niederländischen Autobahn A 1 in Richtung deutsche Grenze. Dass er fahruntüchtig war, war ihm auch in diesem Zustand klar. Er näherte sich dem Grenzübergang Bad Bentheim mit 70 km/h und stieß alkoholbedingt mit unverminderter Geschwindigkeit mit der rechten vorderen Seite gegen einen auf der rechten Seite stehenden Pkw. Dabei erfasste er zwei deutsche Grenzschutzbeamte, die dieses Fahrzeug kontrollierten. Die Beamten starben infolge ihrer Verletzungen noch an der Unfallstelle. Strafbarkeit des A? Die Anwendbarkeit deutschen Strafrechts ist zu unterstellen.
(Fall vereinfacht nach BGH NStZ 1997, 228 = BGHSt 42, 235)

***Aufbau**: Prüfen Sie auch bei Alkoholtaten immer erst die im unmittelbaren Handlungszeitpunkt verwirklichten Delikte. Wenn Sie dafür die Schuld verneinen, müssen Sie die Frage der Vorwerfbarkeit des Vorverhaltens berücksichtigen. Soweit dies doch wieder zur Strafbarkeit des im Rausch verwirklichten Delikts führt, kommt es auf § 323 a nicht mehr. Dieser Straftatbestand hat nur Bedeutung, soweit der Täter infolge seiner Schuldunfähigkeit gerade nicht unmittelbar aus dem verwirklichten Delikt verantwortlich ist.*

I. Infrage kommt **fahrlässige Tötung** in zwei Fällen durch Überfahren der Grenzschutzbeamten, **§ 222**.

   1. Der Tod zweier Menschen ist eingetreten. A hat diesen verursacht. Wer alkoholisiert mit einem Fahrzeug fährt, handelt verkehrs- und damit sorgfaltswidrig. Kausalität zwischen der Fahrt und dem Tod sowie der Zurechnungszusammenhang zwischen der Alkoholisierung und dem Überfahren sind gegeben.

   2. A handelte rechtswidrig.

   3. Wegen seiner Alkoholisierung könnte A gemäß § 20 bei Begehung der Tat schuldunfähig gewesen sein. Alkohol kann wegen seiner toxischen Wirkung **tief grei-**

fende Bewusstseinsstörungen bzw. eine krankhafte seelische Störung auslösen. A hat hier so viel Alkohol konsumiert, dass seine Blutalkoholkonzentration 3,2‰ betrug. Zudem belegen die gefahrenen Schlangenlinien motorische Ausfälle, sodass er in dem Moment, als er die Grenzbeamten überfuhr, schuldunfähig war.

II. Infrage kommt **fahrlässige Tötung** in zwei Fällen gemäß **§ 222** durch das Sichbetrinken.

1. Der tatbestandsmäßige Erfolg ist festgestellt.

2. Fraglich ist, ob die strafrechtliche Anknüpfung ohne Weiteres auf das Sichbetrinken bezogen werden darf.

a) Früher wurde dies mit der in der Rechtsprechung und Literatur als **Gewohnheitsrecht anerkannten Rechtsfigur der actio libera in causa** begründet.[523] **239**

b) **Rechtsprechung und Literatur halten inzwischen bei allen fahrlässigen Erfolgsdelikten, die nicht an eine bestimmte Art und Weise der Begehung geknüpft, also verhaltensneutral sind, die Heranziehung der actio libera in causa zur Strafbegründung für überflüssig. Danach ergibt sich aus der Struktur der Fahrlässigkeitstat und der Äquivalenz aller Bedingungen die Möglichkeit, den Fahrlässigkeitsvorwurf auch an erfolgsursächliches Vorverhalten anzuknüpfen.**

Ausdrücklich der BGH: „Gegenstand des strafrechtlichen Vorwurfs ist bei § 222 StGB – wie auch bei anderen fahrlässigen Erfolgsdelikten – jedes in Bezug auf den tatbestandsmäßigen Erfolg sorgfaltswidrige Verhalten, das diesen ursächlich herbeiführt. Aus diesem Grunde bestehen, wenn mehrere Handlungen als sorgfaltswidrige in Betracht kommen (wie hier das Sichbetrinken …), keine Bedenken, den Fahrlässigkeitsvorwurf an das zeitlich frühere Verhalten anzuknüpfen, das dem Täter – anders als das spätere – auch als schuldhaft vorgeworfen werden kann."[524]

Damit kommt es auf die strafrechtlich-dogmatische Berechtigung der actio libera in causa-Konstruktion in diesem Zusammenhang noch nicht an. Die fahrlässige actio libera in causa hat als eigenständige Rechtsfigur keine Bedeutung.

3. Das Sichbetrinken war kausal für den Deliktserfolg, weil A ohne die Alkoholisierung die Kontrolle über das Fahrzeug nicht verloren und die Grenzschutzbeamten nicht überfahren hätte.

4. A handelte beim Sichbetrinken in Bezug auf den späteren Fahrzeuggebrauch objektiv sorgfaltswidrig, weil er den Entschluss dazu nicht aufgegeben hat. Sogar der Autofahrer, der zunächst gar nicht den Willen hat, seinen Wagen später noch

---

523 Sch/Sch/Perron § 20 Rdnr. 38; aus der Rechtsprechung z.B. OLG Hamm NJW 1983, 2456.

524 BGH NStZ 1997, 228; vgl. auch schon dens. Senat in BGHSt 40, 341, 343; vgl. zur Parallele der Fahrlässigkeitshaftung ohne Heranziehung der actio illicita in causa oben Fall 8 Rdnr. 171 ff.; Fischer § 20 Rdnr. 51; a.A. Horn StV 1997, 264 und Hruschka JZ 1997, 22, 24, die auch bei Fahrlässigkeitstaten nur die unmittelbare Ursache für tatbestandsmäßig halten und eine Vorverlagerung ausschließen.

zu benutzen, muss Vorsichtsmaßnahmen gegen den spontanen Entschluss treffen, doch noch zu fahren. Dabei ist jedem Autofahrer bewusst, dass alkoholisiertes Fahren zu tödlichen Unfällen führen kann.

5. Für das Verhalten des A gibt es keine Rechtfertigung.

6. A war in dem hier fraglichen Zeitraum des Sichbetrinkens noch schuldfähig. Außerdem war auch ihm – insbesondere aufgrund seiner Vorverurteilungen wegen Trunkenheitsfahrten – die Gefährlichkeit alkoholisierten Fahrens erkennbar.

A ist wegen fahrlässiger Tötung in zwei (tateinheitlichen) Fällen schuldig.

III. Durch das Anfahren der Grenzschutzbeamten könnte A auch wegen **vorsätzlich-fahrlässiger Straßenverkehrsgefährdung** strafbar sein, **§ 315 c Abs. 1 Nr. 1 a i.V.m. Abs. 3 Nr. 1**.

1. Er hat ein Kraftfahrzeug im Straßenverkehr geführt, obwohl er infolge seiner Alkoholisierung von 3,2‰ weit über der 1,1‰-Grenze absoluter Fahruntüchtigkeit lag. In der Tötung der Grenzschutzbeamten infolge der Alkoholeinwirkung hat sich die vom Tatbestand geforderte konkrete und tatbestandsspezifische Gefährdung anderer realisiert. A wusste, als er mit dem Pkw die A1 befuhr, dass er fahruntüchtig war. Dass es infolgedessen zu einer Unfallsituation kommen kann, ist jedem Kfz-Führer einsichtig.

2. A handelte rechtswidrig.

3. Schuld

a) Im Zeitraum der Trunkenheitsfahrt war A nicht schuldfähig, § 20.

240 b) Fraglich ist, ob dieser Mangel durch die Rechtsfigur der **actio libera in causa** überwunden werden kann.

Aufbau: *Beginnen Sie in einer Falldarstellung mit dem Problemaufriss dort, wo er das erste Mal relevant wird. Das ist bei der actio libera in causa der Prüfungspunkt „Schuld“. Dort sind allerdings* ***nur*** *die beiden nachfolgenden Ansichten abzuschichten.*

aa) Nach der sog. **Ausnahmetheorie** ist die actio libera in causa eine Ausnahme zu dem in § 20 niedergelegten Koinzidenzprinzip, wonach die Schuldfähigkeit „bei Begehung der Tat“ vorliegen muss. Diese Ausnahme sei vergleichbar mit den in § 35 Abs. 1 S. 2 oder § 17 S. 2 enthaltenen Vorverlegungsregeln, durch die die Berufung auf entschuldigenden Notstand oder fehlendes Unrechtsbewusstsein im Tatzeitpunkt bei Vorverschulden ausgeschlossen wird.[525] Zu begründen sei die a.l.i.c. entweder als Gewohnheitsrecht[526] oder als Richterrecht.[527]

525 Hruschka JuS 1968, 559; ders. JZ 1989, 310, 312.

526 Jescheck/Weigend § 40 VI 2; Otto § 13 Rdnr. 24 ff.; Kühl § 11 Rdnr. 10

527 LK-Jähnke, 11. Aufl., § 20 Rdnr. 35.

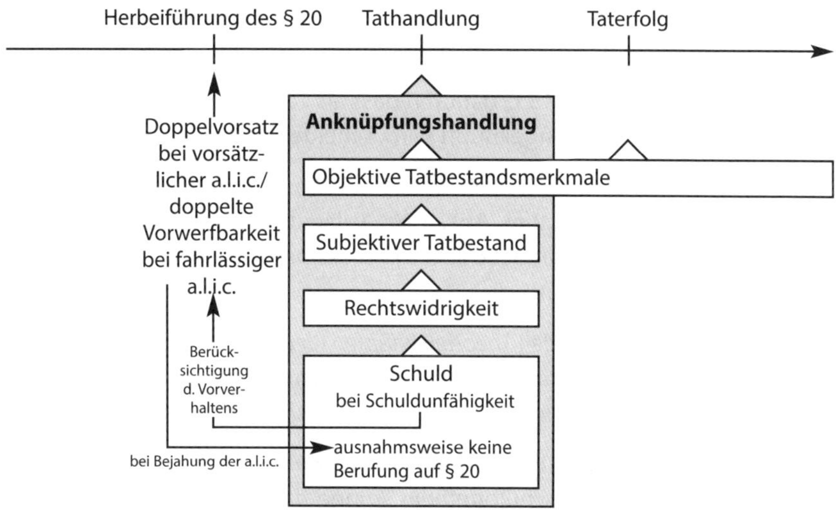

Folgt man diesem Ansatz, könnte A aus **Straßenverkehrsgefährdung i.V.m. actio libera in causa** bestraft werden, denn als er sich wissentlich und willentlich betrank, hat er in Kauf genommen, dass er das Auto auf der Suche nach einem Hotel noch in fahruntüchtigem Zustand benutzen würde. Dass es dadurch zu konkreter Lebensgefahr für andere kommen konnte, war objektiv und auch für A vorhersehbar.

Der 4. Strafsenat des BGH, der nach der Geschäftsverteilung des BGH auch für Verkehrsstrafrecht zuständig ist, nahm den zugrunde liegenden Fall zum Anlass, dieses Erklärungsmodell zu verwerfen. Er schloss sich damit Teilen des Schrifttums an. Argument: **Die Ausnahmetheorie ist mit dem eindeutigen Wortlaut des § 20 nicht in Einklang zu bringen. Die Ausnahme als gewohnheitsrechtliche oder richterrechtliche Rechtsfortbildung zu begreifen, verstößt gegen Art. 103 Abs. 2 GG, der auch für die Bestimmungen des Allgemeinen Teils gilt.**[528]

bb) Auch die **Ausdehnungstheorie** versteht das Vorverschulden als Unterpunkt der Deliktsprüfung, die an die unmittelbare Tatbegehung anknüpft. Diese Theorie interpretiert aber bei § 20 das Merkmal „bei Begehung der Tat" nicht nur als den Zeitpunkt der Tathandlung, sondern bezieht unter den Voraussetzungen der actio libera in causa die frühere Schuldfähigkeit ein. Folge: Der Täter war dann zumindest teilweise „bei Begehung der Tat" schuldfähig.[529]

Kritik des 4. Strafsenats des BGH und der Literatur: Eine Ausdehnung des Schuldvorwurfs auf Handlungen, die an sich noch im Bereich strafloser Vorbereitung liegen, verstößt gegen das gesetzlich verankerte Koinzidenzprinzip und ist verbotene Analogie. Es spricht nichts dafür, dass der in §§ 16, 17,

528 BGH NStZ 1997, 228, 229; Hettinger GA 1989, 1 ff.; Salger/Mutzbauer NStZ 1993, 561, 565; inzwischen auch Hruschka JZ 1997, 22, 24.

529 MünchKomm/Streng § 20 Rdnr. 128 ff.; ähnlich Jerouschek JuS 1997, 385.

20 unterschiedslos verwendete Begriff „bei Begehung der Tat" gerade in § 20 einen anderen Inhalt haben soll als in den §§ 16, 17.[530]

Eine Bestrafung aus § 315 c, dadurch dass als Tathandlung allein an die Fahrt im alkoholisierten Zustand angeknüpft wird, scheidet aus.

IV. Fraglich ist, ob die Strafbarkeit des A aus **Straßenverkehrsgefährdung gemäß § 315 c Abs. 1 Nr. 1 a i.V.m. Abs. 3 Nr. 1** damit begründet werden kann, dass man auf Tatbestandsebene die actio libera in causa berücksichtigt und damit auf das Sichbetrinken abstellen kann.

Aufbau: *Die nachfolgenden Theorien knüpfen für die ganze Deliktsprüfung an einen früheren Zeitpunkt an. Deshalb können Sie diese nicht in einem Zug mit den vorangegangenen Theorien darstellen und Sie müssen einen* ***neuen Obersatz*** *formulieren.*

1. Dies ist das Anliegen der **Vorverlegungstheorie** oder auch **Tatbestandslösung**: Ist der Täter später schuldunfähig, könne der Beginn der Tat danach schon im Auslösen der Schuldunfähigkeit gesehen werden. Die vollständige Deliktsprüfung unter Berücksichtigung des späteren Erfolgs werde daher schon auf diesen Zeitpunkt „vorverlagert".[531]

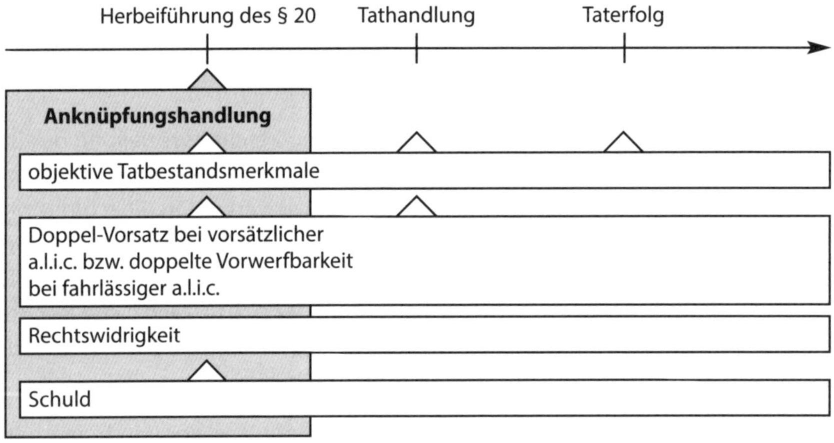

Wendet man diese Grundsätze auf § 315 c an, so gerät man in Konflikt mit dem durch den Tatbestand begrenzten Anwendungsbereich der Vorschrift: Zwar hat A durch das Betrinken vorsätzlich eine Ursache für die spätere Alkoholfahrt gesetzt, und er handelte diesbezüglich auch vorwerfbar. Er hat jedoch im Zeitpunkt des Sichbetrinkens das Fahrzeug noch nicht „geführt", weil er es noch nicht unter Beherrschung von Lenk- und Antriebskräften im öffentlichen Verkehr bewegt hat.[532] § 315 c ist durch die Beschreibung des „Wie" der Tathandlung kein reines Erfolgsdelikt, bei dem jede Verursachung auch Tathandlung sein kann, sondern „verhaltensgebundenes Delikt".

---

530 BGH NStZ 1997, 228, 229; Roxin § 20 Rdnr. 68.

531 Vgl. BGHSt 17, 333, 335; Baumann/Weber/Mitsch § 19 Rdnr. 35; Roxin § 20 Rdnr. 58.

532 BGHSt 35, 393.

Der 4. Strafsenat lehnt für solche (Verkehrs-)Tatbestände auch das Vorverlegungsmodell ab: Wenn der Gesetzgeber eine bestimmte Modalität der Tatbestandsverwirklichung voraussetzt, kann der Vorwurf eben nicht auf Verhaltensweisen bezogen werden, die diese Modalität nicht erfüllen. Wenn noch nicht einmal das Anlassen des Motors in der Absicht, wegzufahren, als „Führen" i.S.d. § 315 c (§ 316) ausreicht, kann erst recht nicht das diesem zeitlich vorhergehende Sichbetrinken genügen.[533]

2. Einen anderen Begründungsversuch für ein Tatbestandsmodell macht die sog. **Werkzeugtheorie**: Die actio libera in causa ist danach ein Spezialfall der mittelbaren Täterschaft. Der Täter mache sich selbst zum Werkzeug, indem er sich verantwortlich in eine Lage versetze, die seine Schuldfähigkeit ausschließe und in der er dann die zuvor erkannte oder erkennbare rechtswidrige Tat begehe.[534]

   Kritik des 4. Strafsenats: Auch dieses Modell knüpft bereits an das Sichberauschen als tatbestandsmäßige Handlung an. Indem der Täter sich berauscht, führt er aber noch kein Fahrzeug.[535]

   Weitere Kritik der Literatur: Die juristische „Ich-Spaltung" derselben Person widerspricht dem Wortlaut des § 25 Abs. 1, 2. Alt., der bei mittelbarer Täterschaft die Begehung „durch einen anderen", also eine andere Person, vorschreibt.[536] Nach dieser Konstruktion wäre zudem die actio libera in causa bei eigenhändigen Delikten (z.B. §§ 153 f.) ausgeschlossen, eben weil mittelbare Täterschaft dort nicht möglich ist.[537] Ferner ist es bei dieser Konstruktion nicht verständlich, wieso ein etwaiger Rücktritt des schuldunfähigen „Tatmittlers" vom Versuch der Tat noch als freiwillige Leistung dem (schuldfähig gewesenen) „Hintermann" zugute kommen soll.[538]

Nach alldem führt kein Begründungsmodell zur überzeugenden Anwendbarkeit der actio libera in causa bei dem verhaltensgebundenen Verkehrsdelikt des § 315 c. Nach dieser Vorschrift ist A nicht strafbar.

V. **Fahren ohne Fahrerlaubnis, § 21 Abs. 1 Nr. 1 StVG?**

Tatbestandsmäßigkeit, Rechtswidrigkeit und Schuld lagen für den Zeitraum vor, in dem A sein Auto vor Verlust der Schuldfähigkeit im Straßenverkehr geführt hat, obwohl ihm klar war, dass er keine Fahrerlaubnis dafür besaß. Für den Zeitraum nach Verlust der Schuldfähigkeit scheitert die Strafbarkeit an § 20.

VI. Eine Bestrafung für diese Verkehrs-Vorsatztat unter Berücksichtigung der actio libera in causa kommt nach Auffassung des BGH ebenfalls nicht in Betracht. Das Delikt knüpft ebenso wie die §§ 315 c, 316 an das Merkmal „Führen" an, ist also verhaltensgebunden und damit ebenfalls einer Einbeziehung der schuldhaften Herbeiführung des Rausches entzogen.[539]

---

533 BGH NStZ 1997, 228, 229.
534 Hirsch NStZ 1997, 230; Roxin § 20 Rdnr. 60 ff.; NK Schild § 20 Rdnr. 112; Rengier § 25 Rdnr. 15.
535 BGH NStZ 1997, 228, 229.
536 Ambos NJW 1997, 2296, 2297; Streng JuS 2001, 540, 542.
537 Kindhäuser § 23 Rdnr. 18.
538 Rönnau JA 1997, 707, 710 m.w.N.
539 BGH NStZ 1997, 228.

VII. Infrage kommt **Vollrausch, § 323 a**.

1. A hat sich vorsätzlich durch Alkohol in einen Zustand des § 20, also in einen Rausch versetzt.
2. Objektive Strafbarkeitsbedingung ist eine Rauschtat. Darunter versteht man die Verwirklichung einer rechtswidrigen Tat, die gerade deshalb nicht bestraft werden kann, weil der Täter (nicht ausschließbar) schuldunfähig war.
   a) Die fahrlässige Tötung scheidet aus, weil A hieraus unmittelbar strafbar ist.
   b) Rauschtaten sind dagegen die Delikte der §§ 315 c Abs. 1 Nr. 1 a i.V.m. Abs. 3 Nr. 1 sowie § 21 StVG in Bezug auf die Fahrt im Zustand des § 20.
3. A handelte bzgl. des Sichberauschens rechtswidrig und schuldhaft.

VIII. **Konkurrenzen:** Für die Rauschtaten als bloße Strafbarkeitsbedingungen des § 323 a sind keine Konkurrenzen zu bilden. Die fahrlässige Tötung an zwei Menschen durch dieselbe Handlung wird durch (gleichartige) Tateinheit klargestellt, § 52 Abs. 1, 2. Alt. Da sowohl § 222 als auch § 323 a an das Sichberauschen anknüpfen, besteht Handlungseinheit, die wegen der Verschiedenartigkeit der betroffenen Rechtsgüter ebenfalls Tateinheit begründet, § 52 Abs. 1, 1. Alt. Das Fahren ohne Fahrerlaubnis beruht auf einer anderen Handlung und steht zu den übrigen Delikten in Tatmehrheit, § 53 Abs. 1.

Ergebnis: A ist strafbar wegen tateinheitlich begangener fahrlässiger Tötung in zwei Fällen und Vollrausch sowie tatmehrheitlich dazu wegen Fahrens ohne Fahrerlaubnis.

---

241 ***Konsequenzen für andere Übungsfälle:***

- *Bei **allen fahrlässigen Erfolgsdelikten, die nicht verhaltensgebunden sind**, gleichgültig, ob Verkehrsdelikte oder nicht (z.B. §§ 229, 306 d, 324 Abs. 3), hat man mit der oben zu § 222 dargestellten Argumentation auf die actio libera in causa zu verzichten.*
- *Bei **allen verhaltensgebundenen vorsätzlichen und fahrlässigen Verkehrsdelikten** kann man die actio libera in causa mit den oben zu § 315 c, § 21 StVG referierten Argumenten ablehnen. Hier entstehen wegen der Möglichkeit einer Bestrafung aus § 323 a auch kaum „Gerechtigkeitslücken".*
- *Geht es um vorsätzliche oder fahrlässige **verhaltensgebundene Tatbestände außerhalb der Verkehrsdelikte**, können die Argumente des 4. Strafsenats – insbesondere: Unzulässigkeit der Vorverlagerung der Strafbarkeit in den Bereich strafloser Vorbereitung – übertragen werden (z.B. § 240, § 224 Abs. 1 Nr. 5 – lebensgefährdende Behandlung –, § 225).[540] Allerdings darf man dann nicht verkennen, dass die Ablehnung der actio libera in causa hier zu unbefriedigenden Lösungen führen kann, weil die Obergrenze des Strafrahmens des § 323 a vielfach für eine schuldangemessene Bestrafung nicht ausreicht.*

540 Vgl. Ambos NJW 1997, 2296, 2298; Mutzbauer JA 1997, 97, 100.

- ***Treffen verhaltensgebundene Verkehrsdelikte und Nicht-Verkehrsdelikte in einem Übungsfall zusammen****, muss man allemal eine* ***einheitliche Lösung*** *suchen. Entweder man hält gegen den 4. Strafsenat die actio libera in causa auch bei Verkehrsdelikten für zulässig oder man verwirft diese Rechtsfigur insgesamt für alle Delikte!*

Fall 16: Fortgeltung der actio libera in causa bei verhaltensneutralen Vorsatzdelikten

A will den B aus unbekannten Motiven töten. Er trinkt sich „Mut" an (3,3‰ BAK) und erschlägt in diesem Zustand den B – wie schon beim Sichbetrinken geplant – in offenem Kampf.
Strafbarkeit des A?

I. **Totschlag gemäß § 212 durch Erschlagen des B?**

1. Durch die Schläge auf B hat A einen anderen Menschen getötet. A besaß auch Tötungsvorsatz, weil er den B bei Ausführung der Schläge umbringen wollte. Der Rauschzustand steht dem Tötungsvorsatz nicht entgegen.

2. Für die Tat greifen auch keine Rechtfertigungsgründe ein.

3. Aufgrund der Alkoholisierung von 3,3‰ BAK war aber eine so tief greifende Bewusstseinsstörung gegeben, dass zumindest von einem Verlust der Steuerungsfähigkeit auszugehen ist. A war deshalb im Tatzeitpunkt schuldunfähig, § 20. Dass dies unter den Voraussetzungen der actio libera verschuldet war, kann allenfalls nach der Ausnahme- und Ausdehnungstheorie Bedeutung erlangen. Diese Ansichten sind jedoch abzulehnen (siehe dazu den vorangegangen Fall).

II. **Totschlag gemäß § 212 i.V.m. vorsätzlicher actio libera in causa durch das Sichbetrinken und die anschließenden Schläge?**

1. Lehnt man zur verbrechenssystematischen Begründung auch die Werkzeugtheorie ab (dazu ebenfalls der vorangegangene Fall), bleibt für die vorsätzliche actio libera in causa nur nach der Vorverlegungstheorie Raum. **242**

   a) Begrifflich liegen die Voraussetzungen vor, weil A durch seine Alkoholisierung eine Ursache dafür gesetzt hat, dass er B später vorsätzlich getötet hat und weil er schon im Zeitpunkt des Sichbetrinkens den Vorsatz besaß, seine Schuldunfähigkeit herbeizuführen, damit er die konkret geplante Tat später verwirklichen konnte.

   b) Die actio libera in causa ist auf der Grundlage der Vorverlegungstheorie bei dem Tatbestand des Totschlags auch nicht gesperrt, weil dieses Delikt kein verhaltensgebundenes, sondern ein verhaltensneutrales Erfolgsdelikt ist.

2. Damit ist fallentscheidend, ob gegen die Vorverlagerungstheorie Einwände bestehen:

   Zwar kann dann, weil die Tat hiernach bereits in dem Sichbetrinken beginnt, ohne Analogieverstoß von Vorsatz und Schuld „bei Tatbegehung", nämlich im Zeitpunkt des Sichbetrinkens, gesprochen werden. Die Schwäche der Vorverlagerungstheorie besteht aber darin, dass dann auch der Versuch der Tat eines actio libera in causa-Täters viel früher beginnt als der eines Nüchternen, nämlich schon beim Sichbetrinken.[541] Dies ist aber ein Zeitraum, der weit vor irgendeiner konkreten Rechtsgutgefährdung liegt. **Der actio libera in causa-Versuch nach der Vorverlagerungstheorie gerät damit in Konflikt mit der in § 22 aufgestellten Voraussetzung des „unmittelbaren" Ansetzens.**

Dem versuchen einige dadurch zu entgehen, dass sie auch bei der actio libera in causa den Versuch erst nach der allgemeinen Gefährdungsformel mit tatplangemäßer konkreter Gefährdung beginnen lassen.[542] Dem ist aber entgegenzuhalten, dass damit die Prämisse für die gesamte Vorverlagerungstheorie preisgegeben wird, die ja gerade die Legitimation der actio libera in causa aus der Vorverlagerung des Tatbeginns herleitet. Die Vorursache bei der actio libera in causa für die Strafbarkeit heranzuziehen, aber den Versuch später beginnen zu lassen, ist ein Widerspruch in sich, der letztlich der gesamten actio libera in causa den Vorwurf des Analogieverstoßes nicht erspart.

In der Konsequenz dieser Auffassung liegt es, dass A nicht aus Totschlag strafbar ist.

Denkbar wäre allenfalls **fahrlässige Tötung gemäß § 222** (für die ja die Vorverlagerung ohne die actio libera in causa möglich ist), doch taucht dann die Frage auf, ob man überhaupt den Fahrlässigkeitstatbestand anwenden darf, wenn der Täter bei der Anknüpfungshandlung – dem Betrinken – sogar Vorsatz für die spätere Tat besaß.

Sicher wäre sonst nur eine Bestrafung aus **Vollrausch gemäß § 323 a i.V.m § 212 als Rauschtat**. Der Strafrahmen dieses Vergehens ist aber im Verhältnis zu dem Verbrechen des § 212 so abgesenkt, dass ohne die Rechtsfigur der actio libera in causa eine unerträgliche Gerechtigkeitslücke entstünde.

Dieser weniger verbrechenssystematische als kriminalpolitische Gesichtspunkt dürfte der Grund dafür sein, dass die höchstrichterliche Rechtsprechung bei **verhaltensneutralen Vorsatzdelikten nach wie vor die actio libera in causa anwendet.**[543] Nach dieser Auffassung ist A also wegen Totschlags strafbar.

III. A hat sich danach auch wegen **gefährlicher Körperverletzung gemäß §§ 223, 224 i.V.m. vorsätzlicher actio libera in causa** strafbar gemacht. Doch tritt die Körperverletzung als Durchgangsdelikt hinter dem vollendeten Totschlag zurück.

IV. Für **§ 323 a** ist daneben kein Raum mehr: A kann wegen der im Rausch begangenen Tat trotz seiner Schuldunfähigkeit bestraft werden, sodass die negative Voraussetzung für die Eröffnung der objektiven Strafbarkeitsbedingung („und ihretwegen nicht bestraft werden kann") wegen der actio libera in causa-Grundsätze nicht erfüllt ist.

Ergebnis: A ist nach der Rechtsprechung strafbar wegen Totschlags.

---

541 Wobei einige für den Beginn des Schuldunfähig-Werdens schon den ersten Schluck genügen lassen, vgl. Fischer § 22 Rdnr. 30, während andere auf den Eintritt der Schuldunfähigkeit abstellen, vgl. Roxin § 20 Rdnr. 61.

542 Sch/Sch/Eser § 22 Rdnr. 56; Schweinberger JuS 2006, 507, 509; Wessels/Beulke/Satzger Rdnr. 419.

543 So selbst der 4. Strafsenat in seiner Entscheidung BGH NStZ 1997, 228, 229 (oben Fall 15 Rdnr. 240 ff.): „Die(se) so genannte ‚Tatbestandslösung' ... mag, was hier keiner Entscheidung bedarf, trotz aller grundsätzlichen Bedenken gegen ihren Ansatz, bei anderen Delikten eine tragfähige Grundlage für die Rechtsfigur der actio libera in causa darstellen ...". Vgl. auch BGH NStZ 1997, 230; BGH, Beschl. v. 07.06.2000 – 2 StR 135/00, NStZ 2000, 584 (zu § 21): „Jedenfalls eine weitere Einschränkung der Grundsätze der actio libera in causa ist nicht anzuerkennen ... ". Vgl. auch BGH, Beschl. v. 15.10.2003 – 1 StR 402/03, StV 2004, 594; zustimmend Fischer § 20 Rdnr. 55.

Anwendungsbereich der actio libera in causa		
Deliktstyp	Verhaltensgebundene Delikte	Verhaltensneutrale Delikte
Vorsätzlich	a.l.i.c. nicht anwendbar*	BGH: a.l.i.c. anwendbar Literatur: a.l.i.c. nicht anzuerkennen
Fahrlässig	a.l.i.c. nicht anwendbar*	a.l.i.c. nicht erforderlich

* BGH: jedenfalls bei verhaltensgebundenen Verkehrsdelikten; Interpretation: generell bei allen verhaltensgebundenen Delikten

V. Verminderte Schuldfähigkeit

War die Einsichts- oder Steuerungsfähigkeit nicht ausgeschlossen, aber erheblich eingeschränkt, handelte der Täter schuldhaft. Möglich ist, die Strafe nach § 21 i.V.m. § 49 Abs. 1 zu mildern. **243**

Da es sich um eine „Kann-Bestimmung" und nur um eine Strafzumessungsvorschrift handelt, ist auch die Versagung der Strafmilderung möglich.

Die Schuldmilderung ist nach h.M. **zwingend ausgeschlossen**, wenn die Voraussetzungen der **vorsätzlichen actio libera in causa bei einer Vorsatztat oder einer fahrlässigen actio libera in causa bei einer Fahrlässigkeitstat** vorgelegen haben.[544] Die Probleme, die diese Rechtsfigur im Zusammenhang mit § 20 bereitet, bestehen insoweit nicht, weil sie hier keine strafbegründende Wirkung entfaltet.[545]

Bei Verschulden unterhalb der Schwelle der actio libera in causa hat der Tatrichter Entscheidungsspielraum.[546] Hier tendiert die Rechtsprechung schon dann dazu, die Strafmilderung zu versagen, wenn der Täter die verminderte Schuldfähigkeit durch vorwerfbaren Alkoholkonsum verschuldet hat; darauf, ob der Täter wusste oder wissen konnte, dass er in alkoholisiertem Zustand zu Straftaten der Art neigte, wie er sie später im Rausch begangen hat, soll es nicht mehr ankommen.[547]

In Klausuren zum 1. Examen braucht § 21 als reine Strafzumessungsregel nicht angesprochen zu werden.

B. Spezielle Schuldmerkmale

Verschiedene Strafnormen verlangen neben der eigentlichen Rechtsgutverletzung auch eine den Täter psychisch belastende Situation, die sich für ihn strafmildernd oder -ausschließend auswirkt. In anderen Straftatbeständen wird zusätzlich zur vorsätzlichen Rechtsverletzung eine besonders tadelnswerte Gesinnung des Täters verlangt. Ein Teil **244**

544 BGHSt 34, 29, 33; BGH, Beschl. v. 07.06.2000 – 2 StR 135/00, NStZ 2000, 584; Fischer § 21 Rdnr. 16.
545 Sch/Sch/Perron § 21 Rdnr. 11.
546 Streng JuS 2001, 540, 545.
547 BGH, Urt. v. 27.03.2003 – 3 StR 435/02, NStZ 2003, 480.

der Lehre betont den selbstständigen Charakter dieser Merkmale als **spezielle Schuldmerkmale**.[548] Nach dieser Auffassung gibt es

- **objektiv gefasste Schuldmerkmale**, die immer nur zugunsten des Täters eingreifen, wenn sie ihm wenigstens bekannt gewesen sind;

  Beispiel: Jemand wurde durch das ausdrückliche und ernsthafte Verlangen des Getöteten zur Tötung bestimmt. Der Gesetzgeber trägt so der Konfliktsituation des Täters Rechnung.

- **subjektiv gefasste Schuldmerkmale**, die nur dann, wenn sie motivierend auf die Willensbildung eingewirkt haben, strafmildernd wirken;

  Beispiel: Der Aussagenotstand des § 157 Abs. 1.

- **Gesinnungsmerkmale**, die allein davon abhängen, ob der geforderte psychische Zustand im Tatzeitpunkt vorgelegen hat.

  Beispiel: Habgier i.S.v. § 211

Erkennt man die Existenz spezieller Schuldmerkmale an, dürfen sie auch nur unter dem Gliederungspunkt „Schuld" erörtert werden. Bei strafmodifizierenden Schuldmerkmalen, wie es die Habgier oder die niedrigen Beweggründe sein sollen,[549] ist nur der Täter oder Teilnehmer hieraus strafbar, in dessen Person sie jeweils vorliegen. Ob dieses Ergebnis aus § 28 Abs. 2 oder aus § 29 folgt, ist unerheblich.[550] Eine Entscheidung zwischen § 28 Abs. 1 und § 29 muss aber getroffen werden bei Teilnehmern, denen ein vom Haupttäter erfülltes strafbegründendes Schuldmerkmal fehlt, z.B. das Merkmal „rücksichtslos" in § 315 c Abs. 1 Nr. 2. Wendet man hier § 28 Abs. 1 an, ist der Teilnehmer strafbar und nur seine Strafe zu mildern;[551] wendet man § 29 an, ist der Teilnehmer straflos (vgl. auch AS-Skript Strafrecht AT 2 [2014]).[552]

*In einer **Strafrechtsklausur** sollte man diese Komplizierungen vermeiden. Man kann die objektiv gefassten Merkmale auch als Merkmale des objektiven Tatbestands begreifen (z.B. § 216) und die Gesinnungsmerkmale problemlos dem subjektiven Tatbestand zuschlagen (z.B. Verdeckungsabsicht, § 211); andere Umstände können als Strafausschließungsgründe systematisiert werden (Angehörigenprivileg in § 258 Abs. 6).*

C. Entschuldigungsgründe

I. Notwehrexzess, § 33

245 Nach h.M. handelt es sich hierbei um einen **Entschuldigungsgrund**. (Gegen die entschuldigte Tat ist also Notwehr möglich!) Der Gesetzgeber verzichtet pauschal auf einen Schuldvorwurf gegen denjenigen, der sich einem Rechtsbrecher gegenübersieht und aus dem affekthaften Gefühl der Schwäche mehr tut als zur Abwehr des Angriffs erforderlich ist.[553]

548 Jescheck/Weigend § 42 II; Wessels/Beulke/Satzger Rdnr. 422 ff.
549 Wessels/Beulke/Satzger Rdnr. 422.
550 Vgl. Kühl § 20 Rdnr. 155.
551 So Sch/Sch/Heine § 28 Rdnr. 5.
552 So Jescheck/Weigend § 61 VII 4 c; Otto § 22 Rdnr. 18.
553 Vgl. BGH NStZ 1991, 799; Fischer § 33 Rdnr. 3.

Aufbau: *Da § 33 an die sog. asthenischen Affekte Verwirrung, Furcht oder Schrecken anknüpft, können sich Überschneidungen zwischen „Verwirrung" und Rechtfertigungsirrtümern einerseits und „Furcht, Schrecken" sowie § 20 andererseits ergeben.[554] Da § 33 jeden Schuldvorwurf ausschließt, also auch eine Fahrlässigkeitsstrafbarkeit, handelt es sich für diese Fälle um eine Spezialregelung. Auf die allgemeinen Regeln braucht daher erst* ***nach Verneinung des § 33*** *eingegangen zu werden.*

Prüfschema: Notwehrexzess, § 33
1. Überschreitung der Notwehrgrenzen der Erforderlichkeit oder Gebotenheit
2. Vorliegen eines asthenischen Affekts
3. Innerer Zusammenhang zwischen Überschreitung und Affekt

1. Überschreitung der Grenzen der Notwehr

Objektives Merkmal ist zunächst, dass „der Täter **die Grenzen der Notwehr überschreitet**". Die Reichweite dieser Formulierung wird unterschiedlich gesehen. **246**

a) Nach allg. Ansicht wird der Fall erfasst, dass der Angegriffene (oder sein Nothelfer) während einer tatsächlich bestehenden Notwehrlage das Notwehrrecht überbietet, also mehr unternimmt, als erforderlich oder geboten ist, sog. **intensiver Notwehrexzess.**[555]

b) Umstritten ist, ob § 33 auch dann anwendbar ist, wenn der Angriff noch nicht oder nicht mehr gegenwärtig ist und der Täter Verteidigungshandlungen vornimmt, die sich im Rahmen des Erforderlichen gehalten hätten, wenn tatsächlich ein aktueller Angriff vorgelegen hätte, sog. **extensiver Notwehrexzess:**

Ein Teil des Schrifttums versteht das Merkmal „Grenzen der Notwehr" auch in zeitlichem Sinne und wendet § 33 auch **vor oder nach einem Notwehr begründenden Angriff** an.[556]

Eine andere Gruppe von Autoren sieht zumindest die Fortsetzung von Notwehrhandlungen nach Beendigung der Angriffslage aus Verwirrung, Furcht oder Schrecken als durch § 33 entschuldigt an, weil das spätere Opfer hier durch den Angriff den späteren Exzess mitverschuldet habe, sog. **nachzeitiger extensiver Notwehrexzess.**[557]

Die h.M. verneint § 33. Dessen ratio legis, nämlich die Unrechtsminderung dadurch, dass der Handelnde einem Angreifer gegenübersteht, fehle hier gerade.[558] Danach besteht beim extensiven Notwehrexzess Anlass zur Prüfung eines Erlaubnistatbestandsirrtums wegen irriger Annahme einer noch bestehenden Notwehrlage. In der Regel entfällt dann zwar auch eine Bestrafung aus Vorsatztat. Im Unterschied zur Lösung über § 33

554 Vgl. BGH StV 1995, 433.
555 BGH NStZ 1987, 20; BGH, Urt. v. 13.11.2008 – 5 StR 384/08, NStZ-RR 2009, 70; Lackner/Kühl § 33 Rdnr. 2.
556 Jakobs 20/31; Sch/Sch/Perron § 33 Rdnr. 7.
557 Geppert Jura 2007, 3338; Trüg/Wentzell Jura 2001, 30 m. Anm. zu BGH NJW 2000, 1348; Wessels/Beulke/Satzger Rdnr. 447.
558 Fischer § 33 Rdnr. 2; BGH, Urt. v. 24.10.2001 – 3 StR 272/01, NStZ 2002, 141.

bleibt aber noch die Möglichkeit einer Fahrlässigkeitshaftung wegen Verschuldens des Rechtfertigungsirrtums.[559] (Ausführlich dazu AS-Skript Strafrecht AT 2 [2014])

c) Unanwendbar ist § 33 nach h.M. auch, wenn sich der „Verteidiger" die Notwehrlage nur einbildet und obendrein die Verteidigung intensiver gestaltet als dies bei tatsächlich gegebener Angriffssituation erforderlich gewesen wäre, sog. **Putativnotwehrexzess.** Eine direkte Anwendung des § 33 scheidet nach h.M. schon deshalb aus, weil eine Notwehrlage tatsächlich nicht gegeben ist. Auch eine analoge Anwendung von § 33 wird grds. abgelehnt, weil dann nur noch der Affekt als solcher schuldausschließend wirken würde, obwohl die für § 33 erforderliche Unrechtsminderung, nämlich die Abwehr eines Rechtsverletzers, gerade nicht vorliegt.[560] Dieser Fall folgt den allgemeinen Regeln des Rechtfertigungsirrtums, d.h. es liegt in solchen Fällen i.d.R. kein die Vorsatzstrafbarkeit ausschließender Erlaubnistatbestandsirrtum vor, weil die konkrete Handlung auch bei der als wahr unterstellten Notwehrlage nicht mehr erlaubt gewesen wäre. Gegeben ist in solchen Fällen regelmäßig ein Erlaubnisirrtum, der nur bei Unvermeidbarkeit die Schuld entfallen lässt.

2. Asthenischer Affekt

247 Der Täter muss ferner unter der Wirkung eines der in § 33 abschließend genannten Erregungszustände, d.h. **Verwirrung, Furcht oder Schrecken**, gestanden haben. Gemeinsame Quelle dieser defensiven oder asthenischen Affekte ist das Gefühl des Bedrohtseins. Eine Erweiterung des § 33 auf aggressive, sog. sthenische Affekte, z.B. Hass, Zorn, Kampfeseifer, ist nach h.M. nicht zulässig.[561] **Das Gefühl des Bedrohtseins muss einen psychischen Ausnahmezustand auslösen, der so stark ist, dass der Täter das Geschehen nur noch in erheblich reduziertem Maß verarbeiten kann.**[562]

„Verwirrung" ist ein in Unordnung geratener seelischer oder geistiger Zustand aus dem Affekt der Bedrohung, der dazu führt, dass der Angegriffene nicht mehr zu einer überlegten Gegenwehr fähig ist.[563] **„Schrecken"** bezeichnet die Reaktion auf eine überraschende Bedrohung oder einen Reflex auf überraschende Sinnesreize, die zu impulsiven und unkontrollierten Reaktionen des Täters führen können.[564] Häufigster Fall ist die **„Furcht"**. Das ist eine gesteigerte Form der Angst als ein das Denken und Wollen beherrschende Gefühl, einer subjektiv empfundenen Bedrohung ausgesetzt zu sein.[565] Todesangst ist dafür aber nicht erforderlich.[566]

***Klausurtipp**: Wenn ein Angegriffener nach dem Sachverhalt „in Panik" gerät, ist das ein Signal für Notwehrüberschreitung aus Furcht.*

---

559 Vgl. BGH, Urt. v. 24.10.2001 – 3 StR 272/01, NStZ 2002, 141.

560 BGH, Urt. v. 23.01.2003 – 4 StR 267/02, NStZ 2009, 599; MünchKomm/Erb § 33 Rdnr. 18; für eine analoge Anwendung des § 33 bei Unvermeidbarkeit des Irrtums Sch/Sch/Perron § 33 Rdnr. 8.

561 Sch/Sch/Perron § 33 Rdnr. 4.

562 BGH NStZ-RR 1997, 194.

563 NK-Kindhäuser § 33 Rdnr. 22.

564 NK-Kindhäuser § 33 Rdnr. 24.

565 Vgl. Geppert Jura 2007, 33, 38.

566 BGH, Beschl. v. 21.06.2006 – 2 StR 108/06, StV 2006, 688.

3. Innerer Zusammenhang zwischen Exzess und Affekt

Die Gesetzesformulierung **„aus"** Verwirrung, Furcht oder Schrecken verdeutlicht, dass **zwischen der Notwehrüberschreitung und dem Affekt ein innerer Zusammenhang** bestehen muss. Dabei braucht der asthenische Affekt nicht die alleinige oder auch nur überwiegende Ursache für die Überschreitung der Notwehr zu sein; es genügt vielmehr, dass er neben anderen gefühlsmäßigen Regungen (Ärger, Wut, Zorn) für die Notwehrüberschreitung mitursächlich war.[567] **248**

Fall 17: Bewusste und verschuldete Notwehrüberschreitung

V hatte den als Raufbold verrufenen A in der Dorfkneipe lächerlich gemacht, weil dieser einen Skiunfall erlitten hatte und nun seinen linken Arm in Gips tragen musste. Um sich dafür zu rächen, lauerte A dem V vor der Gaststätte auf. Trotz seiner Bewegungseinschränkung gelang es ihm, V zu Boden zu werfen und zu schlagen. V versuchte, die Angriffe mit den Fäusten abzuwehren. Als A ihm jedoch in die Haare griff, um seinen Kopf auf den Boden zu schlagen, fürchtete V um sein Leben. Er zog sein Messer und stieß es dem A in den Rücken. Dies geschah, obwohl V wahrnahm, dass er nur in den unversehrten Arm des A hätte stechen müssen, um weitere Aggressionen auszuschalten. A wurde schwer verletzt. Wie hat sich V – der im Tatzeitpunkt keinen Tötungsvorsatz besaß – strafbar gemacht?

I. In Betracht kommt **gefährliche Körperverletzung gemäß §§ 223, 224 Abs. 1 Nr. 2 u. 5.**

1. Durch den Stich in den Rücken hat V den A vorsätzlich mit einem Messer und in lebensgefährdender Weise an dessen Gesundheit geschädigt.

2. Eine Rechtfertigung der Tat wegen Notwehr gemäß § 32 scheidet aus. Zwar bestand eine Notwehrlage, weil A unberechtigt auf V einschlug und im Begriff war, diesem schwere Kopfverletzungen beizubringen. Anstelle des lebensgefährdenden Stichs in den Rücken hätte aber auch die Möglichkeit bestanden, den A durch einen Stich in den noch gesunden Arm bewegungsunfähig zu machen und damit sicher auszuschalten. Die lebensgefährliche Verletzung war damit nicht erforderlich.

   Aufbau: *In allen Fällen möglicher Entschuldigung zuerst die einschlägigen Rechtfertigungsgründe durchprüfen. Erst aus den Gründen für ihre Ablehnung ergeben sich Anhaltspunkte für Entschuldigungsgründe!*

3. V könnte nach § 33 wegen **Notwehrexzesses** entschuldigt sein.

   a) V hat sich gegen die Attacke des A mit einem Messerstich in den Rücken verteidigt. Dies ging über das zur Abwehr Erforderliche hinaus. Er befand sich damit in der Situation des intensiven Notwehrexzesses.

567 BGH, Beschl. v. 21.03.2001 – 1 StR 48/01, NStZ 2001, 591, 593.

b) Die Versuche des A, den Kopf des V auf den Boden zu schlagen, haben bei diesem sogar Furcht um sein Leben ausgelöst.

249 c) Fraglich ist, ob V „aus" Furcht die Grenzen der Notwehr überschritten hat, denn er hatte erkannt, dass anstelle des Stichs in den Rücken ein Stich in den Arm ausgereicht hätte. Ob eine solche **bewusste Notwehrüberschreitung** § 33 ausschließt, ist umstritten.

Eine Mindermeinung verlangt einen so hochgradigen Erregungszustand, dass die Wahrnehmungen des Täters entweder fehlerhaft oder bruchstückhaft sind und er sich infolgedessen falsche Vorstellungen macht, oder dass er nur aufgrund eines Spontanentschlusses handelt. Bei bewusster Notwehrüberschreitung ist § 33 danach nicht anwendbar.[568]

Mit der ganz h.M. darf innerhalb der als Verwirrung, Furcht oder Schrecken bewerteten Geistesverfassung nicht danach unterschieden werden, ob der Täter fähig ist zu erwägen, welche Maßnahmen zur Abwehr erforderlich sind und welche darüber hinausgehen. Der Gesetzeswortlaut differenziert nicht zwischen unbewusstem und bewusstem Notwehrexzess. Auch wer weiß, was er tut, kann sich in einer so starken psychischen Ausnahmesituation befinden, dass ihm aus seiner objektiv falschen Handlung kein Vorwurf gemacht werden kann.[569] Die bewusste Notwehrüberschreitung des V steht damit seiner Entschuldigung nicht entgegen.

Für V, der hier von der Angst um sein Leben zur Tat hingerissen wurde, greifen damit alle gesetzlichen Voraussetzungen des § 33 ein.

250 d) Fraglich ist, ob sich derjenige, der die spätere Auseinandersetzung durch missbilligenswertes Verhalten – hier die Hänseleien durch V kurz vor der Tat – **provoziert** hat, auf Notwehrexzess berufen kann. Höchstrichterliche Rechtsprechung und herrschende Literatur sehen hierin keinen Hinderungsgrund für § 33: **Bestehe infolge der vom Angegriffenen schuldhaft mitverursachten Notwehrlage noch ein (wenn auch eingeschränktes) Notwehrrecht nach § 32, sei grundsätzlich auch Raum für die Anwendung des § 33.**[570]

Unanwendbar ist § 33 nach der Rechtsprechung nur dann, wenn sich der rechtswidrig Angegriffene vor Beginn des rechtswidrigen Angriffs planmäßig in eine tätliche Auseinandersetzung mit seinem Gegner eingelassen hat, um **unter Ausschaltung der erreichbaren Polizei** den ihm angekündigten Angriff abzuwehren und so den Gegner zu überwältigen. Dann beruhe die Notwehrlage nicht auf einem asthenischen Affekt, sondern auf dem vor Eintritt der Notwehrlage gefassten Entschluss, den Kampf mit dem Gegner allein auszutragen.[571]

Hier ist § 33 nicht durch das Vorverhalten des V ausgeschlossen.

II. Auch eine **fahrlässige Körperverletzung gemäß § 229** kommt nicht in Betracht, da § 33 einen umfassenden Schuldausschluss anordnet.[572]

---

568 Sch/Sch/Perron § 33 Rdnr. 6.

569 Vgl. BGH NStZ 1987, 20; 1989, 474; Baumann/Weber/Mitsch § 23 Rdnr. 46; Theile JuS 2006, 965.

570 BGH MDR 1993, 558, 559; NJW 1995, 973; Sch/Sch/Perron § 33 Rdnr. 9.

571 BGH MDR 1993, 558; präzisiert von BGH NJW 1995, 973.

572 Vgl. BGH MDR 1993, 558.

III. Die durch die Körperverletzung verwirklichte **Nötigung gemäß § 240** ist – sofern man die Gewaltanwendung als solche nicht schon aus § 32 als gerechtfertigt ansehen will – jedenfalls aus § 33 entschuldigt.

Ergebnis: V ist straflos.

II. Entschuldigender Notstand, § 35

Dass es sich bei § 35 um einen echten Entschuldigungsgrund handelt, folgt nach h.M. schon aus dem Gesetzeswortlaut („... handelt ohne Schuld"). Die ratio legis dieser Vorschrift wird überwiegend darin gesehen, dass in existenzbedrohenden Konfliktlagen der psychische Druck der Selbsterhaltung so stark wird, dass normgemäßes Verhalten nicht mehr zumutbar ist.[573] § 35 erfasst deshalb nur Ausnahmekonflikte für Rechtsgüter des Einzelnen. **251**

Prüfschema: Entschuldigender Notstand, § 35
1. Notstandslage
Gegenwärtige Gefahr für Leib, Leben oder Freiheit des Täters oder eines ihm nahestehenden Dritten
2. Notstandshandlung
a) Gefahr nicht anders als durch den Eingriff abwendbar
b) Gefahrhinnahme muss unzumutbar sein
3. Gefahrabwendungswille

1. Notstandslage

Erforderlich ist eine **gegenwärtige, nicht anders abwendbare Gefahr für abschließend aufgezählte, unersetzbare höchstpersönliche Rechtsgüter und für einen ganz bestimmten Personenkreis**. **252**

a) Notstandsfähige Rechtsgüter bei § 35:

- **Leben**, gemeint als physische Existenz; nach überwiegender Auffassung fällt das ungeborene Leben nicht hierunter, da das Ungeborene weder Angehöriger noch eine dem Täter nahestehende Person sein könne;[574]
- **Leib** beschreibt die körperliche Unversehrtheit. Wegen der Aufzählung im Zusammenhang mit „Leben" wird verlangt, dass eine schwerwiegende Beeinträchtigung zu befürchten ist;[575]

---

573 Vgl. SK-Rogall § 35 Rdnr. 2.

574 NK-Neumann § 35 Rdnr. 14; LK-Zieschang § 35 Rdnr. 12; Lackner/Kühl § 35 Rdnr. 3; a.A. Sch/Sch/Perron § 35 Rdnr. 5; SK-Rogall § 35 Rdnr. 15, die das ungeborene Leben trotz des nicht erfüllten Wortlauts schützen wollen.

575 Fischer § 35 Rdnr. 4.

- **Freiheit** meint nur die körperliche Fortbewegungsfreiheit, wie sie durch § 239 geschützt ist. Die allg. Willensbetätigungsfreiheit ist nicht i.S.v. § 35 notstandsfähig.[576]

b) Eines der vorgenannten Rechtsgüter muss sich in einer **gegenwärtigen Gefahr** befunden haben **(deren Abwehr nicht schon über § 32 oder § 34 gerechtfertigt sein darf)**.

Der **Gefahrbegriff** als solcher ist inhaltsgleich mit der Umschreibung der Notstandslage in § 34.[577] Voraussetzung ist also eine auf tatsächliche Umstände gegründete Rechtsgutbedrohung, die bei natürlicher Weiterentwicklung jederzeit in einen Schaden umschlagen kann (s.o. Rdnr. 193 f.). Wo die Ursache für die Gefahr liegt, ist gleichgültig.

Die Gefahr darf **nicht anders** als durch die geschehene rechtswidrige Tat **abwendbar** gewesen sein. Hier gilt zunächst dasselbe wie bei § 34, d.h. von mehreren **geeigneten** Mitteln muss der Täter das **relativ mildeste** wählen. Besteht für den Täter die Möglichkeit, der Notlage anders als durch den Verstoß gegen die Strafrechtsnorm zu begegnen, z.B. durch Vornahme einer aus Notwehr gerechtfertigten Tat, muss er den anderen Ausweg wählen.[578] Unbestritten ist auch, dass als andere Möglichkeiten der Gefahrabwendung solche ausscheiden, die dasselbe Risiko nur von einer auf die andere Person abwälzen oder die eine Konfliktlage gegen eine andere, gleichwertige austauschen. Nach h.M. können schon bei der Frage der Abwendungsmöglichkeit **Zumutbarkeitserwägungen** eine Rolle spielen.[579] Allgemein gilt: **Je höher das durch die Abwehrhandlung verletzte Rechtsgut ist, desto eher sind Handlungsalternativen zumutbar.**[580]

c) Die gegenwärtige Gefahr muss sich entweder auf den **Täter selbst, auf einen Angehörigen (§ 11 Abs. 1 Nr. 1 a einschließlich Lebenspartner) oder andere, dem Täter nahestehende Personen** beziehen. § 35 verengt insoweit den Anwendungsbereich der Notstandshilfe im Vergleich zu § 34.

253 Für § 35 können daher folgende Situationen relevant werden:

- **Naturereignisse**

Beispiel: Nach einer Brandkatastrophe mit vielen Schwerverletzten wird auch Frau F ins Krankenhaus eingeliefert. Als ihr Ehemann E von dem Arzt A in der Notaufnahme erfährt, dass F sterben werde, weil alle Reanimationsapparaturen bereits belegt seien, zwingt er den Arzt mit vorgehaltenem Messer dazu, eine andere Patientin, die P, von dem lebensrettenden Gerät zu trennen und das Leben der F zu retten. – E ist straflos. Die Nötigung des A und der in mittelbarer Täterschaft verwirklichte Totschlag an P sind durch § 35 Abs. 1 entschuldigt.

- **Gefährlicher Zustand von Sachen**

Beispiel: Die aus den Bergsteigern A, B und C bestehende Seilschaft ist durch Ausbrechen eines Karabinerhakens abgestürzt und hängt an der Sicherungsleine. Deren Befestigung beginnt sich unter dem Gewicht der drei Männer zu lösen. Um sich selbst zu retten, kappt A das Seil. B und C stürzen in die Tiefe. – A ist aus § 35 entschuldigt.

---

576 LK-Zieschang § 35 Rdnr. 14.

577 Roxin JA 1990, 97, 99.

578 SK-Rogall § 35 Rdnr. 23.

579 Jescheck/Weigend § 44 I 2; Roxin JA 1990, 97, 100; Sch/Sch/Perron § 35 Rdnr. 13 a; ablehnend LK-Zieschang § 35 Rdnr. 46.

580 BGH, Urt. v. 25.03.2003 – 1 StR 483/02, S. 16 f., NStZ 2003, 482, RÜ 2003, 315.

- **Verhalten von Menschen**, das die Gefahr begründet
  - Am häufigsten ist dabei der **Nötigungsnotstand** (als Unterfall dazu auch der **Befehlsnotstand**), **aber nur sofern mit Gefahren für die in § 35 genannten Güter gedroht wird**.

    Beispiel: Aus Nötigungsnotstand ist der Arzt in dem vorletzten Beispiel entschuldigt, als er zur Abwendung gegenwärtiger Leibes- und Lebensgefahr für sich die Patientin P tötet.

    Gegenbeispiel: Mit der Drohung, ihn von allen weiteren Beförderungen auszuschließen, zwingt Hauptmann H den Unteroffizier U dazu, einen missliebigen Obergefreiten zu foltern. – H ist strafbar wegen Verleitung eines Untergebenen zur Körperverletzung im Amt, § 357 i.V.m § 340. U seinerseits ist strafbar wegen Körperverletzung im Amt gemäß § 340. Er ist auch nicht entschuldigt. Eine Gehorsamspflicht für die Ausführung eines Befehls, der eine Straftat zum Gegenstand hat, besteht nicht, § 11 Abs. 2 Soldatengesetz. Die Drohung mit Beförderungssperre liegt unterhalb der Schwelle des § 35.

  - Hierzu zählen auch **Verteidigungshandlungen im Vorfeld der Notwehr**, die nicht mehr aus § 34 (i.V.m. § 228 BGB analog) zu rechtfertigen sind.

    Hauptfall ist die **Tötung des Familientyrannen**. Geschieht diese nicht in einer akuten Angriffslage, sondern zur Verhinderung bevorstehender Misshandlungen von Familienmitgliedern, ist sie mangels Gegenwärtigkeit des Angriffs nicht aus Notwehr gerechtfertigt. Auch (Defensiv-) Notstand gemäß § 34 i.V.m. § 228 BGB ist abzulehnen. Zwar geht von dem gewalttätigen Familientyrannen eine gegenwärtige Dauergefahr für die körperliche Integrität der Familienmitglieder aus. Die Tötung steht aber außer Verhältnis zu diesen gefährdeten Rechtsgütern, genügt also auch nicht dem Maßstab des § 228 BGB. Hier kommt eine Entschuldigung aus § 35 Abs. 1 infrage, aber nur, wenn tatsächlich keine anderweitige Abwendungsmöglichkeit bestand. Regelmäßig ist jedoch in solchen Fällen die Hilfe staatlicher und karitativer Stellen (Polizei, Jugendamt, Umzug in ein Frauenhaus) als anderweitige Abwendungsmöglichkeit zumutbar, sodass eine Entschuldigung der Tötung ausscheidet (und Anlass für die Prüfung eines Irrtums über die sachlichen Voraussetzungen des entschuldigenden Notstands besteht, § 35 Abs. 2).[581]

2. Notstandshandlung

Ist eine Notstandslage gegeben, findet beim entschuldigenden Notstand – **anders als** 254
bei § 34 – grds. keine Güterabwägung statt. § 35 Abs. 1 S. 2 enthält aber eine Rückausnahme vom Schuldausschluss, wenn dem Täter der Verzicht auf die von ihm geübte und einzig mögliche Gefahrabwendung abverlangt wird, weil ihm die **Hinnahme der Gefahr zumutbar** war. Um deutlich zu machen, dass es sich hier nur um Sonderfälle handelt, nennt das Gesetz beispielhaft zwei mögliche Fallgruppen, und zwar

a) als eines der wichtigsten Beispiele die **Verursachung der Gefahr.**

Nach allgemeiner Ansicht genügt dafür bloße Kausalität nicht. Während einige Autoren sich damit begnügen, dass der Täter sich „ohne zureichenden Grund" in die Gefahr begeben und damit eine Obliegenheit verletzt haben muss,[582] verlangen andere objektiv pflichtwidriges Vorverhalten.[583] Andere gehen noch weiter und schließen entschuldigenden Notstand nur bei schuldhaftem Vorverhalte aus.[584]

---

581 BGH, Urt. v. 25.03.2003 – 1 StR 483/02, NStZ 2003, 482, RÜ 2003, 315.

582 Roxin JA 1990, 137, 139.

583 LK-Zieschang § 35 Rdnr. 49; Wessels/Beulke/Satzger Rdnr. 441.

584 Blei § 61 II 1 a; Jescheck/Weigend § 44 III 2 a; Sch/Sch/Perron § 35 Rdnr. 20.

b) Als zweites Beispiel nennt § 35 Abs. 1 S. 2 das **besondere Rechtsverhältnis.**

Solche Rechtsverhältnisse bestehen vor allem bei Berufen, die typische Gefahren für Gesundheit und Leben mit sich bringen (Ärzte, Polizeibeamte, Feuerwehrleute, Soldaten, Seeleute). Erfasst werden darüber hinaus auch sog. institutionalisierte Duldungspflichten aus spezialgesetzlichen Regelungen, wie etwa die Pflicht zur Duldung körperlicher Eingriffe nach § 81 a StPO oder die Duldung einer Freiheitsentziehung aufgrund eines rechtmäßigen Hoheitsakts.[585]

c) Weitere **„Umstände"**, die außerhalb des Beispielskatalogs des § 35 Abs. 1 S. 2 eine besondere Gefahrtragungspflicht auslösen können, sind die **Garantenstellung** und die **Unverhältnismäßigkeit** des drohenden Schadens einerseits und der Folgen der Tat andererseits.[586]

Beispiele:

Ein Vater darf sich deshalb nicht ohne Weiteres aus einem brennenden Haus in Sicherheit bringen und Frau und Kinder im Stich lassen. Im Verhältnis zu den anderen ist er verpflichtet, erhöhte Gefahren auf sich zu nehmen, um die Rettung zu ermöglichen.

Wer sich einer drohenden Körperverletzung, die nicht lebensgefährlich oder mit schweren Schäden verbunden wäre, nur durch Tötung anderer entziehen kann, kann sich wegen Disproportionalität der betroffenen Rechtsgüter nicht auf § 35 berufen.

3. Notstandswille

255 Subjektiv muss der Täter in **Kenntnis der Gefahrenlage** und mit dem **Ziel der Gefahrenabwehr** gehandelt haben. Darüber hinaus verlangt die Rechtsprechung – im Gegensatz zum Schrifttum[587] – eine **pflichtgemäße Prüfung** etwaiger Abwendungsmöglichkeiten der Gefahrenlage. Allerdings sind die Anforderungen daran **situationsabhängig**: Der Täter muss grds. nach besten Kräften Ausweichmöglichkeiten gesucht haben; ausnahmsweise kann die Prüfungspflicht sogar entfallen, wenn sofortiges Handeln zur wirksamen Vermeidung eigener Rechtsguteinbußen unumgänglich ist oder dem Täter keine Zeit zum ruhigen Überlegen bleibt.[588]

Fall 18: Beseitigung einer Lebensgefahr für sich und einen Nahestehenden

Eine Charteryacht war bei der nächtlichen Überfahrt von Helgoland zur Küste durch eine Gasexplosion leckgeschlagen und sofort gesunken. Die noch rechtzeitig von Bord gekommenen Crewmitglieder kämpfen in dem kalten Wasser ums Überleben. Hilfe ist erst am folgenden Morgen zu erwarten, weil ein Notruf nicht mehr abgesetzt werden konnte. B hat sich auf ein abgerissenes Stück Surfbrett retten können, das im Eigentum der Charterfirma steht und das nur einen Menschen trägt. C treibt neben B in einer sicheren Rettungsweste. Um seinen Onkel A – dem sich C wie einem Vater verbunden fühlt – vor dem Ertrinken zu retten, ziehen beide den entkräfteten B von dem Brett. A kann sich auf diese Weise retten. B ertrinkt.
Strafbarkeit von A und C? (Abwandlung nach dem Fall vom „Brett des Karneades")

585 Sch/Sch/Perron § 35 Rdnr. 24.

586 LK-Zieschang § 35 Rdnr. 57 ff.

587 Sch/Sch/Perron § 35 Rdnr. 17.

588 BGH NStZ 1992, 487.

A. A könnte sich durch das Herunterstoßen des B wegen **Totschlags nach § 212** strafbar gemacht haben.

I. Indem er den B von der Schiffsplanke stieß, hat er dessen Ertrinkungstod verursacht. Dass diese Folge bei dem entkräfteten B sicher eintreten würde, hat A vorausgesehen. Er handelte also vorsätzlich.

II. Rechtfertigungsgründe?

1. Notwehr gemäß § 32 scheidet aus. Da B durch § 904 BGB berechtigt war, sich des Brettes zu bemächtigen, und keine rechtliche Verpflichtung bestand, es wieder freizugeben, hat er das Leben des A weder durch aktives Tun noch durch Unterlassen angegriffen.

2. Auch rechtfertigender Notstand gemäß § 34 ist zu verneinen. Zwar befand sich A in gegenwärtiger Lebensgefahr, die nicht anders als durch Rettung auf die Planke zu beseitigen war. Geschieht aber die Rettung des einen Lebens durch Aufopferung eines anderen, ist dies keine Handlung zugunsten des höherwertigen, sondern allenfalls gleichwertigen Rechtsguts. Auch der Rechtsgedanke des § 228 BGB analog (s.o. Rdnr. 196) geht nicht so weit, dass dadurch die Tötung eines anderen Menschen erlaubt wird.

III. Die Tat könnte nach **§ 35 Abs. 1 entschuldigt** sein. Für A bestand die Gefahr, bei längerem Aufenthalt im Wasser durch Unterkühlung oder Entkräftung bewusstlos zu werden und zu ertrinken. Es gab auch keine Handlungsalternative: Seenothelfer waren in den nächsten Stunden nicht zu erwarten. Das Surfbrettstück des B und auch die Rettungsweste des C konnten jeweils nur eine Person an der Wasseroberfläche halten. Eine gegenwärtige, nicht anders abwendbare Gefahr für das Leben des A ist also zu bejahen. Es greift keine der Ausnahmen des § 35 Abs. 1 S. 2 ein. Auch das subjektive Entschuldigungselement war bei A vorhanden. Er wollte sich vor dem Ertrinkungstod durch Opferung des B retten. Für langes Nachdenken und Abwägen ist im eiskalten Seewasser keine Zeit. 256

Ergebnis: Die Tötung des B ist für A entschuldigt.

B. C könnte wegen **Mittäterschaft zum Totschlag gemäß §§ 212, 25 Abs. 2** strafbar sein.

I. C hat aufgrund eines spontan gefassten gemeinsamen Tatentschlusses zusammen mit A die Tötungshandlung ausgeführt. Auch er wusste, dass B ohne rettenden Halt an der Wasseroberfläche ertrinken würde.

II. Die Tat war nicht gerechtfertigt.

III. C könnte nach § 35 entschuldigt sein. Dann müssten – wie § 29 klarstellt – die Voraussetzungen des entschuldigenden Notstands in seiner Person vorgelegen haben. Da die Tat nicht der eigenen Rettung diente, ist das nur zu bejahen, wenn zwischen A und C die vom Gesetz verlangte Nähebeziehung bestanden hat.

1. A war kein Angehöriger des C, weil § 11 Abs. 1 Nr. 1 a hierfür nur die Verwandtschaft gerader Linie ausreichen lässt.

2. Durch die Einbeziehung anderer, dem Täter nahestehender Personen sollen **persönliche Verhältnisse berücksichtigt werden, die nach der Intensität des Zusammengehörigkeitsgefühls der Beziehung zwischen Angehörigen vergleichbar sind.**[589] Diese Voraussetzung ist nur bei einer auf Dauer an- 257

589 OLG Koblenz NJW 1988, 2316, 2317.

gelegten, engen persönlichen Beziehung gegeben[590] und besteht regelmäßig bei eheähnlichen Lebensgemeinschaften oder bei engem freundschaftlichen Umgang, nicht aber gegenüber Personen, mit denen man die im Alltagsleben üblichen Sozialkontakte pflegt, z.B. Nachbarn, Berufskollegen.[591] Zwischen A und C bestand eine angehörigenähnliche Sonderbeziehung, weil A für C die Rolle eines Stief- oder Pflegevaters einnahm. Da auch C handelte, um die Lebensbedrohung von seinem Onkel abzuwenden, ist er aus Notstandshilfe entschuldigt.

Ergebnis: Auch C ist straflos.

Fall 19: Auswirkungen der vom Gefährdeten verschuldeten Notstandslage auf den Notstandshelfer (1. Abwandlung des Falles 18)

Wie ändert sich die Strafbarkeit von A und C, wenn A den Schiffsuntergang durch unachtsames Hantieren mit einer Propangasflasche verschuldet hat?

A. A ist strafbar aus § 212 Abs. 1. Auf entschuldigenden Notstand kann er sich wegen Verschuldens der Notstandslage nicht berufen § 35 Abs. 1 S. 2.

258 B. Fraglich ist, ob sich C mit Notstandshilfe gemäß § 35 Abs. 1 entschuldigen kann, obwohl die Notstandslage von A verschuldet worden war. Nach seinem eindeutigen Wortlaut greift § 35 Abs. 1 S. 2, 1. Alt. nicht ein, denn danach gilt der Ausschluss nur, wenn „der Täter" den Notstand verursacht hat. Mit „Täter" kann aber nur derjenige gemeint sein, dessen Tat unter dem Gesichtspunkt des Notstands zu beurteilen ist. Das war hier C, der die Notlage nicht verschuldet hatte.

Demgemäß bejaht auch die h.M. entschuldigenden Notstand für C.[592]

Die Gegenansicht argumentiert, dass es sich bei der Konfliktlage des Notstandshelfers nur um eine von dem Konflikt der Sympathieperson abgeleitete Bedrängnis handelt. Dem Notstandshelfer sei zuzumuten, die für die Sympathieperson bestehende Gefahrtragungspflicht zu respektieren. Anderenfalls wäre er besser gestellt als der Bedrängte selbst.[593]

Stellungnahme: Die Wertung des Gesetzes ist schwer verständlich, aber hinzunehmen.[594] Die Verkürzung des § 35 durch die vorgenannte Auffassung führt zu einer Strafbegründung entgegen dem Wortlaut der Norm. Damit liegt eine täterbelastende „indirekte Analogie" vor, die gegen Art. 103 Abs. 2 GG verstößt.[595]

Ergebnis: C ist straflos.

---

590 LK-Zieschang § 35 Rdnr. 33.

591 Roxin JA 1990, 97, 102.

592 Jescheck/Weigend § 35 III 2 a; Sch/Sch/Perron § 35 Rdnr. 20 a; Wessels/Beulke/Satzger Rdnr. 441.

593 Vgl. LK-Zieschang § 35 Rdnr. 64 f.; MünchKomm/Müssig § 35 Rdnr. 57.

594 Baumann/Weber/Mitsch § 23 Rdnr. 28.

595 Vgl. zum Parallelfall des § 24 BGH NJW 1996, 2663, 2664.

Fall 20: Auswirkungen der vom Notstandshelfer verschuldeten Notstandslage für den Gefährdeten (2. Abwandlung des Falles 18)

Wie ändert sich die Strafbarkeit von A und C, wenn C den Schiffsuntergang durch unachtsames Hantieren mit der Gasanlage verschuldet hat?

A. A ist durch § 35 Abs. 1 entschuldigt. Für ihn greift der Ausschlussgrund des § 35 Abs. 1 S. 2, 1. Alt. nicht ein.

B. Umstritten ist, ob sich C auf entschuldigende Notstandshilfe berufen kann. Der Wortlaut des § 35 Abs. 1 S. 2, 1. Alt. scheint dagegen zu sprechen, denn C hatte als Täter der späteren Rettungshandlung zugunsten des A den Notfall selbst vorwerfbar herbeigeführt. **259**

Dennoch bejaht die h.M. die Entschuldigung des C. Der Ausschlussgrund des § 35 Abs. 1 S. 2, 1. Alt. verpflichte nur den Verursacher der Gefahrenlage zur Hinnahme der Gefahr ohne Verletzung anderer, nicht aber sonstige Personen. Zur Abwehr dieser Gefahr dürfe jeder Nahestehende helfen, auch der Vorverursacher selbst.[596]

Die Gegenansicht verneint die Entschuldigung. Danach ist § 35 immer für denjenigen ausgeschlossen, der selbst für den Konflikt verantwortlich ist, den er nun durch die Notstandshandlung zulasten eines Dritten lösen will, unabhängig davon, ob die Hilfe ihm selbst oder einem Dritten zukommen soll.[597]

Stellungnahme: Dieser Ansicht ist nicht zu folgen. § 35 Abs. 1 S. 2 ist insgesamt nur auf die Personenidentität von Gefährdetem und Notstand Übendem zugeschnitten. Deshalb ist eine teleologische Reduktion zugunsten des Täters in der Notstandshilfesituation zulässig und geboten.

Ergebnis: Auch C ist entschuldigt.

III. Übergesetzlicher entschuldigender Notstand

In der Literatur und Rechtsprechung ist ein **übergesetzlicher entschuldigender Notstand** analog § 35 grundsätzlich anerkannt.[598]

Entwickelt wurde diese Rechtsfigur zur Bewältigung der sog. **Euthanasiefälle**: Hitler hatte 1940 den Befehl gegeben, geistig Schwerstbehinderte in großem Umfang zu töten. Leitende Ärzte von Heil- und Pflegeanstalten verhinderten die Tötung aller ihrer Anstaltsinsassen, indem sie einige auswählten und umbringen ließen.[599]

596 Jescheck/Weigend § 44 III 2 a; Lackner/Kühl § 35 Rdnr. 10; SK-Rogall § 35 Rdnr. 35.

597 MünchKomm/Müssig § 35 Rdnr. 57.

598 Baumann/Weber/Mitsch § 23 Rdnr. 55 ff.; LK-Rönnau Vor § 32 Rdnr. 212 ff.; BGHSt 1, 335; OLG Hamm NJW 1976, 721, 722; einschränkend auch BGHSt 35, 347, 350; Jescheck/Weigend § 47 I 3; Sch/Sch/Lenckner/Sternberg-Lieben Vorbem. §§ 32 ff. Rdnr. 115 ff.; Fischer Vor § 32 Rdnr. 15; Wessels/Beulke/Satzger Rdnr. 452; **ablehnend** MünchKomm/Schlehofer Vor §§ 32 ff. Rdnr. 273 ff.

599 Ausführlich Koch JA 2005, 745.

Prüfschema: Übergesetzlicher Notstand, § 35 analog
1. Notstandslage
a) Gegenwärtige Lebensgefahr für Personenkreis außerhalb von § 35
b) Entscheidungskonflikt des Täters: entweder Tod der gefährdeten Person oder Gefahrabwendung durch aktive Rechtsverletzung außerhalb von § 34
2. Notstandshandlung
a) Einziges Mittel zur Gefahrabwendung
b) Schaden schafft ethisch geringeres Übel oder Täter opfert ohnedies todgeweihte Person
c) Keine Gefahrtragungspflicht analog § 35 Abs. 1 S. 2
3. Gefahrabwendungswille

1. Notstandslage

260 Als Notstandslage ist eine **gegenwärtige Lebensgefahr** erforderlich.[600] Für den Täter muss sich daraus der Konflikt ergeben, entweder durch Untätigkeit die Gefahr eintreten und damit alle in Gefahr Befindlichen sterben zu lassen oder die Gefahr durch aktive Rechtsverletzung – ohne Rechtfertigung nach § 34 oder Entschuldigung nach § 35 – zu beseitigen.

2. Notstandshandlung

261 **a)** Umstritten sind die objektiven Kriterien der Entschuldigung der Eingriffshandlung:

Zum Teil wird verlangt, dass **das von dem Täter angerichtete Unheil bei ethischer Gesamtbewertung im Verhältnis zu dem durch die Tat verhinderten Unheil das wesentlich geringere Übel sein müsse.**[601]

Die Gegenauffassung lässt den aus dem Konflikt erwachsenen **Gewissensdruck** genügen, rettend zu helfen oder dem Geschehen seinen Lauf zu lassen und sich dadurch in moralisch-sittliche Schuld zu verstricken. In diesem Fall komme es auch nicht auf die Wahl des kleineren Übels an. Auch die Rettung Einzelner auf Kosten Vieler sei dann entschuldbar.[602] Einschränkend verlangen viele Vertreter dieser Meinungsgruppe aber zusätzlich eine **„Gefahrengemeinschaft"** zwischen den durch die Tat geschützten Menschen und den durch den Eingriff Getöteten. Entschuldbar ist danach also nur die Tötung von Menschen, die ohne den Eingriff des Täters ohnehin todgeweiht gewesen wären.[603]

600 Sch/Sch/Lenckner Vorbem. §§ 32 ff. Rdnr. 117; a.A. LK-Rönnau Vor § 32 Rdnr. 352: auch Leib und Freiheit.
601 NK-Paeffgen Vor §§ 32 ff. Rdnr. 295; Stratenwerth/Kuhlen § 10 Rdnr. 128; Welzel S. 184.
602 Kühl § 12 Rdnr. 100; LK-Rönnau Vor § 32 Rdnr. 355; SK-Rudolphi vor § 19 Rdnr. 8.
603 Jakobs 20/42; Roxin § 22 Rdnr. 146 ff.; Wessels/Beulke/Satzger Rdnr. 452 a, b.

Bahnwärter-Fall: Der im Stellwerk arbeitende Bahnbedienstete erkennt, dass ein Güterzug im Begriff ist, mit einem voll besetzten Personenzug zusammenzustoßen. Um den drohenden Tod Hunderter Fahrgäste zu verhindern, lenkt er den Güterzug auf ein Nebengleis, wohlwissend, dass dort einige Gleisarbeiter von dem umgeleiteten Zug überfahren werden. – Nach der Theorie von der Übelsverringerung und nach denjenigen, die allein auf den Gewissenskonflikt abstellen, ist übergesetzlicher entschuldigender Notstand zu bejahen, während diejenigen, die verlangen, dass die Getöteten auch ohne den Eingriff todgeweiht gewesen wären, die Entschuldigung ablehnen. Danach hat der Täter das Risiko nur abgewälzt, also in strafwürdiger Weise „Schicksal gespielt".[604]

Reanimator-Fall: Der Arzt veranlasst, einen Patienten vom einzig verfügbaren Reanimator zu nehmen und einen anderen Patienten anzuschließen, dessen Überlebenschancen höher sind. – Hier bejahen einzelne Vertreter des „geringeren Übels" die Entschuldigung,[605] wohingegen die übrigen Theorien einhellig übergesetzlichen Notstand ablehnen, und zwar entweder weil der Gewissenskonflikt nicht schwer genug wiege[606] oder weil auch hier die Gefahr auf einen anderen nur umgewälzt werde.[607]

b) Weder den in Gefahr Geratenen noch dem Täter darf nach den Kriterien des § 35 Abs. 1 S. 2 **zumutbar gewesen sein, die Gefahr hinzunehmen.**[608] Ob sich aus dieser Einschränkung ein strafrechtlicher Ausschluss für Amtsträger („besonderes Rechtsverhältnis") ergibt, sich für rechtswidrige Hoheitsakte auf übergesetzlichen entschuldigenden Notstand zu berufen, ist noch nicht geklärt.[609]

3. Gefahrabwendungswille

Subjektiv muss der Täter mit **Gefahrabwendungswillen** gehandelt haben. Die Recht- 262
sprechung verlangt darüber hinaus eine **gewissenhafte Prüfung des Vorliegens der Notstandssituation.**[610]

Fall 21: Quantitativer Lebensnotstand

K ist der Kapitän eines Schiffes, das bei einem Sturm alle Rettungsboote verloren hatte und danach auf einen unter der Wasseroberfläche treibenden Container aufgelaufen ist. Um das Sinken des Schiffes zu verhindern, lässt K die Schotten zum leckgeschlagenen Vorderschiff schließen, obwohl er weiß, dass sich dort noch drei Seeleute aufhalten und nun unrettbar verloren sind. Durch diese Maßnahme gelingt es, das Schiff länger schwimmfähig zu halten und die übrige Besatzung zu retten.
Hat sich K damit wegen Totschlags gemäß § 212 strafbar gemacht?

I. Durch den Befehl, die Schotten zu schließen, hat K – in mittelbarer Täterschaft durch die ausführenden Seeleute (§ 25 Abs. 1, 2. Alt.) – den Tod der Matrosen im Vorderschiff verursacht. K wusste auch, welche Konsequenzen sein Befehl hatte.

---

604 Wessels/Beulke Rdnr. 452 b.

605 Welzel S. 185.

606 SK-Rudolphi vor § 19 Rdnr. 9.

607 Roxin § 22 Rdnr. 163.

608 Vgl. LK-Rönnau Vor § 32 Rdnr. 357.

609 Ablehnend z.B. LG Frankfurt NJW 2005, 692, 695. Die Frage ist wieder in die politische Diskussion geraten, als der damalige Bundesverteidungsminister Jung im September 2007 erklärte, ohne spezialgesetzliche Ermächtigung ein von Terroristen entführtes vollbesetztes Passagierflugzeug zum Schutz der übrigen Bürger auf der Grundlage des übergesetzlichen Notstands ggf. abschießen zu lassen.

610 BGHSt 35, 347, 350 f.; kritisch Küper JZ 1989, 617, 626 zum Katzenkönig-Fall.

II. Eine Rechtfertigung der Tat nach § 34 scheidet aus. Zwar bestand eine gegenwärtige und nicht anders abwendbare Gefahr für das Leben der gesamten Besatzung. Eine quantitative Abwägung ist aber, wenn Menschenleben gegen Menschenleben stehen, unzulässig.

III. K könnte entschuldigt sein.

1. Entschuldigender Notstand, § 35, kommt nicht infrage. Zum einen kann sich K selbst wegen der ihn als Schiffsführer treffenden erhöhten Gefahrtragungspflicht zur eigenen Rettung nicht auf § 35 berufen; zum anderen hat K subjektiv auch nicht gehandelt, um sich zu retten, sondern um das Leben der Mannschaft in Sicherheit zu bringen. Auch Notstandshilfe nach § 35 entfällt, weil die Seeleute keine dem K nahestehenden Personen waren.

263 2. Fraglich ist, ob K wegen seines unentrinnbaren Entscheidungskonflikts übergesetzlicher entschuldigender Notstand analog § 35 zugebilligt werden kann.

a) Rettungsboote standen im vorliegenden Fall nicht mehr zur Verfügung, die gesamte Schiffsbesatzung war in akuter Lebensgefahr. K stand vor der Alternative, entweder untätig zu bleiben und damit die gesamte Mannschaft zu opfern oder die drei Matrosen im Vorschiff ertrinken zu lassen und damit – wie geschehen – den Rest der Mannschaft zu retten.

b) Nach denjenigen, die eine Übelsverringerung verlangen, hat K das Richtige getan, indem er wenige geopfert und dadurch viele gerettet hat. Für die andere Gruppe genügt der Gewissenskonflikt, und diejenigen, die zusätzlich die Gefahrengemeinschaft verlangen, erkennen diese darin, dass die drei Matrosen auch dann ertrunken wären, wenn K nicht eingegriffen hätte.

c) Zwar bestehen seeschifffahrtsrechtliche Gefahrtragungspflichten (§§ 123, 124 SeeArbG). Diese verlangen aber keine persönliche Aufopferung.

d) Auch die subjektiven Erfordernisse des Handelns zur Gefahrenabwehr nach gewissenhafter Prüfung sind bei K erfüllt.

Ergebnis: K ist straflos.

IV. Grenzen strafrechtlicher Entschuldigung

Die Grenzen der Entschuldigung zeigen sich beim Rechtsbruch durch **Gewissenstäter** und **Überzeugungstäter**. Der Gewissentäter kennt die für ihn geltende Rechtsnorm, hält sie aber für ihn nicht als verpflichtend, weil das von der Norm geforderte Verhalten im Widerspruch zu seiner Gewissensentscheidung steht. Der Überzeugungstäter hält schon die Norm für „falsch" und sieht in dem Rechtsbruch das nach seiner Überzeugung „richtige" Verhalten.[611]

611 LK-Rönnau Vor § 32 Rdnr. 360.

Gewissen und Überzeugung begründen für sich gesehen keine Rechtfertigung. Art. 4 GG wirkt als Rechtfertigungsgrund nur, soweit sich die Grundrechtsausübung im Rahmen immanenter Grundrechtsschranken bewegt.[612] Werden aber Rechte Dritter oder wichtige Gemeinschaftsinteressen verletzt, sind die Grenzen zulässiger Grundrechtsausübung überschritten. Außerhalb des Art. 4 GG entfaltet die Gewissensentscheidung als solche keine rechtfertigende Wirkung. **Könnte schon die individuelle Überzeugung den Normbefehl außer Kraft setzen, wäre die Befolgung der Gesetze in das Belieben des Einzelnen gestellt. Eine überindividuelle Rechtsordnung als Grundlage des Schutzes Einzelner und der Gemeinschaft wäre dann unmöglich.** **264**

Eine **analoge Anwendung des § 35** auf Konfliktsituationen, die einen der Leibes- und Lebensgefahr gleichwertigen Motivationsdruck auslösen können, wird gemeinhin abgelehnt, weil der Gesetzgeber den Kreis der notstandsfähigen Rechtsgüter bewusst beschränkt hat, um den Geltungsanspruch der Strafdrohungen und den damit verbundenen Rechtsgüterschutz nicht aufzuweichen.[613] Der **übergesetzliche entschuldigende Notstand ist nach h.M. für Rechtsgüter außerhalb der in § 35 genannten nicht anwendbar**.[614] **265**

Die **h.M. lehnt auch einen unmittelbar aus dem Grundrecht der Glaubens- und Gewissensfreiheit nach Art. 4 Abs. 1 GG abgeleiteten Entschuldigungsgrund ab**. Dahinter steht die allgemeine Erwägung, dass Rechtsregeln, die sogar im Licht der Immaterialgrundrechte und des Rechtsstaatsprinzips Bestand haben, auch vor der Gewissensentscheidung des Einzelnen Geltung beanspruchen.[615] **266**

Nach einhelliger Meinung bildet die **Unzumutbarkeit normgemäßen Verhaltens** beim vorsätzlichen Begehungsdelikt **keinen übergesetzlichen Entschuldigungsgrund**, weil Maßstäbe der Unzumutbarkeit außerhalb der anerkannten Entschuldigungsgründe fehlen und damit eine erhebliche Rechtsunsicherheit geschaffen würde.[616] Etwas anderes gilt nach h.M. für Fahrlässigkeitstaten, bei denen die für diese Deliktsgruppen typische Enttäuschung einer rechtlichen Verhaltenserwartung mit der Unzumutbarkeit des normgemäßen Verhaltens entschuldigt werden kann.[617]

Ob die Unzumutbarkeit auch bei Unterlassungsdelikten tatbestandsbegrenzend oder entschuldigend wirkt, ist umstritten (dazu unten Rdnr. 320). **Jedenfalls kann bei Unterlassungstaten die Glaubens- und Gewissensfreiheit eine „Ausstrahlungswirkung" erzeugen, die so stark ist, dass dem Täter aus seiner entgegenstehenden Glaubens- oder Gewissensentscheidung kein individueller Vorwurf mehr gemacht werden kann.**[618] **267**

612 LK-Rönnau Vor § 32 Rdnr. 361.

613 Eisenberg/Wolke JuS 1993, 285, 287.

614 Sch/Sch/Lenckner/Sternberg-Lieben Vorbem. §§ 32 ff. Rdnr. 117.

615 Herdegen GA 1986, 97, 102.

616 Vgl. SK-Rudolphi vor § 19 Rdnr. 10; Wessels/Beulke/Satzger Rdnr. 451.

617 Sch/Sch/Lenckner/Sternberg-Lieben Vorbem. §§ 32 ff. Rdnr. 126; a.A. auch insoweit MünchKomm/Schlehofer Vor §§ 32 ff. Rdnr. 281.

618 BVerfGE 32, 98, 109.

Beispiel: Die Eheleute E gehören der religiösen Vereinigung des Evangelischen Brüdervereins an. Als die Ehefrau nach der Geburt des vierten Kindes in Lebensgefahr gerät, weigert sich der Ehemann, die Frau zum Aufsuchen eines Krankenhauses zu überreden, was dem gemeinsamen Glauben widersprochen hätte. Kurze Zeit später stirbt die Frau. – Nach BVerfG Straflosigkeit.[619]

268 Auch das **Unrechtsbewusstsein** gemäß § 17 ist in derartigen Fällen vorhanden. Die individuelle Entscheidung des Gewissens- und Überzeugungstäters, ein bestimmtes strafbewehrtes Gebot oder Verbot habe für ihn keine Verbindlichkeit, setzt notwendig voraus, dass er die Rechtsverletzung als solche erkannt hat.[620]

Das Grundrecht der Gewissensfreiheit entfaltet aber bei der **Strafzumessung** wesentliche Bedeutung und wirkt sich dort als „Wohlwollensgebot" gegenüber demjenigen aus, dessen Verhalten auf einer achtbaren, durch ernste innere Auseinandersetzung gewonnenen Entscheidung beruht.[621] Das Strafmaß wird sich daher an der gesetzlichen Mindeststrafe orientieren.

619 BVerfG (s. vorangegangene Fußnote); a.A. für den Fall einer verweigerten Zustimmung des Vaters zu einem für die Rettung des Kindes unerlässlichen Blutaustausch OLG Hamm NJW 1968, 212.

620 Vgl. Eisenberg/Wolke JuS 1993, 285, 287.

621 BVerfGE 23, 127, 134; BayObLG JR 1981, 171; NJW 1992, 191; OLG Düsseldorf MDR 1996, 409.

Entschuldigungsgrund Notwehrexzess, § 33

Prüfung erst nach Verneinung der Notwehr wegen Überschreitung der Erforderlichkeit / Gebotenheit

Bei bestehender Notwehrlage Überschreitung der Erforderlichkeit/ Gebotenheit (sog. intensiver Notwehrexzess)	**Verwirrung, Furcht, Schrecken des Täters** (sog. asthenische Affekte), die auch bei bewusster Notwehrüberschreitung entschuldigend wirken können	**Innerer Zusammenhang** zwischen asthenischem Affekt und Notwehrüberschreitung

Entschuldigender Notstand, § 35

Prüfung erst nach Verneinung aller anderen in Betracht kommenden Rechtfertigungsgründe (vor allem § 32 / § 34)

Notstandslage: Gegenwärtige Gefahr (wie bei § 34), aber nur für **Leib, Leben, Freiheit** und nur, wenn **Täter, Angehöriger** oder **nahestehende Person** betroffen ist. Nach h.M. erfolgt keine analoge Anwendung bei Gefahr für andere Rechtsgüter.	**Notstandshandlung** muss wie bei § 34 erforderlich gewesen sein. Je schwerer der Eingriff, desto eher sind Alternativen zumutbar.	**Hinnahme der Gefahr darf nicht zumutbar sein**, S. 2. Zumutbar aber (+) bei ■ besonderem Rechtsverhältnis ■ (pflichtwidriger) Gefahrverursachung ■ sonstigen Umständen wie Garantenstellung/Unverhältnismäßigkeit	**Notstandswille:** **Kenntnis** der Gefahrenlage erforderlich. Nach Rspr. erfolgt situationsabhängige Prüfung von anderweitigen Gefahrabwendungsmöglichkeiten und Rettungswille.

Übergesetzlicher entschuldigender Notstand, § 35 analog

Notstandslage: ■ Gegenwärtige Gefahr für Leben außerhalb des Personenkreises von § 35 (häufigster Fall: **quantitativer Lebensnotstand**) ■ Konfliktlage für den Täter: entweder Tötung durch Untätigkeit oder Gefahrabwendung durch aktive Rechtsverletzung außerhalb von § 34	**Notstandshaftung:** ■ Aktiver Rechtsguteingriff einziges Mittel zur Gefahrabwendung ■ 1. Ans.: Eingriff muss **ethisch schwereres Unheil verhindern**; 2. Ans.: Entschuldigt ist jede Handlung, aber ausschließlich zulasten von Menschen, die auch in Gefahr waren, d.h. auch ohne den Eingriff verloren **(„todgeweiht")** gewesen wären ■ Keine Gefahrtragungspflicht analog § 35 Abs. 1 S. 2	**Notstandswille:** ■ Gewissenhafte Prüfung der Gefahrenlage ■ Handeln in Rettungsabsicht

D. Unrechtsbewusstsein

269 Wem bei Begehung der Tat Unrechtseinsicht fehlt, obwohl seine Fähigkeit hierzu nicht durch die §§ 20, 21 beeinträchtigt war, befindet sich in einem **Verbotsirrtum**. Er handelt in diesem Fall nach § 17 S. 1 nur dann schuldhaft, wenn er den Irrtum vermeiden konnte. Nach § 17 S. 2 erfolgt auch bei Vermeidbarkeit des Irrtums der Schuldspruch; allerdings kann die Strafe gemildert werden. In seiner Umkehrung besagt § 17, dass für die Bestrafung aus Vorsatz- oder Fahrlässigkeitstat gar kein aktuelles Unrechtsbewusstsein vorhanden sein muss, sondern dass es genügt, wenn der Täter in der Lage war, Unrechtseinsicht zu entwickeln, d.h. den Irrtum zu vermeiden. Insofern spricht die h.M. von **potenziellem Unrechtsbewusstsein**.[622] § 17 enthält ferner die gesetzliche Festlegung, dass die Unrechtseinsicht nicht zum Vorsatz gehört, sondern selbstständiges Element der Schuld ist. Wäre dies anders – wie die überkommenen Vorsatztheorien behaupten –, so wäre § 17 S. 2, der eine Vorsatzbestrafung trotz fehlenden Unrechtsbewusstseins ermöglicht, undenkbar.

Folgende **Gedankenschritte** sind bei § 17 vorzunehmen:

I. Kein Irrtum nach § 16 oder sonstiger Spezialregel

270 **Durch Vorprüfung der objektiven und subjektiven Deliktsmerkmale muss ausgeschlossen sein, dass die fragliche Fehlvorstellung als Tatbestands- oder Erlaubnistatbestandsirrtum der vorrangigen Vorschrift des § 16 oder sonstigen speziellen Irrtumsregeln** (z.B. § 35 Abs. 2 oder § 113 Abs. 4) unterfällt (ausführlich dazu AS-Skript Strafrecht AT 2 [2014]).

II. Deliktsbezogener Verbotsirrtum im Tatzeitpunkt

Festzustellen ist sodann, ob der zur Unrechtseinsicht fähige Täter **im Tatzeitpunkt Unrechtsbewusstsein** besaß, ob er sich also in einem Verbotsirrtum befand.

1. Da der Schuldvorwurf tatbezogen ist, muss auch das Unrechtsbewusstsein als Schuldelement **auf den konkreten Tatbestand** bezogen werden. Bei tateinheitlich verwirklichten Delikten ist das **Unrechtsbewusstsein** deshalb **teilbar**.[623]

Beispiel: Wer nicht weiß, dass auch das Mofafahren in alkoholisiertem Zustand ab 1,1‰ BAK strafbar ist, kann durchaus das Bewusstsein haben, durch eine mit dem Mofa begangene Unfallflucht strafbares Unrecht (nämlich § 142) zu verwirklichen.

2. Allgemein anerkannt sind die **„Untergrenzen", die für den Inhalt des Unrechtsbewusstseins** verlangt werden. So ist die Vorstellung, nur moralwidrig oder sozialschädlich zu handeln, nicht ausreichend. **Andererseits braucht der Täter die von ihm verletzte Strafnorm nicht zu kennen; es kommt auch nicht darauf an, ob er sein Verhalten als strafbar bewertet.** Über die Anforderungen „dazwischen" aber besteht Streit:

622 Vgl. Neumann JuS 1993, 793, 797.

623 BGHSt 10, 35.

Nach h.M. muss der Täter sich nur bewusst sein, dass er mit der von ihm begangenen spezifischen Rechtsgutverletzung gegen **irgendeine, im Einzelnen nicht notwendigerweise klar vorgestellte gesetzliche Bestimmung des Strafrechts, des öffentlichen Rechts oder des Zivilrechts verstößt und Unrecht begeht.**[624]

Eine Meinung verlangt darüber hinaus das Bewusstsein, gegen eine **sanktionsbewehrte** Norm des positiven Rechts zu verstoßen, sodass etwa die Vorstellung, nur Disziplinarunrecht zu verwirklichen, nicht ausreichen soll.[625] Noch weiter gehen diejenigen, die Unrechtsbewusstsein im strafrechtlichen Sinn nur dann annehmen, wenn der Täter die Vorstellung hat, sich nach irgendeiner Vorschrift „strafbar" zu machen. Selbst das Bewusstsein, eine Ordnungswidrigkeit zu begehen, soll danach nicht ausreichen.[626]

3. Die Quelle für Verbotsirrtümer kann einmal darin bestehen, dass der Täter eine bestimmte Norm nicht kennt oder sie zu seinen Gunsten falsch subsumiert **(direkter Verbotsirrtum)**. Die Fehlvorstellung kann auch darauf beruhen, dass er einen nicht anerkannten Rechtfertigungsgrund erfindet oder einen anerkannten Rechtfertigungsgrund überdehnt (sog. **indirekter Verbotsirrtum**).

4. Das zuvor beschriebene Unrechtsbewusstsein fehlt nur dann, wenn der Täter zu der **definitiven Fehlvorstellung** gelangt ist, nichts rechtlich Verbotenes zu tun. Dieser Fall dürfte aber die Ausnahme sein. Umgekehrt hat nämlich nicht nur derjenige Unrechtseinsicht, der über den Normwiderspruch seines Verhaltens nachdenkt (aktuelles Unrechtsbewusstsein), sondern auch derjenige, der nur mit der Möglichkeit rechnet, Verbotenes zu tun, oder dem dies gleichgültig ist (bedingtes Unrechtsbewusstsein),[627] schließlich sogar der Täter, bei dem die Unrechtsvorstellung zu einem bloßen Begleitwissen abgesunken ist **(sachgedankliches Mitbewusstsein).**[628]

III. Unvermeidbarkeit oder Vermeidbarkeit

Hat man das Fehlen des Unrechtsbewusstseins festgestellt, kommt es auf die **Vermeidbarkeit des Irrtums** an, also darauf, ob es dem Täter möglich war, die konkrete Rechtswidrigkeit des eigenen Verhaltens zu erkennen.[629] Quelle dafür ist der Einsatz der Erkenntniskräfte des Täters, früher missverständlich umschrieben als „Anspannung des Gewissens".[630] Heute ist folgende Formel anerkannt: 271

Ein Verbotsirrtum ist vermeidbar, wenn dem Täter sein Vorhaben unter Berücksichtigung seiner Fähigkeiten und Kenntnisse hätte Anlass geben müssen, über dessen mögliche Rechtswidrigkeit nachzudenken oder sich zu erkundigen, und wenn er auf diesem Wege zur Unrechtseinsicht gekommen wäre.[631]

624 Vgl. BGHSt 11, 263, 266; 15, 377; OLG Celle NJW 1987, 78; OLG Stuttgart JR 1993, 328, 330; Lackner/Kühl § 17 Rdnr. 2; Sch/Sch/Sternberg-Lieben § 17 Rdnr. 5.

625 NK-Neumann § 17 Rdnr. 21.

626 Otto § 13 Rdnr. 41; LK-Schroeder, 11. Aufl., § 17 Rdnr. 8.

627 Vgl. BGH, Urt. v. 21.12.2005 – 3 StR 470/04 Rdnr. 43 f., NStZ 2006, 214.

628 Vgl. LK-Schroeder, 11. Aufl., § 17 Rdnr. 23 ff.

629 Rudolphi JR 1989, 387, 388.

630 BGHSt 21, 20.

631 BayObLG JZ 1989, 600 unter Verweis auf Fischer § 17 Rdnr. 7; zustimm. Otto Jura 1990, 645, 649.

Nach dieser Formel ist die Vermeidbarkeit eines Verbotsirrtums die Regel. Sogar anwaltliche Rechtsauskunft entlastet den Täter nicht, wenn sie „zwischen Tür und Angel" gegeben worden oder erkennbar vordergründig bzw. mangelhaft ist oder ihre Unrichtigkeit auf der Hand liegt.[632]

4. Abschnitt: Strafausschließungs- oder Strafaufhebungsgründe

Trotz einer rechtswidrigen und schuldhaften Tat kann die Strafbarkeit wegen **eines zurzeit der Tat vorliegenden Strafausschließungsgrundes** oder eines **nach Begehung der Tat eintretenden Strafaufhebungsgrundes** ausgeschlossen sein.

A. Strafausschließungsgründe

I. Persönliche Strafausschließungsgründe

272 Die **persönlichen Strafausschließungsgründe** führen zur Straflosigkeit wegen zurzeit der Tat gegebener persönlicher Eigenschaften oder Verhältnisse und kommen deshalb auch nur demjenigen zugute, der diese Voraussetzungen erfüllt, § 28 Abs. 2.

Beispiele: Indemnität von Abgeordneten (Art. 46 Abs. 1 GG, § 36); Angehörigenverhältnis bei der Strafvereitelung (§ 258 Abs. 6); Beteiligung an der Vortat bei Begünstigung, Strafvereitelung und Geldwäsche (§§ 257 Abs. 3 S. 1, 258 Abs. 5, 261 Abs. 9 S. 2).

II. Sachliche Strafausschließungsgründe

273 Bei **sachlichen Strafausschließungsgründen** begründet ein nicht personengebundener Umstand zur Straflosigkeit des Täters und des Teilnehmers.

Beispiele: Wahrheitsgetreue Parlamentsberichte (§ 37); Erweislichkeit der Wahrheit bei der üblen Nachrede (§ 186), Minimalklausel bei der Abfallbeseitigung (§ 326 Abs. 6).

Alle Strafausschließungsgründe stehen außerhalb von Unrecht und Schuld. Sie stellen das Gegenstück zu den objektiven Strafbarkeitsbedingungen dar.

B. Strafaufhebungsgründe

274 Die Strafaufhebungsgründe beseitigen die bereits eingetretene Strafbarkeit rückwirkend. Hierzu werden insbesondere gerechnet

- Rücktritt vom Versuch (§ 24),
- Rücktritt vom Versuch der Verbrechensbeteiligung (§ 31),
- tätige Reue (z.B. §§ 142 Abs. 4, 158 Abs. 1, 261 Abs. 9 S. 1, 306 e).

Ausführlich hierzu AS-Skript Strafrecht AT 2 (2014).

632 BayObLG StV 1992, 421.

5. Abschnitt: Strafantrag; andere Strafverfolgungsvoraussetzungen oder -hindernisse

A. Strafantrag

Bei **Antragsdelikten** (die nicht deckungsgleich mit den Privatklagedelikten sind!) **hängt die Strafverfolgung vom Willen des durch die Tat Verletzten ab**. Prüfungsfolge:

I. Der Strafantrag muss gesetzlich vorgeschrieben sein

Man unterscheidet **absolute Antragsdelikte**, bei denen die Strafverfolgung nur dann möglich ist, wenn der Strafantrag gestellt ist (z.B. § 123 Abs. 2) und **relative Antragsdelikte**, die den Strafantrag nur bei einer besonderen persönlichen Beziehung zum Verletzten voraussetzen (§ 247). Mischformen bilden die sog. **eingeschränkten Antragsdelikte**, bei denen der Antrag grds. erforderlich ist, sein Fehlen aber durch Bejahung des besonderen öffentlichen Verfolgungsinteresses seitens der Staatsanwaltschaft überwunden werden kann (vgl. §§ 230, 248 a, 303 c). 275

Verwechseln Sie den Strafantrag nicht mit der Strafanzeige! Letztere beinhaltet nach § 158 Abs. 1 StPO die Mitteilung eines Sachverhaltes, der auf eine Tat hindeutet, gegenüber den Strafverfolgungsbehörden.[633]

II. Der Antrag muss gestellt und darf nicht zurückgenommen sein

Inhaltlich muss der Antrag nur das Verlangen auf Strafverfolgung eines bestimmten, auch unbekannten Täters wegen einer bestimmten Tat erkennen lassen.[634] Eine sachliche oder persönliche Beschränkung des Antrags ist möglich.[635] 276

Nach § 77 d kann der Antrag bis zum rechtskräftigen Abschluss des Strafverfahrens zurückgenommen, dann aber **nicht nochmals gestellt** werden.

III. Der Antragsteller muss antragsberechtigt sein

Berechtigt ist nach § 77 Abs. 1 der **Verletzte**, also derjenige, in dessen Rechtskreis eingegriffen worden ist.[636] **Minderjährige Verletzte** sind nicht antragsberechtigt; ihr unwirksamer Antrag wird auch nicht wirksam, wenn sie vor Ablauf der Antragsfrist volljährig geworden sind, ohne ihn nachgeholt zu haben.[637] Nach § 77 Abs. 3 sind bei minderjährigen Verletzten vielmehr nur die gesetzlichen Vertreter und die Personensorgeberechtigten antragsberechtigt. **Angehörige** haben nach dem Tod des Verletzten nur ausnahmsweise ein Antragsrecht, wenn dies bei den jeweiligen Strafvorschriften **gesetzlich vorgesehen** ist, § 77 Abs. 2. Bei Taten im Zusammenhang mit dem öffentlichen Dienst kann **ausnahmsweise auch der Dienstvorgesetzte den Strafantrag** stellen, § 77 a. 277

633 Vgl. Bosch Jura 2013, 368, 369.
634 Meyer-Goßner § 158 Rdnr. 4.
635 Sch/Sch/Sternberg-Lieben/Bosch § 77 Rdnr. 42.
636 BGHSt 31, 207, 210.
637 BGH NStZ 1994, 281.

IV. Der Antrag muss form- und fristgerecht gestellt worden sein

278 Anders als bei der Strafanzeige ist nach § 158 Abs. 2 StPO Schriftform erforderlich, wenn der Antrag nicht bei Gericht oder StA zu Protokoll erklärt wird.

Daraus folgt, dass beispielsweise der mündlich erklärte Strafantrag gegenüber einem Polizeibeamten, den dieser später nur in einem eigenen, vom Antragsteller nicht unterschriebenen Vermerk ausformuliert, nicht formwirksam ist.[638]

Die **Frist für die Antragstellung** beträgt 3 Monate ab Kenntniserlangung des Antragsberechtigten von der Tat und dem Täter (Name nicht erforderlich), § 77 b. Eine Ausnahme besteht für wechselseitig begangene Straftaten, § 77 c.

279 Weitere Strafverfolgungsvoraussetzungen sind zum Beispiel die **Ermächtigung** (vgl. § 194 Abs. 4) und die Genehmigung des Bundestages in Art. 46 Abs. 3 GG.

B. Strafverfolgungshindernisse

I. Verfolgungsverjährung

280 Die **Verjährungsfrist für die Strafverfolgung** ist in **§ 78** geregelt.[639] Sie richtet sich – abgesehen von den unverjährbaren Taten – immer nach dem **abstrakt angedrohten Höchstmaß**(!) des jeweiligen Straftatbestands. Sie **beginnt** gemäß § 78 a mit dem einzurechnenden Tag, an dem die deliktische Gesamttätigkeit unter Berücksichtigung des tatbestandlichen Erfolgs ihren Abschluss gefunden hat.

Das **Ruhen** der Verfolgungsverjährung ist in **§ 78 b** geregelt.

Vgl. insbesondere § 78 b Abs. 1 Nr. 1, wonach für Sexualdelikte an Minderjährigen das Ruhen der Verjährung bis zur Volljährigkeit des Opfers angeordnet wird.

§ 78 c führt die Fälle auf, in denen die Verjährung **unterbrochen** wird. Trotz Unterbrechung tritt **spätestens mit Ablauf der doppelten gesetzlichen Verjährungsfrist** oder – wenn die Frist kürzer als drei Jahre ist – mit Ablauf von drei Jahren die Verfolgungsverjährung ein, § 78 c Abs. 3 S. 2.

II. Weitere Strafverfolgungshindernisse

281
- Nichtanwendbarkeit deutschen Strafrechts (s.o. Rdnr. 10 ff.)
- Strafunmündigkeit des Beschuldigten (s.o. Rdnr. 230)
- Tod des Beschuldigten
- Verbot erneuter Strafverfolgung wegen Vorliegens eines rechtskräftigen Strafurteils zu derselben Tat (Art. 103 Abs. 3 GG) oder einer anderen verfahrensbeendigenden Entscheidung mit Rechtskraft, z.B. Strafbefehl, § 410 Abs. 3 StPO.

---

638 OLG Hamm NJW 1986, 734; BayObLG NStZ 1994, 86; Bosch Jura 2013, 368, 374.

639 Zur Strafvollstreckungsverjährung s. §§ 79 ff.

Unrechtsbewusstsein nach § 17

1. Vorprüfung: Irrtum nach § 16 oder anderer Spezialregel zu behandeln?
2. Hatte der Täter Unrechtsbewusstsein?

Im Tatzeitpunkt	+	Bezogen auf den jeweiligen Tatbestand	+	Bewusstsein, gegen irgendeine gesetzliche Bestimmung des Strafrechts/öffentl. Rechts/ Zivilrechts zu verstoßen		Mindestens als sachgedankliches Mitbewusstsein

Wenn (–) und Fähigkeit zur Unrechtseinsicht nicht gemäß §§ 20, 21 beeinträchtigt: **Verbotsirrtum**

3. Vermeidbarkeit des Verbotsirrtums nach individuellen Fähigkeiten und Erkenntnismöglichkeiten
   - Bei Unvermeidbarkeit Schuld (–), § 17 S. 1
   - Bei Vermeidbarkeit fakultative Strafmilderung, § 17 S. 2

Wichtigste Strafverfolgungsvoraussetzung: Strafantrag

Antragserfordernis → Antrag gestellt, nicht zurückgenommen → Antragsberechtigung → Form, Frist

3. Teil: Das fahrlässige Begehungsdelikt

1. Abschnitt: Deliktsstruktur

282 **Der Unrechtsvorwurf des fahrlässigen Begehungsdelikts besteht darin, dass der Täter im Zusammenhang mit einer Handlung einen objektiven und ihm persönlich vorwerfbaren Fehler begangen hat.** Bei einem **fahrlässigen Erfolgsdelikt** muss der Täter vermeidbar, aber unvorsätzlich den Erfolg in zurechenbarer Weise verursacht haben. Bei den **fahrlässig begehbaren schlichten Tätigkeitsdelikten** (z.B. §§ 161, 316 Abs. 2) liegt der strafrechtliche Vorwurf allein in der Enttäuschung einer für den Täter rechtsverbindlichen Verhaltenserwartung.

A. Unterschiede zur Vorsatztat

283 **I.** Erhebliche Unterschiede zur Vorsatztat ergeben sich schon aus dem **Gesetz**:

- Nach § 15 ist Fahrlässigkeit nur **strafbar**, wenn das Gesetz dies ausdrücklich vorschreibt.
- Bei Fahrlässigkeitsdelikten ist ein **Tatbestandsirrtum** ausgeschlossen.
- Es gibt **keinen Versuch** der Fahrlässigkeitstat.
- Die Regeln der Beteiligung, also **Mittäterschaft, mittelbare Täterschaft, Anstiftung und Beihilfe, gelten nicht**; vielmehr ist jeder fahrlässig und zurechenbar handelnde Verursacher eines Erfolgs Täter der Fahrlässigkeitstat. Vergröbernd lässt sich daher bei der Fahrlässigkeitstat von einem „Einheitstäterbegriff" sprechen.

284 **II.** Umstritten ist, in welchem Verhältnis Vorsatz und Fahrlässigkeit als Vorwerfbarkeitsformen zueinander stehen: Eine nicht unerhebliche Gruppe von Rechtslehrern meint, dass die Vorsatztat in objektiver Hinsicht alle Elemente der Fahrlässigkeitstat umfasse. Sie unterscheide sich lediglich durch das Mehr des Vorsatzes. Danach stehen Vorsatz und Fahrlässigkeit in einem **Plus-Minus-Verhältnis** zueinander.[640] Die h.M. sieht zwischen **Vorsatz und Fahrlässigkeit ein „Aliud-Verhältnis"**.[641] Sie verweist darauf, dass der Vorsatztäter eine andere Einstellung zum verletzten Rechtsgut habe als der Fahrlässigkeitstäter.[642] Zudem sei es logisch ausgeschlossen, dass der Täter, der einen Erfolg zumindest billige, zugleich sorgfaltswidrig auf sein Ausbleiben vertraue.[643] Auch nach dieser Auffassung ist es jedoch zulässig, bei fehlender Nachweisbarkeit des Vorsatzes aus Fahrlässigkeit zu bestrafen, wenn zumindest deren Voraussetzungen erfüllt sind.[644]

285 **III.** Ferner können nach allgemeiner Auffassung durch dieselbe Handlung sowohl Vorsatz- als auch Fahrlässigkeitsdelikte erfüllt sein, wenn es um verschiedene Deliktserfolge geht. **Die Vorwerfbarkeit ist also teilbar.**

---

640 Herzberg in Festgabe 50 Jahre BGH, Band IV [2000], 51, 59 ff.; ders. NStZ 2004, 593; MünchKomm/Hardtung § 222 Rdnr. 1.

641 BGH, Urt. v. 10.02.2011 – 4 StR 576/10, NStZ 2011, 460; Kretschmer Jura 2000, 267; MünchKomm/Duttge § 15 Rdnr. 103; Kaspar JuS 2012, 16, 17.

642 Baumann/Weber/Mitsch § 10 Rdnr. 15.

643 Roxin § 24 Rdnr. 79.

644 BGH, Urt. v. 10.02.2011 – 4 StR 576/10, NStZ 2011, 460; Roxin § 24 Rdnr. 72.

Beispiel hierfür ist die Rechtsfigur der „aberratio ictus": A schießt auf B, um ihn zu töten, trifft aber den in der Nähe stehenden C. – Versuchter Totschlag bezüglich B in Tateinheit mit fahrlässiger Tötung des C (ausführlich hierzu im AS-Skript AT 2 [2014]).

B. Besonderheiten des Fahrlässigkeitsbegriffs

I. Definition der Fahrlässigkeit

Was Fahrlässigkeit ist, sagt das Strafgesetzbuch nicht. Insofern sind die Fahrlässigkeits- **286**
delikte Blankettnormen, bei denen häufig außerrechtliche Verhaltensregeln strafbegründend wirken. Einzelne Stimmen im Schrifttum zweifeln deshalb insgesamt an der verfassungsrechtlich gebotenen Bestimmtheit der Fahrlässigkeitstatbestände.[645] Die überwiegende Mehrheit der Strafjuristen hält dagegen eine strafbarkeitsbegrenzende Definition des Fahrlässigkeitsbegriffs für möglich:

Für einige ist Fahrlässigkeit „Erkennbarkeit der Tatbestandsverwirklichung".[646] Andere sehen darin das Nicht-Abstand-Nehmen von einer Handlung trotz „triftigen Anlasses".[647]

Roxin[648] u.a. verstehen den Begriff der Fahrlässigkeit nur als Etikettierung der aus der Zurechnungslehre bekannten Kriterien „Schaffung einer rechtlich missbilligten Gefahr durch Überschreitung erlaubten Risikos" und „Adäquanzzusammenhang".

Rechtsprechung und herrschende Lehre bejahen das Handlungsunrecht der Fahrlässigkeitstat dann, **wenn sich in der Art und Weise der Täterhandlung eine Sorgfaltswidrigkeit widerspiegelt und dabei der Eintritt des Erfolgs vorhersehbar war**.[649]

Dagegen ist die **Vermeidbarkeit des Erfolgs kein Element der Fahrlässigkeit** mehr, sondern Teil des objektiven Zurechnungszusammenhangs zwischen Sorgfaltswidrigkeit und Erfolg .

II. Fahrlässigkeitsformen

1. Das StGB unterscheidet zwischen (einfacher) Fahrlässigkeit und Leichtfertigkeit. Hier- **287**
mit ist die Intensität der Sorgfaltspflichtverletzung umschrieben.

a) Die **einfache Fahrlässigkeit** als Regelfall ist nicht mehr als die nachlässige Nichtbeachtung von Verhaltensge- und -verboten.

b) In manchen Vorschriften (z.B. § 261 Abs. 5) wird **leichtfertiges Handeln** verlangt – vor allem bei Erfolgsqualifikationen (z.B. §§ 251, 239 a Abs. 3). Dieses Merkmal entspricht etwa der groben Fahrlässigkeit des bürgerlichen Rechts.[650] **Leichtfertig** (umgangssprachlich: „leichtsinnig") **handelt, wer sich in frivoler Rücksichtslosigkeit über die klar erkannte Möglichkeit der Tatbestandsverwirklichung hinwegsetzt oder wer eine besonders ernst zu nehmende Pflicht verletzt.**[651]

645 MünchKomm/Duttge § 15 Rdnr. 37; Walther JZ 2005, 686, 687; Weidemann GA 1984, 408, 426.
646 Schroeder JZ 1989, 776 ff.; Jakobs 9/5.
647 MünchKomm/Duttge § 15 Rdnr. 105 ff.
648 § 24 Rdnr. 10.
649 Vgl. Laue JA-Üb.Bl. 2000, 666, 667.
650 Fischer § 15 Rdnr. 20.
651 Vgl. BGHSt 33, 67; OLG Nürnberg NStZ 1986, 556.

2. Sowohl die einfache Fahrlässigkeit als auch die Leichtfertigkeit können – psychologisch gesehen – danach unterschieden werden, ob der Täter die Möglichkeit des Erfolgseintritts bedacht hat oder nicht.

a) Der Täter handelt **unbewusst fahrlässig**, wenn er den **Erfolg nicht voraussieht**, sich aber der Möglichkeit eines Schadens bewusst sein müsste und könnte.

Beispiel: Der Autofahrer bemerkt beim Rückwärtssetzen das hinter dem Auto spielende Kind nicht und verletzt es. – Fahrlässige Körperverletzung gemäß § 229.

b) Der Täter handelt **bewusst fahrlässig**, wenn er über die Gefährlichkeit seines Verhaltens und die Möglichkeit des Erfolgseintritts reflektiert, dann aber pflichtwidrig darauf hofft, dass sich dieser nicht realisieren werde.[652] Dieser strafrechtliche Vorwurf bleibt regelmäßig nach Ausgrenzung des dolus eventualis übrig.

Beispiel: Der Messerstecher hofft darauf, dass die seinem Opfer zugefügten Stiche nicht tödlich sind. Wider Erwarten stirbt das Opfer. – Körperverletzung mit (fahrlässiger) Todesfolge gemäß § 227.

Die Unterscheidung zwischen bewusster und unbewusster Fahrlässigkeit ist ansonsten nur bei der Strafzumessung bedeutsam.

III. Objektive und individuelle Fahrlässigkeit

Innerhalb der h.M. zum Begriff der Fahrlässigkeit ist umstritten, nach welchem **Vergleichsmaßstab** Sorgfaltsverstoß und Vorhersehbarkeit zu ermitteln sind.

288 Eine Literaturauffassung legt ausschließlich einen **individuellen Prüfungsmaßstab** an. Fahrlässig handelt danach nur, wer allein nach seinem Wissen und seinen Fähigkeiten in der Lage gewesen wäre, sein Verhalten so einzurichten, dass fremde Rechtsgüter nicht gefährdet werden, und wer individuell die Tatbestandserfüllung hätte voraussehen können.[653] Begründet wird dieser **einstufige Fahrlässigkeitsbegriff** vor allem damit, dass Normadressat nur der Täter selbst sei und nicht irgendeine fiktive Kunstfigur eines Durchschnittsmenschen.

289 Die h.L. und Rechtspraxis gehen von einem **objektiv-individuellen, zweistufigen Fahrlässigkeitsbegriff** aus.

- Auf der ersten Stufe wird ermittelt, ob das fragliche Verhalten den Anforderungen entsprochen hätte, **die ein besonnener und gewissenhafter Mensch in der Situation des Handelnden** erfüllt hätte.
- Erst auf der zweiten Stufe wird untersucht, ob auch der **individuelle Täter nach seinen Fähigkeiten und Kenntnissen** in der Lage war, die durchschnittlichen Verhaltenserwartungen zu erfüllen.[654]

Beide Ansichten haben ihre Probleme. Gegen den zweistufigen Fahrlässigkeitsbegriff spricht, dass es in besonderen Situationen Schwierigkeiten bereitet, eine objektivierte Maßstabsperson zu beschreiben. Wie handelt z.B. ein „durchschnittlicher Betrunkener",

652 Sch/Sch/Sternberg-Lieben § 15 Rdnr. 203.

653 Freund § 5 Rdnr. 23; Otto § 10 Rdnr. 13 f.; ders. Jurakartei 1999 § 15/6; Stratenwerth/Kuhlen § 15 Rdnr. 12 ff.

654 Jescheck/Weigend § 54 I 3; Wessels/Beulke/Satzger Rdnr. 669; BGHSt 37, 107, 118, 119.

wenn es darum geht, zu ermitteln, ob eine geschehene Trunkenheitsfahrt objektiv sorgfaltswidrig war? Wie ist es, wenn der individuelle Täter mehr weiß oder kann als der durchschnittliche Vergleichsmensch? (Dazu der nachfolgende Fall.) Dem einstufigen Fahrlässigkeitsbegriff gelingt es dagegen nicht, zu begründen, warum derjenige, der infolge Rausches nicht zu für ihn durchschnittlichem Verhalten fähig war, dennoch eine tatbestandsmäßige Fahrlässigkeits-Rauschtat begangen haben soll oder warum gegen ihn eine Maßregel der Sicherung und Besserung, die immer eine tatbestandsmäßige und rechtswidrige Straftat voraussetzt (vgl. § 69), verhängt werden kann. Wir folgen daher dem herrschenden zweistufigen Fahrlässigkeitsbegriff.

IV. Standort der Fahrlässigkeit im Deliktsaufbau

Wo die Fahrlässigkeit im Deliktsaufbau zu prüfen ist, ergibt sich zum einen aus dem an- 290
zuwenden Vergleichsmaßstab, zum anderen aus dem von den Handlungslehren geprägten Deliktsverständnis. Hier hat sich eine – noch nicht abgeschlossene – Umschichtung vollzogen, die ähnlich wie beim Merkmal „Vorsatz" von der Schuld zum Tatbestand hin verlaufen ist.

Nach dem von der kausalen Handlungslehre (s.o. Rdnr. 52) geprägten klassischen Verbrechensaufbau erschöpfte sich der Tatbestand in der bloßen Erfolgsverursachung, die Fahrlässigkeit war nur eine Schuldform.[655]

Später gewann die Auffassung Raum, dass die Verletzung der objektiven Sorgfaltspflicht dem individuellen Schuldvorwurf als objektivierbares Unrecht logisch vorgelagert sei. Deshalb wird nach wie vor die Auffassung vertreten, dass bei Einhaltung der im Verkehr erforderlichen Sorgfalt die Rechtswidrigkeit und nicht erst die Schuld entfalle.[656]

Die heute h.M. trägt der Zweistufigkeit der Fahrlässigkeit durch Trennung auf Tatbestands- und Schuldebene Rechnung und gelangt damit zu einer **Doppelfunktion** dieser Vorwerfbarkeitsform.

- **Innerhalb des Tatbestands** kennzeichnet die Fahrlässigkeit als Außerachtlassung der objektiv gebotenen Sorgfalt das spezifische Verhaltensunrecht.
- **Innerhalb der Schuld** wird die Feststellung getroffen, dass der Täter nach seinen Fähigkeiten die objektiven Sorgfaltsanforderungen nicht erfüllt hat, die individuelle Vorwerfbarkeit.[657]

Inzwischen mehren sich die Stimmen, die sogar eine **vollständige Vertatbestandlichung der Fahrlässigkeitsprüfung** vorschlagen und in einem „subjektiven Tatbestand" der Fahrlässigkeitstat die individuelle Voraussehbarkeit des Erfolgs untersuchen.[658]

V. Ermittlung der Fahrlässigkeit im konkreten Fall

1. Die **Sorgfaltswidrigkeit** kann gleichzeitig mit der Tathandlung begangen worden 291
sein (beispielsweise zu hohe Geschwindigkeit bei einem Auffahrunfall). Zumindest bei nicht verhaltensgebundenen Delikten kann sie auch zeitlich vorher liegen (beispielsweise mangelhafte Vorkehrungen gegen eine plötzliche Operationskomplikation).

655 Vgl. BGHSt 14, 52, 54 f.
656 Baumann/Weber/Mitsch § 22 Rdnr. 19 ff.
657 Bockelmann/Volk § 20 B I; Sch/Sch/Sternberg-Lieben § 15 Rdnr. 119; Wessels/Beulke/Satzger Rdnr. 664 ff., 692.
658 Kindhäuser § 33 Rdnr. 77; Maurach/Gössel AT 2 § 43 Rdnr. 114.

a) Für die Festlegung des Sorgfaltsmaßstabes ist **nach den Anforderungen zu fragen, die „man" zu erfüllen hat, also ein besonnener und gewissenhafter Mensch aus dem Verkehrskreis des Täters in dessen sozialer Rolle bei einer Betrachtung der Gefahrenlage ex ante.**[659] Quellen dafür sind

- spezielle Rechtsnormen oder Verhaltensmaßstäbe, die in dem Verkehrskreis, dem der Täter angehört, oder für die von ihm übernommene Tätigkeit anerkannt sind.

  Beispiele: StVO, LuftverkehrsO, Arbeitsschutz- und Unfallverhütungsvorschriften, DIN-Normen.

- Soweit spezielle Regeln fehlen, vor allem im privaten Bereich, müssen die Sorgfaltspflichten aus dem allgemeinen Verbot, andere zu schädigen, abgeleitet werden. In solchen Fällen besteht eine erhebliche Rechtsunsicherheit. Kriterien für die Konkretisierung sind Schadenswahrscheinlichkeit, Gewicht der gefährdeten Rechtsgüter und mögliche Schadensintensität. **Formel: Je höher das Risiko, je höherwertig das gefährdete Rechtsgut und je größer der zu erwartende Schaden, desto höher sind die Sorgfaltsanforderungen.**[660]

b) Aus den Sorgfaltsregeln ergeben sich primär **Anforderungen an die Ausführung** riskanter Handlungen selbst. Diese müssen den üblichen Standards entsprechen. Hieraus erwachsen aber auch **Vorsorge-, Informations- und Kontrollpflichten**, die den Handlungsvollzug begleiten.

Beispiel: Pflicht des Arztes zur beruflichen Fortbildung anhand von Fachpublikationen und Anpassung seiner Behandlungsmethoden an die geltenden Standards.[661]

Wer besonders schwierige Aufgaben übernimmt, trägt zudem eine **Übernahmeverpflichtung** für die fachgerechte Erledigung.

Beispiel: Wer als Allgemeinmediziner erkennen muss, dass für eine bestimmte Behandlung ein Spezialist beigezogen werden muss, kann sich nicht damit entlasten, dass er dem Patienten nur die Behandlung hat angedeihen lassen, zu der er selbst in der Lage war.[662]

Wer eine ihm obliegende Aufgabe auf andere delegiert, trägt die **Auswahlpflicht**, nur geeignete Personen zu betrauen, die **Instruktionspflicht** sowie die **Überwachungspflicht**.

Beispiel: Bei der Beseitigung umweltgefährdenden Abfalls kann sich der Verursacher nicht ohne Weiteres darauf verlassen, dass das von ihm beauftragte Unternehmen den Müll ordnungsgemäß beseitigt.[663]

Wer einen Betriebsablauf oder eine Organisation leitet, in der arbeitsteilig rechtsgutgefährdende Handlungen vorgenommen werden, trägt die **Organisationspflicht** dafür, dass nicht durch Zuständigkeits- oder Koordinationsmängel Schäden entstehen.

Beispiel: Die Organe eines Krankenhausträgers haften aus diesem Grund für die Folgen, die daraus entstehen, dass nach einem Nachtdienst übermüdete Ärzte zur Operation eingeteilt werden.[664]

---

659 BGH, Urt. v. 14.03.2003 – 2 StR 239/02, RÜ 2003, 268; Sch/Sch/Sternberg-Lieben § 15 Rdnr. 135.

660 Vgl. BGHSt 37, 184, 189.

661 Laufs/Uhlenbruck, Handbuch des Arztrechts, 2. Aufl., § 99 Rdnr. 10.

662 Laufs/Uhlenbruck a.a.O. § 99 Rdnr. 12.

663 Vgl. BGHSt 40, 84.

664 BGH NJW 1986, 776.

2. Nach allgemeiner Ansicht ist der Eintritt des tatbestandlichen Erfolges **objektiv vorhersehbar, wenn der wesentliche Kausalverlauf und der eingetretene Erfolg nicht so sehr außerhalb aller Lebenserfahrung liegen, dass man vernünftigerweise nicht damit zu rechnen brauchte.**,[665] Unschädlich ist, dass nicht alle Einzelheiten des Geschehensablaufs prognostiziert werden können, wenn nur der Erfolg im Endergebnis voraussehbar war.[666]

C. Besonderheiten bei der objektiven Zurechnung

Zwischen dem Fehlverhalten des Täters und dem Taterfolg muss **Zurechnungszusammenhang** bestehen. Dies folgt schon aus dem Wortlaut zahlreicher fahrlässiger Erfolgsdelikte (z.B. § 222: „**durch** Fahrlässigkeit") und ist in Literatur und Praxis weithin unangefochten.[667] Objektiver Zurechnungszusammenhang besteht dann, **wenn sich gerade das rechtlich missbilligte Verhalten des Täters in tatbestandskonformer Weise in der verursachten Folge niedergeschlagen hat**.

Gegenüber den Fallgruppen, die aus dieser Formel für das vorsätzliche Erfolgsdelikt entwickelt worden sind (bitte noch einmal oben die Rdnr. 78 ff. nachlesen!), gelten aber bei der Fahrlässigkeitstat folgende **Besonderheiten**:

I. Die **„Schaffung rechtlich missbilligten Risikos"** ist schon Voraussetzung der objektiven Pflichtwidrigkeit selbst und hat deshalb als Zurechnungsausschluss keine Bedeutung mehr. **292**

Begründet wird diese Verschiebung folgendermaßen: Allein aus der erkennbaren Gefährlichkeit einer Handlung folgt noch nicht ohne Weiteres ihre Sorgfaltswidrigkeit. Die Benutzung eines Kraftfahrzeugs, sozialer Kontakt oder der Umgang mit gefährlichen Stoffen sind zwar im Hinblick auf das Leben und die Gesundheit anderer vorhersehbar gefährliche Verhaltensweisen. Wegen des sozialen Nutzens aber wird ein unvermeidbarer Rest der damit typischerweise verbundenen Gefahren von der Rechtsordnung hingenommen. Dieses **erlaubte Risiko** ist Ausdruck der sozialen Adäquanz, die dazu dient, Handlungen auszuscheiden, die wegen ihrer Notwendigkeit für die Aufrechterhaltung des sozialen Lebens und Verkehrs unerlässlich sind. **Es ist damit schon für die Sorgfaltswidrigkeit eines bestimmten Verhaltens zu fragen, ob es das erlaubte Risiko überschritten hat.**

II. Eine partielle Umschichtung hat auch das **Prinzip der abgegrenzten Verantwortungsbereiche** erfahren. Bei der Vorsatztat handelt es sich um ein Kriterium, das den Risikozusammenhang ausschließt. Bei der Fahrlässigkeitstat fungiert es unter dem Etikett **„Vertrauensgrundsatz"** bereits als Begrenzung der Sorgfaltswidrigkeit und ebenfalls der Präzisierung erlaubten Risikos.[668] **Der Vertrauensgrundsatz besagt, dass jeder grundsätzlich nur sein eigenes Verhalten darauf einzurichten hat, dass er selbst** **293**

665 RGSt 65, 135; BGHSt 12, 75, 78; Sch/Sch/Sternberg-Lieben § 15 Rdnr. 180.

666 OLG Nürnberg NStZ 2006, 248 m. Anm. Satzger Jurakartei 2/2007.

667 Vgl. Kretschmer Jura 2000, 267, 272 m.w.N.

668 Wessels/Beulke/Satzger Rdnr. 671.

nicht fremde Rechtsgüter verletzt, und deshalb darauf vertrauen darf, dass sich andere auch sorgfaltsgemäß verhalten.

Bedeutung hat der Vertrauensgrundsatz vor allem im **Straßenverkehr**. Hier besagt er, dass jeder Verkehrsteilnehmer sein Verhalten im Vertrauen auf das ebenfalls verkehrsrichtige Verhalten der übrigen Verkehrsteilnehmer einrichten darf, es sei denn, dass die anderen Verkehrsteilnehmer offensichtlich den Verkehrsanforderungen nicht gewachsen sind, dass häufig mit verkehrswidrigem Verhalten der anderen Teilnehmer zu rechnen ist oder dass der Täter selbst besonderen Verkehrspflichten zuwidergehandelt hat.[669]

Darüber hinaus gilt der Vertrauensgrundsatz bei **horizontaler Arbeitsteilung,** z.B. bei einer Operation, die von mehreren Ärzten verschiedener Fachrichtungen ausgeführt wird. Hier darf jeder auf die fehlerfreie Mitwirkung der anderen vertrauen, sofern keine ernsthaften Zweifel an der Ordnungsgemäßheit der Tätigkeit der anderen Kollegen bestehen und sofern der Vertrauende sich selbst ordnungsgemäß verhält.[670] Der Vertrauensgrundsatz gilt hier auch dann nicht, wenn der zur ordnungsgemäßen Ausführung Verpflichtete andere in seinem Pflichtenkreis tätig werden lässt. Der Verpflichtete bleibt für die ordnungsgemäße Verrichtung verantwortlich,[671] zumindest wandelt sich dann seine Ausführungsverantwortung in eine Auswahl-, Instruktions- und Überwachungsverpflichtung um.

Der Vertrauensgrundsatz gilt natürlich auch dort nicht, wo die Sorgfaltspflicht gerade darin besteht, Personen zu überwachen und dadurch Schäden Dritter zu verhindern, z.B. bei Vorschriften über die Unterbringung psychisch Kranker[672] oder Regeln des Strafvollzugs bei rückfallgefährdeten Straftätern im offenen Vollzug.[673]

294 **III.** Auch die objektive Vorhersehbarkeit von Erfolg und Kausalverlauf ist deckungsgleich mit **„Adäquanzzusammenhang“**.[674] Ist dieser schon als Begriffselement der objektiven Fahrlässigkeit bejaht worden, kann die objektive Zurechnung nicht mehr aus Gründen der Inadäquanz zu verneinen sein. Diese Fallgruppe ist bei der objektiven Zurechnung innerhalb des Fahrlässigkeitsdelikts nicht mehr anzusprechen.

295 **IV.** Damit bleiben für die objektive Zurechnung folgende Fallgruppen des „Risikozusammenhangs“ **übrig**:

1. Schutzzweck der Norm, in diesem Zusammenhang verstanden als Schutzrichtung der verletzten Sorgfaltsregel.

Beispiel: So hat nach BGH[675] eine Geschwindigkeitsbegrenzung zwar nicht den Schutzzweck, einen bestimmten Ort außerhalb ihres Geltungsbereichs früher oder später zu erreichen, wohl aber kann der Sinn einer Geschwindigkeitsbegrenzung darin bestehen, anderen Verkehrsteilnehmern in ihrem Geltungsbereich das gefahrlose Überqueren der Straße zu ermöglichen.[676]

2. Der Erfolg beruht trotz eigener Sorgfaltswidrigkeit – also außerhalb des Anwendungsbereichs des Vertrauensgrundsatzes – auf der Zweithandlung eines Dritten oder einer eigenverantwortlichen Selbstgefährdung des Opfers (s.u. Fall 23 Rdnr. 303).

669 Vgl. BGHSt 11, 389, 393; Sch/Sch/Sternberg-Lieben § 15 Rdnr. 149 ff.

670 BGHSt 43, 306, 310.

671 BGH, Urt. v. 31.01.2002 – 4 StR 289/01, S. 5 f., NJW 2002, 1887.

672 BGH, Urt. v. 13.11.2003 – 5 StR 327/03, BGHSt 49, 1, RÜ 2004, 34.

673 Vgl. Neubacher Jura 2005, 857.

674 Vgl. BGH NStZ 1992, 332, 335.

675 JR 1985, 333.

676 Ausführlich dazu Peters JR 1992, 50.

Hierunter fallen die Fälle, in denen der Erstverursacher objektiv sorgfaltspflichtwidrig zunächst ein Risiko für den später eingetretenen Erfolg setzt, sich dann aber eine andere Person – entweder ein Dritter oder sogar das spätere Opfer, der sog. Letztverursacher – mit einer eigenen Handlung in den Kausalverlauf „einschaltet" und mit dieser Handlung ein neues Risiko für den Erfolgseintritt setzt.

a) Nach einer Auffassung soll dieses neue Risiko das zunächst vom Erstverursacher gesetzte Risiko ersetzen und damit den Zurechnungszusammenhang unterbrechen, sodass der Erstverursacher nicht wegen fahrlässiger Erfolgsverursachung strafbar sei. Begründet wird dieses Ergebnis mit dem **Verantwortungs- oder Unmittelbarkeitsprinzip**, nach dem der Erfolgseintritt nur demjenigen zurechenbar sein soll, der das unmittelbar zum Erfolg führende Risiko gesetzt hat. Vorherige Risiken sollen hingegen außer Betracht bleiben.[677]

Sehr klausurwichtiges Beispiel: Während eines illegalen Straßenrennens überholte B ein unbeteiligtes Fahrzeug und blieb danach links, um den hinter ihm fahrenden Konkurrenten A am Überholen zu hindern. A fühlte sich hierdurch herausgefordert und überholte den B, als dieser wieder nach rechts wechselte, mit weit überhöhter Geschwindigkeit. Er fuhr in diesem Tempo weiter und geriet 1,2 km nach dem wechselseitigen Überholmanöver in einer Rechtskurve ins Schleudern und überfuhr den in einer Feldwegeinmündung stehenden Fußgänger F, der dadurch getötet wurde. – Nach OLG Stuttgart keine fahrlässige Tötung durch B. Dieser habe zwar mit dem Fahrverhalten eine Ursache für die Tötung des F gesetzt, allerdings sei ihm der Erfolg nicht zurechenbar. Der Unfall sei unmittelbar durch A in eigener Verantwortung herbeigeführt worden.[678]

b) Sowohl Begründung als auch Ergebnis werden von der Literatur kritisiert.

Teilweise wird der Anwendungsbereich des Unmittelbarkeitsprinzips auf den Vertrauensgrundsatz beschränkt, auf den sich jedoch der Erstverursacher nicht berufen dürfe, da er selbst den Letztverursacher zum sorgfaltswidrigen Handeln provoziert habe.[679]

Andere halten – neben dem Letztverursacher – den Erstverursacher jedenfalls dann für verantwortlich, wenn dieser gegen Sorgfaltspflichten verstoßen hat, die fehlerhaften eigenverantwortlichen Handlungen anderer vorbeugen sollen. Hierzu sollen insbesondere die Aufbewahrungsvorschriften für Waffen sowie das Verbot von Straßenrennen gemäß § 29 StVO zählen.[680]

3. Da bei der Fahrlässigkeitstat der Strafbarkeitsvorwurf – strukturverwandt mit der Unterlassungstat – an eine enttäuschte Verhaltenserwartung anknüpft, muss der Erfolg gerade auf dem Fehlverhalten des Täters beruhen. Erforderlich ist also ein **Pflichtwidrigkeitszusammenhang**. Dieser fehlt, wenn **derselbe tatbestandsmäßige Erfolg auch bei Einhaltung der gebotenen Sorgfalt eingetreten wäre**, sog. **rechtmäßiges Alternativverhalten**. Die h.M. erlaubt also – anders als beim vorsätzlichen Begehungsdelikt – bei der Fahrlässigkeit einen Zurechnungsausschluss durch die Berufung auf einen hypothetischen Kausalverlauf.

Ausführlich dazu unten Fall 22 Rdnr. 300.

677 OLG Stuttgart, Beschl. v. 19.04.2011 – 2 Ss 14/11, JR 2012, 163; mit Vertiefungshinweisen RÜ 2013, 175.

678 OLG Stuttgart a.a.O.

679 Puppe JR 2012, 164, zusammengefasst in RÜ 2013, 175, 177.

680 Mitsch JuS 2013, 20; ähnlich Puppe JR 2012, 164; beide zusammengefasst in RÜ 2013, 175, 177 f.; vgl. OLG Celle, Urt. v. 25.04.2012 – 31 Ss 7/12, StV 2013, 27; BGH, Beschl. v. 22.03.2012 – 1 StR 359/11, RÜ 2012, 438.

D. Besonderheiten bei der Rechtfertigung

296 Die Fahrlässigkeitstat ist, das folgt aus einem Erst-recht-Schluss zur Vorsatztat, rechtfertigungsfähig. Entgegen einer Mindermeinung im Schrifttum[681] entfällt durch einen Rechtfertigungsgrund nicht die Sorgfaltswidrigkeit des Handlungsvollzugs, sonst müsste man die Rechtfertigungsgründe schon im Tatbestand prüfen. Probleme bereitet das subjektive Rechtfertigungselement, speziell bei unbewusster Fahrlässigkeit. Da der Handelnde in dieser Konstellation in der Regel gar nicht weiß, dass er eine Gefahr bekämpft, fehlt ihm das Bewusstsein, erlaubt zu handeln. Die herrschende Lehre verneint in solchen Fällen aber wegen der objektiven Übereinstimmung mit der Rechtsordnung das Erfolgsunrecht und lässt den Täter straflos (vgl. AS-Skript Strafrecht AT 2 [2014]).

E. Besonderheiten bei der Schuld

297 **I.** Die bei der Vorsatztat geltenden Schuldelemente (Schuldfähigkeit, Entschuldigungsgründe, potenzielles Unrechtsbewusstsein) sind auch bei der Fahrlässigkeitstat zu beachten.

Spezieller – und in jeder Falllösung anzusprechender – Prüfungspunkt ist nach dem hier zugrunde gelegten zweistufigen Fahrlässigkeitsaufbau die **individuelle Vorwerfbarkeit des Sorgfaltsverstoßes bei individueller Vorhersehbarkeit des Erfolgs**. Der Täter muss **nach seinen persönlichen Fähigkeiten und Kenntnissen gemäß dem Grad seiner Bildung, seiner Intelligenz, seiner sozialen Stellung und seiner Lebenserfahrung imstande gewesen sein, die objektive Sorgfaltspflicht einzuhalten und den drohenden Schaden zu erkennen.**[682] Hat man es in einem Sachverhalt mit einem nicht näher beschriebenen „Durchschnittstäter" zu tun und geht es um Sorgfaltsanforderungen, die für jedermann gelten, ist mit dem objektiven Sorgfaltsverstoß regelmäßig auch die subjektive Sorgfaltswidrigkeit klar. Dort aber, wo besondere Fähigkeiten und Kenntnisse gefragt sind, kann die Fahrlässigkeitsschuld entfallen.

Beispiel: Ein Patient verliert nach einer Operation durch eine innere Wunde Blut. Die zur Nachtwache eingeteilte unerfahrene Krankenschwesterschülerin K erkennt die Komplikation nicht. Der Patient stirbt. – Keine fahrlässige Tötung der K. Zwar objektiver Sorgfaltsverstoß, weil von einer durchschnittlich ausgebildeten und erfahrenen Krankenschwester verlangt werden kann, dass ihr Symptome für Blutverlust auffallen. Das konnte aber die noch nicht ausreichend vorgebildete Schwesternschülerin nicht leisten. (Möglicherweise fahrlässige Tötung durch die für die Organisation zuständigen Verwaltungsleiter, die eine unerfahrene Schwesternschülerin zur Nachtwache eingeteilt haben.)

298 **II.** Umstritten ist, ob es bei der Fahrlässigkeitstat den Entschuldigungsgrund der **Unzumutbarkeit** normgemäßen Verhaltens gibt.

Eine Meinung sieht die Unzumutbarkeit nicht erst als Grund für eine Entschuldigung, sondern schon für einen Tatbestandsausschluss wegen Fehlens eines rechtlich zu missbilligenden Risikos an.[683]

---

681 Otto NStZ 2001, 594, 595.

682 BayObLG NJW 1998, 3580.

683 Vgl. Gropp § 12 Rdnr. 113.

Wieder andere bezweifeln die Prämisse, dass das Fahrlässigkeitsunrecht geringer wiege als das Vorsatzunrecht, und lehnen deswegen eine über § 35 hinausgehende Entschuldigung ab.[684]

Die h.M. erkennt die Unzumutbarkeit als über § 35 hinausgehenden Entschuldigungsgrund an, wenn dem Täter oder anderen durch Einhaltung der gebotenen und theoretisch individuell möglichen Sorgfalt Nachteile entstehen würden.[685] Ob dem Täter im Einzelfall normgerechtes Verhalten zugemutet werden kann, hängt nicht nur von der bei ihm gegebenen Interessenlage, sondern vorwiegend auch von der Schwere der drohenden Rechtsgutverletzung ab. Je schwerwiegender die Gefahr, desto mehr eigene Interessenpreisgaben sind dem Täter auch zuzumuten.

*In **Klausurfällen** kommt die Unzumutbarkeit als Entschuldigungsgrund praktisch kaum vor.*

684 MünchKomm/Schlehofer Vor §§ 32 ff. Rdnr. 273 ff.

685 RGSt 30, 25, sog. Leinenfänger-Fall; BGHSt 4, 20, 23; Baumann/Weber/Mitsch § 23 Rdnr. 63; Bockelmann/Volk § 20 IV 2 c; Jakobs 20/36 ff.; Jescheck/Weigend § 57 IV; Kühl § 17 Rdnr. 97; Sch/Sch/Lenckner/Sternberg-Lieben Vorbem. §§ 32 ff. Rdnr. 126.

Aus dem Vorgenannten ergibt sich folgendes

Prüfschema: fahrlässiges Begehungs(-Erfolgs-)delikt

(**Beachte**: Nur strafbar, wenn ein entsprechender Fahrlässigkeitstatbestand existiert, § 15!)

I. Tatbestandsmäßigkeit (keine Trennung zwischen obj. und subj. Tatbestand!)

1. Täter, Taterfolg und weitere deliktsspezifische Unrechtsmerkmale
2. Tathandlung
3. Kausalität
4. Objektive Sorgfaltspflichtverletzung bei objektiver Voraussehbarkeit des wesentlichen Kausalverlaufs und des Erfolgs
5. Objektiver Zurechnungszusammenhang zwischen Handlungsrisiko und Erfolg, speziell:
   - Schutzzweckzusammenhang zur verletzten Sorgfaltsnorm
   - Keine eigenverantwortliche Selbstgefährdung des Opfers oder erfolgsvermittelnde Handlung im ausschließlichen Verantwortungsbereich eines Dritten
   - Pflichtwidrigkeitszusammenhang, d.h. Vermeidbarkeit des Erfolges bei hypothetisch rechtmäßigem Alternativverhalten

II. Rechtswidrigkeit

III. Schuld

1. Schuldfähigkeit
2. Spezielle Schuldmerkmale
3. Fahrlässigkeitsschuld, d.h. subjektiver Sorgfaltsverstoß bei subjektiver Voraussehbarkeit des wesentlichen Kausalverlaufs und Erfolgs
4. Fehlen von Entschuldigungsgründen; ausnahmsweise: Unzumutbarkeit normgemäßen Verhaltens
5. Möglichkeit des Unrechtsbewusstseins

IV. Strafausschließungs- oder Strafaufhebungsgründe

V. Strafantrag; andere Strafverfolgungsvoraussetzungen oder -hindernisse

Aufbau: *Es wäre möglich, die objektiven Fahrlässigkeitselemente direkt bei der Tathandlung anzugliedern. Das hätte aber den prüfungstechnischen Nachteil, dass man zur Vorhersehbarkeit des wesentlichen Kausalverlaufs Stellung nehmen müsste, ohne den tatsächlichen Kausalzusammenhang vorher geklärt zu haben. Wir favorisieren daher die genannte Reihenfolge.*

Auf jeden Fall ist die Sorgfaltswidrigkeit vor der objektiven Zurechnung zu prüfen, weil die häufig wichtige Frage des Schutzzwecks der Sorgfaltsnorm gar nicht beantwortet werden kann, wenn man nicht vorher ermittelt hat, welche Sorgfaltsnorm überhaupt verletzt wurde.

2. Abschnitt: Spezielle Fahrlässigkeitsprobleme

A. Sonderwissen

Sofern es sich bei dem Täter nicht um einen Durchschnittsmenschen, sondern um einen solchen mit relevantem **Sonderwissen** handelt, gelten für ihn bereits objektiv verschärfte Sorgfaltspflichten. Das Kriterium der objektiven Pflichtwidrigkeit soll lediglich eine Überspannung der Handlungspflichten vermeiden, soll aber nicht zu einer Einschränkung des grundsätzlich jedermann treffenden Gebotes führen, das ihm mögliche Optimum zur Gefahrenverhütung zu leisten.[686] 299

Beispiel: Eine Ärztin, die vertretungsweise den Dienst einer Stationsschwester im Krankenhaus übernimmt, macht sich wegen fahrlässiger Tötung strafbar, wenn sie einem Patienten ein vom behandelnden Arzt in falscher Dosierung verordnetes, und damit tödlich wirkendes Medikament verabreicht, obwohl ihr aufgrund ihrer Ausbildung erkennbar war, dass die ungewohnt hohe Dosierung bei dem Patienten zu tödlichen Komplikationen führen würde.

B. Kausalität und objektive Zurechnung bei hypothetisch pflichtgemäßem Verhalten

Fall 22: Radfahrer-Fall

A lenkte einen Lastzug auf einer geraden und übersichtlichen Straße, deren Fahrbahn etwa 6 m breit war. Auf dem rechten Seitenstreifen fuhr der Radler R in der gleichen Richtung. A überholte ihn mit einer Geschwindigkeit von ca. 26 km/h. Der Seitenabstand vom Kastenaufbau des Anhängers zum linken Ellbogen des Radfahrers betrug dabei 75 cm. Während des Überholvorgangs geriet der Radfahrer mit dem Kopf unter den rechten Hinterreifen des Anhängers, wurde überfahren und war auf der Stelle tot. Eine später der Leiche entnommene Blutprobe ergab einen Blutalkoholgehalt von 1,96‰ für den Unfallzeitpunkt.
Kann A für den Tod des Fahrradfahrers strafrechtlich zur Verantwortung gezogen werden? (Radfahrer-Fall nach BGHSt 11, 1)

I. Ein Straßenverkehrsdelikt nach **§ 315 c Abs. 1 Nr. 2 b i.V.m. Abs. 3** scheidet aus. Zwar hat A den R mit zu geringem Seitenabstand und damit falsch überholt. Unabhängig von der Frage, ob dieses Verhalten schon grob verkehrswidrig war, lässt sich jedoch Rücksichtslosigkeit, also eigensüchtige Motivation und Gleichgültigkeit in Bezug auf die Gefährlichkeit des eigenen Verhaltens,[687] nicht feststellen.

II. Infrage kommt **fahrlässige Tötung** durch das Anfahren, **§ 222**.

1. R ist getötet worden.

2. Strafrechtlicher Anknüpfungspunkt ist, dass A mit dem Lkw an R vorbeigefahren ist. Dieses Verhalten ist aktives Tun. Das Unterlassungsmoment – die Nichteinhaltung des erforderlichen Seitenabstands – kennzeichnet nur eine Eigenschaft dieses Handlungsvollzugs und führt nicht zu einer Umbewertung des Gesamtgeschehens als Unterlassungstat.

686 Vgl. im Ergebnis Haft S. 164; Jescheck/Weigend § 55 I 2 b; Roxin § 24 Rdnr. 58; Wessels/Beulke/Satzger Rdnr. 670.
687 Spöhr/Karst NJW 1993, 3308 m.w.N.

300 3. Ob Ursachenzusammenhang im Sinne der Äquivalenztheorie vorliegt, könnte zweifelhaft sein. Denkt man sich den geringen Seitenabstand des A hinweg, wäre R möglicherweise ebenfalls unter den Lkw geraten, weil er aufgrund seiner hohen Alkoholisierung mit dem Fahrrad stark geschwankt haben muss. Wendet man die Äquivalenztheorie im Sinne der herkömmlichen conditio-Formel an, ist bei der Kausalitätsfrage allein auf den konkreten Geschehensablauf abzustellen. **Es ist nicht gestattet, an die Stelle der weggedachten Handlung einen hypothetischen Kausalverlauf, eine Ersatzursache – hier das Schwanken des R – hinzuzudenken.**

Zu demselben Ergebnis kommt die Kausalitätsformel von der „gesetzmäßigen Bedingung", wonach eine Handlung für einen bestimmten Erfolg immer dann kausal ist, wenn dieser ihr zeitlich nachfolgt und mit ihr naturgesetzlich verbunden ist.[688] Ist ein solcher Kausalzusammenhang gegeben, wird er durch einen hypothetischen Kausalverlauf nicht wieder beseitigt.[689]

Anders die Rechtsprechung, die den Kausalitätsbegriff normativ versteht und unter dem Gesichtspunkt des **„rechtlichen Ursachenzusammenhangs"** auch Zurechnungskriterien – vor allem den noch zu prüfenden Gesichtspunkt rechtmäßigen Alternativverhaltens – berücksichtigt.[690] (Zur Parallele beim unechten Unterlassungsdelikt s.u. Fall 28 Rdnr. 334 ff.)

Bei rein naturwissenschaftlichem Kausalitätsverständnis war das Verhalten des A damit ursächlich für den Tod.

4. Es müsste eine objektive Sorgfaltspflichtverletzung bei objektiver Voraussehbarkeit des Erfolgs feststellbar sein.

a) Die Sorgfaltswidrigkeit liegt hier darin, dass A entgegen § 5 Abs. 4 S. 2 StVO den von der Rechtsprechung als ausreichend angesehenen Mindestabstand von 1,5–2 m nicht eingehalten hat.[691]

Wird der Radfahrer von einem Pkw überholt, genügt sogar ein Seitenabstand von 1 m.

b) Es ist auch generell vorhersehbar, dass bei zu geringem Seitenabstand der überholte Radfahrer unter die Räder des überholenden Fahrzeugs geraten und getötet werden kann.

5. Zwischen dem Fehlverhalten des A und dem Tod des R müsste Zurechnungszusammenhang bestehen.

a) Dass die Verkehrsvorschrift des § 5 Abs. 4 S. 2 StVO gerade dem Schutz des überholten Radfahrers dient, unterliegt keinem Zweifel.

301 b) Möglicherweise entfällt jedoch der Pflichtwidrigkeitszusammenhang – sachlich gleichbedeutend mit dem in der früheren Rechtsprechung verwendeten Begriff des sog. „rechtlichen Kausalzusammenhangs" – wegen **rechtmäßigen Alternativverhaltens**.

aa) Nach allgemeiner Ansicht ist der Tatbestand ausgeschlossen, wenn der Erfolg aufgrund nachfolgender Prüfungsschritte ausgeschlossen ist:

688 SK-Rudolphi vor § 1 Rdnr. 41.

689 Vgl. Kühl JR 1983, 32, 33.

690 BGHSt 11, 1; zuletzt BGH, Urt. v. 13.11.2003 – 5 StR 327/03, RÜ 2004, 34.

691 Vgl. Burmann/Heß/Jahnke/Janker, Straßenverkehrsrecht, 22. Aufl., § 5 StVO Rdnr. 14 m.w.N.

(1) **Anzuknüpfen ist allein an den Eintritt der konkreten kritischen Lage, die unmittelbar zu dem schädlichen Erfolg geführt hat. Hinwegzudenken und durch das mit der Pflichtwidrigkeit korrespondierende verkehrsgerechte Verhalten zu ersetzen ist nur der dem Täter vorgeworfene Tatumstand; darüber hinaus darf von der Situation nichts weggelassen, ihr nichts hinzugedacht und an ihr nichts verändert werden.**

(2) **Derselbe Erfolg müsste dann zur gleichen Zeit aufgrund eines Umstands eingetreten sein, der bereits unmittelbar in der Tatsituation angelegt war, wie etwa Fehlverhalten des Opfers** oder andere nicht willentlich beherrschbare Umstände.

(3) Auf **hypothetisches schadenstiftendes Verhalten eines Dritten** kann sich derjenige, dessen aktives und pflichtwidriges Verhalten den Schaden verursacht hat, zumeist nicht berufen, und zwar aus verschiedenen Gründen:

Ist das hypothetische Verhalten eine **autonome Willensentscheidung** eines Dritten, ist es in der Regel in der Tatsituation **nicht angelegt** und findet deshalb schon gar keine gedankliche Berücksichtigung.

Beispiel: Der Chefarzt der geschlossenen Abteilung eines Landeskrankenhauses, der einem dort **untergebrachten Sexualtäter trotz entgegenstehender Warnhinweise Ausgang gewährt**, den dieser zu Morden ausnutzt, kann sich von dem Vorwurf fahrlässiger Tötung des Mordopfers nicht dadurch entlasten, dass der Untergebrachte ohne den Ausgang ausgebrochen wäre. Der hypothetische Ausbruch ist als autonome Willensentscheidung nicht zu berücksichtigen.[692]

Hätte der Dritte durch sein pflichtwidriges Verhalten **nur kurze Zeit später hypothetisch denselben Erfolg herbeigeführt**, ändert das nichts daran, dass sich das vom Täter fahrlässig geschaffene Risiko im Erfolg realisiert hat.

Beispiel: Kein Einwand rechtmäßigen Alternativverhaltens für den Auffahrenden bei einer **Massenkarambolage** mit dem Argument, dass, wenn er rechtzeitig gebremst hätte, der nachfolgende Fahrer trotzdem mit so hoher Geschwindigkeit aufgefahren wäre, dass er das vor ihm stehende Fahrzeug in den davor stehenden Wagen geschoben hätte.[693]

Sogar dass der **andere zeitgleich für denselben Fahrlässigkeitserfolg verantwortlich ist,** entlastet nicht, weil dann jeder fahrlässig Handelnde den von ihm geschaffenen realen Risikozusammenhang unter Berufung auf die Strafbarkeit des jeweils anderen neutralisieren könnte. Die Folge wäre, dass beide straflos blieben. Um dieses absurde Ergebnis zu vermeiden, wird in solchen Fällen – ähnlich wie in den Fällen der alternativen Kausalität (s.o. Fall 4 Rdnr. 111) – die Berufung auf rechtmäßiges Alternativverhalten nur zugelassen, wenn derselbe Erfolg bei pflichtgemäßem Verhalten **aller** in derselben Weise eingetreten wäre.[694]

692 BGH, Urt. v. 13.11.2003 – 5 StR 327/03, BGHSt 49, 1, RÜ 2004, 34.

693 Vgl. BGHSt 30, 228, 231, vgl. dazu auch Puppe Jura 1997, 513 ff.

694 Kindhäuser § 33 Rdnr. 50.

Beispiel: Die Krankenschwestern A und B geben ihrem Patienten unabhängig voneinander sorgfaltswidrig eine Überdosis Schmerzmittel, von der jede für sich zum Tode geführt hätte. – A und B sind strafbar aus fahrlässiger Tötung.

Wäre im vorliegenden Fall sicher gewesen, dass R aufgrund seiner Alkoholisierung geschwankt hätte, hätte A den Tatbestand der fahrlässigen Tötung nach allg. Ansicht nicht erfüllt: Ersetzte man im Zeitpunkt der unfallkritischen Lage des Vorbeifahrens den zu geringen Seitenabstand durch den gebotenen Seitenabstand von 2 m, wäre R aufgrund seines unkontrollierten Ausscherens, also aufgrund seines in der Situation angelegten Fehlverhaltens – ebenfalls unter das Fahrzeug geraten und getötet worden.

302 bb) Hier besteht – wie häufig – diese Gewissheit nicht. Vielmehr ist ein solcher Ablauf nur möglich.

(1) Die ganz h.M. lässt die Berufung auf rechtmäßiges Verhalten auch in einem solchen Fall zu. Der Grundsatz in dubio pro reo gebietet, von einem für den Täter günstigen Sachverhalt auszugehen, wenn sich die Möglichkeit eines solchen Ablaufs aufgrund bestimmter Tatsachen so verdichtet hat, dass man ihn nicht mit Sicherheit ausschließen kann.[695] Wäre nach diesem möglichen hypothetischen Ablauf derselbe Erfolg auch bei pflichtgemäßem Verhalten des Täters eingetreten wäre, entfällt damit in dubio pro reo der Zurechnungszusammenhang und damit jeglicher Strafvorwurf.[696]

(2) Dieses Ergebnis hält die Risikoerhöhungslehre (vgl. spiegelbildlich dazu den Gedanken der Risikoverringerung beim unechten Unterlassungsdelikt, unten Fall 29 Rdnr. 337) für verfehlt. Ist der Zurechnungszusammenhang nicht eindeutig, sondern nur möglicherweise durch hypothetisch rechtmäßiges Verhalten ausgeschlossen, bejaht diese Meinung die Strafbarkeit. Danach ist die objektive Zurechnung schon bei jeder **Risikoerhöhung** gegeben, also dann, wenn feststeht, dass tatsächlich eine Gefahrerhöhung vorlag. Es ist nicht mehr entscheidend, ob eine Wahrscheinlichkeit für den Erfolgseintritt auch bei pflichtgemäßem Verhalten bestanden hätte oder nicht.

Innerhalb der Risikoerhöhungslehre sind die Fälle umstritten, bei denen es **zweifelhaft bleibt, ob überhaupt eine Risikoerhöhung eingetreten ist oder nicht**. Es wird z.T. auch dann die haftungsbegründende Zurechnung bejaht, weil die Rechtsordnung selbst ein nur möglicherweise risikosteigerndes Verhalten nicht tolerieren könne.[697] Die Gegenansicht kommt hier nach dem Grundsatz „in dubio pro reo" zur Verneinung einer Gefahrerhöhung und damit in der Regel zur Straflosigkeit.[698]

Wendet man im vorliegenden Fall die Risikoerhöhungslehre an, ist entscheidend, ob feststeht, dass das zu enge Überholen das Risiko eines tödlichen Ausgangs vergrößert hat. Nach Roxin,[699] der sich – anders als die

---

695 Vgl. BGH, Urt. v. 12.01.2010 – 1 StR 272/09, Rdnr. 63, RÜ 2010, 231 (Bad Reichenhaller Eislaufhalle).

696 BGHSt 11, 1, 7; 30, 228, 230; BGH MDR 1985, 157; BGH, Urt. v. 13.11.2003 – 5 StR 327/03, BGHSt 49, 1, RÜ 2004, 34; Dencker JuS 1980, 210, 212; Ebert Jura 1979, 561, 571 ff.; Gropp § 12 Rdnr. 54.

697 Roxin § 11 Rdnr. 96.

698 SK-Rudolphi vor § 1 Rdnr. 69; Kretschmer Jura 2000, 267, 275.

699 ZStW 78, 214, 220 f.

übrigen Vertreter der Risikoerhöhungslehre – schon mit der Möglichkeit der Gefahrerhöhung begnügt, ist dies im vorliegenden Fall nicht eindeutig zu klären. Bei betrunkenen Radfahrern bestehe die Eigentümlichkeit darin, dass sie beim Überholtwerden zu Spontanreaktionen neigten, das Rad nach links rissen und direkt in den überholenden Wagen führen. Dabei könne es sehr wohl sein, dass 75 cm mehr oder weniger auf den Ausgang von Unfällen dieser Art keinen Einfluss hätten. Es ließe sich sogar denken, dass ein geringerer Abstand – der das Risiko im Regelfall bei einem nüchternen Verkehrsteilnehmer erhöhe – bei den hier vorliegenden Konstellationen gefahrvermindernd wirke, z.B. deshalb, weil die größere Nähe des überholenden Fahrzeugs den Betrunkenen eher hindere, den Lenker herumzureißen und unter den Wagen zu geraten. Die anderen Vertreter der Risikoerhöhungslehre sind der Auffassung, dass bei der Frage, ob ein Erfolg zuzurechnen ist, die Feststellung, dass ein erhöhtes Risiko geschaffen wurde, nicht ausreichen könne.[700]

Kritik: Durch die Berufung auf rechtmäßiges Alternativverhalten eröffnet die h.M. die Möglichkeit der Strafbefreiung für all diejenigen, die einen bestimmten Deliktserfolg verursacht und dabei auch nachweislich sorgfaltswidrig gehandelt haben, nur weil die hypothetische Möglichkeit besteht, dass es auch ohne die Pflichtwidrigkeit zu demselben Erfolg gekommen wäre! Dies ist rechtspolitische Konsequenz der Tatsache, dass es keinen allgemeinen Fahrlässigkeitstatbestand zum Schutz von Leib und Leben anderer gibt. Diesen Mangel durch die Risikoerhöhungslehre aufzufangen, ist nicht möglich: Diese Lehre verstößt gegen den Wortlaut der fahrlässigen Erfolgsdelikte, speziell §§ 222, 229, indem sie das dort verwendete Tatbestandsmerkmal „durch Fahrlässigkeit" umdeutet in: „Verursachung plus Möglichkeit des inneren Zusammenhangs mit Fahrlässigkeit". Dadurch wird ferner der Grundsatz „in dubio pro reo" unzulässigerweise verkürzt. Insgesamt werden so die fahrlässigen Erfolgsdelikte umstrukturiert in reine Gefährdungstatbestände, bei denen die Erfolgsverursachung nur noch die Rolle einer objektiven Strafbarkeitsbedingung spielt (weil ohne Zusammenhang zum vorwerfbaren Handlungsunrecht). Zu folgen ist daher der h.M.

Ergebnis: Nach h.M. hat sich A nicht strafbar gemacht.

---

700 Sch/Sch/Sternberg-Lieben § 15 Rdnr. 179/179 a.

C. Einverständliche Fremdgefährdung und rechtfertigende Einwilligung in sorgfaltswidriges Verhalten

Fall 23: Einverständliche Fremd- und eigenverantwortliche Selbstgefährdung; § 228 zur Begrenzung der rechtfertigenden Einwilligung in Körperverletzungen

Um ein Gerüst abzubauen, setzten sich A und sein Sohn in den Firmenlieferwagen. Dieses Auto, ein Pkw-Kombi, hatte nur zwei Vordersitze mit 3-Punkt-Gurten. Dahinter befand sich ohne Abtrennung und ohne weiteren Sitz die Ladefläche. Kurz vor der Abfahrt erschien auch O und wollte zur Baustelle mitgenommen werden. A lehnte das unter Hinweis auf die fehlende Transportmöglichkeit ab. Gleichwohl stieg O in den Fond des Kombi und setzte sich hinter den Beifahrer, mit dem Rücken angelehnt an den Beifahrersitz. A fand sich damit ab und fuhr los. Auf der stadtauswärts führenden Straße fuhr A mit den dort erlaubten 70 km/h, als von hinten eine Autofahrerin mit 200 km/h infolge einer Fehleinschätzung der Verkehrslage auffuhr. Das Auto des A wurde nach vorn katapultiert. Beide Fahrzeuge stießen danach an die Mittelleitplanke, wo sie stehenblieben. O war durch die hintere Tür, die bei dem Anstoß aufgegangen war, auf die Fahrbahn geschleudert worden und über die Fahrbahn gerutscht. Er stieß mit dem Kopf an die Mittelleitplanke und zog sich schwere Kopfverletzungen zu. A und sein Sohn blieben durch die Wirkung der Sicherheitsgurte unverletzt.
Strafbarkeit des A? (Fall abgewandelt nach OLG Zweibrücken JR 1994, 518)

A könnte dadurch, dass er den O in seinem Auto mitgenommen hat, wegen **fahrlässiger Körperverletzung** des O aus **§ 229** strafbar sein.

I. Tatbestand

1. Die Kopfverletzung ist Gesundheitsschädigung i.S.d. §§ 223, 229.

2. Anknüpfungspunkt für den Tatvorwurf ist die Mitnahme des ungesicherten O auf der Ladefläche des Kombi, also aktives Tun.

3. Die Personenbeförderung auf der Ladefläche war verkehrsrechtlich unzulässig und damit objektiv sorgfaltswidrig. Dass es infolge der fehlenden Sitz- und Anschnallmöglichkeit zu dem konkreten Unfallhergang kommen konnte, war objektiv vorhersehbar.

4. Ohne die Mitnahme des O wäre es nicht zu dessen Verletzung gekommen. Das Verhalten des A war somit für den Erfolg kausal.

5. Fraglich ist die objektive Zurechnung.

   a) Auf rechtmäßiges Alternativverhalten – das bei der Fahrlässigkeitstat nach h.M. die Erfolgszurechnung ausschließt (s.o. Fall 22 Rdnr. 301) – könnte sich A berufen, wenn die Möglichkeit bestanden hätte, dass O auch dann aus dem Wagen geschleudert worden wäre, wenn er angeschnallt auf einem Sitz mitgefahren wäre. Dies ist jedoch angesichts der Tatsache, dass A und sein Sohn durch die Rückhaltesysteme unverletzt in der Fahrgastzelle geblieben sind, auszuschließen.

b) Da O in Kenntnis des Risikos ungesichert in dem Wagen mitfuhr, könnte eine **eigenverantwortliche Selbstgefährdung** vorgelegen haben, die den Zurechnungszusammenhang ausschließt. Als Akte der Autonomie unterfallen eigenverantwortlich verwirklichte Selbstverletzungen und sogar Selbsttötungen keinem Straftatbestand zum Schutz höchstpersönlicher Rechtsgüter. Straffrei ist ein solches Verhalten auch dann, wenn es nicht auf die Selbsttötung oder Selbstverletzung gerichtet war, sondern nur in der bewussten Eingehung eines entsprechenden Risikos besteht, und zwar auch dann, wenn sich dieses Risiko in dem Tod oder der Verletzung des Opfers realisiert hat. Folglich macht sich derjenige, der einen Suizid, eine Selbstverletzung oder Selbstgefährdung fahrlässig ermöglicht oder fördert, nicht aus fahrlässiger Tötung gemäß § 222 oder fahrlässiger Körperverletzung gemäß § 229 strafbar. Da die Selbsttötung, -verletzung und -gefährdung ausschließlich in den Verantwortungsbereich des Tatopfers selbst fallen, schließen sie den Risikozusammenhang zwischen einer – wenn auch für sich gesehen sorgfaltswidrigen – Handlung des Täters und dem eingetretenen Erfolg aus.[701] **303**

Fraglich ist jedoch, ob das Verhalten des A als eine **Mitwirkung an einer eigenverantwortlichen Selbstgefährdung** qualifiziert oder vielmehr als **einverständliche Fremdgefährdung des O** angesehen werden muss.

a) Es ist umstritten, wie Selbst- und Fremdgefährdung voneinander abgegrenzt werden können.

aa) Die h.M. greift auf die Kriterien zur Abgrenzung von Täterschaft und Teilnahme, also auf die **Tatherrschaft** zurück: So wie bei der Abgrenzung Selbst- und Fremdverletzung bzw. -tötung komme es auch bei der Gefährdung darauf an, **wer den zum Deliktserfolg führenden letzten Akt in Händen gehalten habe**. Liegt danach die Tatherrschaft über die Gefährdungshandlung nicht allein beim Gefährdeten, sondern zumindest auch bei dem sich daran Beteiligenden, so ist eine tatbestandsausschließende Selbstgefährdung zu verneinen.[702]

O hat das Fahrzeug selbst nicht gesteuert. Nach dem Kriterium der Tatherrschaft hat keine den Fahrlässigkeitstatbestand ausschließende Selbstgefährdung, sondern eine Fremdgefährdung vorgelegen.

bb) Nach Roxin[703] – auf den die Rechtsfigur der einverständlichen Fremdgefährdung zurückgeht – ist der Rückgriff auf das Kriterium der Tatherrschaft verfehlt. Es gehe nicht darum, wer die Tatherrschaft habe, sondern von wem die Gefährdung ausgehe, die unmittelbar in den Erfolg mündet. Gehe die Gefährdung vom Opfer aus, läge eine vorsätzliche

701 BGHSt 32, 262, 263 f.; BGH, Urt. v. 20.11.2008 – 4 StR 328/08 Rdnr. 21, RÜ 2009, 164; zustimmend auch Frister S. 179.

702 BGH, Urt. v. 20.05.2003 – 5 StR 66/03, NJW 2003, 2326; BGH, Urt. v. 11.12.2003 – 3 StR 120/03, RÜ 2004, 138, 139; OLG Zweibrücken JR 1994, 518; OLG Koblenz, Beschl. v. 11.04.2002 – 1 Ss 25/02; Dölling JR 1994, 520; Walter NStZ 2013, 673.

703 GA 2012, 655, 659.

Selbstgefährdung vor, an der Dritte straffrei mitwirken könnten. **Gehe die Gefährdung dagegen von einem anderen als dem Opfer aus, das sich der Gefährdung lediglich in Kenntnis der Gefahr ausgesetzt hat, handele es sich um eine einverständliche Fremdgefährdung**. Die Gefahr soll dabei von demjenigen ausgehen, der die größere „Vermeidemacht" habe, also am ehesten für eine Vermeidung des Risikos bzw. des späteren Erfolges Sorge tragen könne.

Auch hiernach liegt eine Fremdgefährdung vor: Die „Vermeidemacht" liegt ausschließlich beim Fahrer des Fahrzeugs, da dieser die Art und Weise der Fahrt bestimmt. O war von seiner Position keinerlei Einflussnahme auf die Fahrt möglich.

b) Welche Auswirkungen eine Fremdgefährdung haben soll, ist ebenfalls streitig.

aa) Nach der Literatur ist die einverständliche Fremdgefährdung wie die eigenverantwortliche Selbstgefährdung zu behandeln, sofern sie dieser in allen Aspekten gleichsteht. Dies sei der Fall, wenn der Gefährdende und der Gefährdete über dasselbe Risikowissen verfügten, der Gefährdete mit der schadensverursachenden Risikohandlung einverstanden sei und der Gefährdete für das gemeinsame Tun dieselbe Verantwortung trage wie der Gefährdende.[704] In diesem Fall beseitige die einverständliche Fremdgefährdung die **objektive Zurechenbarkeit des Erfolges**.

Nach dieser Auffassung ist dem A die Verletzung des O nicht zurechenbar: Beide wussten, dass eine ungesicherte Mitfahrt in dem Transporter mit einer erheblichen Gefährdung für O einherging. Dass sich O damit abfand und mit der Gefährdung einverstanden war, folgt aus seinem Einsteigen. Die Verantwortung liegt letztlich auch genauso sehr bei O wie bei A, da O die Einwände des A ignorierte und sich der Gefahr gleichwohl aussetzte.

bb) Der BGH lehnt diese Gleichstellung hingegen ab. Die Annahme eines Tatbestandsausschlusses führe zur Umgehung der Zulässigkeitsgrenzen einer rechtfertigenden Einwilligung und damit zu einem Widerspruch zu den sich aus den §§ 216, 228 ergebenden Wertungen, sodass der Tatbestand trotz Fremdgefährdung erfüllt sei.[705]

Die Rechtsprechung kann bei Verkehrsunfällen gleichwohl zum Zurechnungsausschluss gelangen, wenn der eingetretene Erfolg nicht im Schutzbereich der verletzten StVO-Norm liegt.[706]

c) **Stellungnahme**: Dieser Ansicht ist allenfalls dann zuzustimmen, wenn die Tatherrschaft zwischen Täter und Opfer tatsächlich geteilt ist und

---

704 Roxin GA 2012, 655, 664; ders. NStZ 1984, 411; OLG Zweibrücken JR 1994, 518, 520.

705 BGH, Urt. v. 20.05.2003 – 5 StR 66/03, NJW 2003, 2326; BGH, Urt. v. 20.11.2008 – 4 StR 328/08, RÜ 2009, 164; vgl. auch OLG Celle, Urt. v. 25.04.2012 – 31 Ss 7/12, StV 2013, 27; OLG Stuttgart, Beschl. v. 19.04.2011 – 2 Ss 14/11, JR 2012, 163; zusammengefasst in RÜ 2013, 175.

706 Vgl. dazu Mitsch Jus 2013, 20; Rengier StV 2013, 30, 32; Puppe JR 2012, 164.

beide völlig gleichwertig das Risiko beherrschen.[707] Wären alle Fälle, in denen das Opfer in irgendeiner Weise am Gesamtgeschehen mitwirkt, als einverständliche Fremdgefährdung straflos, müssten auch die meisten Tötungen auf Verlangen wegen einverständlicher Fremdgefährdung straflos sein, weil hier das Opfer die Tat typischerweise durch duldende Mitwirkung zumindest mitbeherrscht! Dies widerspräche aber der Wertentscheidung des Gesetzgebers, auch solche Fälle im Gegensatz zur Suizidförderung nach § 216 unter Strafe zu stellen.

Für die Gleichstellung gibt es auch keinen rechtlichen Anknüpfungspunkt. § 25 Abs. 2, der früher als Begründung herangezogen wurde, trägt hierfür nicht. Sinn dieser Vorschrift ist, strafbares Handeln in einer Person zu begründen, die nicht gehandelt hat. Ihr Sinn ist nicht, umgekehrt durch die Zurechnung von Handlungen zu einer Person, für die das Handeln nicht strafbar wäre (das Tatopfer), die an sich gegebene Strafbarkeit des Handelnden auszuschließen.

Nach der Rechtsprechung ist damit der Tatbestand erfüllt.

II. Die Körperverletzung könnte hier gerechtfertigt sein, weil O selbst den Wunsch geäußert hat, auf der Ladefläche und ohne Sicherheitsgurt mitgenommen zu werden. Möglicherweise liegt hierin ein Rechtsschutzverzicht in Form der **rechtfertigenden Einwilligung**. **304**

1. Dass das Rechtsgut der körperlichen Integrität der Disposition des Rechtsgutträgers unterliegt, ergibt sich im Umkehrschluss aus § 228. Eine Einwilligung des O war daher zulässig.

2. Hier hat O zwar seinen Willen kundgetan, ohne Sitz und Sicherheitsvorkehrungen im Auto mitgenommen zu werden. Fraglich ist, ob hierin eine Einwilligung in die Körperverletzung lag, denn O hat sicher nicht damit gerechnet, dass es zu einem Unfall kommen würde. **Nach h.M. genügt zur Rechtfertigung einer fahrlässigen Tat die Einwilligung in die sorgfaltswidrige Handlung als solche; der unwillentlich herbeigeführte Erfolg braucht vom Einwilligenden nicht gewollt zu sein.** Dies folgt schon aus dem Wesen der Einwilligung als „Dispens von der Befolgung des tatbestandlichen Verbots"; denn verboten ist bei den Fahrlässigkeitsdelikten nicht die Erfolgsherbeiführung, sondern vielmehr die Vornahme der den Erfolg verursachenden sorgfaltswidrigen Handlung.[708] Darüber hinaus ist eine Parallele zur Selbstgefährdung zu ziehen. Soweit diese dem Rechtsgutträger erlaubt ist, muss sie als Fremdgefährdung auch einwilligungsfähig sein. Der Wunsch des O, mitgenommen zu werden, deckt folglich das damit verwirklichte Unfallverletzungsrisiko mit ab.

3. An der Einwilligungsfähigkeit des O bestehen keine Zweifel.

---

707 In dieser Richtung auch BGH, Urt. v. 20.11.2008 – 4 StR 328/08 Rdnr. 25, RÜ 2009, 164 für zwei Fahrer bei einem riskanten Autorennen, das für einen von ihnen tödlich verläuft.

708 LK-Rönnau Vor § 32 Rdnr. 82.

4. O wusste, zumal A vorher die Mitnahme verweigert hatte, welches Risiko sich für ihn ergab, als er ohne Gurt auf der Ladefläche Platz nahm. Ein rechtsgutbezogener Willensmangel scheidet aus.

5. Bei Verletzung der Körperintegrität rechtfertigt die Einwilligung nicht, wenn die Tat trotz der Einwilligung **gegen die guten Sitten** verstößt, § 228. Bei Sorgfaltswidrigkeiten, denen nur ein abstraktes Risiko einer Verletzung anhaftet, wird ein Sittenverstoß nicht angenommen.[709] Auch ist in Fällen der Teilnahme an verkehrswidrigen Autofahrten wie der vorliegenden das Unfallrisiko relativ gering. Die Einwilligung scheitert daher nicht an § 228.

6. Als **subjektives Rechtfertigungselement** fordert die h.M.,[710] dass der Täter **in Kenntnis der Einwilligung** gehandelt hat. Teilweise wird darüber hinaus auch ein Handeln **aufgrund der Einwilligung** verlangt.[711] Auch dieses Erfordernis ist hier erfüllt, weil A den O nur wegen seines Wunsches mitgenommen hat.

Die Tat ist damit durch Einwilligung gerechtfertigt.

Ergebnis: A ist straflos.

Fall 24: Einwilligung in Lebensgefährdungen mit Todesfolge
(Abwandlung des Falles 23)

Ändert sich die Beurteilung, wenn O an den Folgen des Unfalls verstorben ist?

Infrage kommt **fahrlässige Tötung, § 222**, an O durch dessen Mitnahme.

305 I. Der Tatbestand ist nach Rechtsprechung durch den verkehrswidrigen Transport erfüllt. Gemäß der Theorie von der einverständlichen Fremdgefährdung ist hingegen die objektive Zurechnung ausgeschlossen (s.o. bei Fall 25).

306 II. Für die Rechtsprechung stellt sich das Problem, ob auch bei Fremdgefährdungen, die mit Zustimmung des später getöteten Opfers vorgenommen wurden, eine rechtfertigende **Einwilligung** möglich ist.

1. Eine früher vertretene Ansicht hält bei § 222 die Einwilligung des Verletzten rechtlich für unbeachtlich. Eine dem § 228 entsprechende Vorschrift sehe das Gesetz hier nicht vor. § 216 sei vielmehr zu entnehmen, dass die Vernichtung des Menschenlebens zum Schutz der Allgemeinheit mit Strafe bedroht wird und dass deshalb bei den Straftaten gegen das Leben die Einwilligung des Verletzten grds. rechtlich bedeutungslos sei.[712]

2. Mittlerweile hat sich jedoch die Erkenntnis durchgesetzt, dass es bei der Einwilligung in eine gefährliche Handlung gar nicht um eine Einwilligung in den Tod

---

709 Vgl. BGH, Urt. v. 11.12.2003 – 3 StR 120/03, S. 11, RÜ 2004, 138, 140.

710 Sch/Sch/Lenckner/Sternberg-Lieben Vorbem. §§ 32 ff. Rdnr. 51.

711 Fischer Vor § 32 Rdnr. 3 c.

712 BGHSt 4, 88, 93.

selbst geht, sondern nur in das bloße Risiko dessen. Insofern passt der Verweis auf § 216 nicht. Da es sogar eine Einwilligung in vorsätzliche Körperverletzungen gibt, muss erst recht eine Einwilligung in noch nicht einmal verletzende, sondern nur gefährliche Handlungen möglich sein, und zwar auch dann, wenn es später sogar zum Tod des Einwilligenden gekommen ist. Anderenfalls wäre eine Einwilligung in eine Körperverletzung nicht möglich, auch wenn diese zum Wohl des Opfers geschehen würde, aber tödlich verläuft (z.B. § 227 bei einer medizinisch nicht kunstgerecht, weil unter Notfallbedingungen durchgeführten Operation mit Todesfolge). Zudem hinge die Beurteilung derselben Handlung dann von den vorher nicht berechenbaren zufälligen Folgen des Handelns ab: Dieselbe Handlung mit Körperverletzungserfolg wäre rechtfertigungsfähig, mit Todeserfolg dagegen nicht. Eine angemessene Lösung liegt daher nicht in der generellen Versagung der Einwilligungsmöglichkeit, sondern in der Bestimmung der Grenzen einer Einwilligung.[713] Damit ist die Disposition über lebensgefährliche Handlungen möglich.

Anknüpfungspunkte dafür sind **§ 228 und § 216**. Aus § 228 ergibt sich, dass eine Körperverletzung trotz der Einwilligung des Verletzten nicht mehr gerechtfertigt ist, wenn die Tat gegen die guten Sitten verstößt. Zur Ausfüllung des Blankettbegriffs der „guten Sitten" kann § 216 herangezogen werden. Grundgedanke dieser Vorschrift ist, dass das Allgemeininteresse am Erhalt des Rechtsguts Leben größer ist als der Wille des Rechtsgutträgers, von fremder Hand getötet zu werden. Eine vorsätzliche Körperverletzung also, die den Verletzten bei objektiver Betrachtung in konkrete Todesgefahr bringen kann, verstößt gegen die guten Sitten und überschreitet daher die Grenzen der Einwilligung. Entsprechend ist auch eine Einwilligung in eine gefährliche Handlung ohne Körperverletzungsvorsatz analog § 228 wegen Sittenverstoßes unwirksam, wenn das Opfer bei vorausschauender objektiver Betrachtung damit in eine konkrete Todesgefahr einwilligt (sofern nicht zusätzlich rechtsethisch bedeutsame Umstände hinzutreten wie bei einer Notoperation).[714]

Umgekehrt folgt daraus, dass eine Einwilligung in objektiv sorgfaltswidrige und gefährliche Handlungen solange rechtfertigend wirkt, **wie noch kein naheliegendes oder konkretes Todesrisiko besteht, und zwar auch dann, wenn sich dieses Risiko später verwirklicht hat**.

Nach dieser Meinung begründet das geringe Unfallrisiko im konkreten Fall eine wirksame Einwilligung.

Ergebnis: A ist sowohl nach der Theorie der einverständlichen Fremdgefährdung als auch nach der Einwilligungslösung selbst dann straffrei, wenn O an den Verletzungen gestorben ist.

---

713 OLG Zweibrücken JR 1994, 518; Kindhäuser AT § 12 Rdnr. 71; Sch/Sch/Lenckner/Sternberg-Lieben Vorbem. §§ 32 ff. Rdnr. 104; im Ergebnis nunmehr auch BGH, Urt. v. 20.11.2008 – 4 StR 328/08 Rdnr. 28, RÜ 2009, 164.

714 Vgl. BGH, Urt. v. 11.12.2003 – 3 StR 120/03, BGHSt 49, 34, 42, 44 (zu § 227); BGH Urt. v. 20.11.2008 – 4 StR 328/08 Rdnr. 21, RÜ 2009, 164.

Das fahrlässige Begehungs(-Erfolgs-)delikt

Tatbestandsmäßigkeit (nach h.M. kein subjektiver Tatbestand!)

Täter – Tathandlung – Taterfolg – Kausalität
(ggf. weitere deliktsspezifische Merkmale)

Objektive Sorgfaltswidrigkeit (1. Stufe des Fahrlässigkeitsbegriffs, h.M.)

Überschreitung erlaubten Risikos durch Außerachtlassen der verkehrsüblichen Verhaltensregeln	▪ Sorgfaltsmaßstab ergibt sich aus Rechtsnormen oder anerkannten Standards; im Übrigen abgeleitet aus dem allgemeinen Schädigungsverbot unter Berücksichtigung von Gefahrengrad, Gewicht der potenziell betroffenen Rechtsgüter und Höhe des möglichen Schadens. Sonderwissen des Täters erhöht den Sorgfaltsmaßstab.
	▪ Daraus entstehen:
	  ▪ Ausführungspflichten
	  ▪ Übernahmepflichten
	  ▪ Informationspflichten
	  ▪ bei Delegation
	    – Auswahlpflichten
	    – Instruktionspflichten
	    – Überwachungs- und Kontrollpflichten
	  ▪ Organisationspflichten
	▪ Begrenzung der Sorgfaltspflicht durch Vertrauensgrundsatz

+	
Vorhersehbarkeit des wesentlichen Kausalverlaufs und Erfolgs	Adäquanzzusammenhang zwischen Fehlverhalten und Erfolg

Objektiver **Zurechnungszusammenhang** zwischen Fehlverhalten und Erfolg kann insbes. fehlen:	▪ Wenn Erfolg außerhalb des **Schutzzwecks** der verletzten Sorgfaltsnorm liegt ▪ Bbei Erfolgen, die auf einer **Zweithandlung** eines Dritten mit völlig neuem Risikopotenzial oder **eigenverantwortlicher Selbstgefährdung** beruhen ▪ Bei **rechtmäßigem Alternativverhalten (Pflichtwidrigkeitszusammenhang)**; a.A. Risikoerhöhungslehre

Rechtswidrigkeit

Kann aus denselben Gründen entfallen wie bei der Vorsatztat;

möglich ist auch rechtfertigende Einwilligung in Fremdgefährdung innerhalb der Grenzen des § 228/§ 216

Schuld

Subjektive Sorgfaltswidrigkeit und Voraussehbarkeit (2. Stufe des Fahrlässigkeitsbegriffs, h.M.): Der Täter muss nach seinen Fähigkeiten und seinem Können imstande gewesen sein, die objektive Sorgfaltspflicht einzuhalten und drohenden Schaden zu erkennen.

Spezieller Entschuldigungsgrund: **Unzumutbarkeit** normgemäßen Verhaltens

4. Teil: Das vorsätzliche unechte Unterlassungsdelikt

1. Abschnitt: Deliktsstruktur

A. Arten der Unterlassungsdelikte

Nach dem aktiven Tun bildet das Unterlassen einer gebotenen Handlung die zweite Grundform strafrechtlichen Verhaltens. Die Unterlassungstat tritt in zwei Formen auf (vgl. schon oben Rdnr. 37 f.), 307

- als einfaches, sog. **echtes Unterlassen** (Omissivdelikt), bei dem sich die Straftat in dem Verstoß gegen eine Gebotsnorm und im **bloßen Unterlassen** einer vom Gesetz geforderten Tätigkeit erschöpft,

  Beispiele: Nichtanzeige geplanter Straftaten, § 138; unterlassene Hilfeleistung, § 323 c; Hausfriedensbruch, § 123 Abs. 1, 2. Alt.

- als erfolgsverursachendes, sog. **unechtes Unterlassen**, bei dem die Untätigkeit einen Erfolg nach sich zieht, der dem Unterlassenden, wenn die **zusätzlichen Voraussetzungen des § 13** erfüllt sind, ebenso angelastet wird, als wenn er ihn durch aktives Tun herbeigeführt hätte.

  Beispiele: Mord durch Unterlassen, §§ 211, 13 (Mutter lässt ihren Säugling verhungern); Strafvereitelung im Amt durch Unterlassen, §§ 258 a, 13 (der zuständige StA lässt eine Akte bewusst so lange liegen, bis die Tat verjährt ist).

B. Aktives Tun oder Unterlassen

I. Bevor man die besonderen Voraussetzungen eines unechten Unterlassungsdelikts prüft, ist zu fragen, ob der Täter den Erfolg durch **aktives Tun** verursacht hat. Hier entstehen bei ambivalenten Handlungen immer Abgrenzungsschwierigkeiten. Die Abgrenzung ist aber von zentraler Bedeutung, weil es bei einer Aktivtat eben nicht mehr auf § 13 ankommt. Selbst da, wo diese Voraussetzungen erfüllt wären, kann die Abgrenzung nicht offenbleiben, weil für das unechte Unterlassungsdelikt im Gegensatz zur Begehungstat eine Strafmilderungsmöglichkeit nach § 13 Abs. 2 i.V.m. § 49 Abs. 1 besteht.[715] 308

II. Ist **aktives Tun zu bejahen**, kann **in derselben Handlung und in Bezug auf denselben Deliktserfolg** kein Unterlassen mehr liegen. Insofern schließt das aktive Tun schon auf Tatbestandsebene ein Unterlassen aus.[716] 309

Beispiel: Wenn der Ehemann seine Frau vergiftet, liegt darin ein Mord aus Heimtücke, § 211. Dass der Gatte rechtlich verpflichtet ist, seine Frau vor Schaden zu beschützen, dass er also Garant ist, macht aus dem Giftmord nicht auch noch Mord durch Unterlassen.

III. Besteht zwischen der aktiven Verursachung und dem Erfolgseintritt eine Zeitspanne, in welcher der Täter den Unrechtserfolg noch hätte abwenden können, liegt ein **Zweitverhalten in Form des Unterlassens** vor. Hier ist zu unterscheiden: 310

715 Vgl. BGH NStZ 1999, 607.

716 Kindhäuser § 35 Rdnr. 4; a.A. Baumann/Weber/Mitsch § 15 Rdnr. 27, wonach beides gegeben sein soll, aber das Unterlassungsdelikt auf Konkurrenzebene zurücktritt.

1. War die **aktive Herbeiführung des Deliktserfolgs als Vorsatztat** strafbar und deckt diese Strafbarkeit den **Unrechts- und Schuldgehalt des anschließenden Unterlassens vollständig ab, besteht kein weiteres Strafbedürfnis.**

*Die gesonderte Prüfung eines Unterlassungsdelikts wirkt dann überzogen und sollte in der **gutachtlichen Prüfung** unterbleiben oder auf eine kurze Klarstellung reduziert werden.*

Beispiel: A sticht im offenen Kampf auf B mit Tötungsvorsatz ein. Er erkennt, dass B verbluten wird, wenn er keinen Arzt ruft. Trotzdem verlässt er den Tatort. – A ist strafbar aus Totschlag durch die Messerstiche, § 212. Ein Totschlag durch Unterlassen der Rettung hat keinerlei Bedeutung mehr. (Zu Problemen bei nachträglicher Verdeckungsabsicht i.S.d. § 211 AS-Skript Strafrecht BT 2 [2012], Rdnr. 49 ff.).

2. Häufig ist das **aktive Vorverhalten straflos oder mit einer im Verhältnis zum anschließenden Untätigbleiben relativ geringen Strafe** verknüpft. Hier muss das Zweitverhalten ausführlich unter dem Blickwinkel aller in Betracht kommenden unechten und echten Unterlassungsdelikte gewürdigt werden.

*Typisch ist dies in allen Fällen, in denen der Täter **nach seinem aktiven Tun Vorsatz** bildet. Der aktiven Verursachung kann dieser nachträgliche Vorsatz, also dolus subsequens, wegen des in § 16 Abs. 1 S. 1 verankerten Simultaneitätsprinzips (s.o. Rdnr. 54, 116) nicht zugeschlagen werden. Möglich ist dann aber eine vorsätzliche unechte Unterlassungstat. Das wird in Klausuren häufig übersehen.*

Beispiel: A fährt fahrlässig den Fußgänger F an. Dann lässt er ihn liegen, ohne Hilfe herbeizurufen, weil er befürchtet, wegen seiner unachtsamen Fahrweise Schwierigkeiten mit der Polizei zu bekommen. F stirbt. – Gegeben sind fahrlässige Körperverletzung (§ 229) und fahrlässige Tötung (§ 222) durch das Anfahren. Die unterlassene Rettung macht die Tat zum **Mord durch Unterlassen** mit dem Mordmerkmal der Verdeckungsabsicht (§ 211)! Dieser verdrängt die fahrlässige Tötung im Wege der Gesetzeskonkurrenz. Gegeben ist außerdem unerlaubtes Entfernen vom Unfallort (§ 142 Abs. 1 Nr. 2). A ist strafbar gemäß §§ 211, 13; 142; 52/229/53.

C. Die zusätzlichen Deliktsmerkmale des § 13

Kommt ein Unterlassen als strafrechtlicher Anknüpfungspunkt infrage, sind folgende zusätzliche Deliktsmerkmale bei der Tathandlung zu prüfen:

I. Tatsächliche Handlungsmöglichkeit

311 Der Täter muss **objektiv** die **tatsächliche Möglichkeit gehabt haben, die Handlung vorzunehmen, die zur Erfolgsabwendung notwendig war**. Wer nichts tun kann, kann begrifflich auch nichts unterlassen. Die Erfolgsabwendungsmöglichkeit ist damit ungeschriebenes Tatbestandsmerkmal jeder unechten Unterlassungstat. **Wird dem Täter ein vorsätzliches unechtes Unterlassungsdelikt vorgeworfen, muss sich der Vorsatz auch auf die Handlungsmöglichkeit beziehen.**

II. Garantenstellung

312 Nach § 13 Abs. 1 ist der Unterlassende für die Nichtabwendung des Deliktserfolgs nur strafbar, wenn er **rechtlich dafür einzustehen** hat, **dass der Erfolg nicht eintritt** (= sog. **Garantenstellung**). Die Garantenstellung ist das zentrale Kriterium der unechten Unterlassungsdelikte.

Über die theoretische Begründung und Systematisierung von Garantenpflichten besteht deshalb keine Einigkeit.[717] Die neuere Lehre unterscheidet nach **Funktionen** der Handlungspflichten:[718]

Beschützergaranten	Überwachungsgaranten
sind solche, denen eine umfassende Obhutspflicht für ein bestimmtes Rechtsgut zukommt.	**sind solche, denen Sicherungs- oder Beherrschungspflichten in Bezug auf eine bestimmte Gefahrenquelle obliegen.**

1. Beschützergarantien entstehen aus: 313

a) speziellen **Rechtssätzen** (z.B. §§ 618, 666, 1353, 1626 BGB);

b) rechtlich fundierten Verhältnissen enger Lebensgemeinschaft. Allerdings ist hier mit Blick auf das Bestimmtheitsgebot eine restriktive Auslegung geboten. Erfasst werden deshalb nur **Familienangehörige untereinander**, und das auch nur personell und sachlich beschränkt.

So bestehen Schutzpflichten wohl zwischen **Verwandten gerader Linie, also vor allem zwischen Eltern und Kindern sowie zwischen Geschwistern und Verlobten,**[719] nicht aber zwischen Verschwägerten.[720]

Unter **Eheleuten** (gleichbedeutend: unter Lebenspartnern und Verlobten) besteht die Garantenstellung aus enger Lebensgemeinschaft, solange die Beteiligten in einem Vertrauensverhältnis zusammenleben. Sie endet folglich, wenn sich ein Partner vom anderen getrennt hat und dabei die Absicht hatte, die Gemeinschaft nicht wiederherzustellen.[721]

Bei **Geschwistern** hat das LG Kiel entscheidend auf das tatsächliche Obhutsverhältnis abgestellt und weder das verwandtschaftliche Band noch das Leben in einer Wohngemeinschaft ausreichen lassen.[722]

c) engen Vertrauensverhältnissen wie Gefahrengemeinschaften (Bergtour, Segeltörn), eheähnlichen Verhältnissen, auch langjährigen Vertragsbeziehungen, nicht aber aus Nachbarschaftsverhältnissen oder Zechgemeinschaften;[723]

Allein der Umstand, dass mehrere Personen **in enger häuslicher Gemeinschaft** zusammenleben, genügt dabei nicht zur Auslösung einer Handlungspflicht. Um bei der Unterschiedlichkeit der vorkommenden Wohngemeinschaften – Heimbewohner, Flüchtlinge in Gemeinschaftsunterkünften etc. – den Kreis der Handlungspflichtigen nicht in unüberschaubarer und unvertretbarer Weise auszudehnen, muss zu dem tatsächlichen Zusammenwohnen noch ein **weiteres Vertrauenselement** hinzutreten, wie z.B. Verwandtschaft, Verlöbnis oder eine tatsächliche Gewährübernahme.[724]

d) Übernahme von Schutzpflichten. Diese Garantenstellung kann originär in der Person des Übernehmenden entstehen oder von einem anderen abgeleitet werden, der seinerseits Garant ist.

---

717 Vgl. Otto/Brammsen Jura 1985, 530 ff.

718 Jescheck/Weigend § 59 IV; Sch/Sch/Stree/Bosch § 13 Rdnr. 9 ff.; Wessels/Beulke/Satzger Rdnr. 716 f.

719 Einschränkend nach konkreter Betrachtung einer effektiven familiären Lebensgemeinschaft Kretschmer Jura 2006, 898.

720 NK-Wohlers/Gaede § 13 Rdnr. 56; für Einbeziehung der Schwägerschaft BGHSt 13, 162; noch weitergehend Lilie JZ 1991, 541, der alle nahestehenden Personen i.S.v. § 35 erfassen möchte.

721 BGH, Urt. v. 24.07.2003 – 3 StR 153/03, RÜ 2003, 497; diff. Ingelfinger NStZ 2004, 409.

722 LG Kiel, Beschl. v. 02.06.2003 – VIII Ks 2/03, NStZ 2004, 157, RÜ 2004, 194.

723 Vgl. Sch/Sch/Stree/Bosch § 13 Rdnr. 25.

724 BGH NStZ 1984, 163; BGHR StGB § 13 „Garantenstellung 3"; BGH NStZ 1987, 171; Jescheck/Weigend § 59 IV 3b.

aa) Häufig geschieht die Übernahme **ohne vertragliche Grundlage durch faktisches Verhalten.** Zum Garanten wird man dann, wenn sich ein anderer im Vertrauen auf die übernommene Schutzposition einer bestimmten Gefahr aussetzt oder wenn durch die Übernahme andere Rettungsmöglichkeiten unterbleiben oder Gefahren vergrößert werden.[725]

Beispiel: Montagearbeiter erhielten den Auftrag, an der Tragkonstruktion der **Wuppertaler Schwebebahn** für Reparaturarbeiten angebrachte Metallkrallen abzubauen. Dies unterließen sie sorgfaltswidrig. Die Strecke wurde freigegeben; am nächsten Tag entgleiste ein Schwebebahnzug wegen der in den Fahrraum ragenden Krallen und stürzte in die Wupper. Fünf Fahrgäste starben, 37 wurden zum Teil schwer verletzt. – Die Arbeiter waren aus fahrlässiger Tötung und fahrlässiger Körperverletzung jeweils durch Unterlassen zu bestrafen. – Der BGH bejahte die Garantenstellung der Arbeiter, ungeachtet der arbeitsvertraglichen Verpflichtung aus der tatsächlichen Übernahme des Auftrags.[726]

bb) Soll sich die Garantenstellung aus einer **Vertragsbeziehung** ergeben, ist in zwei Schritten zu prüfen:

(1) Zunächst ist der **Inhalt des Vertrages** auszulegen. Damit hieraus eine Garantenstellung gegenüber Dritten abgeleitet werden kann, müssen besondere Umstände vorliegen, die über die bloße Verpflichtung zur Erbringung der vertraglich geschuldeten Leistung gegenüber dem Gläubiger hinausgehen und Schutzfunktionen mit Außenwirkung begründen. Solche Umstände können sich aus der Natur der übernommenen Aufgabe und der besonderen Fachkunde des Übernehmenden ergeben.

Beispiele: So hat er BGH aus der hoheitlichen Organisations- und Handlungsform einer Anstalt des öffentlichen Rechts und aus der Fachkunde des Angeklagten als „Tarifexperte" dessen Garantenstellung abgeleitet, als Leiter der Innenrevision betrügerische Abrechnungen gegenüber Dritten zu verhindern.[727]

Weiterhin muss sich aus dem Vertrag ermitteln lassen bezüglich welcher Personen eine Garantenstellung übernommen werden soll.

(2) Hat der Vertrag nach seinem Inhalt eine Schutzfunktion gegenüber Dritten, muss er auch tatsächlich in Vollzug gesetzt worden sein. Der bloße Vertragsschluss genügt nicht.[728]

cc) Selbst wenn eine Person tatsächlich die Garantenpflichten eines anderen übernimmt, beseitigt diese Übertragung die einmal bestehende Garantenstellung des Übertragenden nicht vollständig. Vielmehr setzt der Pflichtige mit der Bestellung eines anderen nur ein Mittel ein, um seiner Pflicht nachzukommen. **Der Pflichtige haftet deshalb weiter und bleibt für die fehlerhafte Anweisung, Auswahl oder Überwachung des Dritten verantwortlich.**[729]

dd) Die übernommene Garantenstellung kann auf den Übertragenden vollumfänglich zurückfallen, wenn der Übernehmende zum Ausdruck bringt, dass er nicht weiter für den Schutz einstehen will. Die Garantenstellung des Übernehmenden **endet** hierdurch.[730]

---

725 Sch/Sch/Stree/Bosch§ 13 Rdnr. 27 f.

726 BGH, Urt. v. 31.01.2002 – 4 StR 298/01, BGHSt 47, 224.

727 BGH, Urt. v. 17.07.2009 – 5 StR 394/08, RÜ 2009, 636.

728 Sch/Sch/Stree/Bosch § 13 Rdnr. 28.

729 BGHSt 19, 286; OLG Stuttgart, Urt. v. 05.04.2005 – 5 Ss 12/05, NStZ 2006, 450; LK-Weigend § 13 Rdnr. 60.

730 Vgl. Rduolphi NStZ 1984, 149, 152.

e) Eine Kombination aus tatsächlicher Gewährübernahme und Rechtssatz ist die Garantenstellung aus **Amtsträgereigenschaft oder beruflicher Stellung.**[731] (Dazu unten Fall 26 Rdnr. 327)

2. Überwachungsgarantien können entstehen aus: 314

a) Rechtssatz (z.B. § 32 StVO), **niemals aber aus § 323 c;**

b) pflichtwidrigem und schadensnahem Vorverhalten, sog. Ingerenz (ingerere = lat. einmischen). Denn wer durch sein Verhalten die Gefahr für den Eintritt schädlicher Erfolge geschaffen hat, ist verpflichtet, die daraus drohenden Schäden zu verhindern.[732] (Dazu Fall 29 Rdnr. 329 ff.)

c) Beherrschung einer in den eigenen Zuständigkeitsbereich fallenden sachlichen **Gefahrenquelle.** Derjenige, dessen Herrschaft Sachen, Anlagen oder Tiere unterstehen, ist verpflichtet, die davon ausgehenden Gefahren zu kontrollieren und zu verhindern, dass es zu Schädigungen Dritter kommt, **Verkehrssicherungspflicht.**[733] Auf tatsächliche Gewährübernahme oder pflichtwidriges vorangegangenes Tun kommt es hierbei nicht an.[734]

Umstritten ist, ob sich aus der Verkehrssicherungspflicht die Verpflichtung ergibt, die der eigenen Herrschaft unterliegende Gefahrenquelle nur vor dem Umschlagen in eine Schädigung zu sichern oder ob darüber hinaus in den Fällen, in denen sich die Gefahr realisiert hat, eine besondere Rettungspflicht gegenüber dem Opfer besteht.

Eine Auffassung bejaht eine solche Rettungspflicht: Es gehe hierbei nicht nur um bloß solidarische Hilfe, sondern um das Einstehen für die Konsequenzen der eigenen Organisation. Zudem hänge es oft vom Zufall ab, ob ein schädlicher Erfolg noch durch Sicherungsmaßnahmen oder erst durch spätere Rettungsmaßnahmen abgewendet werden kann.[735]

Nach der vorzugswürdigen Gegenauffassung löst allein das Bestehen der Verkehrssicherungspflicht noch keine Strafbarkeit für jeden auf der Gefahrverwirklichung beruhenden Schaden aus, weil sonst an sich erlaubtes Risiko haftungsbegründend wirken würde. Die Verkehrssicherungspflicht macht ihren Träger vielmehr nur zum Adressaten erhöhter Sorgfaltsanforderungen. Folglich entsteht keine Haftung für einen deliktischen Erfolg allein infolge der Gefährlichkeit einer Anlage ohne Verletzung der Verkehrssicherungspflicht. Auch eine Haftung für Folgeschäden aus unechtem Unterlassungsdelikt wegen Nichtabwendung des Erfolgs scheidet aus, wenn der Erstschaden ohne Verletzung der Verkehrssicherungspflicht zustande gekommen ist.[736]

Hat der Verkehrssicherungspflichtige seine Sonderpflicht verletzt, wird er aus Ingerenz handlungspflichtig. Die Verkehrssicherungspflicht hat dann keine Bedeutung als Garantenstellung mehr.

d) In sachlicher Nähe zum Vorgenannten steht die **Garantenstellung aus besonderer Verantwortung im Zusammenhang mit der Beherrschung eines räumlich abgegrenzten Bereichs, insbesondere einer Wohnung.** Allerdings genügt hier nicht schon die Inhaberschaft als solche, sodass die Duldung von Straftaten durch den Wohnungs-

---

731 Vgl. BGH, Urt. v. 17.07.2009 – 5 StR 394/08, RÜ 2009, 636 zur Garantenpflicht eines Leiters der Innenrevision einer Anstalt des öffentlichen Rechts.

732 Sch/Sch/Stree/Bosch § 13 Rdnr. 32.

733 Vgl. Otto § 9 Rdnr. 85; BGH, Urt. v. 21.12.2011 – 2 StR 295, 11, NStZ 2012, 319, m. Anm. Hecker JuS 2012, 755.

734 Jescheck/Weigend § 59 IV 4 b.

735 NK-Wohlers/Gaede § 13 Rdnr. 49.

736 LK-Weigend § 13 Rdnr. 49; SK-Rudolphi/Stein § 13 Rdnr. 31; Sch/Sch/Stree/Bosch § 13 Rdnr. 44 ff.

inhaber nicht ohne Weiteres den Vorwurf einer Unterlassungstäterschaft oder -beihilfe begründet.[737] Vielmehr müssen besondere Umstände hinzutreten.[738] Solche können sich ergeben,

aa) wenn **durch die Aufnahme eines Gastes in die Wohnung eine besondere Vertrauenslage** geschaffen worden ist und wenn die Gefahren für den Gast von einem anderen ausgehen, den der Wohnungsinhaber selbst mit in die Wohnung gebracht hat;[739]

bb) ferner wenn die **Räumlichkeit (oder Grundstücksfläche) wegen besonderer Umstände eine Gefahrenquelle** darstellt, die so zu sichern und zu überwachen ist, dass sie nicht zum Mittel für die leichtere Ausführung von Straftaten gemacht werden kann.[740]

e) Auch die **Pflicht zur Beaufsichtigung anderer**, wie etwa bei **Erziehungsberechtigten, Lehrern, Vorgesetzten oder Betriebsinhabern gegenüber den ihrer Autorität unterstellten Personen,** kann Überwachungsgarantien begründen.[741]

Insbesondere bei Vorgesetzten bzw. Betriebsinhabern bleibt die Garantenstellung auf die Pflicht zur **Verhinderung betriebsbezogener Straftaten** beschränkt und umfasst nicht solche Taten, die der Mitarbeiter lediglich bei Gelegenheit seiner Tätigkeit im Betrieb begeht.[742] Betriebsbezogen ist die Tat dann, wenn sie einen inneren Zusammenhang mit der betrieblichen Tätigkeit des Begehungstäters oder mit der Art seines Betriebes aufweist.

Beispiel: Deshalb verneinte der BGH die Garantenstellung eines Vorarbeiters, der nicht gegen körperliche Misshandlungen eingeschritten war, die von Arbeitern seiner Arbeitsgruppe während der Arbeitszeit an einem anderen, ihm nicht zugeteilten Mitarbeiter vorgenommen wurden.[743]

III. Gleichwertigkeit des Unterlassens mit aktivem Tun

315 Des Weiteren muss das Unterlassen gemäß § 13 Abs. 1 a.E. der Verwirklichung des gesetzlichen Tatbestands durch ein Tun entsprechen (= sog. **Modalitätenäquivalenz oder Gleichstellungsklausel**). Bei der Prüfung eines reinen Erfolgsdelikts ist sie bedeutungslos.

Bei **verhaltensgebundenen Delikten**, die sich nicht in der Herbeiführung eines bestimmten Erfolgs erschöpfen, sondern dafür eine bestimmte Modalität voraussetzen, hat die Gleichstellungsklausel nach h.M. eine Hinweisfunktion. Sie stellt klar, dass in diesen Fällen das Unterlassen nur dann der im Begehungstatbestand beschriebenen positiven Handlung (z.B. Täuschen bei § 263; Nötigen bei § 240) tatbestandsmäßig gleichgesetzt werden kann, wenn sich der in den Handlungsmerkmalen des Begehungstatbestands vertypte Unwertgehalt auch in dem konkreten Unterlassen wiederfindet.[744]

---

737 BGH NStZ 1999, 451.

738 BGHSt 30, 391, 395 f.; BGH StV 1993, 25.

739 BGHSt 27, 10, 13.

740 BGHSt 30, 391, 396.

741 Vgl. LK-Weigend § 13 Rdnr. 55 f.

742 BGH, Urt. v. 20.10.2011 – 4 StR 71/11, NStZ 2012, 142, 143; Urt. v. 17.07.2009 – 5 StR 394/08, BGHSt 54, 44; Lackner/Kühl § 13 Rdnr. 14.

743 BGH, Urt. v. 20.10.2011 – 4 StR 71/11, NStZ 2012, 142.

744 Vgl. Lackner/Kühl § 13 Rdnr. 16; a.A. Satzger Jura 2011, 749, 753 ff., der bei der Gleichstellung einen ggf. vom jeweiligen Delikt vorausgesetzten Zwischenerfolg berücksichtigen will.

Beispiel: Der Beschützergarant hindert einen anderen nicht daran, die seiner Obhutspflicht unterstellte Person durch einen hinterlistigen Überfall zu verletzen. – Zwar ist der Garant Unterlassungsbeteiligter an einer Körperverletzung. Da der hinterlistige Überfall sein besonderes Gepräge durch die Art und Weise der Begehung erhält, die sich im bloßen Unterlassen nicht wiederfindet, scheidet eine Beteiligung an einer gefährlichen Körperverletzung aber aus.[745]

D. Besonderheiten bei der Kausalität

Zwischen dem Unterlassen und dem Erfolg muss Kausalzusammenhang bestehen. Anders als beim Begehungsdelikt kann bei der Unterlassungstat kein naturgesetzlicher Bewirkungszusammenhang festgestellt werden, denn das Phänomen der Unterlassung besteht gerade darin, dass der Täter auf eine in Gang befindliche Kausalkette keinen Einfluss genommen hat, obwohl die Rechtsordnung dies von ihm erwartet. Um den Zusammenhang zwischen der enttäuschten Handlungspflicht und dem tatsächlich eingetretenen Erfolg begründen zu können, muss daher ein hypothetischer Ursachenzusammenhang oder auch eine **„Quasi-Kausalität"** herstellbar sein. Begründet wird diese mit einer **abgewandelten conditio-Formel**: „Ursächlichkeit" liegt nach dieser Formel bei den unechten Unterlassungsdelikten vor, wenn die unterlassene Handlung **nicht hinzugedacht werden** kann, ohne dass der tatbestandsmäßige Erfolg mit an Sicherheit grenzender Wahrscheinlichkeit entfiele.[746] Anders als beim vorsätzlichen Begehungsdelikt kann damit beim unechten Unterlassungsdelikt die Berufung auf einen ebenfalls erfolgsgeeigneten hypothetischen Kausalverlauf bereits die Kausalität entfallen lassen. Hierfür gilt nach h.M. in Zweifelsfällen auch der Grundsatz „in dubio pro reo". Ausführlich dazu unten Fall 29 Rdnr. 337. 316

Beispiel: A hat durch Unachtsamkeit den B zu Fall gebracht, sodass dieser von einem Gerüst gestürzt ist. A lässt B liegen und rechnet damit, dass er zu Tode kommt. Später stellt sich heraus, dass B vielleicht oder wahrscheinlich bei rechtzeitiger Rettung überlebt hätte. – A ist strafbar wegen fahrlässiger Tötung durch Herbeiführung des Sturzes, § 222. Dahinter tritt § 229 zurück. Ein vollendeter Totschlag durch Unterlassen (mit Ingerenz als Garantenstellung) ist dagegen zu verneinen, weil nicht mit an Sicherheit grenzender Wahrscheinlichkeit feststeht, dass das Opfer überlebt hätte. Gegeben ist aber ein Totschlagsversuch durch Unterlassen, §§ 212, 22, 23 Abs. 1, tatmehrheitlich zur fahrlässigen Tötung.

Aufbau: Um – systemkonform mit der Prüfungsfolge beim Begehungsdelikt – die Trennung zwischen Kausalurteil und Zurechnungszusammenhang aufrechterhalten zu können, sollten Sie ***bei der Kausalitätsprüfung nur auf den konkret eingetretenen Erfolg*** *abstellen. Der hypothetische Kausalzusammenhang ist dann zu bejahen, wenn der reale Schadenserfolg nicht so oder nicht in dem tatsächlich geschehenen Zeitpunkt eingetreten wäre. Ob er zu einer anderen Zeit oder in anderer Weise herbeigeführt worden wäre, bleibt dann der Zurechnungsprüfung vorbehalten;*[747] *auf diese Trennung wird häufig verzichtet.*

745 Sch/Sch/Stree/Bosch § 13 Rdnr. 4.

746 BGH NJW 1990, 2560, 2565; BGH, Urt. v. 06.11.2002 – 5 StR 281/01, BGHSt 48, 77, RÜ 2003, 71.

747 Wessels/Beulke/Satzger Rdnr. 711 ff.

E. Besonderheiten bei der objektiven Zurechnung

317 Auch für die unechte Unterlassungstat gilt die Formel der objektiven Zurechnung, wonach für einen von ihm verursachten Erfolg nur haftet, wer **durch sein Verhalten eine rechtlich missbilligte Gefahr geschaffen hat, die sich in tatbestandstypischer Weise in dem Erfolg niedergeschlagen hat** (s.o. Rdnr. 81).

Im Rahmen der auch von der Begehungstat her bekannten Fallgruppen erlangt die **Schutzzweckprüfung** beim unechten Unterlassungsdelikt besondere Bedeutung. Hinter diesem Begriff verbirgt sich nämlich die sehr häufig auftauchende Frage, ob die dem Täter obliegende **Handlungspflicht** darauf abzielte, **gerade den konkret eingetretenen Erfolg zu vereiteln.**[748]

Beispiel: Verhindert jemand die Straftat seines Ehepartners nicht, so wird er nach h.L. kein Beteiligter der Straftat durch Unterlassen, weil die aus § 1353 BGB abgeleitete Garantenpflicht aus enger Familiengemeinschaft eine Beschützergarantie, aber keine Überwachungsgarantie zwischen nahestehenden Personen begründet.[749]

Anders als beim vorsätzlichen Begehungsdelikt kann – sofern nicht schon der Kausalzusammenhang zu verneinen ist – in seltenen Fällen auch erst der Risikozusammenhang aufgrund eines hypothetischen Kausalverlaufs entfallen. Wenn nämlich nicht auszuschließen ist, dass **derselbe Unrechtserfolg auch bei Erfüllung des Handlungsgebots durch den Täter eingetreten wäre**, kann sich die Verletzung der Garantenpflicht des Täters in dem konkret eingetretenen Unrecht nicht niedergeschlagen haben („derselbe Erfolg" meint dabei nicht den konkret bewirkten Schaden, sondern die dem gleichstehende, im einschlägigen Tatbestand abstrakt umschriebene Rechtsgutverletzung).

Zur Unterscheidung zwischen Ausschluss der Kausalität und Zurechnungsausschluss sowie zur Auseinandersetzung mit der sog. Risikoverringerungstheorie unten Fall 29 Rdnr. 337.

F. Besonderheiten beim Vorsatz

318 Der Unterlassungstäter muss neben dem Vorsatz der deliktsspezifischen Merkmale auch Vorsatz bzgl. aller Tatumstände besessen haben, die sein **Unterlassen**, die **tatsächliche Möglichkeit** der Erfolgsabwendung und auch die **Garantenstellung** ausmachen.

Das erst aus der Garantenstellung folgende Gebot zum Tätigwerden, die sog. **Garantenpflicht**, gehört dagegen nicht mehr zum Tatbestand, sondern umschreibt das allgemeine Unrecht der Tat.[750]

Diese Differenzierung hat die Konsequenz,

- dass bei **Unkenntnis der die Garantenstellung begründenden Umstände** ein **Tatbestandsirrtum** nach § 16 vorliegt,
- während bei **Unkenntnis der aus der Garantenstellung resultierenden Handlungspflicht** lediglich ein **Verbotsirrtum nach § 17** gegeben ist.

---

748 Kölbel JuS 2006, 309 schlägt vor, dies bereits bei der Garantenstellung selbst zu erörtern.

749 Vgl. OLG Hamm MDR 1970, 172; OLG Stuttgart NJW 1986, 1767.

750 Vgl. BGHGSSt 16, 155.

G. Besonderheiten bei der Rechtswidrigkeit

Hier ist zu beachten, dass sich für die Unterlassungstat gewohnheitsrechtlich der Erlaubnissatz der **Pflichtenkollision** herausgebildet hat. Dazu unten Fall 30 Rdnr. 338 f. 319

H. Unzumutbarkeit normgemäßen Verhaltens

Eine Mindermeinung in der Literatur verneint jegliche Eigenbedeutung der Unzumutbarkeit und berücksichtigt den individuellen Konflikt des Unterlassungstäters nur im Rahmen von § 35.[751] 320

Herrschende Lehre und Rechtsprechung erlauben dagegen einen Strafbarkeitssausschluss über das Kriterium der Unzumutbarkeit, der über den Katalog der Rechtfertigungs- und Entschuldigungsgründe hinausgeht. Dieser Gesichtspunkt soll nach einer starken Auffassung sogar schon auf **Tatbestandsebene** als Begrenzung der aus der Garantenstellung entstehenden Handlungspflicht Bedeutung erlangen, weil auch bei § 323 c die Zumutbarkeit Tatbestandsmerkmal sei.[752] Vereinzelt wird die Unzumutbarkeit auch als spezieller Rechtfertigungsgrund der Unterlassungstat eingestuft.[753] Die Gegenauffassung ordnet die Unzumutbarkeit erst als **Entschuldigungsgrund** ein und ermöglicht damit auch bei Unzumutbarkeit eine teilnahmefähige Haupttat.[754]

Inhaltlich lassen sich für die Unzumutbarkeit keine starren Regeln aufstellen. Vielmehr bedarf es einer Abwägung:[755] **Die Pflichterfüllung ist nur dann unzumutbar, wenn durch sie billigenswerte Interessen des Garanten in einem gegenüber der drohenden Gefahr nicht angemessenen Umfang gefährdet würden. Je schwerer das drohende Übel ist und je höher die Erfolgsaussichten der Rettung sind, desto eher ist dem Garanten die Abwendung zumutbar.**

Beispiel: Der Beteiligte an einer gemeinschaftlichen Körperverletzung kann sich für die anschließende Tötungsbeihilfe durch Unterlassen nicht deshalb auf Unzumutbarkeit berufen, weil er durch das gebotene Eingreifen die Aufdeckung der von ihm vorher begangenen Straftat befürchten muss.[756]

Der **Deliktsaufbau des vorsätzlichen Erfolgsdelikts als Unterlassungstat** ist lediglich um die vorgenannten Merkmale zu erweitern.

751 Vgl. MünchKomm/Schlehofer Vor §§ 32 ff. Rdnr. 275 ff.; SK-Rudolphi/Stein Vor § 13 Rdnr. 51.

752 Fischer § 13 Rdnr. 80 f.; Lackner/Kühl § 13 Rdnr. 5; Sch/Sch/Stree/Bosch Vorbem. §§ 13 ff. Rdnr. 155; wohl auch BGH NStZ 1994, 29.

753 Gropp § 11 Rdnr. 55 f.

754 Stratenwerth/Kuhlen § 13 Rdnr,. 82 ff.; für Schuldausschluss ausdrücklich auch BGHSt 6, 46, 57.

755 Vgl. BGH NStZ 1984, 164; 1994, 29.

756 BGH NStZ 1985, 24.

Daraus ergibt sich folgendes

Prüfschema: *vorsätzliche* unechte Unterlassungstat

I. Tatbestandsmäßigkeit

1. Objektiver Tatbestand

a) Täter, Taterfolg (und weitere deliktsspezifische äußere Merkmale)

b) Bei der Tathandlung: Unterlassen der zur Erfolgsabwendung objektiv notwendigen Handlung und zusätzlich

aa) Tatsächliche Möglichkeit zur Vornahme des notwendigen Handelns

bb) Garantenstellung = Umstände, aus denen sich die Rechtspflicht zur Vornahme der konkret notwendigen Handlung ergibt

cc) Gleichwertigkeit des Unterlassens bei verhaltensgebundenen Delikten

c) „Quasi-Kausalität" des Unterlassens

d) Objektiver Zurechnungszusammenhang zwischen Unterlassen und Erfolg

2. Subjektiver Tatbestand

a) Tatbestandsvorsatz (besonders bzgl. Garantenstellung)

b) Deliktsspezifische subjektive Tatbestandsmerkmale

[vorsatzunabhängige objektive Bedingungen der Straftat]

II. Rechtswidrigkeit

Ggf. rechtfertigende Pflichtenkollision

III. Schuld

1. Schuldfähigkeit

2. Spezielle Schuldmerkmale

3. Fehlen von speziellen Entschuldigungsgründen und Unzumutbarkeit (str.)

4. Möglichkeit des Unrechtsbewusstseins

IV. Strafausschließungs- oder Strafaufhebungsgründe

V. Strafantrag; andere Strafverfolgungsvoraussetzungen oder -hindernisse

Aufbau: *Innerhalb der Tatbestandsmäßigkeit des unechten Unterlassungsdelikts braucht auf die Gleichwertigkeit von aktivem Tun und Unterlassen oder die objektive Zurechnung nur eingegangen zu werden, wenn hierfür Anlass besteht. Außerdem kann es angebracht sein, mehrere Punkte zusammen zu erörtern oder die Reihenfolge umzustellen, etwa die Garantenstellung* ***bei zu erwartender Verneinung*** *an erster Stelle der Tatbestandsprüfung zu untersuchen.*

2. Abschnitt: Spezielle Probleme beim unechten Unterlassungsdelikt

A. Abgrenzung aktiven Tuns vom Unterlassen

Fall 25: Abbruch eigener Rettungshandlungen; Abhalten Rettungswilliger; Garantenstellung aus tatsächlicher Gewährübernahme

A und sein Beifahrer B fahren bei hereinbrechender Dunkelheit auf einer einsamen Landstraße nach Hause, als sie im Straßengraben ein Auto liegen sehen, das kurz zuvor von der Fahrbahn abgekommen ist und sich mehrfach überschlagen hat. Im Wageninnern ist der leblose Körper des Fahrzeugführers hinter dem Lenkrad zu erkennen. A begibt sich sofort zu dem Verunglückten, um nachzusehen, ob man helfen kann. Beim Näherkommen erkennt er, dass der Verunglückte sein alter Feind F ist. A sieht auch, dass F bewusstlos ist, aber noch gerettet werden kann. Er beschließt, F aus Rache sterben zu lassen, und kehrt zum Auto zurück. B ist gerade im Begriff, per Handy bei der Notrufzentrale der Feuerwehr anzurufen. A sieht seinen Plan, den F sterben zu lassen, gefährdet. Mit der Lüge, es sei nichts mehr zu machen, der Fahrer sei schon seit einiger Zeit tot, veranlasst er den B, den Anruf abzubrechen. Beide fahren davon. F stirbt. Hätte B den Notruf zu Ende geführt, wäre F mit Sicherheit gerettet worden. Strafbarkeit des A?

A. **Der Abbruch der zunächst geplanten Rettungsmaßnahmen**

I. Dadurch, dass A die Rettung des F nicht weiter betrieb und zu seinem Fahrzeug zurückkehrte, könnte er sich des **Totschlags** gemäß **§ 212 Abs. 1** schuldig gemacht haben.

*Prüfen Sie die Abgrenzung zwischen aktivem Tun und Unterlassen am besten **ausgehend vom Begehungsdelikt** und dort bei der **Tathandlung**.*

1. Der Tod eines anderen Menschen ist eingetreten.

2. Fraglich ist, ob das Verhalten positives Tun (Abbruch der eingeleiteten Rettung) oder Unterlassen (weiterer Rettungsmaßnahmen) darstellt. 321

a) Im Wesentlichen werden zur Kategorisierung von Verhaltensweisen als aktives Tun oder Unterlassen folgende zwei Denkmodelle vertreten:

aa) Der im Schrifttum stark vertretene **naturalistische Ansatz** fragt zunächst, ob der Täter irgendeine Aktivität, d.h. positive Energie in Richtung auf das verletzte Rechtsgut entfaltet hat **(Energiekriterium)** und ob diese zu einer ununterbrochenen Kette realer Außenweltveränderungen geführt hat, die ohne Hinzudenken hypothetischer Faktoren mit dem Erfolg verknüpft ist **(Kausalitätskriterium)**. Ist dies der Fall, ist von aktivem Tun auszugehen.[757]

757 Vgl. LK-Weigend § 13 Rdnr. 7; Kindhäuser § 35 Rdnr. 4; Maurach/Gössel AT 2 § 45 Rdnr. 30; Otto/Brammsen Jura 1985, 530; Roxin ZStW 74, 415.

bb) Die überwiegende Auffassung knüpft im ersten Denkschritt ebenfalls an Aktivität und Inaktivität des Täters in Bezug auf den konkreten Deliktserfolg an. Gelangt man danach zu einem aktiven Tun, das in einem realen Kausalzusammenhang zum konkreten Erfolg steht – wie es i.d.R. der Fall ist – sind alle weiteren Deliktsmerkmale auf dieses aktive Tun zu beziehen. Erst bei mehrdeutigen Verhaltensweisen findet in einem zweiten Denkschritt zusätzlich eine **Wertung** statt. Die Frage, ob eine Begehungs- oder Unterlassungstat vorliegt, entscheidet sich dann nach dem sozialen Sinngehalt des Verhaltens oder dem **„Schwerpunkt der Vorwerfbarkeit"**.[758]

Meistens kommen die unterschiedlichen Ansätze zu den gleichen Ergebnissen, vor allem wenn auf ein **aktives, erfolgskausales Tun** Bezug genommen werden kann. In solchen Fällen liegt **eine Begehungstat** vor.

322 b) Beim **Abbruch eigener Rettungshandlungen** ist die Einordnung nicht so klar: Auf den ersten Blick scheint hier Unterlassen vorzuliegen, weil gerade keine Energie in Richtung auf das gefährdete Rechtsgut entfaltet wird und der Zusammenhang zum eingetretenen Erfolg nur durch Hinzudenken hypothetischen Weiterhandelns geschaffen werden kann.[759] Dennoch differenziert hier die naturalistische Lehre und kommt damit weitgehend zu denselben Ergebnissen wie die h.M., die zusätzlich auf den Schwerpunkt der Vorwerfbarkeit abstellt:

- Bricht der Täter seine Bemühungen ab, bevor er alles zur Rettung Erforderliche getan hat (Einstellen weiterer Mund-zu-Mund-Beatmung) oder bevor sie das Opfer erreicht haben (der Täter rudert nicht weiter auf den Ertrinkenden zu), ist er nach h.M. lediglich Unterlassungstäter.
- **Zum Begehungstäter wird er, wenn der Abbruch zu einem Zeitpunkt erfolgt, in dem sich bereits eine gesicherte Rettungsmöglichkeit ergeben hat (Loslassen des Rettungsseils nach Ergreifen durch das über dem Abgrund hängende Opfer).**[760]

Als A sich von F entfernte, hatte er überhaupt noch keine Rettungsbemühungen getätigt, die den F erreicht hatten, geschweige denn dass A bereits alles seinerseits Erforderliche zur Rettung getan hätte. Der Abbruch weiterer Rettungshandlungen kann damit nicht als aktives Tun angesehen werden.

II. **Totschlag durch Unterlassen, §§ 212, 13**, setzt neben dem hier gegebenen (Quasi-)Bedingungszusammenhang zwischen dem Unterlassen möglicher Rettungsmaßnahmen und dem Tod des Opfers voraus, dass A rechtlich zum Lebensschutz des F verpflichtet war (Garantenstellung).

1. **Garant kraft Rechtssatzes** war A nicht. Zwar bestand für ihn aus § 323 c die Pflicht zur Hilfeleistung. Der Normappell eines solchen echten Unterlassungsde-

758 BGH, Urt. v. 14.03.2003 – 2 StR 239/02, RÜ 2003, 268; Gropp § 11 Rdnr. 60 f.; Wessels/Beulke/Satzger Rdnr. 700.

759 Vgl. Seelmann JuS 1987, L 34.

760 Vgl. Baumann/Weber/Mitsch § 15 Rdnr. 31; Otto § 9 Rdnr. 7, 8; Wessels/Beulke/Satzger Rdnr. 702.

likts richtet sich aber an jedermann und ist deshalb ungeeignet, die Garantenstellung als Sonderpflicht eines begrenzten Personenkreises festzulegen.[761]

2. Durch den Beginn von Rettungshandlungen wurde A auch nicht zum Garanten wegen **tatsächlicher Gewährübernahme**. Allein daraus, dass jemand einem Verunglückten beisteht, ergibt sich noch keine Pflicht zur Vollendung der begonnenen Hilfeleistung, sondern erst, wenn der Helfende durch seine Einflussnahme die Situation für den Hilfsbedürftigen wesentlich verändert, insbesondere andere Rettungsmöglichkeiten ausschließt oder neue Gefahren begründet.[762]

Totschlag durch Unterlassen ist damit zu verneinen.

III. **Aussetzung in der Modalität des Im-Stich-Lassens in hilfloser Lage, § 221 Abs. 1 Nr. 2**, ist schon objektiv nicht erfüllt, weil die dort vorgeschriebene Obhutspflicht, die inhaltsgleich mit der Garantenpflicht i.S.v. § 13 ist,[763] nach dem Vorgenannten für A nicht bestand.

IV. Gegeben ist **unterlassene Hilfeleistung nach § 323 c**, weil A in der lebensbedrohlichen Lage für F jegliche Hilfe vermied, obwohl ihm dies möglich war. Hilfe war – zumindest in der Form eines Notrufs – auch zumutbar. Steht ein Leben auf dem Spiel, muss persönliche Feindschaft zurücktreten. A kannte die Umstände. Er handelte rechtswidrig und schuldhaft.

B. Die Einwirkung auf B

I. Würde man nur daran anknüpfen, dass A die ihm mögliche Rettung des F unterlassen hat, müsste der Vorwurf eines Totschlags durch Unterlassen, §§ 212, 13, wiederum scheitern, weil er nicht Garant zum Schutz des Lebens des F war.

II. Konstruktiv möglich ist eine Unterlassungstat in mittelbarer Täterschaft – hier **§§ 212, 13, 25 Abs. 1, 2. Alt.** –, indem ein **das Tatgeschehen bereits beherrschender Hintermann ein seiner Weisung unterstehendes Tatwerkzeug zum Unterlassen motiviert**.[764] Dieser Ansatz führt im vorliegenden Fall aber ebenfalls nicht zur Täterschaft, weil A erst durch seine Einwirkung die Wissensherrschaft über B erlangte und die für die Erfolgsabwendung notwendige Garantenstellung nicht besaß.[765]

III. A könnte aber zum **unmittelbaren Begehungstäter eines Totschlags** geworden sein, als er den rettungswilligen B zum Abbruch des Notrufs veranlasste, **§ 212 Abs. 1**. 323

1. Dann müsste seine psychische Einwirkung auf B als aktives Tun angesehen werden können, obwohl sie nur fremdes Unterlassen verursacht hat. Auch insoweit kommen der naturalistische und der normative Ansatz bei der Abgrenzung aktiven Tuns vom Unterlassen zu denselben Ergebnissen.

Die nachfolgenden Regeln werden in sehr vielen Klausuren relevant!

- **Unmittelbarer Begehungstäter** ist,
  - wer auf einen rettenden Kausalverlauf einwirkt, indem er ein vorhandenes Rettungsmittel zerstört und dadurch die Tatherrschaft erlangt,

761 Vgl. Lackner/Kühl § 13 Rdnr. 7; Sch/Sch/Stree/Bosch § 13 Rdnr. 57; Kühl § 18 Rdnr. 41.

762 BGH NJW 1993, 2628.

763 Lackner/Kühl § 221 Rdnr. 4.

764 Vgl. diese Konstellation in BGH NJW 1995, 204.

765 Vgl. Sch/Sch/Heine § 25 Rdnr. 56.

  - wer dadurch die Tatherrschaft erlangt, dass er einen Rettungswilligen mit Mitteln der mittelbaren Täterschaft, also durch Täuschung oder Zwang, von weiteren Rettungshandlungen abhält.[766]

- **Unterlassungstäter** (unter den zusätzlichen Voraussetzungen des § 13) ist,

  - wer die Zurverfügungstellung seiner Rettungsmittel oder seine Hilfe verweigert

  - oder wer schon vorher kraft überlegenen Wissens/Willens oder kraft Organisationsherrschaft den Geschehensablauf beherrschte und entweder veranlasst, dass ein Tatmittler untätig bleibt oder dessen aktive Unrechtsverwirklichung nicht verhindert (ausführlich – auch zur Frage der Unterlassungstat in mittelbarer Täterschaft – AS-Skript Strafrecht AT 2 [2014]).

Hier hat A hat durch seine Täuschung die Willensherrschaft über B erlangt, auf diese Weise eine für F bestehende Rettungsmöglichkeit täterschaftlich beseitigt und damit dessen Tod durch aktives Tun zurechenbar verursacht.

2. Er handelte mit Tötungsvorsatz, rechtswidrig und schuldhaft.

IV. Da die Tötung von eigensüchtigen Rachemotiven beherrscht war, sind auch niedrige Beweggründe i.S.v. **§ 211** gegeben.

Konkurrenzen und Ergebnis: Der Unrechtsgehalt der unterlassenen Hilfeleistung wird von der später verwirklichten Mordtat vollständig erfasst. Diese tritt daher im Wege der Gesetzeskonkurrenz zurück. A ist strafbar wegen Mordes.

---

324 Umstritten ist die **Abschaltung eines mechanischen Rettungsmittels** (Geräte zur Wiederbelebung oder zur Aufrechterhaltung von Kreislauf- und Atemtätigkeit), **sofern die Abschaltung durch den behandelnden Arzt erfolgt**. Die auf den Energieeinsatz abstellende Literatur sieht in dem Abschaltvorgang aktives Tun,[767] während die normative Betrachtung betont, dass die Maschine nur eine mechanisierte Form der Rettungshandlungen sei und dass wie beim Abbruch manueller Rettungshandlungen in aller Regel der Schwerpunkt der Vorwerfbarkeit im Unterlassen liege, sog. Unterlassen durch Tun.[768]

Der BGH hat jüngst seine bisherige Rechtsprechung zur Sterbehilfe aufgegeben und differenziert beim **gerechtfertigten Behandlungsabbruch** nicht mehr danach, ob aktives Tun oder Unterlassen vorgelegen hat.[769] Das gilt aber nur, wenn auch die Voraussetzungen eines Behandlungsabbruchs erfüllt sind; auf Tatbestandsebene muss des-

766 Vgl. OLG Düsseldorf JMBl. NRW 1983, 199, 200; Jescheck/Weigend § 58 II 2; Otto § 9 Rdnr. 9; MünchKomm/Joecks § 25 Rdnr. 237; Sch/Sch/Stree/Bosch Vorbem. §§ 13 ff. Rdnr. 159; Wessels/Beulke/Satzger Rdnr. 701; einschränkend BGH, Urt. v. 12.12.2002 – 4 StR 297/02, S. 10, NStZ 2003, 312, wonach die durch Drohung erwirkte Unterlassung einer Lebensrettung nur Anstiftung zum Totschlag bzw. Mord sein soll.

767 Z.B. Jescheck/Weigend § 58 II 2; ebenso Baumann/Weber/Mitsch § 15 Rdnr. 33.

768 Vgl. Wessels/Beulke/Satzger Rdnr. 703.

769 BGH, Urt. v. 25.06.2010 – 2 StR 454/09, RÜ 2010, 644.

halb wie bisher zwischen Tun und Unterlassen abgegrenzt werden. Für Lebensverkürzungen außerhalb dieses Rechtfertigungsgrundes gelten die vorgenannten Regeln fort.

Ganz überwiegend wird dagegen aktives Tun bejaht, wenn ein **Außenstehender das** 325
Reanimationsgerät abschaltet.[770]

Eine weitere Fallgruppe des „Unterlassens durch Tun" liegt in der sog. **omissio libera in** 326
causa. Hierbei versetzt sich der Täter vorsätzlich oder fahrlässig in eine Lage, die es ihm im Zeitpunkt gebotener Pflichterfüllung unmöglich macht, zu handeln.

Beispiel: Der Kesselwärter, der schon zu Schichtbeginn Schlaftabletten nimmt, sodass er in dem Moment, als sich der Kesseldruck dem kritischen Bereich nähert, im Tiefschlaf liegt und deshalb nicht gegen die drohende Explosion einschreiten kann.

Trotz des vorherigen aktiven Tuns wird das Gesamtgeschehen als Unterlassungstat angesehen; lediglich die im Gebotszeitpunkt fehlende Handlungsmöglichkeit wird durch Einbeziehung des Vorverhaltens – ähnlich wie die Schuldfähigkeit bei der actio libera in causa – überwunden.[771]

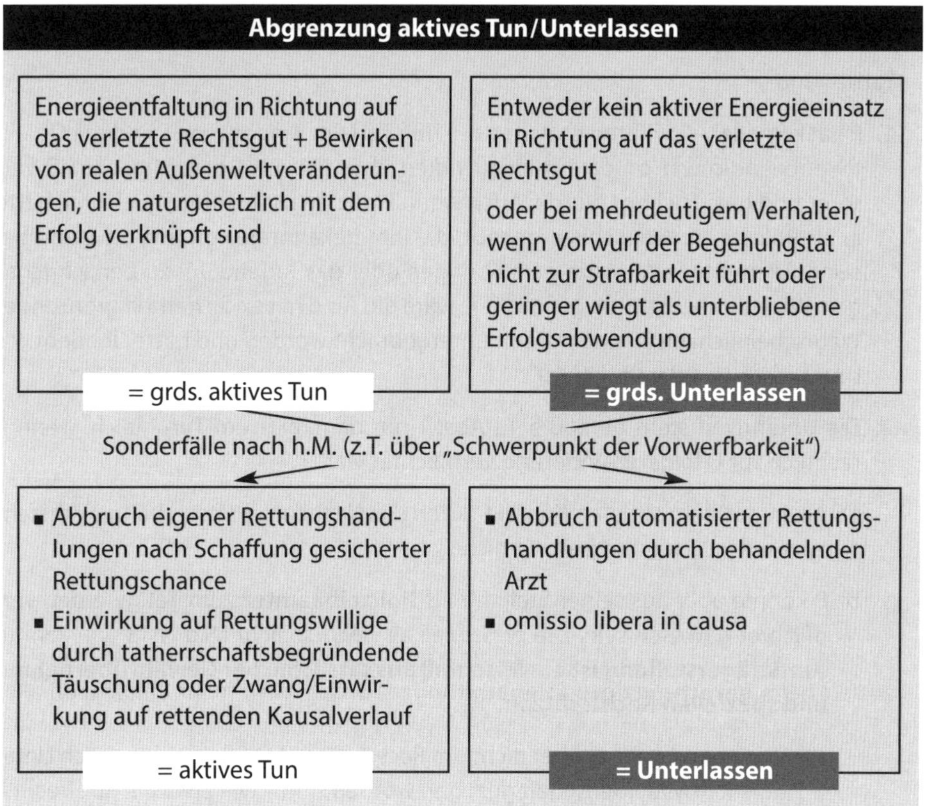

770 Vgl. Herzberg JZ 1988, 182, 186.

771 OLG Koblenz, Urt. v. 02.02.2005 – 1 Ss 301/04, NStZ-RR 2006, 77; Lackner/Kühl § 13 Rdnr. 3; Kühl § 18 Rdnr. 22; krit., i.E. ebenso Stoffers JA 1992, 177, 181; vgl. dazu schon oben Fall 17 Rdnr. 237 ff.

B. Garantenstellung aus Amtsträgereigenschaft

Fall 26: Pflicht zum Einschreiten bei dienstlicher und außerdienstlicher Kenntniserlangung von Straftaten bei Polizeibeamte

P, ein Polizeibeamter, wohnt im selben Haus wie die Familie S. Beide Eheleute gehen keiner geregelten Arbeit nach und kümmern sich nur spärlich um ihren einjährigen Sohn K. Während die Eheleute S immer mehr dem Alkohol verfallen, versorgen sie K nicht mehr mit der notwendigen Nahrung. Stattdessen wird K in einem abgedunkelten Raum der Wohnung eingeschlossen und sich selbst überlassen. Das jämmerliche Schreien des hungernden Kleinkindes nimmt auch P wahr, als er durch das Treppenhaus geht. Auch hat er gerüchteweise von der Verwahrlosung des Kindes gehört. Ohne den lebensbedrohlichen Zustand des Kindes zu realisieren, kümmerte er sich jedoch nicht weiter um die Angelegenheit. K verstirbt aufgrund der Unterversorgung.
Ist P für den Tod des Kindes strafrechtlich verantwortlich?

Infrage kommt nur **fahrlässige Tötung durch Unterlassen gemäß §§ 222, 13.**

I. Tatbestand

1. P hat keinerlei Aktivitäten entfaltet, um den Tod des Kindes zu verhindern. Objektiv notwendig war es, darauf hinzuwirken, dass das Kind ordnungsgemäß versorgt und beaufsichtigt wurde. Auch wenn P dies selbst nicht möglich war, hätte er als Polizist die Möglichkeit gehabt, die ihm bekannt gewordene Situation bei seiner Dienststelle zur Anzeige zu bringen oder das Jugendamt zu benachrichtigen. Wäre dies rechtzeitig geschehen, wäre das Kind mit an Sicherheit grenzender Wahrscheinlichkeit in einem Heim untergebracht worden und hätte überlebt. P's Unterlassen war damit „kausal".

2. Die Untätigkeit steht gemäß § 13 Abs. 1 nur dann aktivem Tun gleich, wenn P rechtlich zur Erfolgsverhinderung verpflichtet war.

   a) Allein aus dem sozialen Kontakt durch das Nachbarschaftsverhältnis entsteht eine solche Garantenstellung nicht.

327 b) P könnte aber aus seiner Stellung als **Polizeibeamter** zum Tätigwerden verpflichtet gewesen sein. Die prinzipiell als Rechtspflicht i.S.d. § 13 anerkannte **Amtsträgerstellung ist ein Mischfall aus tatsächlicher Gewährübernahme und speziellen Rechtssätzen**.

   aa) Vorliegend geht es aber nicht um Rechtsgüter des Staates, die durch Untätigkeit in Mitleidenschaft gezogen worden sind – wie etwa die Strafrechtspflege in § 258 a –, sondern um das durch § 222 allein geschützte Leben des Kindes. Umstritten ist, ob die Amtspflichten überhaupt eine Schutzfunktion in Bezug auf solche Individualgüter erzeugen können.

   (1) Ein Teil des Schrifttums akzeptiert strafrechtlich bewehrte Handlungspflichten von Amtswaltern nur für die dienstlich anvertrauten Rechtsgüter

der Anstellungskörperschaft, nicht aber in Bezug auf Rechtsgüter der Allgemeinheit oder einzelner Bürger.[772]

(2) Die h.M. setzt im Grundsatz öffentliche Amtspflicht und strafbewehrte Garantenpflicht gleich. Es handele sich um eine aus dem allgemeinen Aufgabenbereich des Beamten definierte berufsbezogene Pflicht. Sie erstrecke sich **auf alle Rechtsgüter, die vom Schutzzweck der in den Zuständigkeitsbereich fallenden Aufgabe erfasst werden.**[773]

(3) Vermittelnde Auffassungen machen zusätzliche Einschränkungen: So wird verlangt, dass für den Beamten im konkreten Fall eine Ermessensreduzierung auf Null vorgelegen habe.[774]

Beispiele:

Die Bediensteten der Wasserbehörden sind Beschützergaranten für die Reinhaltung der von ihnen überwachten Gewässer. Erlässt der zuständige Amtsträger einer solchen Behörde eine verwaltungsrechtlich gebotene Maßnahme nicht (Rücknahme einer Einleitungsgenehmigung, Auflagen), kann er wegen Gewässerverunreinigung durch Unterlassen strafbar sein.[775]

Eine Sozialarbeiterin in der Jugendhilfe kann aus §§ 1 ff., 42 SGB VIII i.V.m. tatsächlicher Übernahme der Betreuung Garantin für das Leben eines Kindes sein, das dessen Mutter verhungern lässt[776] oder zu Tode misshandelt.[777]

Gegenbeispiel: Strafvollzugsbeamte sind weder aus den für sie geltenden Bestimmungen noch aus den Zwecken des Strafvollzugs zur Anzeige von Straftaten verpflichtet, die Gefangene in der JVA verübt haben. Die Bediensteten begehen durch die Nichtanzeige damit keine Strafvereitelung durch Unterlassen gemäß §§ 258 Abs. 1, 13.[778]

(4) Zu der fallrelevanten Garantenstellung von Polizeibeamten vertritt der BGH folgenden Standpunkt: Nach den Polizeigesetzen der Länder haben Polizeibeamte die Aufgabe, Gefahren für die öffentliche Sicherheit oder Ordnung abzuwehren. Sicherheit und Ordnung sind auch dann betroffen, wenn Individualrechtsgüter durch Straftaten bedroht sind. Damit dient die öffentlich-rechtliche Pflicht des Polizeibeamten, Straftaten zu verhindern, zumindest auch dem Zweck, das von dem jeweiligen Straftatbestand geschützte Rechtsgut vor konkret drohender Gefahr zu bewahren.[779]

Auch im vorliegenden Fall drohte dem Leben des Kindes ernste Gefahr, und zwar durch eine Mordtat der Eltern, die durch die unterlassene Versorgung grausam den Tod des K herbeigeführt haben. Hätte P also während des Dienstes von dem Zustand des Kindes Kenntnis erlangt, wäre er nach der Rechtsprechung zum Tätigwerden verpflichtet gewesen. Zu demselben Ergebnis kommen die vermittelnden Ansichten, da spätestens bei ei-

---

772 Ranft JZ 1987, 908, 915; SK-Rudolphi/Stein § 13 Rdnr. 54 c.

773 Vgl. BGH NJW 1989, 544; Freund § 6 Rdnr. 92 f.

774 Otto/Brammsen Jura 1985, 592, 597; Pawlik ZStW 111 [1999], 335, 348; noch weiter geht Kühl § 18 Rdnr. 87, der zusätzlich eine Geltendmachung des Anspruchs auf Einschreiten verlangt, soweit dies tatsächlich möglich ist.

775 Vgl. Generalstaatsanwaltschaft Celle NJW 1988, 2394.

776 OLG Oldenburg NStZ 1997, 238.

777 OLG Stuttgart NJW 1998, 3131.

778 BGHSt 43, 82 ff.

779 BGH NJW 1993, 544.

ner Lebensbedrohung des Kindes eine Ermessensreduzierung vorgelegen hätte und das Kleinkind selbst nicht in der Lage war, von sich aus das Einschreiten zu verlangen.

328 bb) Hier hat P aber als Nachbar, also in seiner Freizeit, von den Vorkommnissen Kenntnis erlangt. Fraglich ist, ob die genannten **Dienstpflichten auch in die Privatsphäre hineinreichen und strafbewehrt** sind. Im Grundsatz verneint das die h.M., um dem Beamten im Rahmen seines allgemeinen Persönlichkeitsrechts aus Art. 2 Abs. 1 i.V.m. Art. 1 Abs. 1 GG einen geschützten Bereich menschlicher Beziehungen zuzubilligen, der durch Berufspflichten nicht eingeschränkt werden soll. **Ausnahmsweise besteht jedoch eine Pflicht zum Tätigwerden auch bei außerdienstlicher Kenntnisnahme, wenn es sich um Delikte handelt, die als Dauerdelikte oder auf ständige Wiederholung angelegte Serientaten auch während der Dienstausübung fortwirken, und wenn aufgrund einer Abwägung im Einzelfall das öffentliche Interesse an der Verhinderung dieser Straftaten den privaten Belangen des Beamten vorgeht.** Von entscheidender Bedeutung ist, ob durch die Straftat Rechtsgüter der Allgemeinheit oder besonders gewichtige Individualgüter betroffen sind. Maßstab für das Gewicht der Tat ist zunächst der Katalog des § 138; doch auch außerhalb dessen kann sich die Schwere der Straftat aus dem hohen wirtschaftlichen Schaden oder dem besonderen Unrechtsgehalt ergeben; z.B. schwere Körperverletzungen, erhebliche Umwelt- oder Wirtschaftsdelikte, schwerwiegende Verstöße gegen das Waffen- oder Betäubungsmittelgesetz, organisierte Kriminalität; nicht aber das Fahren ohne Fahrerlaubnis eines Bekannten des Polizeibeamten.[780] Hier hatte die zum Tod des Kindes führende Vernachlässigung als fortwährende Unterlassung Dauerdeliktscharakter. Das dadurch verwirklichte Verbrechen des Mordes ist so schwer, dass seine vorsätzliche Nichtanzeige schon nach § 138 Abs. 1 Nr. 5 strafbar gewesen wäre. P war damit trotz außerdienstlicher Kenntniserlangung zum Einschreiten verpflichtet. Sein Unterlassen steht gemäß § 13 Abs. 1 dem aktiven Tun gleich.

3. Jeder durchschnittliche Polizeibeamte hätte aufgrund der Gerüchte und der eigenen Wahrnehmungen erkennen können, dass das Kind durch fortwährende Vernachlässigung verhungern könnte, und dass Polizei oder Jugendamt hätten eingeschaltet werden müssen; ferner müssen die Grundsätze zur Reichweite der eigenen Amtspflicht jedem Beamten geläufig sein. P handelte damit objektiv sorgfaltswidrig.

4. Zwischen der Sorgfaltswidrigkeit und dem Todeserfolg müsste Zurechnungszusammenhang bestehen. Hier entfaltete die verletzte Amtspflicht aus Polizeirecht unmittelbar Schutzwirkung für das Leben des Kindes. Sie war auch darauf gerichtet, das strafbare Fehlverhalten der Mutter zu unterbinden, sodass der Tod nicht allein in den Verantwortungsbereich der L fiel.

780 BGH NJW 1993, 544; NStZ 2000, 147; bestätigt von BVerfG, Beschl. v. 21.11.2002 – 2 BvR 2202/01, JZ 2004, 303 m. abl. Anm. Seebode JZ 2004, 305.

Der Tatbestand der fahrlässigen Tötung ist erfüllt.

II. P handelte ohne Rechtfertigungsgründe.

III. Als durchschnittlicher Polizeibeamter war er auch nach seinen Kenntnissen und Fähigkeiten in der Lage, die Notwendigkeit und die eigene Verpflichtung zum Tätigwerden zu erkennen.

Ergebnis: P ist strafbar wegen fahrlässiger Tötung durch Unterlassen.

C. Ingerenz

Fall 27: Qualität des handlungspflichtbegründenden Vorverhaltens

E lauerte dem M mit einem Brotmesser vor dessen Stammlokal auf. Als M mit seinem Freund A das Lokal verlassen und sich gerade von ihm verabschiedet hatte, sprang E hervor und brachte M mit dem Messer eine lange Schnittverletzung bei. M schrie und rannte davon. E verfolgte ihn. A folgte den beiden, um seinem Freund zu helfen. E unterbrach die Verfolgung des M und wandte sich mit dem Messer in der Hand angriffsbereit dem A zu. A prallte in vollem Lauf auf E und riss ihn zu Boden, wodurch E das Messer aus der Hand fiel. Es kam zu einem Kampf am Boden. A schaffte es, in den Besitz des Messers zu kommen. In dieser Phase des Kampfes musste A damit rechnen, dass E die Absicht hatte, A das Messer wieder zu entwinden und es dann gegen ihn zu richten. Um dies zu verhindern, fügte A dem E drei tiefe Stichverletzungen an der Rückseite des rechten Oberschenkels zu. Er nahm dabei den Tod des E in Kauf. Erst nach den Stichen schwand die Angriffskraft des E. Obwohl A erkannte, dass er seinen Angreifer überwältigt hatte und von diesem keine Gefahr mehr ausging, schlug er noch mehrmals auf E wuchtig mit der Faust ein. Dabei wollte er E nicht mehr töten, sondern nur weitere Schmerzen zufügen, um sich dadurch für die Verletzung des M zu rächen. Als M zurückkam, erkannte A an der sich unter E bildenden Blutlache, dass er „etwas Schlimmes" getan hatte. Er verließ den Tatort in dem Bewusstsein, dass E verbluten würde und durch rechtzeitige Hilfe noch zu retten wäre. Er hielt sich wegen des Vorgeschehens nicht für verpflichtet, zu helfen. Zudem vermutete er, dass die Polizei ihm wegen seiner Vorstrafen sowieso nicht glauben würde. Als A den Tatort verließ, war der Tod des E infolge Durchtrennung einer Oberschenkelschlagader durch einen der Messerstiche auch bei sofortiger Bluttransfusion nicht mehr abzuwenden. E verstarb.
Strafbarkeit des A? (Fall vereinfacht nach BGH, Urt. v. 16.02.2000 – 2 StR 582/99, StV 2001, 616)

A. Die Auseinandersetzung mit E

Aufbau: *Oft folgt ein Unterlassen einem aktiven Tun zeitlich nach. Weil die Beurteilung des Unterlassens in solchen Fällen häufig von der strafrechtlichen Bewertung des Erstverhaltens abhängig ist (Ingerenz oder Verdeckungsabsicht als Mordmerkmal), sollte man entsprechend der historischen Reihenfolge Handlungskomplexe bilden.*

I. Infrage kommt **Totschlag nach § 212 Abs. 1** durch den Einsatz des Messers

1. Durch den Stich in den Oberschenkel, der zur Durchtrennung der Schlagader führte, hat A zurechenbar den Tod des E herbeigeführt. Beim Zustechen hatte A auch Eventualvorsatz für die Todesfolge.

2. Die Tathandlung ist jedoch aus Notwehr gemäß § 32 gerechtfertigt, weil E einen gegenwärtigen rechtswidrigen Angriff auf Leib und Leben des A ausführte, als er sich diesem mit dem Messer kampfbereit zuwendete. Zur sicheren Abwehr war der Einsatz der Stichwaffe eine erforderliche, gebotene und vom Rettungswillen getragene Verteidigungshandlung.

II. Aus Notwehr gerechtfertigt ist damit auch die durch den Stich bewirkte **gefährliche Körperverletzung nach §§ 223, 224 Abs. 1 Nr. 2, 2. Alt., 5** in den Modalitäten der Verwendung eines gefährlichen Werkzeugs und der lebensgefährdenden Behandlung.

III. Die wuchtigen Faustschläge erfüllen für sich gesehen den Tatbestand der **einfachen Körperverletzung gemäß § 223 Abs. 1** in der Form körperlicher Misshandlung. Zu diesem Zeitpunkt war der Angriff des E gebrochen; mangels Notwehrlage scheidet daher eine Rechtfertigung aus. Der Entschuldigungsgrund „Notwehrexzess" gemäß § 33 greift ebenfalls nicht ein. Die h.M. verneint schon die Anwendbarkeit bei Verletzungshandlungen außerhalb der zeitlichen Grenzen einer Notwehrlage; für die Gegenansicht, die zumindest den „nachzeitigen Notwehrexzess" anerkennt (s.o. Rdnr. 246), müsste A aus einem der in § 33 genannten Affekte gehandelt haben. Rache als Verletzungsmotiv genügt nicht.

Zwischenergebnis: A ist insoweit wegen einfacher Körperverletzung strafbar.

B. **Das Liegenlassen des E**

I. **Totschlag durch Unterlassen, §§ 212 Abs. 1, 13?**

E ist verblutet. Ursächlich hierfür war das Nichtherbeirufen notärztlicher Hilfe aber nur dann, wenn E noch zu retten gewesen wäre. Das war auch bei unverzüglicher Bluttransfusion nicht der Fall. Die (unterlassene) Handlung des A kann also nicht hinzugedacht werden mit der Folge, dass der Todeserfolg entfiele. Der objektive Tatbestand des § 212Abs. 1 ist nicht erfüllt.

II. Infrage kommt **versuchter Totschlag durch Unterlassen, §§ 212 Abs. 1, 13, 22, 23 Abs. 1.**

1. Da der Erfolg auch bei rechtzeitigem Tätigwerden gar nicht hätte verhindert werden können, kann nur ein sog. untauglicher Versuch vorgelegen haben. Dieser ist – wie sich aus §§ 22, 23 Abs. 3 ergibt – ebenfalls strafbar, und zwar unabhängig davon, ob es um den untauglichen Versuch einer Aktivtat oder eines unechten Unterlassungsdelikts geht (Näheres dazu im AS-Skript Strafrecht AT 2 [2014]).[781]

781 BGH NStZ 1994, 29; BGH JP 2000, 463, 465.

2. Da der Totschlag ein Verbrechen ist und § 23 Abs. 1 anordnet, dass Verbrechensversuche stets strafbar sind, ist auch der Totschlagsversuch durch Unterlassen mit Strafe bedroht.

3. A müsste Tatentschluss besessen haben. Tatentschluss ist der vorbehaltlose Wille zur Verwirklichung aller Umstände des objektiven Tatbestands.

   a) A nahm in Kauf, dass E zu Tode kommen würde.

   b) Er ging – wenn auch objektiv unzutreffend – davon aus, dass E durch Herbeiholen notärztlicher Versorgung zu retten war. A hatte also den Vorsatz, dass sein Unterlassen todesursächlich sein werde.

   c) A müsste auch Vorsatz hinsichtlich seiner Garantenstellung besessen haben. Dafür kommt es nicht darauf an, dass er sich nicht für handlungspflichtig hielt. Das Handlungsgebot der Unterlassungsdelikte gehört – wie spiegelbildlich das Verbot der Begehungsdelikte – nicht zum Vorsatz, sondern zur Schuld. Ergäben also im vorliegenden Fall die dem A bekannten Tatsachen seine rechtliche Pflicht zur Erfolgsverhinderung, hätte er Tatentschluss besessen.

   Hier könnte A aufgrund seines Vorverhaltens – der Messerstiche und der anschließenden Faustschläge – zum Garanten aus **Ingerenz** geworden sein.

   aa) Bedenken daran bestehen zunächst deshalb, weil diese Stiche **bereits** 329
   mit Tötungsvorsatz ausgeführt worden waren.

   (1) Der 1. Strafsenat des BGH hat in einer Entscheidung zur Aussetzung die Ansicht vertreten, dass der Täter, der vorsätzlich oder bedingt vorsätzlich einen Erfolg anstrebe oder billigend in Kauf nehme, nicht zugleich verpflichtet sei, ihn abzuwenden.[782] Die Begehungstat schließt danach schon eine allein hieraus begründete Garantenstellung aus.

   (2) Das überwiegende Schrifttum[783] und der 2. Strafsenat des BGH[784] halten auch dann eine Garantenstellung aus Ingerenz für möglich, wenn der Täter die Gefahr, die er vorsätzlich nicht abwendet, zuvor vorsätzlich herbeigeführt hat. Die Lösung sei dann auf Konkurrenzebene zu suchen. Bei Bejahung eines vorsätzlichen Unterlassungsdelikts trete dieses im Wege der Gesetzeskonkurrenz hinter dem vorherigen vorsätzlichen Begehungsdelikt zurück.

   (3) **Stellungnahme:** Dieser Ansicht ist zu folgen. Die Ingerenz begründet eine Sonderverantwortung für den drohenden Schaden aus Vorverhalten. Die Form der Vorwerfbarkeit oder die Schuldhaftigkeit spielt dafür keine Rolle. Die erstgenannte Auffassung hätte nach dem „in du-

782 BGH NStZ-RR 1996, 131; zustimmend Otto Jura 2003, 621; offengelassen von BGH, Urt. v. 12.12.2002 – 4 StR 297/02, S. 7 f., NStZ 2003, 312.

783 SK-Rudolphi/Stein § 13 Rdnr. 42 a; Sch/Sch/Stree/Sternberg-Lieben Vorbem. §§ 52 ff. Rdnr. 107; Schneider NStZ 2004, 91; Stein JR 1999, 265, 267; Wilhelm NStZ 2005, 177.

784 BGH, Beschl. v. 11.07.2003 – 2 StR 531/02, NStZ 2004, 89, 90.

bio pro reo"-Grundsatz Straflosigkeit für das Anschlussunterlassen zur Folge, wenn hinsichtlich des Vorverhaltens dolus eventualis möglich wäre; ein Ergebnis, das gegenüber der Unterlassungsstrafbarkeit aus Ingerenz bei nur fahrlässigem Vorverhalten wertungswidersprüchlich wäre.

330 bb) Auch wenn man der letztgenannten Ansicht folgt, bleiben Bedenken, aus den lebensgefährlichen Stichen eine besondere Handlungspflicht abzuleiten, weil dieses **Vorverhalten durch Notwehr erlaubt** war. Damit stellt sich die seit jeher umstrittene Frage, welche Qualität ein Vorverhalten haben muss, um daraus spätere Handlungspflichten abzuleiten.

(1) Ein Teil der Literatur knüpft allein an die in dem Vorverhalten liegende Gefahrschaffung an. Gleichviel, ob dieses Vorverhalten sorgfaltsgemäß oder gerechtfertigt gewesen sei: In jedem Fall hafte ihm die Verpflichtung an, vermeidbare Rechtsgutbeeinträchtigungen zu verhindern, sog. Vermeideverantwortlichkeit, die auch bei der nachfolgenden Inaktivität weiter bestehe und sich dort zur Garantenstellung verdichte.[785] Von diesem Standpunkt aus hat sich A gemäß §§ 212 Abs. 1, 13 durch Unterlassen strafbar gemacht.

(2) Überwiegend wird dieses weite Verständnis der Ingerenz als untragbare Haftungsausweitung abgelehnt, weil dann die Straflosigkeit erlaubter Risikoschaffung umgangen werden könnte durch die Konstruktion einer garantenpflichtigen Nichthinderung der Gefahrverwirklichung.[786] Speziell bei der Notwehr wird argumentiert, dass derjenige, der durch einen rechtswidrigen Angriff eine Verteidigungshandlung provoziere und sich dadurch selbst gefährde, nicht erwarten könne, dass die Rechtsordnung den Angegriffenen zu seinem Schutz verpflichte.[787] Die h.M. umschreibt die Ingerenz deshalb wie folgt:

Wer durch sein Verhalten oder Unterlassen die Gefahr für den Eintritt schädlicher Erfolge geschaffen hat, ist verpflichtet, die drohenden Schäden zu verhindern. Das Vorverhalten wirkt jedoch nur dann pflichtbegründend,

- **wenn es eine Gefahrerhöhung für den Schadenseintritt begründet hat** und
- **wenn das Vorverhalten pflichtwidrig war, also schon als solches nicht zu den allgemein als sozial üblich anerkannten Verhaltensweisen gehört hat.**[788]

Ausnahmsweise soll es nach h.M. auf die Pflichtwidrigkeit in folgenden Fällen nicht ankommen:

785 Vgl. Herzberg JZ 1986, 986 ff.; Maurach/Gössel AT 2 § 46 Rdnr. 99 f.
786 Vgl. Rudolphi JZ 1987, 162, 164 f.
787 BGHSt 23, 327, 328.
788 BGHSt 34, 82; BGH, Urt. v. 16.02.2000 – 2 StR 582/99, NStZ 2001, 616; Murmann § 29 Rdnr. 66.

- Schafft der Täter zunächst in gerechtfertigter Weise einen **Dauerzustand** und sind später die **rechtfertigenden Voraussetzungen für dessen Fortbestehen entfallen**, soll der ursprünglich rechtmäßig Handelnde trotz erlaubter Gefahrschaffung als Garant verpflichtet sein, den Dauerzustand zu beseitigen (z.B. Einsperren von Einbrechern in einem Kühlraum, wo sie länger als erforderlich festgehalten werden).[789]
- Wer eine nur aus **Aggressivnotstand** erlaubte Gefahr für einen an der Notstandslage Unbeteiligten schafft, soll trotz der Rechtfertigung verpflichtet sein, die aus seiner Notstandshandlung erwachsene Gefahr für den Betroffenen abzuwenden (wer z.B. einen Hundebiss durch Niederschlagen des Tieres mit einer abgerissenen Zaunlatte abwehrt, ist verpflichtet, das Loch im Zaun zu verschließen, wenn die Gefahr besteht, dass Hühner und Gänse durch das Zaunloch in die Freiheit geraten).[790]

Im vorliegenden Fall haben die Messerstiche zwar die Lebensgefahr für E begründet, waren aber wegen der Rechtfertigung aus Notwehr nicht pflichtwidrig. A ist nach h.M. kein Garant für das Leben des E geworden.

cc) Pflichtwidrig, weil nicht mehr von Notwehr gedeckt, waren zwar die späteren Faustschläge. Diese waren aber wiederum nicht gefahrerhöhend in Bezug auf den Tod des E, denn sie beschleunigten den Todeseintritt nicht.[791]

Aus dem von der Vorstellung des A umfassten Sachverhalt ergab sich somit keine Garantenstellung. A hatte schon keinen Tatentschluss zum Totschlag.

III. Mangels Obhutspflicht entfällt damit auch „Im-Stich-Lassen in hilfloser Lage" gemäß **§ 221 Abs. 1 Nr. 2**.

IV. Gegeben ist **unterlassene Hilfeleistung gemäß § 323 c**, denn A hat bei einem Unglücksfall (der auch durch den Betroffenen selbst hervorgerufen sein kann[792]) dem Verletzten keinerlei Rettungshandlungen zuteil werden lassen. Die Hilfe war erforderlich, auch wenn E nicht mehr hätte gerettet werden können. Auf die Erfolgsaussichten kommt es für die Solidarpflicht des § 323 c nicht an.[793] Die Gefahr, dass die Polizei dem A nicht glauben würde, ist kein Gesichtspunkt, der die Hilfe gegenüber dem Sterbenden unzumutbar machte.

Ergebnis: A ist strafbar wegen Körperverletzung in Tatmehrheit mit unterlassener Hilfeleistung.

Fraglich ist, ob es eine **„psychisch vermittelte Ingerenz"** geben kann. Hier wird kein zur späteren Rechtsverletzung hinführender Naturkausalverlauf in Gang gesetzt; vielmehr löst das rechtswidrige Vorverhalten in dem Opfer die Gefahr einer eigenverantwortlichen Selbstverletzung oder in einem Dritten die Gefahr zum eigenverantwortlichen Entschluss für eine neue Straftat aus. **331**

Zum Teil wird hier eine Handlungspflicht zur Verhinderung des später durch das Opfer oder den Dritten herbeigeführten Erfolgs aus dem Gesichtspunkt der Ingerenz abgelehnt. Das Verantwortungsprinzip, wonach jeder sein Verhalten grds. nur darauf einzu-

789 Baumann/Weber/Mitsch § 15 Rdnr. 69; NK-Wohlers/Gaede § 13 Rdnr. 45.

790 Vgl. Kühl § 18 Rdnr. 101 f.; Rengier § 50 Rdnr. 84 ff.

791 BGH, Urt. v. 16.02.2000 – 2 StR 582/99, NStZ 2001, 616.

792 BGHSt 6, 147, 152.

793 BGH NStZ 1985, 409, 410.

richten hat, dass er selbst Rechtsgüter nicht gefährdet, nicht aber darauf, dass andere dies nicht tun, stehe der Garantenstellung entgegen.[794]

Die h.M. bejaht prinzipiell auch die Möglichkeit eines Ingerenzverhaltens, bei dem die spätere Gefahr der Rechtsgutverletzung erst durch die daran anknüpfende Handlung des Opfers oder eines Dritten ausgelöst wird. Die Voraussetzungen für eine täterschaftliche Unterlassung aus Ingerenz sind dann aber durch die Regeln von Täterschaft und Teilnahme zu ergänzen:

Das vorausgegangene Verhalten muss entweder **eigenes Verhalten** oder nach den §§ 25 ff. den fraglichen Beteiligten **zurechenbares Fremdverhalten** gewesen sein. Der bloße Entschluss zu gemeinsamer Untätigkeit begründet damit keine Garantenstellung aus Ingerenz.[795] Auch nicht zurechenbare Exzesshandlungen anderer Tatbeteiligter genügen für den Ingerenzvorwurf nicht.[796] Dem vorausgegangenen Verhalten muss die **nahe Gefahr** dafür angehaftet haben, dass hieraus der weitere Entschluss zur Selbst- oder Fremdverletzung entstand.[797] Schließlich muss nach allg. Regeln abgegrenzt werden, ob das Geschehenlassen der fremden Aktivtat nicht nur bloße **Beihilfe durch Unterlassen** war (vgl. dazu AS-Skript Strafrecht AT 2 [2014]).

Beispiel: Führen zwei Beteiligte eine gemeinsame Körperverletzung ohne Waffen aus, und greift einer der Tatbeteiligten unversehens zum Messer, mit dem er dem Opfer schwere Verletzungen beifügt, ist der andere, für den der Griff zum Messer eine Exzesshandlung darstellt, nicht aus dem Gesichtspunkt der Ingerenz verpflichtet, die durch die Messerstiche ausgelöste Lebensgefahr von dem Opfer abzuwenden.[798]

332 Umstritten ist innerhalb der h.M., ob ein zwar **sorgfaltswidriges, aber nicht im Zurechnungszusammenhang mit einem aktiv bewirkten Deliktserfolg stehendes Vorverhalten** für einen Unterlassungsvorwurf aus Ingerenz ausreicht.

Beispiel: Der Autofahrer fährt zu schnell und kollidiert mit einem Radfahrer. Die Verletzung wäre aber auch bei Einhalten der gebotenen Geschwindigkeit unvermeidbar gewesen. Anschließend lässt der Autofahrer den Radfahrer liegen. – Zwar keine Fahrlässigkeitstat, fraglich aber, ob zwischen dem „an sich" pflichtwidrigen Vorverhalten und dem durch Unterlassen bewirkten Erfolg noch Zurechnungszusammenhang besteht.

Die Rechtsprechung bejaht den Zurechnungszusammenhang, weil sie nur verlangt, dass die vorangegangene Pflichtwidrigkeit in der Verletzung eines Gebots bestanden hat, das gerade dem Schutz des gefährdeten Rechtsguts zu dienen bestimmt war.[799]

Die Gegenansicht im Schrifttum lehnt hier den Zurechnungszusammenhang zwischen Ingerenz und Unterlassungserfolg ab. Erforderlich ist danach, dass sich gerade aus der Sorgfaltswidrigkeit selbst die Gefahr entwickelt hat, deren Abwendung der Täter später unterlassen hat. Ein pflichtwidriges Vorverhalten, das nur Begleitumstand, nicht aber spezifischer Grund für die Gefahrschaffung gewesen ist, soll nicht ausreichen.[800]

333 Ob eine Garantenstellung aus Ingerenz durch tatsächliche Gewährübernahme der Schadensabwendung auf eine andere Person **übertragen** werden kann, ist noch nicht geklärt. Die Rechtsprechung zieht dies in Zweifel.[801]

---

794 Kühl § 18 Rdnr. 104; Sch/Sch/Lenckner/Eisele Vorbem. §§ 13 ff. Rdnr. 101.

795 Vgl. BGH NStZ 1998, 83.

796 BGH NStZ 2000, 583.

797 BGH NStZ-RR 1997, 292; BGH, Urt. v. 06.03.2003 – 4 StR 493/02, NStZ 2004, 294; BGH, Urt. v. 12.02.2009 – 5 StR 572/08, RÜ 2009, 302.

798 Vgl. BGH NStZ 1998, 83; noch weiter gehend BGH NJW 1992, 1246.

799 BGHSt 34, 82; BGH NJW 1990, 2560, 2563; enger wiederum BGH StV 1998, 127, wonach der Mittäter eines Raubes nicht aus Ingerenz verpflichtet ist, die Vergewaltigung des Opfers durch einen anderen Mittäter zu verhindern.

800 MünchKomm/Freund § 13 Rdnr. 128.

801 BGH, Urt. v. 10.10.2002 – 4 StR 185/02, NStZ 2003, 259, m. Anm. Jasch NStZ 2005, 8; Wessels/Beulke/Satzger Rdnr. 727 a.

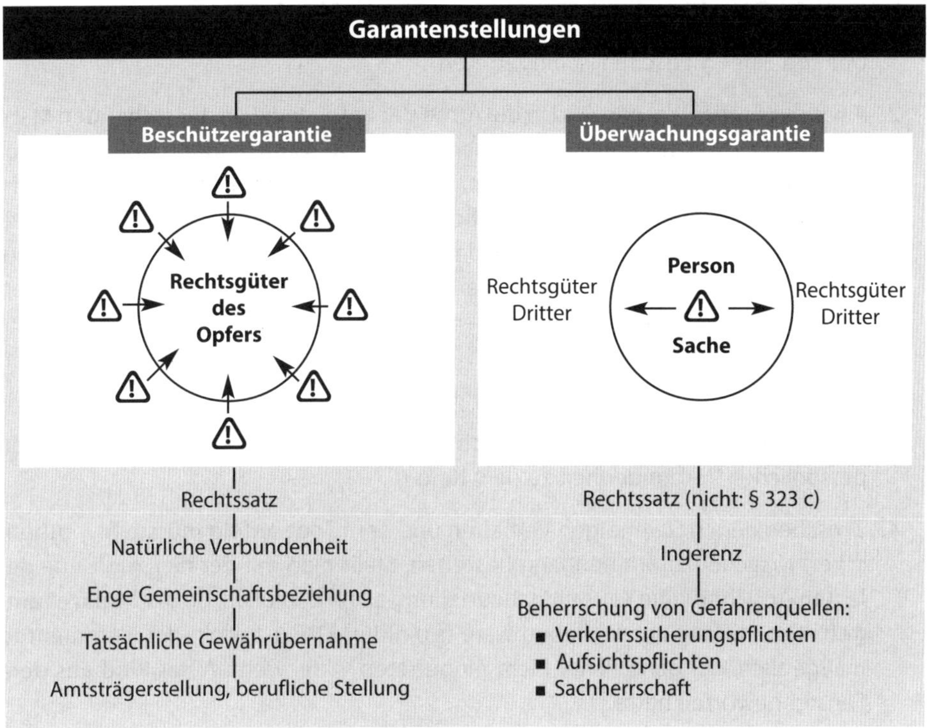

D. Kausalität und Zurechnung bei hypothetisch pflichtgemäßem Alternativverhalten; Unterlassungsvorsatz; Rechtfertigung der Unterlassungstat; Unzumutbarkeit

Fall 28: Fenstersturz-Fall

In der Dachgeschosswohnung des A war ein Brand ausgebrochen, wodurch dem A und seinem ein Jahr alten Kind der Fluchtweg über die Treppe abgeschnitten wurde. Das Fenster lag 6,30 Meter über der Straße. Auf der Straße unter dem Fenster standen drei Männer, die dem A, der mit seinem Kind auf dem Arm an das Fenster geeilt war und um Hilfe schrie, zuriefen, das Kind hinunter in ihre Arme zu werfen. Obwohl A erkannte, dass seinem Kind in der Wohnung der sichere Feuertod drohte, konnte er sich nicht überwinden, das Kind aus dem Fenster fallen zu lassen. Er befürchtete, dass sein Kind beim Herabfallen möglicherweise verletzt oder sogar zu Tode kommen würde. Als die Flammen das Fenster erreichten, sprang A in Todesangst allein hinab. Er blieb verletzt und bewusstlos liegen. Das Kind kam in den Flammen um. Hätte A das Kind zu den drei unter dem Fenster mit erhobenen Armen wartenden Männern herabfallen lassen, wäre es mit Gewissheit am Leben geblieben.
Strafbarkeit des A? (Fall nach BGH JZ 1973, 173)

I. Vollendeter **Totschlag durch Unterlassen, §§ 212 Abs. 1, 13**?

1. Der Tod eines Menschen ist eingetreten.

2. A hat es unterlassen, das Kind in die Arme der unter dem Fenster stehenden Männer fallen zu lassen. Diese Maßnahme war zur Erfolgsabwendung objektiv geboten, denn es war die einzig mögliche, wenn auch riskante Rettungschance. Dem A müsste diese Handlung auch möglich gewesen sein. Wäre bei ihm als Folge eines Schocks über den Brand eine derartige psychische Lähmung eingetreten, dass er schon unfähig war, zu reagieren, dann würde es an der physisch realen Möglichkeit der Erfolgsabwendung fehlen, und ein Unterlassen als strafrechtliche Verhaltensweise käme tatbestandlich nicht in Betracht. Eine solche Schocklähmung hat hier jedoch nicht vorgelegen.

3. Die Garantenstellung des A ergibt sich aus seiner durch Vaterschaft begründeten persönlichen Verbundenheit zu dem Kind.

334 4. Zwischen dem notwendigen Verhalten und dem Todeserfolg müsste (hypothetischer) Ursachenzusammenhang bestehen. Stellt man mit der hier zugrunde gelegten Ansicht für die Kausalitätsbeurteilung allein darauf ab, ob der **konkret eingetretene Erfolg** ausgeblieben wäre (s.o. Rdnr. 316), ist allein der Flammentod maßgeblich, der ganz sicher nicht eingetreten wäre, wenn A das Kind aus dem Fenster geworfen hätte.[802]

335 5. Auch am Zurechnungszusammenhang unter dem Gesichtspunkt rechtmäßigen Alternativverhaltens kann hier nicht gezweifelt werden, weil dann, wenn A die gebotene Handlung vorgenommen hätte, das Kind mit an Sicherheit grenzender Wahrscheinlichkeit auch nicht durch den Sturz zu Tode gekommen wäre, wie es A befürchtete.

6. A müsste Tötungsvorsatz besessen haben. Die tatsächlichen Voraussetzungen seiner Garantenstellung kannte er. Er wusste ferner, dass sein Unterlassen den sicheren Feuertod des Kindes zur Folge haben würde. Fraglich ist aber, ob seine Vorstellung, auch beim Hinabfallenlassen aus dem Fenster würde das Kind möglicherweise sterben, seinen Tötungsvorsatz ausschließt. Der BGH hat das angenommen. Auch bedingter Vorsatz könne nicht bejaht werden, wenn sich der Täter des Erfolgs der unterlassenen Rettungshandlung nicht sicher gewesen sei. **Der Täter müsse sich bewusst sein, dass die von ihm erwartete Handlung mit an Sicherheit grenzender Wahrscheinlichkeit den Erfolg verhindern werde.**[803]

Diesem Vorsatzverständnis wird in der Literatur[804] widersprochen. Die an Sicherheit grenzende Wahrscheinlichkeit, dass die Rettungshandlung den tatbestandlichen Erfolg verhindert hätte, müsse zwar für die Bejahung des objektiven Tatbestands (nämlich die objektive Zurechnung) feststehen; **für den Vorsatz genüge aber – wie auch sonst –, dass der Täter die Abwendung der drohenden Rechts-**

802 Vgl. Spendel JZ 1973, 137, 140; Wessels/Beulke/Satzger Rdnr. 712 zum vorliegenden Fall.
803 BGH JZ 1973, 173, 174.
804 Vgl. Herzberg MDR 1971, 881, 883; Spendel JZ 1973, 137, 142 f.; Ulsenheimer JuS 1972, 252, 253 ff.

gutverletzung durch Vornahme der riskanten Rettungsmaßnahme für möglich halte. Mit dieser Auffassung ist im vorliegenden Fall Vorsatz zu bejahen.

7. Auch beim unechten Unterlassungsdelikt ist mit der Tatbestandserfüllung die Rechtswidrigkeit indiziert.[805] Sie entfällt, wenn Rechtfertigungsgründe eingreifen.

Entscheidende Bedeutung kommt hierbei § 34 zu, der entweder direkt oder indi- **336**
rekt Bedeutung erlangen kann.

- Rettet der Täter ein bestimmtes Gut nicht, weil er **ein anderes vor Schaden bewahrt**, ist die (durch Unterlassen bewirkte) Rechtsgutverletzung direkt aus § 34 erlaubt, wenn das vom Täter gerettete Gut gegenüber dem preisgegebenen wesentlich höherwertig ist.

  Beispiel: Der gegenüber zwei Patienten garantenpflichtige Arzt behandelt zunächst den Schwerverletzten und erst danach den Leichtverletzten. Die Aufrechterhaltung des Schmerzzustands beim Leichtverletzten (§§ 223 Abs. 1, 13) ist durch § 34 erlaubt.

- Rettet der Täter ein bestimmtes Gut nicht, weil er **dafür aktiv eine andere Rechtsverletzung bewirken müsste**, erlangt § 34 mittelbare Bedeutung. Da Inhalt einer rechtlichen Handlungspflicht nur die Vornahme eines erlaubten Eingriffs in andere Rechtsgüter sein kann, ist das Unterlassen der Rettung schon dann gerechtfertigt, wenn die aktive Verletzungshandlung ihrerseits nicht aus § 34 erlaubt wäre. Rechtfertigender Notstand liegt aber nur vor, wenn das durch den aktiven Eingriff beeinträchtigte Rechtsgut wesentlich geringwertiger ist als das Gut, zu dessen Erhaltung der Täter verpflichtet ist.[806]

  Beispiel ist der abgewandelte Fall des quantitativen Lebensnotstands: Wenn oben in Fall 21 Rdnr. 262 f. der Kapitän im Gewissenskonflikt, die drei Matrosen zu opfern oder das Leben der gesamten Mannschaft aufs Spiel zu setzen, nichts unternommen hätte, wäre ihm trotz Garantenstellung kein Unterlassungsvorwurf zu machen. Da nämlich das Verschließen der Schotten im Vorschiff zur Tötung der drei Matrosen geführt hätte, deren Leben im Verhältnis zum Leben der übrigen Mannschaft nicht weniger wert war, da also die Tötung der drei Matrosen nicht aus § 34 gerechtfertigt gewesen wäre, trifft den Kapitän auch nicht der Vorwurf, eine gebotene, d.h. rechtlich erlaubte Handlung zur Rettung der übrigen Besatzungsmitglieder und Passagiere unterlassen zu haben.

  Im vorliegenden Fall hätte also nur dann keine Handlungspflicht des A bestanden, wenn der Hinabwurf des Kindes seinerseits nicht aus § 34 gerechtfertigt gewesen wäre. Hier bestand die gegenwärtige Gefahr für das Kind, in den Flammen umzukommen. Einzige Abwendungsmöglichkeit für diese Gefahr war der Wurf aus dem Fenster. Dass sich dabei die Gefahrenlage und Abwehrhandlung auf dasselbe Rechtsgut und auf dieselbe Person bezogen, schließt die Interessenabwägung nach § 34 S. 1 nicht aus. Vielmehr tritt an die Stelle der Güterabwägung bei solchen Sachverhalten eine **Risikoabwägung** für das betroffene Rechtsgut.[807] Bei dieser Betrachtung wäre der Wurf aus dem Fenster interessengemäß gewesen, weil dadurch die Chance, das Leben des Kindes

805 BGH JZ 1973, 173.
806 Vgl. SK-Rudolphi/Stein Vor § 13 Rdnr. 42.
807 LK-Zieschang § 34 Rdnr. 59, 61.

zu retten, im Verhältnis zur Ausgangssituation des sicheren Flammentodes erheblich verbessert worden wäre. Selbst wenn sich das in dem Wurf liegende geringe Risiko verwirklicht hätte, wenn also das Kind durch den Sturz zu Tode gekommen wäre, hätte A mit dem Hinabwerfen eine erlaubte Handlung begangen.[808] Da die gebotene Handlung damit aus § 34 erlaubt war, kann ihr Unterlassen nicht rechtmäßig gewesen sein. Wenn aber kein Recht zur Unterlassung bestand, blieb die Pflicht zur Wahrnehmung der einzigen Rettungschance bestehen, und A handelte rechtswidrig.[809]

8. Fraglich ist, ob A wegen **Unzumutbarkeit normgemäßen Verhaltens entschuldigt** sein kann. Im vorliegenden Fall wird man entgegen Ulsenheimer[810] mit Spendel[811] Zumutbarkeit bejahen müssen. Für die Rettung eines Menschenlebens sind äußerste Anstrengungen zu fordern. Hinter dem Wert des auf dem Spiel stehenden Lebens des Kindes tritt die psychische Belastung des Entscheidungszwangs zurück. A handelte damit auch schuldhaft.

II. Die mitverwirklichten Delikte der **§§ 221 (Im-Stich-Lassen in hilfloser Lage), 323 c (Unterlassene Hilfeleistung)** sowie **§ 171 (Verletzung der Fürsorgepflicht) treten hinter §§ 212, 13** zurück.

Ergebnis: A ist strafbar wegen Totschlags durch Unterlassen.

Bei der Strafzumessung kann hier allerdings ein **minder schwerer Fall des Totschlags nach § 213** berücksichtigt werden. Außerdem kommt Strafmilderung nach § 13 Abs. 2 infrage. Schließlich kann nach § 60 von Strafe abgesehen werden, wenn man wegen der Folge, die den Täter getroffen hat, nämlich der Tod seines eigenen Kindes, das Verhängen einer Strafe als verfehlt ansieht.

Fall 29: Rechtmäßiges Alternativverhalten und Risikoverringerungslehre
(Abwandlung des Falles 28)

Ändert sich die Beurteilung hinsichtlich des Totschlags, wenn möglich ist, dass das Kind auch bei dem Hinabwerfen aus dem Fenster zu Tode gekommen wäre?

I. Auch in der Fallabwandlung hat A die gebotene Handlung, das Kind aus dem Fenster zu werfen, trotz Garantenstellung unterlassen.

II. Hätte er dies getan, so wäre der Tod des Kindes in den Flammen unterblieben; (hypothetischer) Ursachenzusammenhang ist damit zu bejahen.

Anders Gropp,[812] der aufgrund der Tatsache, dass der Tod als solcher – in dubio pro reo – nicht verhindert werden konnte, schon den hypothetischen Ursachenzusammenhang verneint.

337 III. Zweifel bestehen jedoch am Zurechnungszusammenhang, weil nicht auszuschließen ist, dass es zu derselben Rechtsverletzung, nämlich dem Tod des Kindes, in anderer Weise gekommen wäre, wenn A die gebotene Handlung vorgenommen hätte.

1. Ein Teil des Schrifttums will dem Unterlassungstäter, dessen Pflichtverstoß feststeht, die Berufung auf einen solchen entlastenden hypothetischen Kausalverlauf

---

808 Zieschang a.a.O.; Sch/Sch/Perron § 34 Rdnr. 4.

809 Vgl. BGH JZ 1973, 173; im Ergebnis auch Spendel JZ 1973, 137, 141.

810 JuS 1972, 252, 256.

811 JZ 1973, 137, 143.

812 § 11 Rdnr. 76.

versagen. Spiegelbildlich zu der im Fahrlässigkeitsbereich vertretenen Risikoerhöhungslehre soll danach der Zurechnungszusammenhang schon dann gegeben sein, wenn die Vornahme der unterlassenen Handlung das Risiko des Erfolgseintritts erheblich vermindert hätte (sog. Risikoverringerungslehre).[813] Nach dieser Auffassung wäre A auch in der vorliegenden Abwandlung wegen vollendeten Totschlags strafbar, weil er es pflichtwidrig unterlassen hat, den sicher zum Flammentod des Kindes führenden Kausalverlauf durch einen nur möglicherweise zum Fenstersturztod des Kindes führenden Geschehensablauf auszutauschen und damit die Lebensgefahr zu verringern.

2. Gegen diesen Ansatz lässt sich wie bei der Fahrlässigkeitstat einwenden, dass damit die Erfolgsdelikte – auch als Unterlassungsdelikte – zu reinen Gefährdungsdelikten umfunktioniert werden, bei denen der tatbestandliche Erfolg nur noch die Rolle einer objektiven Strafbarkeitsbedingung spielt. Nach h.M. entfällt damit die Zurechnung, **wenn sich nicht die Überzeugung gewinnen lässt, dass die drohende Rechtsgutverletzung mit an Sicherheit grenzender Wahrscheinlichkeit durch die vorzunehmende Handlung verhindert worden wäre. Bei Zweifeln gilt der Grundsatz „in dubio pro reo“.**[814]

   Folgt man der h.M., muss wegen der Ungewissheit der zur Verfügung stehenden Rettungsalternative der Zurechnungszusammenhang verneint werden.

3. Auch **versuchter Totschlag durch Unterlassen gemäß §§ 212 Abs. 1, 13, 22, 23 Abs. 1** müsste mangels Tatentschlusses abgelehnt werden. Da A gerade deshalb untätig blieb, weil er das Kind durch den Fenstersturz nicht zu Tode bringen wollte, hat er die Umstände erkannt, die den Zurechnungsausschluss zwischen seinem Unterlassen und dem Todeserfolg begründeten. Ihm fehlte daher der Tatentschluss.[815]

Ergebnis: Nach h.M. hat sich A nicht wegen Totschlags strafbar gemacht.

E. Rechtfertigende Pflichtenkollision

Fall 30: Kollision gleichrangiger Handlungspflichten

A war mit seiner Schwester S und mit seiner Verlobten V in einem Schlauchboot etwa 2 km auf einen Binnensee hinausgefahren. Das Boot schlug aus nicht mehr feststellbaren Gründen plötzlich leck und sank mitsamt den darin befindlichen Schwimmwesten. Die beiden Mädchen waren – was A wusste – schlechte Schwimmerinnen und deshalb in höchster Lebensgefahr. Obwohl er gut schwimmen konnte, vermochte er nur eines der Mädchen zu retten. Er entschloss sich, seine Schwester an Land zu bringen. Wie vorausgesehen, ertrank V. Strafbarkeit des A?

---

813 Brammsen MDR 1989, 123; Otto Jura 2001, 275; Stratenwerth/Kuhlen § 13 Rdnr. 54 ff.

814 BGH, Urt. v. 12.01.2010 – 1 StR 272/09, Rdnr. 63, RÜ 2010, 231 (Bad Reichenhaller Eislaufhalle); Wessels/Beulke/Satzger Rdnr. 713.

815 Krit. dazu Brammsen MDR 1989, 123, 125.

I. **Fahrlässige Tötung gemäß § 222** durch das Hinausfahren auf den See kommt nicht in Betracht. Zwar ist durch dieses aktive Tun eine Ursache für das spätere Ertrinken der V gesetzt worden. Es fehlt aber an einer objektiven Sorgfaltspflichtverletzung, weil mit dem plötzlichen Untergang des Bootes nicht zu rechnen war und weil A genügend Schwimmwesten an Bord hatte, also die für Unglücksfälle erforderlichen Sicherheitsvorkehrungen getroffen hatte.

II. Infrage kommt **Totschlag durch Unterlassen an V, §§ 212 Abs. 1, 13**.

1. V ist ertrunken. A hat es unterlassen, seine Verlobte an Land zu bringen. Die Rettung der V wäre dem A auch objektiv möglich gewesen. (Dass dann wiederum S ertrunken wäre, ändert an der physisch-realen Rettungsmöglichkeit des A nichts.) Als Verlobter und als Bootsführer war A sowohl aus enger persönlicher Verbundenheit als auch aus tatsächlicher Gewährübernahme Garant für das Leben der V. Zwischen der unterlassenen Rettung und dem Tod der V besteht Kausal- und Zurechnungszusammenhang.

   A handelte auch vorsätzlich, denn er hat die Rettung in Kenntnis der seine Garantenstellung begründenden Umstände und der Möglichkeit der Rettung bewusst unterlassen.

2. Fraglich ist, ob die Tat gerechtfertigt war.

   a) § 34 greift nicht ein, weil sich zwei gleichrangige Rechtsgüter in gleichartigen Gefahren gegenüberstanden, also das von A gerettete Leben der S nicht höherwertig war als das preisgegebene Leben der V.

338 b) Nach heute h.M. ist der Täter eines Unterlassungsdelikts außerhalb von § 34 auch dann gerechtfertigt, wenn ihn zwei **gleichrangige Handlungspflichten** treffen, von denen er nur eine durch die Nichtbefolgung der anderen erfüllen kann. Da das Recht als Verhaltensordnung nichts Unmögliches verlangen könne, müsse der Verpflichtete eine Wahlmöglichkeit haben, mit der Folge, dass dann, wenn der Täter wenigstens eine Handlungspflicht erfülle, die Rechtswidrigkeit der Verletzung der anderen entfallen müsse.

   Ein Teil des Schrifttum ordnet diese sog. **Pflichtenkollision** als Entschuldigungsgrund ein.[816] Dagegen wird aber zutreffend eingewandt, dass dann in Bezug auf die verletzte Handlungspflicht ein durch Unterlassen begangener rechtswidriger Angriff vorliege, der zur Notwehr und Nothilfe berechtige und damit praktisch jede Rettung blockiere.[817]

339 Aus der besonderen Struktur der rechtfertigenden Pflichtenkollision ergeben sich auch ihre Voraussetzungen:

   aa) Erforderlich ist zunächst eine **Kollision zweier Handlungspflichten**. Kollidiert ein Handlungsgebot mit einem Verletzungsverbot, d.h. kann der Täter die Rettungshandlung nur durch aktiven Eingriff in ein anderes Rechts-

816 So Jescheck/Weigend § 33 V 2; NK-Paeffgen Vor §§ 32 ff. Rdnr. 174.

817 LK-Rönnau Vor § 32 Rdnr. 115 ff.; Lackner/Kühl § 34 Rdnr. 15; Sch/Sch/Lenckner/Sternberg-Lieben Vorbem. §§ 32 ff. Rdnr. 71 ff.; Rönnau JuS 2013, 113.

gut vornehmen, ist eine Rechtfertigung nur unter den Voraussetzungen des § 34 möglich.[818]

bb) Es muss immer um **rechtliche Handlungsgebote** gehen. Der Widerstreit nur sittlicher Handlungspflichten genügt nicht. Die Handlungsgebote müssen gleichwertig sein. Maßgeblich sind dafür der Wert der gefährdeten Güter, die rechtliche Stellung des Normadressaten, die Nähe der Gefahr und die Wahrscheinlichkeit des Schadenseintritts.[819] Auf ein Verschulden der Gefahrensituation durch einen der Betroffenen soll es nicht ankommen.[820]

cc) Der Täter muss **eine Handlungspflicht auf Kosten der anderen erfüllt haben**. Welche Wahl er getroffen hat, ist gleichgültig.

dd) Der Täter muss mit **Rettungswillen** gehandelt haben; eine besondere Prüfung des Konflikts braucht er nicht vorgenommen zu haben.[821]

ee) Ungeklärt ist, ob bei verschuldeter Kollisionslage die Rechtfertigung ausgeschlossen ist.[822]

Zum Fall: A stand vor der Situation, entweder seine Schwester zu retten und die V ertrinken zu lassen oder umgekehrt. Beiden gegenüber war A gleichermaßen aus persönlicher Verbundenheit zur Rettung verpflichtet. Da sowohl V als auch S schlechte Schwimmerinnen waren, bestand auch für beide eine gleichrangige Lebensgefahr. Da A die V sterben ließ, um die S zu retten, liegen alle Voraussetzungen einer rechtfertigenden Pflichtenkollision vor. Auf die Frage des Rechtfertigungsausschlusses wegen Vorverschuldens kommt es nicht an, weil sich A durch das Hinausfahren auf den See nicht fehlerhaft verhalten hatte.

Ergebnis: A ist straflos.

---

818 Vgl. NK-Neumann § 34 Rdnr. 124 ff.; Wessels/Beulke/Satzger Rdnr. 735.

819 Wessels/Beulke/Satzger Rdnr. 736; Rönnau JuS 2013, 113.

820 Sch/Sch/Lenckner/Sternberg-Lieben Vorbem. §§ 32 ff. Rdnr. 74.

821 LK-Rönnau Vor § 32 Rdnr. 127.

822 Dahin tendiert BGH, Beschl. v. 09.08.2005 – 5 StR 67/05, S. 10, NStZ 2006, 223.

Besonderheiten des vorsätzlichen unechten Unterlassungsdelikts

Objektiver Tatbestand

- **Unterlassen** setzt begrifflich die **tatsächliche Möglichkeit** voraus, die zur Erfolgsabwendung objektiv gebotene Handlung vornehmen zu können.
- **Garantenstellung,** § 13 Abs. 1, 1. Halbs.: tatsächliche Umstände, aus denen rechtliche Handlungspflicht erwächst
  - Beschützergarantie = Pflicht zum Schutz eines bestimmten Guts vor unbestimmt vielen Gefahren
  - Überwachungsgarantie = Pflicht zum Schutz unbestimmt vieler Güter vor einer bestimmten Gefahr
- Gleichwertigkeit des Unterlassens gem. § 13 Abs. 1 a.E. nur bei verhaltensgebundenen Quasi-Delikten zu prüfen
- **Quasi-Kausalität** ist gegeben, wenn die unterlassene Handlung nicht hinzugedacht werden kann, ohne dass der tatbestandsmäßige Erfolg (in dieser Weise und zum selben Zeitpunkt) mit an Sicherheit grenzender Wahrscheinlichkeit entfiele.
- **Objektiver Zurechnungszusammenhang:**
  - Bei der **„Schutzzweckprüfung"** ist festzustellen, ob die den Täter treffende Garantenpflicht auch den Inhalt hatte, gerade den konkreten Erfolg zu verhindern.
  - Zurechnungszusammenhang entfällt darüber hinaus, wenn derselbe Erfolg (wenn auch in anderer Weise) bei **pflichtgemäßem Alternativverhalten** eingetreten wäre; a.A. Risikoverringerungslehre

Subjektiver Tatbestand

Tatbestandsvorsatz ist (Möglichkeits-)Bewusstsein der Verwirklichung aller deliktsspezifischen Merkmale einschließlich des Willens zur Untätigkeit bei Kenntnis der Handlungsmöglichkeit sowie der Umstände, die die Garantenstellung ausmachen.

Rechtswidrigkeit

Spezieller Rechtfertigungsgrund: rechtfertigende Pflichtenkollision

Kollision zweier rechtlich begründeter Handlungspflichten	Gleichwertigkeit der Handlungspflichten	Täter muss ein Gebot auf Kosten des anderen erfüllt haben	Rettungswille des Täters

Schuld

Spezieller Entschuldigungsgrund: Unzumutbarkeit normgemäßen Verhaltens (z.T. als TB-Begrenzung)

Liegt vor, wenn durch die Vornahme der gebotenen Handlung eigene billigenswerte Interessen des Täters in einem gegenüber der drohenden Gefahr unangemessenen Umfang gefährdet würden.

Verbotsirrtum i.S.v. § 17 ist der Irrtum über die Garantenpflicht, also trotz Kenntnis der Garantenstellung die irrige Annahme, zur Tätigkeit nicht verpflichtet zu sein.

5. Teil: Das fahrlässige Unterlassungsdelikt

Auch das fahrlässige Erfolgsdelikt ist unter den Voraussetzungen des § 13 durch Unterlassen begehbar. **Dem Täter wird vorgeworfen, dass er nicht in einen zum tatbestandlichen Erfolg führenden Geschehensablauf eingegriffen und sich zumindest in Bezug auf einen der unrechtsbegründenden Umstände sorgfaltswidrig verhalten hat**. 340

In den meisten Fällen bezieht sich der Fahrlässigkeitsvorwurf darauf, dass der Täter den Eintritt des Erfolgs durch seine Untätigkeit nicht vorausgesehen hat, dies aber bei Einhaltung der Sorgfalt hätte erkennen können.

Denkbar ist aber auch, dass der Unterlassende den drohenden Erfolg vorausgesehen hat, aber die vorhandenen Möglichkeiten zur Erfolgsabwendung pflichtwidrig verkannt oder die Umstände sorgfaltswidrig übersehen hat, die ihn zum erfolgsabwendungspflichtigen Garanten gemacht haben.

In der konkreten Fallanwendung bereitet die **Abgrenzung zur Begehungstat** – auch in der Praxis – Schwierigkeiten. Das liegt daran, dass der Fahrlässigkeit schon begrifflich ein Unterlassungsmoment anhaftet, nämlich die Nichteinhaltung der gebotenen Sorgfalt. Das darf aber nicht zu dem Fehlschluss verleiten, dass Fahrlässigkeitsdelikte immer Unterlassungsdelikte seien: Hat der Täter durch aktive Energieentfaltung eine reale Ursache-Wirkungskette ausgelöst (naturalistischer Ansatz), ist in aller Regel auch eine Begehungstat anzunehmen. Das Unterlassen gebotener Sorgfalt ist dann nur ein negatives Qualitätsmerkmal dieser aktiven Handlung, ohne sie in ein Unterlassen umzuwandeln. So sieht es bei der Fahrlässigkeitstat im Regelfall auch die h.M. mit ihrem normativen Kriterium des „Schwerpunkts der Vorwerfbarkeit".[823] 341

Schulbeispiel hierfür ist der „Ziegenhaar-Fall":[824] A hatte seinen Arbeitern chinesische Ziegenhaare ausgehändigt, ohne sie vorher desinfizieren zu lassen. Vier Arbeiterinnen infizierten sich mit Milzbrand und starben. – Nach heute ganz h.M. keine fahrlässige Tötung gemäß § 222 durch Unterlassen der Desinfektion, vielmehr fahrlässige **Tötung durch aktives Tun**, nämlich durch Weitergabe der Ziegenhaare. Das vorherige Unterlassungsmoment fehlender Desinfektion begründet nur die sorgfaltswidrige Art und Weise des Handlungsvollzugs.[825]

Fallbeispiel aus der neueren BGH-Rechtsprechung ist der „Hepatitis-Fall":[826] Herzchirurg A war an Hepatitis B erkrankt. Um der Gefahr vorzubeugen, als Krankheitsträger Patienten durch chirurgische Eingriffe zu infizieren, gehört es zum Standard, dass sich die medizinischen Mitarbeiter regelmäßig auf Hepatitis untersuchen und impfen lassen. A wusste dies, ließ sich jedoch weder untersuchen noch impfen. Deshalb blieb ihm unbekannt, dass er an Hepatitis erkrankt war. Bei Operationen infizierte er 12 seiner Patienten. – Der BGH bejaht fahrlässige Körperverletzung durch aktives Tun, nämlich durch Vornahme der Operationen trotz eigener Infektion. Das Unterlassen der Kontrolluntersuchungen und der Impfung begründet die Sorgfaltswidrigkeit dieses Verhaltens. Eine eigene Anknüpfung für fahrlässige Körperverletzung durch Unterlassen ist es nicht.[827]

Fahrlässigkeitsdelikte durch Unterlassen sind daher die Ausnahme (siehe den nachfolgenden Fall).

*Beginnen Sie aus diesem Grund auch im Fahrlässigkeitsbereich **stets die Prüfung mit einem Begehungsdelikt** und grenzen Sie innerhalb dessen zum Unterlassungsdelikt ab.*

---

823 Geppert Jurakartei 2004, § 13/38.

824 Nach RGSt 63, 211.

825 Vgl. Gropp § 11 Rdnr. 63; Sch/Sch/Stree/Bosch Vorbem. §§ 13 ff. Rdnr. 158 mit weiteren Beispielsfällen.

826 BGH, Urt. v. 14.03.2003 – 2 StR 239/02, NStZ 2003, 657, RÜ 2003, 268.

827 BGH a.a.O.

Der Aufbau des fahrlässigen unechten Unterlassungsdelikts ergibt sich aus der Erweiterung des Schemas zur Begehungstat um die Voraussetzungen des § 13:

Prüfschema: Fahrlässiges unechtes Unterlassungsdelikt

(**Beachte:** Nur strafbar, wenn ein entsprechender Fahrlässigkeitstatbestand existiert, § 15)

I. Tatbestandsmäßigkeit (keine Trennung zwischen obj. und subj. Tatbestand!)

1. Täter, Taterfolg und weitere deliktsspezifische Unrechtsmerkmale

2. Bei der Tathandlung: Unterlassen (in Abgrenzung zum positiven Tun) der zur Erfolgsabwendung objektiv notwendigen Handlung und zusätzlich

a) Tatsächliche Handlungsmöglichkeit und

b) Garantenstellung sowie

c) Gleichstellungsklausel bei verhaltensgebundenen Delikten

3. „Kausalität" des Unterlassens

4. Objektive Sorgfaltspflichtverletzung bei objektiver Voraussehbarkeit des wesentlichen Kausalverlaufs und Erfolgs

5. Objektiver Zurechnungszusammenhang zwischen Unterlassen und Erfolg

II. Rechtswidrigkeit

III. Schuld

1. Schuldfähigkeit

2. Fahrlässigkeitsschuld, d.h. subjektiver Sorgfaltsverstoß bei subjektiver Voraussehbarkeit des wesentlichen Kausalverlaufs und Erfolgs

3. Fehlen von Entschuldigungsgründen; ausnahmsweise Unzumutbarkeit normgemäßen Verhaltens

4. Möglichkeit des Unrechtsbewusstseins

IV. Strafausschließungs- oder Strafaufhebungsgründe

V. Strafantrag; andere Strafverfolgungsvoraussetzungen oder -hindernisse

Fall 31: Abgrenzung aktives Tun und Unterlassen bei der Fahrlässigkeitstat; Sorgfaltswidrigkeit bei Alltagsverhalten

Die alleinstehende M empfing in ihrer Wohnung Gäste. Ihre beiden Kinder im Alter von 3 und 4 Jahren schliefen im Kinderzimmer. Die Gäste tranken Alkohol und rauchten mit Erlaubnis der M viele Zigaretten. Die Kippen lagen im Aschenbecher und auf einem Unterteller. Gegen 20.30 Uhr verließ M mit einem der Gäste die Wohnung. Nach und nach verließen auch die übrigen Gäste die Wohnung. Gegen 23.30 Uhr kehrte M in die Wohnung zurück, verließ sie jedoch kurz danach wieder. Um den Zustand der Wohnung kümmerte sie sich nicht. Die Kinder blieben unbeaufsichtigt. Als M um 4.45 Uhr zurückkehrte, waren die Kinder tot. Auf der Couch hatte sich infolge glimmender Aschereste ein Schwelbrand entwickelt, der auf dort liegende Zeitschriften, Kleidungsstücke und Kissen übergegriffen war und dann den Holzfußboden erfasst hatte. Die Todesursache war Rauchvergiftung bei gleichzeitigem Sauerstoffmangel.
Strafbarkeit der M? (Fall nach BGH, Urt. v. 01.02.2005 – 1 StR 422/04, JZ 2005, 685)

I. **Fahrlässige Tötung** der Kinder **(§ 222) in zwei Fällen** durch aktives Tun?

1. Die Einladung der Gäste und die Erlaubnis, in der Wohnung zu rauchen, waren zwar Willensbetätigungen, ohne die der Brand nicht entstanden wäre. Sie waren aber sozialadäquat und daher schon objektiv nicht sorgfaltswidrig.

2. Indem M die Wohnung um 23.30 Uhr verließ, hat sie eine weitere Handlung vollzogen. Dies bewirkte aber keine tatsächliche Änderung in der Wohnung. Vielmehr wurde der dort schon vorher durch die Zigarettenreste in Gang befindliche Kausalverlauf nur nicht gestoppt. Nach naturalistischer Betrachtung fehlt es schon an einer Energieentfaltung in Richtung der schutzbedürftigen Kinder. Auch wenn man wertend auf den Schwerpunkt der Vorwerfbarkeit abstellt, lag das Gefahrenpotenzial für die Kinder nicht schon im Verlassen der Wohnung ohne Beaufsichtigung, sondern in der Nichtvornahme von Maßnahmen zur Brandverhütung.[828] **342**

II. Infrage kommt deshalb nur **fahrlässige Tötung durch Unterlassen in zwei Fällen, §§ 222, 13; 52**. **343**

1. Die Kinder sind an den Folgen des Schwelbrandes erstickt.

2. M hat das Wohnzimmer vor dem Verlassen nicht daraufhin untersucht, ob glimmende Asche zurückgeblieben war, aus der sich ein Brand entwickeln konnte. Dies wäre ihr tatsächlich möglich gewesen. Als Mutter und als Inhaberin der Wohnung, die wegen der den Gästen erteilten Erlaubnis zu rauchen, eine besondere Gefahrenquelle wurde, war sie Beschützer- und Überwachergarantin und damit grundsätzlich handlungspflichtig.

828 In diese Richtung, aber offengelassen von BGH, Urt. v. 01.02.2005 – 1 StR 422/04, JZ 2005, 685. Eindeutig für Unterlassen in einem Parallelfall BGH NStZ 1999, 607.

3. Da glimmende Asche auf einem Polster Rauch und Verbrennungsgeruch hinterlässt, wäre M der Brandherd mit an Sicherheit grenzender Wahrscheinlichkeit aufgefallen. Sie hätte ihn dann beseitigt und die Kinder wären nicht zu Tode gekommen. Zwischen dem Unterlassen und dem Erfolg besteht damit die erforderliche „Quasi-Kausalität".

4. Fraglich ist, ob das Unterlassen auch fahrlässig war.

   a) Spezielle Regeln zur Brandverhütung für den privaten Bereich existieren nicht. Diese ergeben sich jedoch aus dem hohen Gefahrenpotenzial von Feuer für Leib und Leben sowie Sachwerte. Wer den Umgang mit Zigaretten und glimmender Asche zulässt, hat deswegen die Verpflichtung, ein Übergreifen von Feuer auf Papier und sonstige leicht entflammbare Stoffe zu verhindern oder auf ein Minimum zu reduzieren. Diese Verpflichtung ist bei anwesenden Kleinkindern noch gesteigert und besteht schon bei nur kurzfristiger Abwesenheit vom Gefahrenbereich.[829] Als M die Wohnung verließ, hat sie gegen diese Sorgfaltspflicht verstoßen.

   b) Dass unzureichende Brandschutzmaßnahmen einen Brand mit tödlichen Folgen auslösen können, ist jedermann einsichtig. M handelte fahrlässig.

5. Für das Fehlverhalten der M gibt es keine Rechtfertigung.

6. M hätte nach ihren (nur als durchschnittlich unterstellten) Kenntnissen und Fähigkeiten erkennen müssen, dass sie die Kinder nicht ohne vorherige Überprüfung der Wohnung auf etwaige Brandherde allein lassen durfte.

M ist strafbar wegen fahrlässiger Tötung ihrer Kinder.

III. Mitverwirklicht ist **fahrlässige Brandstiftung durch Unterlassen** an der Wohnung, die schon mit dem Übergreifen des Feuers auf den Holzfußboden als wesentlicher Bestandteil vollendet war, §§ 306 d Abs. 1, 1. Alt., 2. Fall, 13.

Ergebnis: M ist strafbar wegen fahrlässiger Tötung durch Unterlassen in zwei Fällen und wegen fahrlässiger Brandstiftung durch Unterlassen. Die Delikte stehen zueinander in Tateinheit.

---

829 BGH, Urt. v. 01.02.2005 – 1 StR 422/04, JZ 2005, 685 m. abl. Anm. Walther.

6. Teil: Vorsatz-Fahrlässigkeits-Kombinationen, speziell: das erfolgsqualifizierte Delikt

1. Abschnitt: Erscheinungsformen

Zwischen den reinen Vorsatz- und Fahrlässigkeitsdelikten existiert eine dritte Gruppe von Tatbeständen, bei denen für die Handlung Vorsatz verlangt wird, während hinsichtlich einer dadurch ausgelösten Folge Fahrlässigkeit ausreicht. Es handelt sich um **Vorsatz-Fahrlässigkeits-Kombinationen**. Diese unterteilen sich in **344**

- **strafbegründende Vorsatz-Fahrlässigkeits-Kombinationen**, die dadurch gekennzeichnet sind, dass der Vorsatzteil für sich gesehen nicht mit Strafe bedroht ist. Hierbei handelt es sich regelmäßig um konkrete Gefährdungsdelikte, bei denen der Gesetzgeber zunächst in der schwersten Grundform „Vorsatz bezüglich der Tathandlung plus Vorsatz bezüglich der konkreten Gefährdung" verlangt. Soweit er auch die Variante „Vorsatz bezüglich der Tathandlung plus Fahrlässigkeit bezüglich der konkreten Gefährdung" für strafwürdig erachtet, gilt **§ 15**. Daher muss der Gesetzgeber die Strafbarkeit ausdrücklich anordnen.

  Modellhaft dazu die Verkehrsdelikte der §§ 315, 315 a, 315 b, 315 c: Hier ist jeweils in Abs. 1 strafbegründend eine bestimmte verkehrswidrige Handlung mit einer konkreten Gefahr für Leib/Leben oder Sachen von bedeutendem Wert verbunden. Bezüglich beider Komponenten verlangt das Gesetz Vorsatz (§ 15). In einem der Folgeabsätze wird dann die Vorsatz-Fahrlässigkeits-Kombination ausdrücklich unter Strafe gestellt: § 315 Abs. 5, § 315 a Abs. 3 Nr. 1, § 315 b Abs. 4, § 315 c Abs. 3 Nr. 1.

  Wie häufig gibt es als noch schwächere Variante diejenige, bei der sowohl hinsichtlich der Tathandlung als auch der konkreten Gefährdung Fahrlässigkeit genügt: § 315 Abs. 6, § 315 a Abs. 3 Nr. 2, § 315 b Abs. 5, § 315 c Abs. 3 Nr. 2.

- **Strafschärfende Vorsatz-Fahrlässigkeits-Kombinationen**. Das sind **Delikte, die ein selbstständig als Vorsatztat strafbares Grunddelikt durch einen weitergehenden Erfolg – meist schwere Körperverletzung oder Tod – auf Tatbestandsebene qualifizieren**. Wir nennen diesen Deliktstyp **Erfolgsqualifikation.** Für solche Tatbestände enthält **§ 18 eine Sonderregel**. Sie besagt: Auch ohne gesetzliche Anordnung im jeweiligen Tatbestand ist die Erfolgsqualifikation schon dann erfüllt, wenn der Täter diesbezüglich fahrlässig gehandelt hat. Besaß er sogar Vorsatz („wenigstens"), ist die Strafschärfung erst recht ausgelöst.

  Beispiel: Sähe man § 226 Abs. 1 im Regelungszusammenhang mit § 15, müsste man hinsichtlich der im Gesetz umschriebenen Folgewirkungen (Verlust des Sehvermögens, eines wichtigen Gliedes usw.) verlangen, dass der Täter zumindest mit Eventualvorsatz gehandelt hat, weil die fahrlässige Herbeiführung in § 226 Abs. 1 nicht unter Strafe gestellt ist. Hier nun gilt § 18: Eben weil es sich bei § 226 Abs. 1 um eine Erfolgsqualifikation handelt, genügt Fahrlässigkeit. Hatte der Täter Eventualvorsatz, ist die schwere Folge über die dort enthaltene Öffnungsklausel „wenigstens" auch erfüllt.

2. Abschnitt: Besonderheiten der Erfolgsqualifikation

A. Abgrenzung zu anderen Strafschärfungen

Oft knüpft das Gesetz nicht nur eine Strafbegründung, sondern auch eine Straferhöhung daran an, dass der Täter einen anderen in konkrete Leibes- oder Lebensgefahr bringt. Würde man auch solche Wirkungen der Tat als „besondere Folge" ansehen, wür- **345** de gemäß § 18 Fahrlässigkeit diesbezüglich genügen. Das ist aber unzutreffend. Heute ist einhellig anerkannt, **dass nur tatsächlich eingetretene Schäden wie Körperverletzung und Tod als „schwere Folge" für die Anwendung des § 18 ausreichen.**[830] Für strafschärfende Gefährdungen gilt, wie für alle Gefährdungsdelikte, § 15.

Beispiele: Als echte Erfolgsqualifikationen können die Folgen in § 221 Abs. 2 Nr. 2, Abs. 3, § 226 Abs. 1, § 227, § 239 Abs. 3 Nr. 2, Abs. 4, § 306 b Abs. 1 gemäß § 18 auch fahrlässig herbeigeführt worden sein.

Gegenbeispiele: § 250 Abs. 1 Nr. 1 c, Abs. 2 Nr. 3 b oder § 306 b Abs. 2 Nr. 1 sind bei bloß fahrlässiger Gefährdung nicht erfüllt, weil es sich hierbei nicht um echte Erfolgsqualifikationen handelt. Unverzichtbar ist Vorsatz, § 15.

Rechtsfolge der Erfolgsqualifikation ist ein – im Vergleich zum reinen fahrlässigen Erfolgsdelikt – exorbitant erhöhter Strafrahmen.

Beispiel: Strafrahmen des § 223 in Tateinheit mit § 222: Freiheitsstrafe bis zu 5 Jahren; Strafrahmen des § 227 dagegen: von 3 Jahren bis zu 15 (§ 38 Abs. 2) Jahren!

B. „Wenigstens" fahrlässige oder leichtfertige Verursachung der schweren Folge

346 Um nicht in Konflikt mit dem Schuldprinzip und dem Gebot der Verhältnismäßigkeit staatlichen Strafens zu geraten, lässt der Gesetzgeber in vielen Erfolgsqualifikationen nicht mehr jegliche Fahrlässigkeit ausreichen, sondern fordert hinsichtlich der schweren Folge ausdrücklich „Leichtfertigkeit" (vgl. z.B. §§ 178, 239 a Abs. 3, 251). Auch solche Erfolgsqualifikationen sind erfüllt, wenn der Täter bezüglich der schweren Folge vorsätzlich gehandelt hat, denn in der jeweiligen Erfolgsqualifikation ist dies durch den Wortlaut „wenigstens leichtfertig" klargestellt (z.B. § 239 a Abs. 3). Für die hinsichtlich der Vorwerfbarkeit nicht eingegrenzten Erfolgsqualifikationen ergibt sich dies unmittelbar aus dem in § 18 enthaltenen „wenigstens" (s.o.).

C. Tatbestandsspezifischer Gefahrzusammenhang zwischen Grunddelikt und schwerer Folge

347 Besondere Bedeutung entfaltet die hohe Strafandrohung vor allem für die Auslegung der Tatbestandsmerkmale der Erfolgsqualifikationen. Allein der Umstand, dass der Täter durch ein vorsätzliches Grunddelikt eine schwere Folge herbeigeführt hat, kann für die Bejahung einer Erfolgsqualifikation nicht ausreichen, weil sich ein solcher Unrechtsvorwurf auch durch Idealkonkurrenz zwischen Vorsatz- und Fahrlässigkeitstat zum Ausdruck bringen ließe.

Erforderlich ist vielmehr ein **über die allgemeinen Zurechnungsvoraussetzungen hinausgehender, tatbestandsspezifischer Gefahrzusammenhang zwischen dem Grunddelikt und dem Qualifikationserfolg.**[831] Letztlich handelt es sich bei dieser Einschränkung um eine verselbstständigte Schutzzweckprüfung: Durch Auslegung der jeweils einschlägigen Erfolgsqualifikation ist in einem ersten Schritt zu ermitteln, welche **Gefahren dem Grunddelikt anhaften**, die typischerweise die Erfolgsqualifikation aus-

830 MünchKomm/Hardtung § 18 Rdnr. 11 f.; Fischer § 18 Rdnr. 4.

831 BGHSt 33, 322; Fischer § 18 Rdnr. 4.

lösen. Sodann ist zu subsumieren, **ob das vorsätzliche Verhalten des Täters das tatbestandsspezifische Risiko geschaffen und ob sich diese Gefahr in dem konkreten Erfolg niedergeschlagen hat**.

Aus dem Vorgenannten ergibt sich folgendes

Prüfschema: Erfolgsqualifikation

I. Tatbestandsmäßigkeit

1. Verwirklichung des Grunddelikts als Begehungs- oder Unterlassungstat, also
   - **a)** objektiver und
   - **b)** subjektiver Unrechtstatbestand der jeweiligen Vorsatztat (z.B. Körperverletzung gemäß § 223 oder §§ 223, 13)
2. Schwere Folge
   - **a)** Eintritt des qualifizierenden Erfolgs
   - **b)** Verursachung durch das Grunddelikt
   - **c)** Objektive Fahrlässigkeit oder – wenn gesetzlich vorgeschrieben – wenigstens Leichtfertigkeit in Bezug auf die schwere Folge
3. Objektiver Zurechnungszusammenhang zwischen Handlung und Erfolg nach allgemeinen Kriterien (probl. vor allem bei anknüpfendem Verhalten eines Dritten oder eigenverantwortlicher Selbstgefährdung)
4. Tatbestandsspezifischer Gefahrzusammenhang zwischen Grunddelikt und Folge

II. Rechtswidrigkeit

III. Schuld

1. Schuldfähigkeit
2. Vorsatzschuld in Bezug auf das Grunddelikt
3. Fahrlässigkeitsschuld (ggf. subjektive Leichtfertigkeit) hinsichtlich der schweren Folge
4. Fehlen von Entschuldigungsgründen
5. Unrechtsbewusstsein

IV. Strafausschließungs- oder Strafaufhebungsgründe

V. Strafantrag; andere Strafverfolgungsvoraussetzungen oder -hindernisse

Aufbau: *Wie bei allen Fällen mit eventuell verwirklichten Qualifikationen gilt im Grundsatz auch bei Erfolgsqualifikationen folgende Regel: Wenn schon im Grunddelikt Probleme auftauchen (Vollendung, Zurechnung, Rechtfertigungsgründe), sollten Sie die Prüfung nicht dadurch überfrachten, dass Sie gleich mit der (Erfolgs-)Qualifikation beginnen. Prüfen Sie vielmehr erst das Grunddelikt und gehen Sie erst nach dessen Bejahung auf Qualifikationen ein!*

Zu den Sonderfragen des Aufbaus bei Versuch und Rücktritt im Zusammenhang mit Erfolgsqualifikationen s. AS-Skript Strafrecht AT 2 (2014).

Fall 32: Gefahrspezifischer Zusammenhang, sog. Unmittelbarkeitszusammenhang bei der Körperverletzung mit Todesfolge

A saß auf dem Bahnhofsplatz in einem Wartehäuschen und trank Bier. Als der etwa gleichaltrige G erschien, sprang A auf und schlug grundlos mit den Fäusten auf ihn ein, bis er zu Boden ging. Das Geschehen beobachtete Taxifahrer T von seinem Fahrzeug aus. T war 56 Jahre alt und litt an einer Minderfunktion der linken Herzklappe. Er eilte hinzu, um dem am Boden liegenden G zu helfen. Es kam zu einem Handgemenge mit A, der herumschrie und dreimal leicht mit der Faust gegen den Kopf des T schlug, ohne dadurch allerdings äußere oder innere Verletzungen herbeizuführen. T gelang es, A zu überwältigen und bis zum Eintreffen der Polizei festzuhalten. Wegen der mit dem gesamten Vorfall verbundenen Stresssituation kam es zu Herzrasen bei T, das wegen des Herzklappenfehlers eine Rückstauung von Blut in den Organen und einen Schlaganfall verursachte. T fiel ins Koma, erlitt infolge seiner Bettlägerigkeit eine Lungenentzündung und verstarb zwei Wochen nach dem Vorfall.
Strafbarkeit des A? (Fall nach LG Kleve NStZ-RR 2003, 235)

I. Durch das Niederschlagen des G hat A eine **Körperverletzung** vorsätzlich, rechtswidrig und schuldhaft verwirklicht, **§ 223 Abs. 1**. Für die Strafverfolgung ist gemäß § 230 Abs. 1 grds. ein Strafantrag des Verletzten G erforderlich.

II. In Betracht kommt auch eine **Körperverletzung** gemäß **§ 223 Abs. 1** zum Nachteil des T.

1. In den – wenn auch leichten – Faustschlägen gegen den Kopf liegt eine körperliche Misshandlung.

2. Durch sein Verhalten hat A zudem den Stress bei T ausgelöst. Dieser führte zu dem Schlaganfall, ging also über eine rein psychische Auswirkung hinaus und beeinträchtigte die Gesundheit.

3. Der Zurechnungszusammenhang ist nicht durch eigenverantwortliche Selbstgefährdung des T ausgeschlossen. Auch wenn dieser sich in Kenntnis der Gewalttätigkeit des A in das Geschehen einmischte, lag doch die Tatherrschaft über die Herbeiführung der Verletzungen bei A. Dass Auseinandersetzungen solcher Art bei vorgeschädigten älteren Menschen körperliche Stressfolgen auslösen, ist auch nicht inadäquat.

4. Fraglich ist der Tatvorsatz.

   a) Die Faustschläge hat A willentlich ausgeführt. Er war sich dabei auch der Misshandlungswirkung bewusst.

   b) Wegen Unkenntnis der Vorschädigung des T fehlte ihm aber der Vorsatz bezüglich der Auslösung des Schlaganfalls. Diesbezüglich liegt wegen der nach Art und Schwere völlig andersartigen Verletzung auch keine nur unwesentliche Kausalabweichung vor.

5. Rechtswidrigkeit und Schuld sind gegeben.

A ist damit wegen der Faustschläge einer einfachen Körperverletzung schuldig. Auch hierfür bedarf es eines Strafantrags, der nach § 230 Abs. 1 S. 2 nach dem Tod der verletzten Person auch durch Angehörige gestellt werden kann.

III. **Körperverletzung mit Todesfolge, § 227?** 348

1. Eine vorsätzliche Körperverletzung durch die Faustschläge liegt vor.

2. Fraglich ist, ob die strafschärfenden Voraussetzungen der Todesfolge erfüllt sind.

   a) Der Tod des T ist eingetreten.

   b) T ist zumindest auch wegen der bei der Auseinandersetzung beigebrachten Faustschläge in ein stressbedingtes Koma verfallen, ins Krankenhaus eingeliefert worden und dort an den Folgen einer Lungenentzündung verstorben. Die Faustschläge waren damit zumindest mitursächlich im Sinne der Äquivalenztheorie für den eingetretenen Tod.

   c) § 18 verlangt, dass bei Erfolgsqualifikationen hinsichtlich der schweren Folge zumindest **Fahrlässigkeit** vorgelegen haben muss.

      aa) Hierfür begnügt sich eine verbreitete Auffassung mit der Feststellung der **objektiven Vorhersehbarkeit des Erfolgs**. Die objektive Pflichtwidrigkeit ergebe sich bereits aus der vorsätzlichen Verwirklichung des Grundtatbestands.[832]

      bb) Nach einer weitergehenden Auffassung ersetzt die vorsätzliche Risikoschaffung bzgl. des Grunddelikts nicht die Feststellung der Pflichtwidrigkeit hinsichtlich des Qualifikationserfolgs. Auch die **objektive Sorgfaltswidrigkeit diesbezüglich müsse – wie auch sonst bei den einfachen Fahrlässigkeitsdelikten – positiv festgestellt werden.**[833]

   Dieser Meinungsstreit wirkt sich in der Regel nicht aus. So auch im vorliegenden Fall: Faustschlägen in den Kopfbereich haftet ein – wenn auch nur geringes – Risiko einer Krankenhausbehandlung und dort eintretender tödlicher Komplikationen an. Ein solcher Ablauf ist – vor allem bei einem vorgeschädigten Opfer – auch generell vorhersehbar. A handelte also hinsichtlich der Todesfolge objektiv fahrlässig.

3. An dem Zurechnungszusammenhang zwischen der Körperverletzungshandlung und der eingetretenen Todesfolge bestehen keine Bedenken. A hat durch die Schläge das Risiko einer Stresssituation und einer Krankenhauseinweisung geschaffen. In der im Krankenhaus eingetretenen, tödlich verlaufenden Komplikation hat sich dieses Risiko innerhalb der allgemeinen Lebenserfahrung verwirklicht.

4. Angesichts der hohen Strafdrohung des § 227 ist jedoch eine über die bloße Kausalität hinausgehende besondere Verknüpfung bzw. engere Beziehung zwischen

832 BGH NStZ 1982, 27.

833 Sch/Sch/Stree/Sternberg-Lieben § 227 Rdnr. 7; Wolter JuS 1981, 168, 171.

Körperverletzung und Tod des Opfers erforderlich. In dem Todeseintritt muss sich vielmehr die **spezifische, dem Grunddelikt innewohnende Gefährlichkeit niedergeschlagen haben**, sog. **tatbestandsspezifischer Gefahrzusammenhang**; speziell bei § 227: Unmittelbarkeitszusammenhang.[834]

Dieser Zusammenhang ist für jede Erfolgsqualifikation nach dem jeweils zugrunde liegenden Gesetzeszweck zu ermitteln. Bei § 227 ist die Begriffsbestimmung umstritten:

a) Die im Schrifttum vertretene „Letalitätstheorie" schließt daraus, dass § 227 den Tod der „verletzten Person" verlangt, dass die Todesfolge an die Gefährlichkeit der Verletzungsfolgen anknüpfen muss.[835]

b) Die herrschende Gegenansicht im Schrifttum und in der Rechtsprechung versteht den Begriff der Körperverletzung weiter und lässt es ausreichen, dass der Tod entweder spezifische Folge der Körperverletzungshandlung oder des Körperverletzungserfolgs ist.[836]

Im vorliegenden Fall kommen diese Auffassungen zum selben Ergebnis: Nach der Letalitätstheorie beruhte die Todesfolge gerade nicht auf der typischen Verletzungsgefährlichkeit der Faustschläge (z.B. durch Hirnblutungen als Verletzungsfolgen).

Nach der weiten Auslegung genügt es zwar, dass entweder der Körperverletzungshandlung oder dem Körperverletzungserfolg das Risiko eines tödlichen Ausgangs anhaftet (z.B. Todesfolge durch Flucht vor weiteren Verletzungen). Erforderlich ist aber immer, dass das Todesrisiko in der Gewaltkomponente des Körperverletzungsgeschehens angelegt war. Daran fehlt es, wenn der Tod – wie hier – „psychogen" ausgelöst wurde, also durch Aufregung und Vorschädigung des Opfers. Ein solcher Ablauf kann vielmehr auch im Zusammenhang mit jeder anderen Konfrontation entstehen. Er ist damit keine gefahrspezifische Folge der Faustschläge als einzige vorsätzlich zurechenbare Körperverletzung.

Körperverletzung mit Todesfolge gemäß § 227 entfällt nach allen Ansichten.

IV. Gegeben ist **fahrlässige Tötung gemäß § 222**, weil A durch die Schläge objektiv und auch nach seinen Fähigkeiten und Kenntnissen pflichtwidrig und vorhersehbar den Tod des A durch die Faustschläge und die dadurch bewirkte Stresssituation verursacht hat.

Ergebnis: A ist strafbar wegen Körperverletzung in zwei tatmehrheitlichen Fällen, in einem Fall in Tateinheit mit fahrlässiger Tötung.

---

834 BGHSt 31, 96; BGH, Urt. v. 09.10.2002 – 5 StR 42/02, BGHSt 48, 34 „Gubener-Hetzjagd-Fall"; Sch/Sch/Sternberg-Lieben § 18 Rdnr. 4.

835 Lackner/Kühl § 227 Rdnr. 2.

836 BGH StV 1998, 203; BGH, Urt. v. 09.10.2002 – 5 StR 42/02, StraFo 2003, 23.

Stichwortverzeichnis

Die Zahlen verweisen auf die Randnummern.

Unser Skriptenangebot 03/2014

B – Basiswissen

		€
BGB AT	2013	9,80
Schuldrecht AT	2013	9,80
Kaufrecht/Werkvertragsrecht	2012	9,80
Gesetzliche Schuldverhältnisse	2013	9,80
Sachenrecht	2012	9,80
Strafrecht AT	***2014***	***9,80***
Strafrecht BT	2013	9,80
Grundrechte ca. April	in Überarbeitung	
Staatsorganisationsrecht	2012	9,80
Verwaltungsrecht	***2014***	***9,80***

F – Fälle

		€
BGB AT	2012	9,80
Schuldrecht AT	2013	9,80
Schuldrecht BT 1 Kaufrecht	2013	9,80
Schuldrecht BT 3 GoA, BereicherungsR	2011	9,80
Schuldrecht BT 4 Unerl. Hdl./Allg. SchadensR	2010	9,80
Sachenrecht 1	2013	9,80
Sachenrecht 2	2013	9,80
Familienrecht	2013	9,80
Erbrecht	2012	9,80
Strafrecht AT	2013	9,80
Strafrecht BT 1 Vermögensdelikte	2012	9,80
Strafrecht BT 2 Nichtvermögensdelikte	2012	9,80
Grundrechte/Staatsorganisationsrecht	2012	9,80
Europarecht	2012	9,80
Verwaltungsrecht AT/ VwGO	2013	9,80
Handelsrecht	2013	9,80
Gesellschaftsrecht	2012	9,80
Arbeitsrecht	2013	9,80

S – Skripten

Zivilrecht

		€
BGB AT 1	***2014***	***16,90***
BGB AT 2	2013	16,90
Schuldrecht AT 1	2013	19,90
Schuldrecht AT 2	2012	19,90
Schuldrecht BT 1 KaufR/WerkR	2013	19,90
Schuldrecht BT 2 Bes. Vertragsarten (MietR)	2013	19,90
Schuldrecht BT 3 Auftrag, GoA, Bereicherungsrecht	2012	16,90
Schuldrecht BT 4 Unerl. Hdlg./Allg. SchadenR	2012	19,90
Sachenrecht 1 Allg. Lehren/Bewegl. Sachen	2013	19,90
Sachenrecht 2 GrundstücksR	***2014***	***16,90***
Familienrecht	2013	19,90
Erbrecht	2013	19,90

Strafrecht

		€
Strafrecht AT 1	***2014***	***19,90***
Strafrecht AT 2 ca. Ende März	***2014***	***19,90***
Strafrecht BT 1 Straftaten gg. Eigentum u. Verm.	***2014***	***19,90***
Strafrecht BT 2 Nichtvermögensdelikte	2012	19,90

Öffentliches Recht

		€
Staatsorganisationsrecht ca. Ende April	***2014***	***19,90***
Grundrechte	2012	19,90
Europarecht	2013	19,90
Verwaltungsrecht AT 1	2013	19,90
Verwaltungsrecht AT 2 (mit StaatshaftungsR)	2013	19,90
VwGO	2013	19,90
Besonderes Ordnungsrecht (VerwR BT 1)	2012	19,90
Öffentliches Baurecht (VerwR BT 2) ca. Mai	in Überarbeitung	
Umweltrecht	2009	19,90
Polizei- und Ordnungsrecht NRW	2013	19,90
Kommunalrecht NRW	2011	19,90
Bayerisches Kommunalrecht	2011	19,90

Besondere Rechtsgebiete

		€
Handelsrecht	2013	16,90
Gesellschaftsrecht	***2014***	***19,90***
Arbeitsrecht	***2014***	***22,90***
Kollektives Arbeitsrecht	2012	22,90
Internationales Privatrecht	2013	22,90
ZPO	2013	22,90
StPO	2012	19,90
Insolvenzrecht	2013	19,90
Mediation und Recht	2013	19,90
Rechtsgeschichte	2013	22,90
Rechtsphilosophie und Rechtstheorie	2010	19,90

Fremdsprachenkompetenz

		€
Introduction to English Civil Law 1	2012	21,90
Introduction to English Civil Law 2	2011	19,90
Introduction au droit français t. 1	2013	16,90
Introduction au droit français t. 2	2011	12,90

Steuerrecht

		€
Allgemeines Steuerrecht	***2014***	***24,90***
Umsatzsteuerrecht	***2014***	***24,90***
Einkommensteuerrecht	***2014***	***24,90***
Bilanzsteuerrecht	***2014***	***24,90***

S2 – Skripten 2. Staatsexamen

		€
Materielles Zivilrecht in der Assessorklausur	2013	19,90
Materielles Strafrecht in der Assessorklausur	2013	19,90
Materielles Verwaltungsrecht in der Assessorklausur	***2014***	***19,90***
Die zivilrechtliche Assessorklausur	in Vorbereitung	
Vollstreckungsrecht in der Assessorklausur	in Überarbeitung	
Die staatsanwaltliche Assessorklausur	2013	19,90
Strafurteil und Revisionsurteil in der Assessorklausur	2013	19,90
Die verwaltungsgerichtliche Assklausur	2013	19,90
Die behördliche Assessorklausur	***2014***	***19,90***

D – Definitionen

		€
Zivilrecht	***2014***	***10,90***
Strafrecht	***2014***	***9,90***
Öffentliches Recht	***2014***	***9,90***

A – Aufbauschemata

		€
Zivilrecht	2013	16,90
Strafrecht	2013	14,90
Öffentliches Recht	***2014***	***14,90***

Mündliche Kurse im Überblick

Baden-Württemberg

Freiburg (1. u. 2. Examen)
Alpmann Schmidt
Landschreibereistr. 3, 67433 Neustadt
Tel.: 06321/879635 (Fax: 879637)
as-freiburg@alpmann-schmidt.de

Heidelberg/Mannheim (1. Examen)
Alpmann Schmidt
Wiesenstr. 71, 68519 Viernheim
info@as-heidelberg-mannheim.de

Heidelberg (2. Examen)
Alpmann Schmidt
Liebigstr. 9, 68193 Wiesbaden
Fax: 0611/3369966
fritz@drvmannstein.de

Konstanz (1. u. 2. Examen)
Alpmann Schmidt
RA Dr. Harald Sing
Postfach 101647, 78416 Konstanz
Tel. 0160/8489144
harald.sing@t-online.de

Stuttgart (2. Examen)
Alpmann Schmidt
Postfach 210562, 72028 Tübingen
Tel.: 07071/551454 (Fax: 551451)
info@alpmann-schmidt-stuttgart.de

Tübingen (1. Examen)
Alpmann Schmidt
Christoph Sandberger
Albrecht-Dürer-Str. 23, 72076 Tübingen
Tel.: 07071/2002706
mail@alpmann-schmidt-tuebingen.de

Bayern

Augsburg, Bayreuth, München, Erlangen/ Nürnberg, Passau, Regensburg, Würzburg
1. Examen und 2. Examen in allen Städten
München, Nürnberg, Erlangen und Würzburg mündliche Assessor-Crash-Kurse
Alpmann Schmidt Bayern
RAe Holtmann, Knemeyer, Dr. Pechstein, Farrenkopf
Am Exerzierplatz 4 1/2, 97072 Würzburg
Tel.: 0931/52681 (Fax: 17706)
info@as-bayern.de

Berlin

Dahlem (FU) (1. Examen)
Alpmann Schmidt
RAe Gründer, Pohl, Kuglin, Ziebeil
Neue Grünstr. 25, 10179 Berlin
Tel.: 030/20889213 (Fax: 20889214)
info@alpmann-schmidt-berlin.de

Mitte (HU) (1. u. 2. Examen)
Alpmann Schmidt
RAe Gründer, Pohl, Kuglin, Ziebeil
Neue Grünstr. 25, 10179 Berlin
Tel.: 030/20889213 (Fax: 20889214)
info@alpmann-schmidt-berlin.de

Brandenburg

Frankfurt/Oder (1. Examen)
Alpmann Schmidt
info@alpmann-schmidt-frankfurt-oder.de

Potsdam (1. u. 2. Examen)
Alpmann Schmidt
RAe Gründer, Pohl, Kuglin, Ziebeil
Neue Grünstr. 25, 10179 Berlin
Tel.: 030/20889213 (Fax: 20889214)
info@alpmann-schmidt-berlin.de

Bremen

Alpmann Schmidt
RAe Müller & Müller (1. u. 2. Examen)
Schorlemerstr. 12, 48143 Münster
Tel.: 0251/82014 (Fax: 88395)
rae-mueller-mueller@t-online.de

Hamburg

Alpmann Schmidt
RAe Müller & Müller (1. u. 2. Examen)
Schorlemerstr. 12, 48143 Münster
Tel.: 0251/82014 (Fax: 88395)
rae-mueller-mueller@t-online.de

Hessen

Frankfurt/Main (1. Ex., auch Kleingruppe; 2. Ex.)
Alpmann Schmidt
Landschreibereistr. 3, 67433 Neustadt
Tel.: 06321/879635 (Fax: 879637)
as-frankfurt@alpmann-schmidt.de

Marburg (1. Examen)
Alpmann Schmidt
Alter Fischmarkt 8, 48143 Münster
Tel.: 0251/98109-43 (Fax 98109-60)
reinhild.untiedt@alpmann-schmidt.de

Mecklenburg-Vorpommern

Greifswald (1. u. 2. Examen)
Alpmann Schmidt
RA Dr. Axel Schmidt
Wolgaster Str. 144, 17489 Greifswald
Tel.: 03834/777453 (Fax: 777444)
a.schmidt@lawnet.de

Niedersachsen

Göttingen (1. u. 2. Examen)
Hannover (1. Examen, auch Kleingruppe; 2. Examen),
Oldenburg (2. Examen)
Osnabrück (1. u. 2. Examen)
Alpmann Schmidt
RAe Müller & Müller
Schorlemerstr. 12, 48143 Münster
Tel.: 0251/82014 (Fax: 88395)
rae-mueller-mueller@t-online.de

Nordrhein-Westfalen

Münster (1. u. 2. Examen)
Alpmann Schmidt
Alter Fischmarkt 8, 48143 Münster
Tel.: 0251/98109-43 (Fax: 98109-60)
as.info@alpmann-schmidt.de
Schulungszentrum
Tel.: 0251/527830
schulungszentrum@alpmann-schmidt.de

Münster (1. Examen, **nur Kleingruppenkurse**)
Alpmann Schmidt
RAe Dr. Schneider & Partner GbR
Breul 1, 48143 Münster
Tel.: 0251/51617 (Fax: 40519)
info@rep-jura.de, www.rep-jura.de

Bielefeld (1. u. 2. Examen)
Alpmann Schmidt
RAe Dr. Schneider & Partner GbR
Breul 1, 48143 Münster
Tel.: 0251/51617 (Fax: 40519)
info@rep-jura.de, www.rep-jura.de

Bochum (1. Examen, auch Kleingruppe)
Alpmann Schmidt
RAe Müller & Müller
Schorlemerstr. 12, 48143 Münster
Tel.: 0251/82014 (Fax: 88395)
rae-mueller-mueller@t-online.de

Bochum (2. Examen)
Alpmann Schmidt
RA Dr. Heescher
assessorkurs@gmail.com

Bonn, Düsseldorf, Köln (1. und 2. Examen)
Alpmann Schmidt
RAe Gründer, Pohl, Kuglin, Ziebeil
Höninger Weg 139, 50969 Köln
Tel.: 0221/9361282 (Fax: 9361283)
info@alpmann-schmidt-koeln.de
info@alpmann-schmidt-duesseldorf.de
info@alpmann-schmidt-bonn.de

Essen (2. Examen)
Alpmann Schmidt
RAe Dr. Schneider & Partner GbR
Breul 1–3, 48143 Münster
Tel.: 0251/51617 (Fax: 40519)
info@rep-jura.de, www.rep-jura.de

Rheinland-Pfalz

Mainz (1. Examen, auch Kleingruppe)
Alpmann Schmidt
RAe Dr. Embacher
Neikesstr. 3, 66111 Saarbrücken
Tel.: 0681/954580 (Fax: 9545823)
sekretariat@ra-embacher.de

Mainz (2. Examen)
Alpmann Schmidt
Landschreibereistr. 3, 67433 Neustadt
Tel.: 06321/879635 (Fax: 879637)
as-frankfurt@alpmann-schmidt.de

Trier (1. u. 2. Examen)
Alpmann Schmidt
RAe Dr. Embacher
Neikesstr. 3, 66111 Saarbrücken
Tel.: 0681/954580 (Fax: 9545823)
sekretariat@ra-embacher.de

Saarland

Saarbrücken (1. u. 2. Examen)
Alpmann Schmidt
RAe Dr. Embacher
Neikesstr. 3, 66111 Saarbrücken
Tel.: 0681/954580 (Fax: 9545823)
sekretariat@ra-embacher.de

Sachsen

Leipzig (1. u. 2. Examen)
Alpmann Schmidt
RA Christian Wagner
Schloßstr. 5, 01067 Dresden
Tel.: 0351/796060 (Fax: 7960616)
rep@holzhauser.de

Sachsen-Anhalt

Halle/Saale (1. u. 2. Examen)
Alpmann Schmidt
RA Christian Wagner
Schloßstr. 5, 01067 Dresden
Tel.: 0351/796060 (Fax: 7960616)
rep@holzhauser.de

Schleswig-Holstein

Kiel (1. u. 2. Examen)
Alpmann Schmidt
Olshausenstr. 77, 24106 Kiel
Tel.: 0431/541185
info@alpmann-schmidt-kiel.de